中国政治制度史

主　编　张星久

撰写人：（按姓氏拼音排名）

曹龙虎　付小刚

罗雪飞　杨红伟

张星久

高等教育出版社·北京

内容提要

中国的政治制度历史悠久、体系完备、经验丰富、影响深远,是中国历史不可分割的重要组成部分。本书依据政治制度的基本原理和基本内涵,梳理和总结了中国政治制度形成和发展的过程,全面解说中国政治制度其结构形式及运行机制历时几千年的演变与发展。本书的论述有所依凭,扎实跟进,对中国历史上各时段的政治制度历史进行动态研究,以拓展和丰富政治制度史的内容。全书内容充实,资料丰富,语言生动,是适用面宽而具有很高学术价值的教材。

本书既可以作为政治学、历史学本科生教材使用,也可供广大社会读者阅读学习。

图书在版编目(CIP)数据

中国政治制度史 / 张星久主编. ——北京:高等教育出版社, 2022.11(2023.12重印)

ISBN 978-7-04-059513-0

Ⅰ.①中… Ⅱ.①张… Ⅲ.①政治制度史－中国 Ⅳ.① D69

中国版本图书馆CIP数据核字(2022)第200652号

中国政治制度史

Zhongguo Zhengzhi Zhidushi

| 策划编辑 | 王溪桥 | 责任编辑 | 马羚玮 | 封面设计 | 姜 磊 | 版式设计 | 杜微言 |
| 责任绘图 | 黄云燕 | 责任校对 | 吕红颖 | 责任印制 | 耿 轩 |

出版发行	高等教育出版社		咨询电话	400-810-0598
社 址	北京市西城区德外大街4号		网 址	http://www.hep.edu.cn
邮政编码	100120			http://www.hep.com.cn
印 刷	山东临沂新华印刷物流集团有限责任公司		网上订购	http://www.hepmall.com.cn
				http://www.hepmall.com
开 本	787mm×1092mm 1/16			http://www.hepmall.cn
印 张	24.25		版 次	2022年11月第1版
字 数	480千字		印 次	2023年12月第2次印刷
购书热线	010-58581118		定 价	47.00元

目 录

绪言 /

　　在正式进入本书的内容之前,为了便于后面阅读和理解,首先需要读者和我们一起思考这样几个前提性问题:

　　《中国政治制度史》主要讲什么,主要内容是什么?

　　为什么要学习、研究中国政治制度史,对于今天的读者来说,学习历史上的一些政治制度有何价值和意义?

　　还有,我们应该如何学习和研究中国政治制度史? 换句话说,置身于今天的知识状况和语境之下,我们需要通过什么方法、手段去理解那"远离"我们的、"过去"的政治制度?

一、"中国政治制度史"讲什么?

(一) 何谓"政治制度"?

　　从最为直观的层面看,"中国政治制度史"无疑是研究中国历史时期政治制度的一门学科。因此,为了理解这门学科的基本内涵、研究对象和范围,我们首先需要知道:什么是政治制度?

　　不难看出,"政治制度"是由"制度"和"政治"两个概念组成的。我们不妨从这两个概念的浅表含义出发,逐步揭示出"政治制度"的内涵。

　　一般来说,制度指的是一个社会中的规范或规则体系。而关于政治,学者们虽然有很多不同的说法,但无论人们之间分歧有多大,在谈到"政治"时往往都无法回避一个关键词,这就是"公共权力"。它说明:政治首先是和公共权力高度相关的,是围绕着权力或公共权力展开的活动。再进一步思考,人们之所以要围绕着公共权力展开政治活动,如追求公共权力或影响公共权力的运行,一定是因为他们想要从中获得利益,实现对自己一方有利的"价值的权威性分配"。可见,政治又是一种以追求某种利益(政治利益,通常也可以用"权利"加以表述)为目标的活动。从这几点来看,对于政治制度我们可以得到这样一个基本认识:它是在以公共权力为中心、以实现政治利益为目标的活动中形成的规范和规则体系。

　　这只是最"薄"意义上的"政治制度"定义,通过对这一定义的进一步解析,还可以发现它具有以下特征:

第一，政治制度首先是一种社会规范和规则体系，它被用来调节、界定各种政治关系，规范各种政治主体的行为方式。也就是说，一定的政治制度总是会要求、允许人们做什么，禁止人们做什么，并规定着人们在一定政治生活中扮演特定的角色，采取特定的行为方式。传统的观点往往把政治制度等同于机构、组织，但正像新制度主义理论所指出的那样，制度固然离不开组织的支撑，但是"政治制度"这一概念更强调的是组织内部、组织之间的各种"游戏规则"，而不是静态的、割裂的组织。①

第二，作为国家意志和公共权力的体现，政治制度代表的又是一种具有权威性和普遍强制性的规范、规则体系。不同于一般的社会规范和规则，政治制度离不开国家公共权力的活动，它主要是由国家公共权力机关这类权威机构所制定和实施的，是国家意志和公共权力的体现。因此，它不仅对国家或政治共同体内的所有成员都具有约束力，而且还具有不同于一般社会规范的强制性和权威性，违反这种制度的规范、规则，就会受到惩罚。而像道德之类的社会规范，则主要是通过舆论、习惯等力量，影响人们内心的信念与价值观念，依靠人们的自觉遵守来发挥其作用，因而不具备上述政治制度的权威性和强制性。

第三，政治制度又是以调节和实现特定政治利益为核心目标的、具有价值偏好或"歧视性"的规则与机制。可以说，政治制度是实现特定政治权力、政治利益的基本方式与保障。而一定的政治制度安排总是意味着一部分人得到权力，另一部分人服从权力；一部分人成为制度的受益者，另一部分人则处于受损者一方。得到权力和利益的人，只能是一个社会在经济和政治上占支配地位的统治阶级。这样，政治制度对权力和利益的分配就不可能是"平均"的，而是带有明显的"歧视性"和阶级统治性的。从马克思主义的观点看，政治制度就是实现阶级统治的形式，是统治阶级意志的集中体现。

第四，政治制度又是一种持久稳定的强制性规范或规则。或者用有些学者的说法，政治制度是"稳定的、重复发生的行为模式"②。就是说，不同于一时的、短期实行的政府规制措施、禁令等，一种政治制度形成之后，往往在时间上具有较强的持续性，成为长时间调节政治关系、约束人们政治行为的规范与规则，从而使各种政治主体的行为模式化、有序化。特别是一些根本性的政治制度，如君主制，就曾在世界历史上许多国家存在上千年乃至几千年。而一个政权一旦建立并得到巩固，围绕其基本政治制度而形成的各项重要制度自然也会长期延续。在日常生活中，人们常说对一些问题的处理要制度化，也包含从常态化、稳定性角度理解"制度"的含义。

---

① 参见［英］大卫·马什、格里·斯托克编：《政治科学的理论与方法》，景跃进等译，中国人民大学出版社 2006 年版，第 95—96 页。

② ［英］大卫·马什、格里·斯托克编：《政治科学的理论与方法》，景跃进等译，中国人民大学出版社 2006 年版，第 99—100 页。

至此,我们可以大致这样定义政治制度:它是以公共权力为中心、以实现政治利益为目标的,具有稳定性和普遍强制性的规范与规则体系。

从以上对政治制度概念的理解中,至少可以看出它有以下几个构成要素:

一是对特定政治体系的基本价值目标、根本原则及国家公共权力的基本职能方面的规范。这些基本规范、原则,在现代社会中往往集中反映在国家的根本大法——宪法的原则中,如我国宪法中的基本原则;西方法律中的主权在民、天赋人权原则;在中国古代,则集中表现为君权至高无上、神圣不可侵犯的"君臣大义"或专制制度的基本原则。正是这些基本规范和原则,明确规定了在一个政治体系中谁是最高统治者或主权者,谁是统治集团,哪个阶层、集团的利益应该优先予以实现,从而体现出一个政治体系及其公共权力的性质,即通常所谓的"国体"。同时,它们也构成了一定政治制度的观念原型、基本灵魂与设计"原理":一切可见的组织机构、具体的政治制度,都是以它们为基本原理、原型而设计或产生出来的。

二是在这种特定的政治体系及其基本政治规范、原则之下,各种政治主体的活动规范与运行规则。如社会成员通过什么样的规则体系、制度化的渠道去聚集、表达利益诉求,去参与和影响政治,形成对政治体系的"输入";公共权力组织机关又是按照什么样的程序、规则,对这些"输入"进行"转换"和决策,进而形成和"输出"政策产品;同时,一个政治体系中设定了哪些基本的角色,其行为规范是如何规定的,等等,都属于此类。另外我们需要知道的是,这些规则、规范有的是经过权威机构有意识地正式制定和颁布的,可称作正式规则;有的则可能是长期沿袭的、似乎是被"不知不觉"地遵守的习惯或惯例,可称作非正式规则。比如,在英国政治制度中,惯例就发挥着很大的作用。而在中国历代政治制度中,不仅像"故事""祖宗之法"一类的惯例经常被用于施政过程,而且许多王朝重要的制度都带有自动沿袭的、惯例的性质。正像"汉承秦制"的典故所反映的,刘邦集团在建立西汉帝国之后,虽然也在具体方面进行了部分制度创新,但其中以维护至高无上的君权为核心的基本政治制度,以及基本的政权组织结构、典章制度框架等,却是"自动"地因袭了秦制。此后,不仅君权至高无上、君主专制的基本制度被历代所沿袭,各项具体制度也有很强的因袭性。如隋唐时期三省六部组织结构,就是从魏晋时期的制度因袭而来;而魏晋的"援礼入法"、法律的"儒家化"以及对于"十恶"的严惩制度,也都为后世所沿袭。

三是公共权力的组织机构与设施。一个政治体系的价值目标、根本原则及公共权力的基本职能必然要借助一定的组织形式和机构来实现,因此任何政治体系都会根据这些基本目标、原则、职能,形成基本的政权组织形式及相应的组织机构系统,并具体地"物化"为一些政府机关和官署。如在古代中国,正是基于君权至高无上、君主神圣尊严及"家天下"的原则,形成了君主专制政体这一基本的政权组织形式,并由此形成相应的皇帝制度、宫廷乃至陵寝制度、宰相机构、监察与法律、军事机构、各级官僚组织体系等。

至此,我们对于"政治制度"就大致有了一个相对完整的拼图:

政治制度是以公共权力为中心、以实现政治利益为目标的具有稳定性和普遍强制性的规范与规则体系,它由价值目标与根本原则、规范与规则、组织机构与设施等基本要素构成。

(二)"中国政治制度史"的主要内容

通过以上对政治制度的定义、特征和基本构成要素的考察,我们已经大体知道政治制度一般包括哪些基本内容。这就为我们把握中国政治制度史这门学科的基本内容、知识框架,提供了一个大体方向。

沿着这一方向,再结合中国历史的实际情况,参考学术界同行的处理方法,我们大致可以明确,中国政治制度史这门学科主要包括以下基本内容:

一是历代王朝所奉行的根本政治原则、价值目标以及各个政治主体,特别是公共权力的活动规则,从而具体揭示在这些政治体系中,究竟是谁、以什么方式代表和维护谁的利益,谁在以何种方式实行统治等涉及政治制度性质的问题。当然,由于这些原则、价值取向、规则往往是通过一些具体的制度,如通过皇帝制度、宰相制度、官员的选拔任用制度、军事制度、法律制度及地方政治制度等方面来具体表达和体现出来的,因此,在研究中应主要结合对这些制度的考察,来具体呈现上述原则、价值目标、规则等。

二是以君主为核心的传统国家的基本政治制度,特别是君主专制政体的基本原则、结构与演变特点,并具体讨论皇帝制度、后妃与宦官制度、礼乐制度等。

三是围绕国家基本政治制度而展开的各项具体的政治制度,亦即君主制政体的一些必要组成部分和实施机制,如宰相及中央施政制度、官僚制度、监察谏议制度、军事制度、法律制度、财政制度及历代主要的惯例与习惯法等。

四是国家结构形式与地方政治制度,特别是以郡县制为核心的中央集权体制、行政区划制度与地方政治制度,同时兼顾县级国家权力机关以下的乡、里等基层社会的组织形式与控制方式。

以上方面,也是本书重点考察、介绍的基本内容。

二、研究中国政治制度史的目的与意义

作为一门学科,中国政治制度史是介于政治学与历史学之间的一门交叉学科。

从历史学科的角度看,自从人类有了文明的历史以来,政治生活和政治现象就是人类社会生活中一项极其重要的内容,研究人类文明的历史而不知人类社会政治生活和政治制度的变迁,这种研究就是残缺的甚至有架空之虞;而离开了对政治、政治制度的观察维度,对历

史的理解也几乎是不可能的。因此,对于历史上政治制度及其相关典章制度的研究,从来就是传统历史学科中的重要研究内容。

而对于政治学专业的学生和研究者来说,政治制度史似乎是要研究已经"逝去"的,甚至是"遥远的过去"的政治制度,学习、研究它有什么价值或意义呢?

从政治学的研究与学科发展角度看,政治制度涉及的有关政治主体、公共权力活动的规范与规则,不仅是政治现象中的重要部分,而且是其中最稳定、最具规范性的部分,因而往往成为吸引政治学者首先关注、研究的对象。在西方政治学发展史上,早期的政治学研究甚至主要就是研究制度,也因此被称为"旧制度主义"。而当代政治学研究中的新制度主义学派,更是把政治制度视为政治学研究的基本分析对象。从更深一层说,政治生活中究竟是什么因素起决定作用,是(政治主体的)"能动"还是"结构"起决定性作用? 这虽然是学术界一直争论的问题,[①] 但无论你是坚持"能动"(偏重功能)主义还是坚持结构(偏重制度)主义立场,都无法回避这样一个基本事实:任何政治活动、行为都是在一定的制度环境、制度约束下发生的。就是说,无论坚持什么样的学术立场,政治制度都是政治学研究中不可忽视、不可或缺的部分。所以严格说来,离开了政治制度研究的支撑,政治学中的很多概念、理论概括就难以成立。而要研究政治制度,就要研究政治制度的演变过程、来龙去脉,就要涉及对政治制度史的考察。正因为如此,中国、外国政治制度史的有关课程,才往往成为高校政治学专业必设的基础课程。

而中国的政治制度史如果从国家产生算起,迄今已有几千年的历史,积累了大量的案例和丰富的资料,可谓政治学研究的宝库。然而不可否认的是,现代政治学的基本研究方法、研究理论和概念体系主要产生于西方,主要是基于西方人的政治经验而产生的,对于中国几千年政治史中蕴藏的丰富经验、"故事"则关注、吸收不多。而对于中国的研究者来说,由于跨学科研究方面的局限,比如,研究政治学的学者可能对中国漫长的历史、浩如烟海的资料望而却步,而研究历史学的学者则又往往苦于缺乏政治学方面的知识、理论和方法,导致中国政治制度史的研究总的来说还比较薄弱。因此,亟须一批有学术抱负的学者投入这一领域的研究中。通过深入学习和研究中国政治制度史,挖掘、总结中国人在几千年历史中治国理政的经验乃至困境、教训,都可大大深化人们对人类政治现象的理解与认识,丰富或重塑现有的政治学理论,使之在中国经验、中国故事中更趋鲜活、丰满。

从增进今人驾驭政治问题的智慧和能力方面看,学习、研究中国政治制度史当然也具有重要的现实意义。有时候,我们可能陷于眼前的纷扰牵绊,看不清政治现实的迷局,找不到

---

① 参见［英］大卫·马什、格里·斯托克编:《政治科学的理论与方法》,景跃进等译,中国人民大学出版社2006年版,第61—86页。

正确的方法与方向,这个时候运用历史眼光看问题,多从历史的经验教训、历史发展演变的"长时段"去登高远望,往往能够远观其势,发现规律,增强我们对现实政治问题的洞察力与驾驭能力。具体来说,通过学习、研究中国政治制度史,可以发现、总结古人在制度建设、制度创新方面取得了哪些经验,走了哪些弯路,有哪些教训,曾经面临什么样的矛盾和困境等,这样就可以为今天看待处理政治问题,特别是制度建设方面的问题提供借鉴,古人成功的方面可以发扬光大,失败的方面可以避免。至少,有了这种历史感和历史眼光,可以在处理各种政治问题的过程中看到多种可能性,多一份警惕和风险意识,多一点备选项,少一点盲目、自负,少走一些弯路。

三、如何学习中国政治制度史?

对于初学者来说,中国政治制度史似乎有点令人望而生畏。那么,我们如何才能学好这门课,甚至由此走上研究中国政治制度史的学术之路呢? 本书虽然没有一招见效的妙方,但是可以就笔者的一点体会和学习经验,尝试着给读者朋友一些建议。

(一)知识准备与问题导向

首先,因为我们将要考察的是中国历史时期的政治制度,这种政治制度是在特定的历史条件、文化传统中生成演变的,这就要求读者对于中国的历史与文化传统有起码的了解。因此,在进入中国政治制度史的学习之前,需要先阅读一些有关中国历史、中国传统文化方面的书籍,掌握这方面的必要知识。

其次,需要具有一定的现代政治学基础,以便能够更好地利用政治学的知识、概念、理论和方法,去理解、分析历史上的政治制度现象;特别是,如果能较好地掌握政治学领域中有关政治制度起源、功能与变迁的一些理论观点(如新制度主义的观点),那么对理解中国历史上的政治制度可能会更有帮助。

再次,如果想要学得更为深入,在理解某些具体政治制度的时候,有时还要阅读以下相关专业的书籍,比如遇到诸如法律制度、财政制度、军事制度之类的问题时,参考阅读一下相关法律、财政和军事方面的研究论著,学习的成效可能更好,甚至会激起不断探索、延伸思考的兴趣。

最后,学习和探索中国政治制度史也需要某种"问题意识"和好奇心,比如最好要有类似这样的追问:通过这门课或这本书,我想知道什么? 为什么古代中国人会选择、接受这样的政治制度? 对于今人来说,它有什么值得借鉴的长处,有什么需要克服的缺陷? 有了这样的追问和好奇,我们的学习或许会更加走心入脑,更有针对性和趣味性。

（二）观察中国古代政治制度的基本视角

除了以上的准备之外，还需重点了解一下理论界有关政治制度问题的基本理论，以便在理解中国政治制度史的时候，具备一些基本的知识和宏观理论视角。这里，让我们尝试着从历史唯物主义的基本立场出发，结合政治学界有关政治制度起源、功能与发展演变问题的基本观点，提出这样几点观察角度或基本认识。

第一，政治制度是特定的社会经济、政治、文化条件与环境的产物，一定的政治制度总是在特定的生产生活方式、基本政治环境、历史文化传统中发育生长起来的。这也就意味着，当这些条件、环境发生变化后，政治制度迟早会发生变化与变革。具体到中国来说，以一家一户为基本单位的小农经济的生产生活方式，以及相对封闭的地理环境和独特的地缘政治条件，都是理解传统中国政治制度时必须考虑的因素。小农的分散、脆弱、不稳定性首先会造成农民的孤立、原子化，使他们无法形成"全国性的联系"和"政治组织"，使他们一定需要一个高高在上的权威、"不受限制的政府权力""来代表他们"，所以马克思得出结论说，"小农的政治影响表现为行政权支配社会"。[①] 具体而言，小农的分散、孤立使他们无法形成类似欧洲贵族那样的身份"硬化"的阶层力量来制约国家，反而成为国家赋税、兵员的稳定来源，可能有利于一个"利维坦"式国家的发育成长。也是在这种小农经济条件下，家庭成为人们生产生活的基本单位，在家庭、家族宗法关系基础上形成的道德伦理、交往规则，就很容易演变为社会与政治生活的规范、规则。在很大程度上，国家就是以家庭、家族为原型构建起来的，君主作为"君父"，作为国家这一大家庭的"家长"，也很像是对家长、族长的拟制。而中国地处欧亚大陆东部，四周是崇山峻岭、沙漠荒原和汪洋大海，相对封闭的地理环境和独特的地缘政治条件，使得中国不像地中海周围、两河流域等域外文明区域那样，经历过那么多异质文化碰撞、冲击、叠加。中国保持了相对独立的发展道路和环境，为文明成果的累积与发展提供了有利条件，使中国文明的发展走在当时世界的前列，这当然使那时的中国人有理由相信，中国的制度、中国的文化是世界上最好的。而只有到了近代国门打开之后，上述这些条件发生了根本变化，中国固有的政治制度才开始发生革命性变革。

第二，人们持久地选择或接受某种政治制度，一定是因为在某种特定的社会条件、环境下，这种制度最能够满足社会的整体需求，给大多数人带来某种便利或"好处"。如果一种制度长期地给大多数人带来不利，就会在人们持续地、无数次地抵制中被淘汰。所以有人说，一种持久存续的制度，是在历史中集体理性选择的结果。就中国历史上那种以君主集权为核心的政治制度而言，今天的人可能觉得不可思议，但放到当时的社会条件下，则可能被很

---

① 《马克思恩格斯选集》第 1 卷，人民出版社 1995 年版，第 677—678 页。

多人认为是"天经地义"的,因为它更符合那时大多数人的政治知识水平和对于政治秩序的集体构想。

这也就是说,强调政治制度从根本上受制于大的社会条件、环境,绝不意味着个人的能动作用、个人的主体性就不存在了,就"消失"在历史的"结构"性力量中了。社会条件、环境对政治制度的影响,正是通过影响个人的利益权衡进而影响无数次个人的选择而实现的。还有,历史上那些善于审时度势又能大开大阖的改革家、政治家,他们也能在政治制度的变革与创新中发挥重要作用,成就某种"英雄造时势"的事业。

第三,和任何制度一样,政治制度也具有一定的稳定性和相对自主性。一定社会的经济、政治、文化条件虽然会在宏观上、总体上制约着特定政治制度的存在与变迁,但这并不意味着它们是一种机械的、如影随形般的制约关系,作为社会上层建筑组成部分的政治制度,也存在着一定的相对独立性、稳定性。这种稳定性、自主性首先与国家本身的自主性有关。政治制度作为实现国家公共权力的方式、手段,虽然在实质上总是倾向于代表某些人的利益和意志,但在名义上又是凌驾于社会之上的,体现的是不同于任何具体社会集团、成员意志的、独立的国家意志,从而在形式上或制度的"正式表达"上,它一经形成或颁布,就体现的是"公共权力"(不是哪一个集团、哪一家的力量)对所有社会成员产生的同等约束力。同时,就像拖拉机与耕牛都是劳动工具,劳动效率却大不相同一样,基本制度都是君主专制,其内部结构、功能不同,如皇位继承制度不同、官僚制的发育成熟程度不同等,也会使制度的整体功能、效能不同。也就是说,一种制度体系本身的组成情况,如内部各组成部分、各种机制是否健全和运行有效,也会影响制度的整体效能;制度自身的结构与内部机制合理有效,制度自身能产生良好的效能,就会使制度具有一种自我强化与维持的能力。与此相关的是,一种规则只有具备稳定性才称其为制度,才能有章可循,有规可依,才能减少人们政治博弈、沟通协调的成本,产生效率与秩序,给人带来某种便利。而这也意味着,改变一种规则系统或创设新的制度,会让许多习惯于搭旧制度"便车"、形成"路径依赖"的人感到不便,更会使原来的既得利益者受损。这就使很多人倾向于维护既有的制度,从而使政治制度呈现出稳定性、继承性,乃至保守与僵化。

所以,政治制度并不是如影随形般地随着一定社会经济、政治、文化条件变化而变化,而是有着一定的相对独立性、稳定性;再加上传统中国独特的社会条件的影响,特别是相对封闭的地理环境的隔离保护机制的作用,造成中国政治制度的因袭性、稳定性,也造成变革与制度创新的困难性。

以上几点,对于读者从整体上把握历史时期政治制度的形成与变迁,或许能够有所帮助。

四、本书的编写体例与特色

(一)历史分期与编写体例

本书涉及的时间跨度,则包括从中国早期国家时期(夏、商、西周)一直到中华人民共和国成立之前的政治制度发展、演变的历史。在这几千年的中国政治制度变迁、演变的历程中,既有前后相续的延续性和继承性,又呈现出明显的阶段性。如果我们以古代国家的君主制这一基本政治制度的演变为标准,其中又可划分为三个大的演变阶段:

第一阶段,从中国早期国家时期(夏、商、西周)到春秋、战国之际的先秦时期。这个时期的政治制度主要是以君主制为核心的国家政治制度发育、成长时期,实际上就是中国的君主专制制度形成时期。该时期虽为中国政治制度的发展早期,但又处在中国文化传统的"原型"时期,中国传统政治的基本原则、价值取向乃至以君主为核心的政治制度的基本框架,都肇端于此时。

第二阶段,秦汉至明清时期,这是中国古代以君主专制为核心的政治制度的成熟时期。这一时期历经两千多年的政治制度发展演变,时间跨度长,中国传统政治制度的特点表现得最为充分、典型,是本书重点考察和介绍的部分。

第三阶段,从1840年到1949年,系中国政治制度由传统向现代的过渡时期,是中国政治制度在外来冲击与内在矛盾作用下,发生重大变革并向现代政治制度转型的主要时期。透过这一时期政治制度的考察,可以更加清楚地看到中国传统政治制度面临的困境、挑战以及现代转型的艰难曲折历程。

对应于以上三个历史阶段的分期,本书在编写体例上也相应地分为三编:上编,先秦时期的政治制度;中编,秦汉至明清时期的政治制度;下编,向现代国家过渡时期的政治制度(1840—1949)。每一编前面增加导语,简单概述本时期制度变迁的总体情况,弥补后面编写中照顾不到的重要内容;同时也采用国内同类教材的"竖切"方法,在每一编(特别是中编)的里面,不是按朝代"横切",而是分专题介绍每一具体制度的演变,以便集中梳理清楚一项制度的来龙去脉。

另外,在每一章(具体制度)后面也留出一点篇幅进行"总结与讨论",既是为了总结归纳重要的内容,也希望通过比较开放性的讨论,引起读者的更多延伸性思考。

(二)本书力求呈现的特色

本书编写的宗旨是,首先,要方便中国政治制度史初学者,特别是要方便那些政治学科专业的同学阅读、使用,给他们提供一些这方面的基本知识,增加他们在理解政治问题方面的历史厚重感;其次,也想为那些对古代中国政治制度感兴趣,乃至想要从事这方面研究的读者提供一定的参考帮助。基于这一宗旨,本书在编写中力求体现以下特色:

我们会密切关注学术界的新动态,反映学术研究的新成果,尽量做到在内容和观点上有新意,给读者一些新的知识和启发;本书在每一章之后专设"总结与讨论"部分,本着"有话则长,无话则短"和"形式灵活"的原则,进行开放式讨论,启发读者的思考与联想能力。

我们会根据教材的要求和读者的情况,尽量提供基本的、稳定的知识,尽量做到简明扼要,深入浅出。就是说,我们不想把政治制度史的教科书写得枝蔓、深奥,或写成研究专著,而尽量给读者一些"必要"的、基本的东西;我们也不想把存在重大争议的、尚需要进一步研究的问题,当成定论"推送"给读者,而尽量给读者一些学界公认或研究成熟的知识;为了引导读者的深度思考,我们也会介绍一些有争议的问题,但会尽量处理成一个开放性问题,如实告诉读者,这只是目前的研究或一家之言。

因为这本书主要是写给政治学专业的读者看的,我们会尽量地引入、借鉴政治学的相关知识和理论,对古代中国的政治制度加以分析解释,以增强该书的理论分析成分,并体现其"政治学"学科特点。

在语言和语气方面,我们会尽量做到平白、自然,以交流、对话的方式去讲述,去叙事,尽量消除书本与读者的阅读距离。

当然,以上只是我们要在此书中"力争"实现的目标,效果如何,还得交由读者裁判。

上编　先秦时期的政治制度

　　本编主要介绍夏、商、西周以迄春秋、战国时期的政治制度。按照一般的看法,夏代为中国历史上最早的国家,有国家乃有公共权力的组织形式及规则,我们的政治制度史就大致由夏代开始说起。

　　商和西周在政治制度上当处于早期君主制国家时代,但这个时期被有的学者称为中华文明的"轴心期",无论在文化上还是在政治制度方面,都对后世产生了深远的影响。特别是西周,其礼乐制度、政治原则一直受到儒家的推崇,堪称政治制度的摇篮与原型时代。西周以后各代,虽经社会历史条件发生重大变化,政治制度的演变呈现出明显的阶段性,但是许多重要的制度、原则和治国理念(如君主制的基本原则、立君为民、以德治国的思想)却造端于此时。

　　继起的春秋、战国时期,则是由早期君主制国家向君主专制帝国的过渡时期。[①] 在这个时期,各诸侯国为了在你死我活的吞并战中争得更大生存机会,纷纷开展了旨在富国强兵的改革变法运动,这在政治制度方面带来了一个总的结果,就是推动和加强了以君主为核心的中央集权国家的制度构建,从而为秦统一之后新兴国家——君主专制帝国的形成以及相应政治制度体系的构建做了基本准备。

---

　　① 关于先秦时期国家形态的具体演进情况,学术界存在不同的观点,这里为稳妥起见,粗略地把先秦国家形态视为从君主制国家向专制帝国的过渡。学术界有学者提出,中国历史上的国家形态经历了"早期都市国家(古国)—方国(一个国家的松散联邦)—帝国"三个发展阶段和形态;也有的学者提出"邦国—王国—帝国"三个演进阶段的说法。想要进一步了解此问题者,可以参阅苏秉琦:《华人·龙的传人·中国人——考古寻根记》,辽宁大学出版社1994年版;王震中:《邦国、王国与帝国:先秦国家形态的演进》,《河南大学学报(社会科学版)》2003年第4期。

第一章 / 夏、商、西周时期的政治制度

本章主要讲述中国早期国家的起源和政治制度的开端,以及商朝和西周时期政治制度的基本情况,分析中国早期国家时期,特别是商朝和西周对后来中国政治制度演变的影响,强调其对于秦汉以后中国传统国家政治制度所具有的某种典范意义。

第一节 国家的起源与中国政治制度的开端

正如我们在"绪言"中所讨论的那样,政治制度作为人类社会的一种重要政治现象,一般来说是和国家这种特殊的公共权力组织形式及规则密不可分的。所以,讨论中国古代政治制度的起源与发端,需要从中国早期国家的产生讲起。

和世界上其他国家一样,中国早期国家也是从无国家的原始社会发展演变而来的。对于这个原始社会,古人常有类似如下的模糊追忆,如:

"天下为公,选贤与能"(《礼记·礼运》);

"昔者,神农无制令而民从"(《淮南子·氾论训》);

"神农之世……刑政不用而治,甲兵不起而王"(《商君书·画策》)。

可见,在这个无国家的原始社会中,也是实行财产公有制,在管理群体事务方面采取原始的民主制,由全体氏族成员选举产生首领,由首领依靠个人的威信和原始的习惯来行使管理职责,而没有凌驾于社会之上的暴力强制机关。这些零散而不乏传说色彩的记载,一方面向我们隐约呈现出那活在集体记忆中的先民历史,同时也表达了古代中国人对一种理想社会的向往。后来的中国人有关"圣王"和理想社会的想象,很大程度上就与这种历史记忆和传说有关。

那么,中国早期的国家是如何从原始社会中产生的呢?

一、学术界有关"中国早期国家"的讨论

从世界历史的总体情况看,国家是人类社会发展到一定阶段的产物。正像恩格斯在《家

庭、私有制和国家的起源》中指出的那样,在原始社会后期,随着社会的生产与生活方式、家庭婚姻制度的发展,产生了贫富分化和财产私有制,并由此导致社会分层、阶级分化与阶级矛盾,为了控制这种社会内部的对立与冲突,于是产生了凌驾于社会之上、实际上代表统治阶级利益的国家公共权力。这为我们认识中国早期国家的起源问题,提供了一般原理和总体方向。

但是,中国早期国家起源的具体情况究竟是什么样的? 比如,国家产生的具体过程是怎样的? 中国早期国家是从什么时候开始? 学术界虽然进行了不少这方面的讨论,但因为年代久远、文献记载与考古资料能提供的直接证据有限等原因,至今对这些问题还存在不少分歧和争论。为了理解这方面的学术动向,这里选择较有代表性的观点择要加以介绍。

首先,关于中国早期国家产生的具体过程问题,引起关注也引起较大争论的主要有以下两种观点:

第一种观点认为,中国早期国家是从"酋邦社会"演变过来的。

最新提出酋邦理论的,是一位叫塞维斯(E. R. Servise)的美国文化人类学家。他在《原始社会的组织》和《国家与文明的起源》等著作中提出,人类社会的政治组织经历了四个连续发展的阶段,即游群、部落、酋邦、国家,国家是从一种叫酋邦(chiefdom)的社会组织中直接演变过来的,而不是像早期人类学家摩尔根所说,是从部落或部落联盟演变而来的。酋邦理论提出后,很快在西方人类学界引起很大反响,成为很多人类学家研究早期国家形成过程的理论依据。20世纪90年代,中国学者谢维扬在其《中国早期国家》一书中系统地介绍了塞维斯的这一理论。根据他对塞维斯和这一派人类学家观点的介绍与理解,酋邦社会的突出特点是:(1)形成了金字塔型的权力结构,权力高度集中于酋邦首领,由首领负责协调经济、社会与宗教活动,并由此形成固定而常设的政治机构,负责决策与领导,酋长的地位开始向世袭发展,但酋长及其政治机构的权力主要来自习惯和宗教力量,而并非主要以暴力为支撑;(2)出现了广泛而突出的社会分层与不平等,财富分层与权力结构对应,酋长及其官员享用特权,基本的分层格局是"权力者与普通成员之间的差异"。基于这一理解,谢维扬指出,酋邦是前国家时期与国家最为接近的政治组织形式,正是从这种酋邦社会中"发展出人类最早的专制主义政治形式"。运用这一理论,他进一步详细论证了中国早期国家(夏代)从酋邦社会产生的过程。

酋邦理论的核心在于,强调酋邦与专制政治之间的直接联系。它对于中国学者的吸引力在于,通过这一理论,可望揭示从原始社会的部落联盟制到早期国家形成的具体过程,进而发现和解释中国是如何从带有原始民主制成分的原始社会过渡到带有专制性质的早期国家的。或者如有的学者所说,这一理论至少启发人们看到,在部落联盟与早期国家之间,还存在一个相对独立的发展阶段,从而使国家起源问题的研究更加深入、具体。不过,由于酋邦理论及其对中国早期国家的研究涉及国家起源道路与早期国家政体形态问题,以及东西方发展道路异同等一系列复杂而重大的问题,加之受文献与考古资料所限,自然也会存在不少缺憾,因而在受到广泛关注的同时,也引来学术界不少的批评和质疑。比如,对国家起源这样复杂的问题,这一理论可能过于简单;酋邦首长的权力性质到底如何界定,从酋邦社会的非强制性权力如何发展为早期国家的专制权力等,它的说服力也显得不够充分。[①]

第二种则认为,中国早期的国家产生于一种"政治性的财富积累方式"。

这一观点由哈佛大学著名人类学家张光直提出,主张应从原始社会后期出现的一种独特的财富积累的方式(法则),来解释中国早期国家起源的具体原因。[②]他认为,文明和国家产生的前提,首先是财富积累,而正是在类似中国这样的社会中,采取了"政治性措施"或法则来实现财富的积累,才引起了中国早期国家的产生。具体来说:

两河流域苏美尔文化和地中海的爱琴文明,是靠生产技术革新和商业流通,靠改变人和自然的关系来实现财富的增加的。与此不同,中国及玛雅文明等地区,则主要通过靠"政治性措施"或程序来操控劳动力、改变人与人的关系,进而实现财富的集中。

这些操控劳动力以实现财富积累的"政治性措施",除了战争(直接地俘掠人口)、宗法制度(区分大宗小宗,以血缘系谱为基础积累财富与权力)之外,其中最值得注意的是巫术,以及支撑这种巫术的萨满信仰(Shamanism)及其有机宇宙观。

这种表现为萨满信仰的有机宇宙观,一方面相信宇宙的所有组成部分都属于一个有机整体(天人合一),它们互相联系,人与自然物、人与动物之间存在着神秘的相互感通、渗透的关系;另一方面认为,主宰宇宙的神与一般人之间存在着阻隔,即中国古代所谓"绝地天通",需特殊的人、借助特殊的法器才能与神沟通。而那些巫师、君王就是代表人类与神沟通的特殊的人,巫术、青铜器、玉石、舞乐等就是他们与神沟通的法器;巫师、君王正是利用巫术、法器获得了"通天"的能力,拥有统治人间的智慧、神秘的力量与权力。

总之,正是在通过战争、宗法制度、巫术等政治性措施操控生产劳动力,进而实现财富积累的过程中,社会贫富分化与阶级分层加剧,权力逐渐集中,产生了城市和国家。

虽然张光直也认为国家的产生伴随着原始社会向阶级社会的转变,这是一个"世界性"的过程,总体上承认国家是阶级社会的产物,但他在许多具体问题上,与马克思主义的国家起源理论还是存在颇多出入的,因此也引起国内一些学者的商榷与质疑。

以上,介绍了两种引起较多关注的早期国家起源观点,这些观点无疑有很多需要进一步商榷讨论之处,但对于开阔人们的学术视野,深化、细化有关中国早期国家起源问题的研究,

①　参见陈淳:《酋邦与中国早期国家探源》,《中国学术》2003 年第 2 期;易建平:《部落联盟与酋邦——民主·专制·国家:起源问题比较研究》,社会科学文献出版社 2004 年版。

②　参见张光直:《中国青铜时代(二集)》,生活·读书·新知三联书店 1990 年版;《美术、神话与祭祀》,郭净译,辽宁教育出版社 2002 年版。

还是具有很大学术价值的。

其次,关于中国早期国家始于何时的问题,大体有三种观点。

第一种是影响最大的"夏代说"。我们知道,在中国古代的文献记载中,夏代就是在商朝之前的、第一个建立在中原地区的世袭国家,这一点几乎是没有疑问的。但是夏代确实又没有像商代那样,得到类似殷墟和甲骨文那样的直接证明。后经中国考古学界数十年的努力寻找,终于在河南偃师二里头发现了早于商朝的大型宫殿遗址,许多学者根据该遗址的文化特质及碳十四测定的年代范围,认为其符合古代文献记载的夏朝年代。虽然在对二里头文化的具体历史分期问题上还有不同意见,但大部分学者都认为,这就是人们一直苦苦寻找的"夏墟",就是"最早的国家"夏代存在的证明。而在国家"九五"科技攻关重点项目"夏商周断代工程"(2000年结项)报告中,也把夏定为商的前朝,并认定二里头遗址为夏都。谢维扬也从其"酋邦"理论出发,断言夏代就是继酋邦组织之后产生的第一个早期国家类型,夏朝的存在"本身可以说已经不成为一个值得认真怀疑的问题"。

第二种是"新石器时代"说。持这种观点的学者认为,中国的早期国家(古国)的出现应该更早于夏朝,在五千年前的新石器时代,就已经有了文明的曙光和中国古国的出现,而且最早出现的还不是一个古国,而是"满天星斗"地呈现,在多个地区、多个点上产生了多个古国。[①]

第三种可谓"夏朝存疑"说。持此说者尽管不否认夏和夏文化的存在,甚至也认为,二里头遗址很可能就是最早的中国,且很可能就是夏,但最大的存疑之处在于,由于没有直接的文字证明,从考古学上说,既不能证明二里头就是夏,也不能证明它不是夏,只能存疑。而且,对于如何判断什么是"早期国家"的标准,目前学术界尚缺乏科学的理论与比较公认的标准。这样,在既不能在考古学上证明夏代国家,又没有就什么是"早期国家"达成共识的情况下,谈论夏代之前的"新石器时代"的"古国"问题,就更不能成立了。他们因此强调,不能为了寻找最早的国家而"无限制地上溯"。[②]显然,他们更不能接受中国早期国家产生于新石器时代的"满天星斗"说。

二、夏代与中国政治制度史的开端

尽管学术界在夏和夏文化的认定问题上还存在一些分歧和争议,但是以夏作为中国早期国家的开端,还是相对更有说服力、也是更能接受的选择。原因是,尽管只有文献记载和

---

① 参见苏秉琦:《华人·龙的传人·中国人——考古寻根记》,辽宁大学出版社1994年版;《满天星斗:苏秉琦论远古中国》第一章"问题与综述:中国文明的初始秘密",中信出版社2016年版。

② 有关争论参见陈淳:《酋邦与中国早期国家探源》,《中国学术》2003年第2期;郑诗亮:《许宏:寻找最早"中国"不能无限制上溯 夏朝还是无法确证》,《东方早报》2016年9月18日。

传说,没有在考古学上得到直接证明,但夏的存在应该是一个客观事实。

为什么这样说呢?

第一,从《尚书·多士》所记述的"殷革夏命",以及周人利用夏代亡国教训对商族遗民进行训诰的事例,到《史记·夏本纪》对夏代历史及其君王世系的记载,这期间有大量的古代文献提到夏;而在中原地区的很多地方,确实发现有很多城址、地名都与夏人的活动、夏人的传说有关。涉及如此广泛的地区、如此持续的历史记忆,是任何个人或集团都无法凭空捏造和随意操纵的。这些有关夏的文献记载、传说,应该就是先民们口耳相传的集体的历史记忆。也是因为这个原因,在中国古代的传统史学领域内,一直把夏朝的存在当作事实。

第二,如果夏代也能得到文字上的直接证明,这固然是最理想的结果。但是正像主张"夏代存疑"说的考古学家所认为的,能够发现甲骨文作为商朝的直接证据,本是一件极为偶然的事情,在考古学上是一种小概率事件,正像人们不能在发现甲骨文之前就否定商的存在一样,没有直接的文字证据也不能否定夏的存在。

第三,就二里头遗址的情况看,首先,考古学界基本一致的观点是,它有中国最早的城市主干道网、最早的宫城、最早的中轴线布局的宫室建筑群、最早的四合院和多进院落宫室建筑、最早的官营手工业作坊、最早的青铜礼器群等,开了后世许多制度的先河,所以连质疑它是"夏都"的学者也认为,几乎可以肯定它就是最早的中国,是存在于3700多年前的中国最早的广域王权国家。从碳十四测定的年代看,二里头文化不仅和文献记载中夏代存在的时间吻合,其文化遗存也明显地具有早于商朝的特征,这也是大多数考古学家将其视为夏文化的主要原因。

综合这些理由就可以基本确定,在商代之前存在着一个夏或类似夏代的早期国家,因而也就产生了以国家公共权力为核心的政治制度。因此我们采取学术界大多数人的意见,把夏代作为中国古代政治制度的开端。

根据传说,禹是中国上古实行禅让制的最后一位首领。禹在年老时,本来准备推荐一个叫伯益的人为首领,但是这时禹的儿子启已经形成很大的势力,所谓"势重尽在启"(《韩非子·外储说右下》),加之私有制的发展使得权力世袭制日益得到人们的认可,虽然伯益当上了首领,但是接着就发生了"益干启位,启杀之"的事件,伯益很快被启取而代之。[①] 这标志着古老的首领"传贤"制被"传子"的世袭制所取代,世袭的王朝国家形成。

据史书记载,夏朝自夏启建国至夏桀灭国,共传十六王,约五百年,大致是从公元前21世纪至公元前16世纪。作为目前所知的中国最早的国家,夏代的政治制度具有以下特点:

第一,代表公共权力的首领凌驾于社会之上,其职位由禅让制改为世袭制,最高统治权力为某个家族垄断,开"家天下"先河;并且,这种最高权力同时也表现为一种合法的暴力和

---

① 参见方诗铭、王修龄:《古本竹书纪年辑证》,上海古籍出版社1981年版。

强制力。

据说,有个叫有扈氏的部落因为反对夏启继位,遭到夏启的讨伐。启声称这是"天用勦绝其命,今予惟恭行天之罚",说我这是奉了天命要灭绝、处罚他们,并告诫将士"用命赏于祖,弗用命戮于社",服从命令英勇杀敌者在祖庙受赏,不听从命令者在社神那里处死。(《尚书·甘誓》)这说明,这时的王已经作为一种"天命"的代表,拥有对外征服、对内处罚的强制力,掌握对他人生杀予夺的权力。

夏朝的王一般称为"后",具体指称某个王时,就称为"夏后某"(表示"继承"或母系氏族社会依存),王族称"夏后氏"。

第二,出现了具体行使国家权力的官职和官僚组织萌芽。传说"夏后氏官百"(《礼记·明堂位》),根据《尚书》《左传》《礼记》《竹书纪年》《史记·夏本纪》等古代文献的记载,许多官职都源于夏代。

第三,产生了刑罚、征税等暴力强制现象。如史书记载,"夏有乱政,而作《禹刑》"(《左传·昭公六年》);还说"自虞、夏时,贡赋备矣"[1];"夏后氏五十而贡……皆什一也"(《孟子·滕文公上》),说夏代百姓一人耕田五十亩,缴纳十分之一的赋税。

第四,开始按地域(而非按血缘关系)划分统治区域。据说夏朝在征服了一些部落后,把所统治的区域划分为九个州,即"芒芒禹迹,画为九州"(《左传·襄公四年》)。这里的"画为九州"自然不能简单地理解为分成九个行政区划,但是至少说明,在国家发育到一定阶段,必然会按区域来统治百姓。而按照学术界比较一致的观点,这时候的国家,还不可能像秦汉及以后那样,建立起类似郡县制那样中央集权的区域控制制度,而更可能采取以夏后氏为主体、包括众多独立族邦在内的族邦联盟形式,来构建起早期国家相对松散的共同体。

总之,大约在公元前21世纪左右,随着中国早期国家的产生,揭开了中国政治制度的历史篇章。

第二节　商代的政治制度

商是黄河中下游的一个古老部落。传说其始祖为契,曾经帮助过禹治水。其部落臣属于夏,曾多次迁徙,到汤为首领的时候,开始定都亳(今河南商丘)这个地方。据说商汤时期,商还是个不过百里的小国,但他任用贤者伊尹辅政,逐渐变得实力强大。而此时夏代的最高

---

[1]　司马迁:《史记》卷二《夏本纪》,中华书局1959年版,第89页。

统治者叫桀,他荒淫无道,丧失民心。于是商汤起兵,经鸣条(今山西运城)之战最终推翻了夏朝,从此建立起比夏更加强大的商王朝。

从汤至纣王,商朝共传了十七代三十一王,历时六百多年。其在第 23 代王盘庚迁殷(今河南安阳)之前,习惯上称商,此时统治还不太稳定,诸方国时有反叛不臣的情况发生;迁殷之后,习惯上称殷或殷商,统治比较稳定。商朝全盛时不仅控制了黄河中下游的河南、河北、山东、山西等广大区域,连远在西方的氐羌也"莫敢不来王"(《诗经·商颂·殷武》),不敢不表示臣服。

一、"内服"与"外服"相结合的国家结构形式

在当时的交通和信息传递条件下,商人是如何控制幅员那么辽阔的地区,使之成为一个结构比较紧凑的政治共同体的呢? 商人的做法是,将统治区域分为内服和外服两大部分,采用不同的统治方法和组织形式。《尚书·酒诰》所谓"越在外服,侯甸男卫邦伯,越在内服,百僚庶尹",说的就是这种情况。

内服地区,在甲骨文中又称为商、中土、中商或大邑商,是商王直接设官统治的核心区,也是商族聚居的地区。

外服地区,是内服以外各个诸侯、方国的领地,是商朝控制较为松散的地区。这些诸侯、方国往往具有侯、伯、子、男等称号,一方面臣属于商,承认商王为天下共主,并向商朝王室履行纳贡、服役、为商王出兵征伐叛国等义务(如商王文丁杀周人首领季历,纣王囚周文王于羑里);一方面则作为独立性较大的政治实体,设立独立的官职系统和军队等统辖部属。

这样,通过内服与外服地区不同的统治方式与政治关系,形成以商为中心的族邦联盟。在这种结构形式下,中央王朝主要是通过赋予诸侯、方国较大的自主权,来换取各外服地方对商王共主的承认,从而整合为一个政治共同体。这种国家结构形式尽管还比较松散,却是当时条件下比较可行的方式。

二、王权的加强与王位继承制度

到了商朝,随着国家这一公共权力机关的进一步发育成长,商王的地位和权力也不断加强,逐渐拥有了凌驾于全社会之上的、至高无上的地位和权力。

商代王权的强化首先表现为,王权与神权的联系逐步密切,附着于王权的"神""神圣"性日益增强。我们知道,殷人信奉的至上神为"帝"。 在商朝早期的记载中,"帝"主宰着一切自然现象和社会现象,是从外部控制人类的力量,人只能敬畏地、被动地承受它的一切安

排,而不能使自己成为神,人和神之间是有界限的。所以,在世的商王主要是通过神化自己的祖先,来证明自己独特的身份和统治正当性。如商人说自己的祖先是一种神鸟——玄鸟所化生的,即所谓"天命玄鸟,降而生商"(《诗经·商颂·玄鸟》)。这样,神就成了商人的远祖。既然祖先是来自神,所以商人在祭祖的同时又会祭祀神,于是在现实中,祖宗就往往成为神的化身,实现了"帝"和"祖"的合一。在后期的记载中可以看到,不仅祖先死后也可以回到上帝那里,一些先祖的名字可以直接冠以"帝"字,甚至一些在世的君主也直接称"帝",如"帝甲""帝丁""帝辛"(后称"纣王"者)等。君王直接等同于主宰宇宙的至上神,当然是王权至上性、神圣性的直接反映。另外,从甲骨文的记载看,几乎王的一切重大活动,如出征作战、祭祀、农事、实施刑罚等,都要通过占卜,通过求神问卦来进行,神几乎参与了一切重要国家事务。这也从一个方面说明,商王已在某种意义上成为神的化身,成为神在人间的体现。

王权的这种独特性和至高无上的地位,从"王"的最早字形和商王对自己的称呼中也可以看出。在甲骨文中,"王"字写作王或王,一般认为是一把斧钺的形象,或一个人站立中央接受朝拜状。无论哪种解释,都形象地说明王的崇高地位与权威。另外在《尚书》中,商王提到自己的时候都有一个专门的称呼,叫"予一人",重点也是为了显示自己居于天人之间的独特地位,表示自己是凌驾于众人之上的人上之人。[1]

关于商朝的王位继承制度,由于资料稀少,存在许多不同的观点。一般认为,商的前期主要采取兄终弟及的继承方式,即凡前王之子都有继位资格,以长幼为序,兄终弟及,幼弟死后,王位复归长兄之子。但是按照这种制度,选择继承人的范围较宽,容易引起兄弟相争,造成"弟子或争相代立,比九世乱"[2]。到了后期,便逐渐收缩候选者的范围,演变为父子相继的传子制度。虽然这方面的具体情况还不是很清楚,但在国家最高权力的继承方面,制度化程度日益加强,应当是一个明显的趋势。

三、内服地区的官职与机构设置

由于商代分别采取内服与外服两种统治体制,需要设官直接统治的仅限于内服地区,故这里主要介绍其内服系统的官职与机构设置情况。

记载商代各种官职和机构的材料,大多散见于历史文献,如《尚书》《诗经》等,以及甲骨文中的记载。综合文献记载和甲骨文的材料来看,商朝的政治制度与前代比,出现了更多的官职,机构设置也更为繁多,其内部结构分化无疑更加细致复杂。但由于年代久远,文献

---

① 参见傅佩荣:《儒道天论发微》,中华书局 2010 年版,第 51—52 页;刘泽华主编:《中国政治思想史》先秦卷,浙江人民出版社 1996 年版,第 9—10 页。

② 司马迁:《史记》卷三《殷本纪》,中华书局 1959 年版,第 101 页。

记载比较零散,甚至互有出入,这里只能粗略加以介绍。大致上说,在商王之下,其内服系统的官职与机构主要有以下几个类型:

第一,最高辅政官,即在众多官员之上,有一个作为百僚之长的官职,辅佐商王处理政务,总管百官。如著名的伊尹,他辅佐成汤"革夏之命",成汤之后,又辅佐几代君王使商代走向强盛,所以被后人视为贤相;据说在武丁时期还有一位傅说,他被"举以为相,殷国大治"①。虽然这时文献记载中的"相",可能还不能等同于后来作为名词的宰相之"相",并且在甲骨文中也没有关于"相"的记载,但不管商代是否正式设过这一官职,商王都不可能天天直接面对众多的官员和繁杂的事务,必然会需要一个类似后世宰相的官职作为辅佐。

第二,政务类官职,即所谓"百僚庶尹"。"尹"有"治理""正长"的意思,类似后来各个政府部门、各级政府的长官。这类官职除了"尹"之外,可能还有"卿士"。如《尚书·洪范》中记载,箕子作为王国之君纣王的叔父,建议前来求教的周武王要"谋及卿士";《尚书·牧誓》记周武王列举商纣王的罪名,也说他以"四方之多罪逋逃"为其大夫、卿士。

第三,宗教文化类官职,主要有卜人、贞人、巫、史等名称。殷人尊神,凡事必然卜卦问神,记录传递神的旨意,还要举行各种仪式祭神,所以在国王身边形成一批专司宗教与文化事务的官员。

第四,事务类官职,包括各种"小臣",如掌管农事的"小籍臣"、管理耕牛的"牛臣"、管理畜牧的"牧"、管理建筑工程和手工业的"司工(司空)"等。

此外,还有掌管宫廷事务的官职,如宰、寝、臣等,他们主要奔走于宫廷之内,负责服侍商王及后妃、王室成员。再者,还有掌管军事事务的师、亚、马、射、戍等。

四、军事、法律与财政制度

关于商代的军事制度,我们主要从军事指挥统帅体制、武装力量构成、军队的动员征集方式等方面加以介绍。

商代军队的最高指挥权、统帅权由商王掌握。甲骨文中屡屡出现商王率军出征的记载,所谓"王自征""王往伐"等。另外,与商王关系密切的王族成员,如王子、妻妾、宠臣等,也常常被委以统兵权。在商王之下,则是师、亚、马、射、戍等军职,构成军队的指挥系统。

整个商王朝的军队,大致由王室军队、诸侯军队和贵族军队几个部分组成。甲骨文中所说的"王师""朕师",就是王室军队;诸侯军队则往往在某"师"之前冠以某诸侯名,如"吴师";贵族武装往往以"族"为名,如甲骨文中的"子族""三族""五族""多子族"等。

---

① 司马迁:《史记》卷三《殷本纪》,中华书局 1959 年版,第 102 页。

在军队的征集动员方面,商代前期应以临时性征集兵员为主要动员方式。甲骨文中的"牧人""登人""牧众"等反映的可能就是这种情况。秦汉以后的少数民族政权,如北魏、金、元、清等,在最初起兵时,都是采取兵农不分、寓兵于民的方式,平时生产,战时出征,并无常备军存在,商代前期可能也是如此。而到武丁以后的甲骨文中,则出现了商王左、中、右三师的记载,如武乙、文丁时的卜辞中,就有"王作三师:左中右"的记载。①卜辞中还有许多这三师出征作战的记载。如此频繁地动员这些军队参战,恐怕只有常备军才能做到,而不大可能是临时征集。

关于商代的法律制度,主要有以下几个方面需要注意:

第一,大概在战国之前,用来表示类似后来"法律"概念的词,一般叫"刑",而不叫"法"。有文献记载说,商汤时候已经有了"汤刑",并且有"汤刑三百"的说法。如《左传·昭公六年》记载,"商有乱政,而作汤刑";《吕氏春秋·孝行览》引《商书》说,"刑三百,罪莫重于不孝"。这毕竟只是后人的说法,只能暂备一说,商代的法律条文形式与战国时期各国大变法时期铸刑书、刑鼎、公开颁布成文法典不同。

第二,综合文献记载和甲骨文,以及其他考古资料来看,商代的法律主要以镇压、制裁为主。"刑"字从最早的字形看,就是由"刀"字组成,带有以刀砍杀、伤害之意。刑罚种类特别是死刑、肉刑种类繁多。死刑中就有族诛、大劈、剖心、凌迟、脯醢、炮烙(或炮格)等。在殷墟就发掘出大批无躯的人头,大概就是大劈之刑的结果。《史记·殷本纪》上说,脯醢之刑、"炮格之法"都是殷纣王最先使用的,而号称"天下第一仁"的王叔比干,也被纣王处以剖心之刑。②肉刑则主要有刖、宫、劓(墨)等刑罚。另外还有罚做苦役的徒刑等。如此繁多残酷的刑罚种类,充分说明当时国家权力机关的残暴性。

第三,商代刑罚的实施,往往是在神的名义下进行的,而界定罪与非罪的核心,就在于是否触犯了以商王为代表的统治者的意志和利益。从甲骨文的记载看,商王在实行处罚时,往往要通过占卜,名义是根据占卜的结果来审判与实施惩罚。最大的罪名就是违反了商王的誓言命令,挑战了君王的权威。如《尚书·汤誓》中就记载,汤王训令全体将士说,"尔不从誓言,予则孥戮汝"。此外《尚书·盘庚》还记载,如有"颠越不恭"、以"浮言"惑众者,也要遭到严惩。

最后,简单介绍一下商代的财政制度。

财政是国家政治权力的体现,又是实现国家各项职能的主要手段。因此,随着国家的诞生,必然会产生相应的财政和财政制度。现代国家的财政制度非常复杂,涉及预算、收入、支

---

① 参见郭沫若:《殷契萃编》,科学出版社 1965 年版,第 59 页。

② 司马迁:《史记》卷三《殷本纪》,中华书局 1959 年版,第 106—108 页。

出及财务管理、财务工作规程等各方面的制度、法律、法规等。古代中国,特别是中国早期国家,不可能像现代国家那样具备完备的财政制度,但是至少已经具备了某些萌芽和要素。从收入方面看,由于商代经济的主要部门是农业,另外还有畜牧业和手工业,在王畿"莫非王土"、国家之财几乎就是王室之财的情况下,商代王室的财政收入也主要来自其内服统治区内这几个方面的产出,具体说,是靠直接控制大量手工业、农业奴隶等劳动人口从事劳动来满足需要的;此外,从殷墟等商代遗址出土文物的种类也可以看出,各个诸侯、方国贡纳的财货、珍宝乃至奴隶也在其财政收入中占有较大的比例。在支出方面,则主要用于王室的奢侈性消费①,供养官员、军队、奴隶们的生活开支,以及战争、祭祀、赏赐等方面的支出。在家族-国家一体的情况下,究竟哪些属于公共性财政支出,哪些属于王室家族性开支,区别还不是很明显。因此,从总体上看,商王朝的财政尚属于家产式或王室财政,其主要功能在于实现王室家族的政治统治。

第三节　西周政治制度的发展

一、西周的制度大变革

从公元前 11 世纪末到公元前 8 世纪,是中国历史上的西周时期。

王国维在其著名的《殷周制度论》中曾经指出,虽然殷取代夏的"革命"之际也必然伴随着政治与文化的变革,但是"中国政治与文化之变革,莫剧于殷周之际",认为殷、周王朝兴替之际才是中国制度与文化的剧变时期,是"旧制度废而新制度兴,旧文化废而新文化兴"的大变革时期,因而对后世中国的"制度文物"产生了深远的影响。②王国维的这一判断,虽然在某些具体方面或有需进一步讨论,但综观各方面的情况看,基本上是符合历史事实的。

为什么在西周之初会发生剧烈而深刻的制度与文化变革? 这要从周的建国与灭商说起。

---

① 在古代政治体制下,统治者的奢侈性消费、对社会资源的浪费也是突出其与众不同、显示其独特权力和地位的重要方式。参见[美]巫鸿:《中国古代艺术与建筑中的"纪念碑性"》,李清泉等译,上海人民出版社 2009 年版,导论及第 81、87 页。

② 姚淦铭、王燕编:《王国维文集》第四卷,中国文史出版社 1997 年版,第 42—43 页。

最初，周是生活于渭水中游黄土高原上的古老部落，姬姓，传说其始祖叫弃，擅长农业生产，在尧舜时做过管理农事的官，号称"后稷"。到弃之后的第十四代首领季历时期，周代开始强大，向周围的戎狄大举用兵。季历的儿子姬昌（文王）继位后更勤于政事，改革内政，"明德慎刑"，重视发展农业，礼贤下士，重用姜尚，制定强国大计，国力更加强盛，据说他在世时已是"天下三分，其二归周"。文王之子武王姬发继位后，迁都镐京（今陕西西安附近）。大约公元前 1027 年，武王趁商纣王主力出征东夷、内部空虚之际，联合其他部族发动牧野（今河南淇县南）之战，纣王战败自杀，周武王取得了灭商的决定性胜利。

作为偏居于商朝西方的属国，周原本在经济、文化等各方面都比较落后，一直被商朝视为野蛮人，孟子称文王时仅为百里之国 [1]，周人在《尚书》中自称为"小邦周""小周"，称殷商为"大邦殷"。但就是这样一个各方面都不起眼的小国，却一举战胜了商这个东方大国。而且商朝统治者还长期向人们灌输思想：他们"有命在天"，是上帝唯一钟意的统治者。这样在吞灭商朝之后，如何为"小邦周"取代"有命在天"的"大邦殷"的统治作出正当性解释，如何治理和巩固如此辽阔的大国，是摆在周朝统治者面前的一个严峻问题。特别是，商王朝虽在短期内被推翻，但是殷商遗民的潜在力量仍然很大，如何处置安抚商朝的贵族及其追随者，更成为统治者的当务之急。

为了巩固新政权的统治，武王在灭商之后就实行了第一次大分封，将其子弟、功臣分封到各地，让他们在各地建立诸侯国，共同拱卫周王室。同时，又将商都朝歌（今河南淇县）一带的殷朝旧地分封给纣王之子武庚，由他统管商朝遗民，奉祀商人祖先，并派武王的兄弟管叔、蔡叔等监视武庚。[2] 周武王死后，成王诵年幼，由武王之弟周公（姬旦）摄政。管叔、蔡叔疑心周公篡权，武庚借机联合他们，率领东方各属国发动大规模叛乱。周公率兵东征，三年平定了叛乱，才比较彻底地扫清了商朝的外围势力。为了实现周王朝的长治久安，以周公为代表的统治集团认真总结吸取商朝亡国的教训，同时结合周王朝统治的实际需要，采取了一系列改革举措，其中影响重大而又密切关联的制度变革有：

实行宗法制，区别家族内嫡庶、尊卑、大宗小宗的等级秩序，明确了西周统治集团的权力、地位的继承转移规则；

推行分封制，以宗法血缘关系为纽带，实行封邦建国的政权结构形式；

构建起庞大而复杂的礼乐制度，以区分社会成员之间的贵贱、亲疏及相应的行为准则与权利义务关系。

与此同时，提出以"天命有德""立君为民"等思想为核心的新"革命"观或"天命"观，

---

[1]　参见《孟子·公孙丑上》："以德行仁者王，王不待大，汤以七十里，文王以百里。"
[2]　也有史书记载，武王令三个兄弟管叔、蔡叔和霍叔在武庚封地外围设立三个封国，号称"三监"。

既较好地解释了周、商革命的原因，又为新兴的周王朝确立了统治合法性基础和基本的政治原则。

王国维所揭示的商周之际剧烈的政治、文化大变革，从制度上看主要就是以上这些方面。我们要想了解西周的政治制度的发展变化，以上这几个方面是其中关键。

当然也要看到，作为在文化上和制度上比商朝发育更为成熟的国家，西周在政治制度的其他方面，如政治组织结构和角色的专门化、复杂化方面，也比殷商有了更大发展。

二、"天命有德"与"敬德""保民"原则的确立

前面提到，商朝曾是一个各方面都比周强大、先进的大国，而且商王族还被认为独享天命，得到了上帝这位至上神的永久庇佑。这么一个"有命在天"的大国，为什么会被一个各方面都不起眼的小国推翻？西周把号称独享天命、得到上帝永久性授命的商朝给推翻了，这是否合乎天意，是否具有天命上的依据？

为了解决这些问题，西周的统治者们提出一套新的"天命"与"革命"理论。他们认为，天命不是永久、无条件地保佑哪个王朝，"天"保佑哪个王朝、哪个君王是有条件的、可以改变的，条件就是看其是否有"德"。这就是所谓"皇天无亲，惟德是辅"（《尚书·蔡仲之命》），也就是后世常说的"天命有德"。这样，周人就把原来专属商族一姓的"帝"，解释为天命可革可变、"惟德是辅"的"天"，用这种新的"天命"思想解释王朝的兴亡。为此，在《尚书》中，周公、召公等人向成王及受封诸侯反复提出"敬德""明德慎罚"的思想，认为夏、商这些王朝之所以失去"天"的庇佑，就是因为他们"不敬厥德"，导致"早坠厥命"；商王朝的灭亡纯粹是由于暴虐百姓，失德无道，导致"天惟丧殷"，而我们"小邦周"之所以能够取代商朝、统治天下，则是因为祖先"明德慎罚"，是受天命而对商"恭行天之罚"。

"天命有德"，这个作为得天命的先决条件的"德"是什么，"天命""天意"又是什么呢？按照西周那些开国者的看法，"天"的根本精神是"惠民""保民"，君主为上天的"元子"（"天子"），其基本职责就是"敬天保民"，代表上天为民谋福利。所以，君主能够代表上天惠民、保民，就是"有德"，"有德"就能得民心，得民心就能得"天命"。所以，"有德"和得"民心"、得"天命"三者是一致的。故《尚书》一书记载了大量"敬天""康民""保民"的训诫，其中《泰誓》篇讲得最为明确，如"惟天惠民""天佑下民，作之君，作之师"，以及"天矜于民，民之所欲，天必从之""天视自我民视，天听自我民听"。①

---

① 《尚书·泰誓》一般认为系晚出之作，其原话未必出自周初之人，但其基本思想是和《尚书》一致的，故其中"天视自我民视，天听自我民听"也为《孟子·万章》所引用。

可见,周人虽然依旧保持着对于"天"的神秘感和敬畏感,但"天命"实际上又被具体归结为爱民、尚德的现实内涵。

既然君主得到上天"授命"的根据是"有德"于民,则失"德"就会失去民心,从而最终失去"天命",面临丧失担任君主资格而被"革命"的结局。如《尚书》讲到夏王朝灭亡原因时就认为,由于夏为虐天下,于是"天惟时求民主,乃大降显休命于成汤,刑殄有夏"(《尚书·多方》);讲到周灭掉商时也认为,由于商王朝"不敬厥德",故"皇天上帝,改厥元子"(《尚书·召诰》),剥夺了其统治资格。因此,商汤、周武王夺取前朝政权不是叛逆不臣,而是"革命",即《易经》所谓"汤武革命,顺乎天而应乎人"(《易经·革卦·彖辞》)。

这样,从西周开始,中国文化传统中有了与"受命"相联系的"革命"观念,这既为那些谋求改朝换代的反叛者提供了理由,也确定了以"有道"伐"无道"、反抗暴政的正当性。

周人把原来专属商族一姓的"帝"说成是"惟德是辅"的"天",是强调保民之"德"的"天",一方面较好地解释了"小邦周"取代商朝的原因与正当性,同时又通过这种新的"天命"观,把敬德保民、立君为民的思想提高到"天命"这一宇宙精神的高度,为周王朝乃至后来的"儒教中国"确立了最高的政治原则。从此以后,这种敬德保民、立君为民的思想也就成为中国传统政治制度构建中的重要价值源头。

三、宗法制度的完善

商代虽然也在很大程度上是靠血缘关系维持其政治统治和整合的,商本身就是以商王族为核心形成的部族联合体,但关于商代是否已经形成类似周王朝那样的规范严密的宗法制,在学术界尚存在争议。而周代的宗法制度则在构建等级尊卑式政治结构、实现以周天子为核心的政治统治过程中发挥着显著功能。

所谓宗法,就是用以明确血缘关系亲疏与区别长幼尊卑的宗族之法。其核心是通过区别家族成员的嫡庶来维护嫡子的大宗地位,为维护家族的稳定传承、继替提供法则和秩序。"嫡"指古代多妻制下的正妻,正妻所出之子就是"嫡子",而非正妻所出者则为"庶"或"庶子"[①]。正妻的第一个儿子叫嫡长子,从一个家庭或家族的角度看,只有嫡长子才有资格成为"宗子",成为家族代表或父系大家长的继承者;从国家的角度看,只有天子正妻所出的嫡长子,才有资格作为全天下的大家长或"大宗"的宗子,继承天子之位,而嫡长子的其他母弟或庶出兄弟,则为小宗,只能分封为诸侯。诸侯子在其封国之内又是大宗,其爵位和权力也由诸侯的嫡长子继承,而其余诸子相对诸侯而言又是小宗,被封为卿大夫。卿大夫之位也由其

---

① 也有一种说法认为,除了拥有家族内大宗宗子资格的嫡长子之外,诸子都可以视为"庶子"。

嫡长子继承,为采邑内的大宗,其余诸子又是小宗。这样,各个家庭分支内的嫡长子总是本支的大宗,每一个世代都按照嫡、庶区分为大宗、小宗,从而形成以嫡系子孙为主干、以庶系子孙为枝叶的宗族系统。

而异姓贵族同样实行宗法制度。由于那时已经习惯上同姓不通婚,姬姓贵族必须与异姓贵族才能通婚,也要讲究等级尊卑,这样就把宗法关系扩大到了异姓贵族。

以上讲的是宗法制度下的一般性要求。事实上,由于经常发生嫡妻无子或嫡子早夭的情况,使得嫡长子继承制度不得不在实践中发生变通形式,这就是所谓"立适(嫡)以长不以贤,立子以贵不以长"(《春秋公羊传·隐公元年》)。也就是说,在确定继承人的时候,首先以尊卑为标准,而不管年龄大小,以其生母为正妻或者身份尊贵者为第一顺序继承人;如果无法根据其生母尊卑区别顺序(如都是正妻所出嫡子),才以年龄长幼为标准,以年龄最长者为继承人,而无法顾及继承人是否"贤"的因素。简单地说,大致就是后人常说的"有嫡立嫡,无嫡立长"。把这种宗法制下的家族基础制度运用到政治继承方面,就形成了中国君主制下的嫡长子继承制。

在宗法制基础上形成的嫡长子继承制,其首要的政治功能在于,能为国家最高权力的继承与转移提供比较明确、可预期的规则,降低了最高权力转移时政治动荡的频率和烈度。在"家天下"的政治格局下,尤其是在最高统治者多妻多子的情况下,只有预先规定好明确的继承顺序、资格,才能杜绝其他人的非分之想,最大限度地避免出现诸子纷争、骨肉相残的内乱,嫡长子继承就较好地实现了这一目标。《吕氏春秋·慎势》中说:"故先王之法,立天子不使诸侯疑焉,立诸侯不使大夫疑焉,立适(嫡)子不使庶孽疑焉。疑生争,争生乱,是故诸侯失位则天下乱,大夫无等则朝廷乱,妻妾不分则家室乱,适孽无别则宗族乱。"王国维也在《殷周制度论》中说,凡事"定之以天,争乃不生",嫡长子继承法就是用"天定"的方法事先确定好继承资格,这样就可以达到"求定而息争"的目的,因而成为"百王不易之制"。[①] 两者都认为,立嫡制为各级贵族的继承事先预定了清晰、不容易产生疑义的规则,因而能更好地避免争夺与混乱。

这种宗法制给国家结构形式也带来很大影响。虽然和后世以郡县制为核心的中央集权体制相比,采取的是较为松散的联合体,但是较商朝而言又有很大变化。主要在于,它更加明确地以血缘关系为纽带,并将其建立在宗法制的嫡庶、尊卑等级的区分基础上,使得以分封制为基础的国家结构形式更加规范,大宗和小宗、诸侯和天子之间的关系更加清楚,国家整体的组织化程度进一步加强。

---

① 姚淦铭、王燕编:《王国维文集》第四卷,中国文史出版社 1997 年版,第 44—45 页。

四、分封制的推行

分封制则是由宗法制衍生出来巩固国家政权的一种结构形式。

我们知道,以古人的交通、通信条件而论,商的主要统治区域已经极其辽阔。而吞并了商朝的西周,一般认为其活动范围东到大海,西及甘肃、青海,南达鄂、湘、浙、赣,北至河北北部,其疆域面积更大。这种超大规模国家的诞生,直接带来两个密切相关的治理难题:一是信息传递与沟通困难;二是各地情况的差异性太大,使得一个中央政府几乎不可能直接治理这么广大而复杂的区域。为了解决这一难题,周人继承了自商代以来的分封(封建)诸侯的做法,并将其与宗法制进一步结合,通过周代初期的大规模"封建"活动,形成了其以分封制为基本骨干的国家结构形式。

分封最初也叫"封建",是对"封邦建国"活动的简称。"封邦建国"就是周天子把一部分土地、人民分封给同姓子弟和功臣,让他们封土植树为界,建立起诸侯国,以拱卫王室。从分封的范围上看,一方面周朝统治区域内的领土在原则上被明确为属于周天子,即"溥天之下,莫非王土";一方面则除了留下王畿(西周为镐京及其周围,东周为洛邑及其周围)由周天子直接统辖之外,其余都分封给王室子弟和功臣。从分封的原则和对象上说,则主要根据与周天子血缘关系的亲疏进行,此外也有酬劳奖赏有功者的意义。根据《荀子·儒效篇》,周公时封71国,其中姬姓王族成员占53人。除了同姓子弟之外,周的姻亲、功臣也得到了封赏,如姜尚(姜太公)被封齐国,微子启作为商纣王庶兄,因向周武王肉袒投诚被封于宋。从双方权利义务关系上看,诸侯从天子那里"受民疆土",要举行隆重的仪式,共尊周天子为天下共主,定期朝觐述职,缴纳贡物,随天子出兵征讨不从命者,为王室服徭役;此外,诸侯国在官员机构设置、城堡规模大小、刑赏庆吊的礼仪、器乐规模等方面,都要接受朝廷礼制的约束。除了这些方面,各诸侯国则享有较大的独立自主权;而周天子也要对诸侯提供保护,解决诸侯国之间的纠纷,协调各级贵族之间的关系。

这种分封制使各级贵族世袭地占有一定的土地和人口,和西欧中世纪的分封制具有某些相似之处。它是西周统治者在当时条件下,既要顾及各地经济、政治发展的差异性,承认各个诸侯国的相对独立性,又要最大限度地实现政治整合,而采取的一种比较可行的方式。

五、君主制度的发展

从政治体系的类型上看,西周时期的基本政治制度尚处在君主制度的早期,是一种以宗法贵族制为基础、以等级分封制为基本国家结构形式的君主制。在这一基本制度框架下,各级贵族依据与周天子的宗法血缘关系纽带,以不同的身份分享统治者的利益,参与不同层次的政治统治活动。大的宗族贵族、诸侯可以到周王室任职,如周公、毛公、召公这样的大族,可以世世代代执掌国政,有些较低层次的宗族贵族也可以世袭朝廷的某些官职,如微氏就从武王到厉王时期一直任王室的史官。而在各个诸侯国内,其执政大臣也多出自几大宗族。而在国家结构方面则是采取"王畿 – 封国"的形式,即周天子在王畿内拥有像处置家产一样的权力,实行高度集权,而在王畿以外则委托各诸侯国君治理,实际也是一种族邦联合体。

从君主制度的发展看,与商代相比,西周君主制也发生了比较显著的变化。

首先,通过宗法制的进一步完善与发展,确立了嫡长子继承制,从而使最高统治权的更迭和继承有了比较稳定明确的规则,这在"宗法制"的部分已有介绍。

其次是周王作为"天子"的神圣地位进一步明确。如《尚书·召诰》中把王称为上天的"元子"(长子),说周取代商的统治是奉行天命,是"皇天上帝,改厥元子";《诗经·大雅·江汉》则直称周宣王为"天子",是"明明天子,令闻不已",歌颂他是圣明的天子,将会美名永传。其中《常武》篇也歌颂周宣王的武功说,"赫赫业业,有严天子"。周王的"天子"地位的确立,也是和周代形成的新"天命"观密不可分的。正如前面所说,周人认为,他们是因为有德而"受命于天",取得代天理民资格的,所以作为天的"元子"的周王,是上天在人间的最高和唯一的代表,当然具有至高无上、神圣尊严的权威和地位。

再就是,有关君王的职权和角色规范也得到了进一步明确。由于周王既是"天子",是上天的最高和唯一的代表,又是全国的"大宗"即大家长,因而在原则上拥有对国家的最高所有权和统治权,所谓"溥天之下,莫非王土;率土之滨,莫非王臣",就是说的这种情况。具体来说,周王的权力主要有:

(一) 主祭权,即周王以"元子"和天下"大宗"的身份,主持祭祀天地、社稷、祖先;

(二) 分封权,周王通过一定的仪式,对诸侯宣布册命,"授民疆土",明确分封的疆域大小、人口的多少;

(三) 国家重大事务的最高决策权,即在涉及战争、选立君主、迁都及国家的基本礼制等方面的大事,最后还是要听命于君王的决策,还是要"礼乐征伐自天子出";[①]

(四) 军队的统帅权(详后);

(五) 册命官员的权力;

(六) 授予爵禄及对臣属的赏罚权;

---

① 根据《周礼·秋官·小司寇》记载,周代重大事务的决策中有"三询",即"一曰询国危;二曰询国迁;三曰询立君",在国家遇到危难、立君、迁都的时候,要询问人民。《尚书·洪范》也有"谋及卿士,谋及庶人"的说法。这些记载反映的是一种要求、希望还是真实的历史事实,如果是事实,其在决策中的效力如何,都还需要进一步讨论。

（七）巡狩与接受朝觐,即到诸侯国去巡视考察其政绩,定期接受诸侯国君的朝觐、述职。如《孟子·告子下》所说:"天子适诸侯曰巡狩,诸侯朝于天子曰述职……一不朝,则贬其爵;再不朝,则削其地;三不朝,则六师移之。"

关于君主这一角色应该遵守的基本行为规范,周人有一个总的要求,这就是要有"君德"。大致来说,一切有利于其履行代天理民职责的品行,都属于"德"的表现和功能,如敬天法祖,虚心接受前王的遗教;保民、惠民,体恤百姓疾苦,视民如伤,轻徭薄赋,不夺民时;明德慎刑,仁民爱物,义刑义杀,以德化民;勤勉政事,不骄不纵;虚心纳谏,有兼听之明等,这些要求不仅成为周人关于君主角色规范的共识,而且也构成了后来儒家政治思想的重要源头,并随着儒家取得独尊地位,成为整个传统政治文化中"圣王"或"好皇帝"的观念原型。

六、王畿内的主要政权机构与官职

周王朝的统治模式大致和商一样,也存在着类似内服和外服之分。王畿类似内服地区,由天子直接设官治理;各个诸侯国类似外服地区,除尊奉周天子为天下共主、履行一定的义务之外,在其国内则行使独立的统治权。这里主要介绍周王朝在王畿之内的主要政权机构与官职。

由于这一时期的相关资料仍比较零散,甚至互有出入,加之国家的机构、制度尚处在早期发育阶段,这里只能根据学术界比较一致的看法,粗略地加以介绍。

大体上说,周王朝以天子作为国家的"元首"[①],在天子之下,大致出现了几类组织机构和官职的分化,即师、保一类的辅政官系统,卿士寮、太史寮为代表的政务管理系统,以宰为代表的宫廷事务管理系统。

师、保、傅等辅政官,也就是后人所说的"三公",辅佐天子处理政务,在天子身边发挥顾问、帮助乃至引导(尤当天子年幼时)作用。根据文献记载,武王即位,以太公望(姜尚)为师,周公旦为傅;成王年幼即位,以召公为太保,周公为太傅,太公为太师。而根据《大戴礼记·保傅》的说法,所谓"保,保其身体;傅,傅其德义;师,导之教顺,此三公之职也"。三公在西周政治生活中地位十分重要,他们的训诫和天子的命令一样称"诰",并且具有同样的效力,周公甚至在成王幼年时代行天子职权[②]。

综合史书和出土器物的铭文记载,周朝处理全国政务的主要机构是卿士寮和太史寮。

---

①　如《尚书·益稷》有"元首明哉,股肱良哉"之语。
②　也有个别观点认为,周公在称王年幼时曾经称王,但为大多数意见认为,周公只是摄政而未称王。

根据出土的周初《令彝》铭文,卿士寮主管王朝的"三事四方"。"三事"指王畿内的三大方面的政事,"四方"指王畿以外的诸侯事务。《诗经·小雅·雨无正》也有"三事大夫"之说。但究竟是哪"三事",学者们还有不同的理解。按照一般的说法,卿士寮内分管各类政务的官职主要有司马、司土(徒)、司工(空)、司寇。司徒主掌与土地有关的农业、畜牧业事务,司马掌军队事务,司空掌建筑工程等,司寇掌刑狱警察等事。在他们下面,又有各种职位较低的官职和机构,分掌各种具体事务。

太史寮系统则主要掌管宗教祭祀及礼仪、图籍等事务,其主要官职有太史、史、大祝、祝、司卜等。在古代中国,由于"国之大事,在祀与戎",祭祀等宗教活动在国家政治生活中占有很重要的地位,因此,太史寮系列的官职构成了西周国家政权机构的重要组成部分。

另外,在周王的周围,还有一些负责安全保卫、生活服务的官员,形成庞大的宫廷事务管理机构和官职系统。根据一些学者对西周时期金文及其他相关文献记载的研究,西周管理宫廷事务的官职主要有:

宰,管理宫廷事务的重要官职。《诗经·大雅·云汉》中说周代设有"冢宰",其他史书中也记载有"太宰"一职,《左传·定公四年》甚至说周公曾为太宰。金文只有某某"宰"而无"太宰""冢宰"的记载,有研究者认为"太宰"之类的说法可能反映的是东周时期的情况,或为后人修改。但无论如何,"宰"这一类官职因为负责管理周王的宫廷生活事务,离天子这一最高权力中心最近,出入代表天子,因而在周人政治生活中的地位日益重要,作用日益突出,当是事实。

善夫,主掌周王的膳食,因为地近天子,深得信任,故一些铭文中又有善夫替周王传达"王命"的记载。

御正,掌管为周王驾车之事。

守宫,掌宫禁守卫事务,相当于《周礼·天官·冢宰》中的宫正一类的官职。

以上是见于西周金文中的官职。此外根据《尚书·立政》的记载,宫廷官职中还有为周王掌管衣服的缀衣,掌管马匹的趣马,掌管府库财物的庶府等。

七、军事、法律、财政制度的特点

西周的军事制度有这样几个特点:

在兵役和兵力动员方式上,大致仍然和商代一样,采取兵农合一的办法,平时为农,战时应征为军。军队则主要从居于国中的贵族和平民——"国人"中征集而来,而地位低下、主要来自被征服部族遗民和奴隶的"野人",则一般没有服兵役的权利,至多在某些特殊情况下担任战车下的徒兵。另外需要注意的是,这个时期已经出现由天子直接统帅的禁军性质的"虎士",他们随时警卫天子左右,不可能是临时征集,说明这个时期至少已经部分地出现了常备军。

在军事力量的组成方面,总体上西周的军队由中央王朝的军队与诸侯地方军队组成。中央王朝的军队由西六师(驻镐京周围)、成周八师(驻守东都洛邑镇守东方)及禁卫军"虎士"组成;而诸侯军队的多少,要由周王朝决定,一般为一军,大不过三军[①]。

在军队的统帅方面,周王无疑是全国武装力量的最高统帅,重大战事都由周王率军出征,并在王以下配备将领,组成战时指挥系统。辅佐天子的执政大臣如太师、太保官,则是王以下的最高指挥官。如姜尚在武王与八百诸侯会师孟津时,"左杖黄钺,右把白旄以为誓",类似今天的前敌总指挥,后来又协助武王指挥牧野之战取得胜利。[②]成王时,周公又以师、保的身份亲率大军东征,平定"三监"之乱。

西周的法律制度,值得注意的有以下两点:

一是它的一部分重要内容以礼的形式出现。从现代法律的观点看,周代的法律体系实际上包括了礼与法两大部分。周礼不仅规定了国家的根本大法,如通过一系列礼的规范,确立了以周王为核心的等级秩序,体现了统治集团的根本利益,而且还确定了社会成员婚丧嫁娶、处理长幼尊卑关系的基本规范,具有现代民法方面的内容;同时,礼和法一样,也具有某种以国家暴力为后盾的强制性。[③]当然,礼和法的适用对象又各有侧重,前者主要适用于贵族,后者主要适用于下层庶民。

二是确立了"明德慎刑"的新法律精神,强调在用刑方面要刚柔并济,反对一味地诉诸暴力镇压。

最后简单说说西周时期的财政制度。

和商朝一样,西周时期的财政总体上还是属于家产式或王室财政。王室的收入主要来自直接控制的公田的收入以及各地诸侯的贡纳,另外还可能部分来自作为平民的国人的纳税,即孟子所谓"国中什一使自赋"(《孟子·滕文公上》);而其生活享用品、军事装备、修筑宫殿城郭等方面的用度则主要靠奴隶、罪犯的劳役提供;在支出方面,也主要是用于王室的奢侈消费、祭祀开支及军事方面的用度。总之,利用国家暴力直接控制大量的土地和人口,直接征收、占有劳动成果,以满足统治阶级的需要,是该时期家产式财政的主要内容。中央王朝之外,其他各级贵族也大体是如此。

---

① 根据《周礼·夏官·司马》的说法,一军为一万二千五百人。
② 司马迁:《史记》卷三二《齐太公世家》,中华书局1959年版,第1479—1480页。
③ 如《孟子·告子下》记载,如果诸侯三年不去朝觐天子"则六师移之"。

总结与讨论

一、主要内容回顾

回顾中国早期国家时期的政治制度,可以发现大致有以下特点:

第一,由于这个时期的君主制度尚处在发展的早期,大致上可以概括为"王畿内的君主集权加地方族邦联合"的模式。王畿之内君王掌握生杀予夺大权,王畿之外的封国、方国则类似一种委托治理。后来,在各国兼并战争加速作用下,一旦分封制被打破,这种模式就会被集权程度更高、范围更广的君主专制帝国所取代。

第二,利用当时认识水平下人们对神的恐惧和崇拜,把王权建构成神权,说成是神的化身,尽量地实现王权与神权的结合,是统治者实现政治整合、获得统治软实力与合法性的重要方式。因此,对神的祭祀乃至巫术成为政治生活中的主要内容,君主在某种意义上就是最大的巫师,相应地,与祭祀、巫术相关的官职和机构占了国家官职和机构的很大比例,而有关祭祀的礼制也在整个国家制度体系中占有突出的位置。

第三,宗法血缘关系在国家政治整合与政治稳定中发挥了重要的纽带和基础作用。宗法制度中的嫡长子继承制度成为王位的继承制度,建立在宗法血缘关系基础上的分封制,解决了新兴大国的国家共同体的有效建构与组合方式问题;同时,宗法关系下的家与国一体化,也很好地解决了对国家的心理认同问题。

第四,整个政治体系的整体制度化水平还很低,虽然内部结构有了一定的分化,出现了不少的官职与机构,但总体来看,组织机构的分化、职能的分工还比较粗略,各种组织、官职的自主性还很小;对国家各项事务还主要停留在家产式的管理中,权力运行的程序化尚不明显。

二、中国早期国家在政治制度史上的地位

作为中国古代文明的发端和典范时期,早期国家时期对于后来中国政治制度发展至少留下了这样几个"遗产":

第一,确立了君主的嫡长子继承制度,为国家最高权力的继承转移提供了基本规则。

第二,明确了君主是上天在人间唯一的最高代表,具有至高无上的地位和权力。虽然原则上成为天子需要以"有德"为前提,但是证明"得天命"的最根本的方法,还是看"革命"成

功的后果,看改朝换代的事实。这样任何成功夺取天下的统治者,事实上都可以成为"替天行道"、拥有至高无上权力和地位的君主。

第三,明确了一些基本的政治原则,如以德为本、立君为民的治国理念,确立了合格"天子""明君"的基本角色规范、理想类型。虽然这些理念、理想类型在现实中不可能完全实现,但至少为人类政治文明的发展提供了目标、方向和可能,这至少使"家天下""私天下"的原则不再那么不可撼动。

第四,通过"王畿加封国(方国)"的方式,实现了古代"中国"的国家政治空间的初步构建:虽然与后来的高度中央集权的郡县制的国家结构形式相比,此时中央王朝直接控制的核心区(王畿或内服)在范围上还很小,组织化程度也较低,而政治控制的过渡区和边陲区则相对比较大,但"溥天之下,莫非王土"的原则已经深入人心,在人们的想象中和心理认同中,一个表达为"天下"的空间共同体已经被最大限度地构建出来,从而为即将到来的中央集权大帝国准备了观念原型。

参考文献:

1. 白钢主编,王宇信、杨升南著:《中国政治制度通史》第二卷,人民出版社 1996 年版。

2. 谢维扬:《中国早期国家》,浙江人民出版社 1995 年版。

3. 田昌五、臧知非:《周秦社会结构研究》,西北大学出版社 1996 年版。

4. 杨阳主编:《中国政治制度史纲要》,中国政法大学出版社 2001 年版。

思考题:

1. 关于中国早期国家的产生过程,学术界主要有哪些讨论?

2. 为什么说,商周之际是中国文化和制度发生剧变的时期?

3. 简述西周分封("封建")制的主要内容。

4. 简述先秦在中国政治制度发展史上的地位。

第二章／春秋战国时期政治制度的变化

按照一般的历史分期方法,春秋战国时期始于公元前770年周平王迁都于洛邑(也就是西周结束、东周开始的时期),止于公元前221年秦始皇统一六国,历时549年。这五百多年是中国社会发生大动荡、大变革的时期,也是中国政治制度发生划时代变革的时期。

这一时期政治制度演变最明显的总趋势是,建立在等级分封制与宗法血缘关系基础上的早期君主制不断瓦解,并开始向建立在中央集权基础上的君主专制制度过渡。围绕这一总趋势,本章主要讲述这一时期政治制度变迁的社会背景与条件,君主专制政体的形成过程,郡县制和官僚制取代分封制和世袭制的过程,以及相应的军事、法律、财政等方面制度的变化。

第一节　社会变革与制度变迁

政治制度作为社会中的一个系统,是在一定的社会环境、条件下维持其平衡与存在的,外部环境、条件变了,对政治系统的输入(压力、支持)就会改变,政治制度也就随之发生变化。春秋到战国时期发生的政治制度重大变迁,无疑是一系列社会条件变化及其综合作用的结果。其中最值得关注的因素是,农业生产技术、生产力变革带来的生产方式的变革,周天子权威的衰弱与诸侯之间的兼并战争。

一、生产方式变革与"编户齐民"时代的到来

一般认为,西周时期因为限于当时的社会发展阶段与农业生产技术水平,在生产资料所有制方面不可能采取被后人理想化了的井田制,而只能采取以同宗共财的宗族土地所有制为主的形式,通过层层分封,使各级贵族以宗主身份按等级占有一定的土地,并通过直接控制大量奴隶人口进行集体劳动,形成奴隶制的生产关系,来满足统治阶级各种需求。《诗经》里所描述的大规模的集体劳动场景,所谓"千耦其耘""十千维耦",反映的就是这种情况。到了春秋时期,在生产力发展的带动下,生产方式发生了显著的变革。

从文献记载和考古发现来看,随着冶铁技术与农业生产技术的发展,到春秋时期铁制农

具、特别是铁犁和牛耕已经广泛使用。[①] 有了更为锋利的铁制农具，再加上远远超过人力的牛力做牵引动力，就有可能使一些劳动者能够单独地开垦土地，从而摆脱贵族控制下的集体劳动，成为更具有"流动性"、身份自由的自耕农。同时，也会使贵族有可能改变经营方式，不再采用低效率的集体劳动方式，而是把土地租给劳动者，用收取实物地租的方式来获得收入。而且，这些贵族也有可能利用新的农业生产技术，组织开垦和经营更多的私田，以获取更多的收入。正如《吕氏春秋·审分览》所说，"公作则迟，有所匿其力也；分地则速，无所匿迟也"，干公家的活偷懒拖延，干自己的活则又快又卖力。显然，这种建立在更为先进的生产技术基础上的土地所有制及其经营方式，在当时无疑是一种更有效率也更有吸引力的生产生活方式，它的出现给原有的奴隶主贵族"公田"制带来巨大的冲击。所以史书上有这样的记载：采用落后生产方式经营耕作的"公田"大片荒芜，出现了"公田不治"的情形；[②] 劳动者纷纷从公田逃走成为自耕农，或成为新兴地主私有土地上的"隐民""私属徒"，按照"与之（民）分货"的原则，与地主形成租佃关系。（《管子·乘马》）在这种情况下，各诸侯国君单靠公田已经无法保证其所需要的财源和兵源，为了能从私田上获得税收，同时也是为了使流失到私田的劳动者重新纳入国家的控制，不得不打破公田、私田的界限，逐渐开始对土地按亩征税。虽然这一变化可能不是一下子完成的，其过程可能是比较漫长的，而且学术界对各国土地制度和赋税制度改革的具体情况至今还莫衷一是，对于诸如齐桓公（公元前685—前643年在位）时期实行的"相地而衰征"、公元前645年晋国"作爰田"、公元前594年鲁国"初税亩"等一系列重大变革的具体解释还存在着很大争议。但有一点是可以肯定的：伴随着春秋以来的这一系列改革调整，土地所有制和赋税制度确实在逐步发生变化，其总的趋势是土地私有制一步步得到国家的承认[③]，体现贵族所有制关系的公田制不断瓦解，以一家一户的"编户齐民"为基本单位的社会结构正在形成，建立在"编户齐民"基础上的小农经济正在成为社会的基本生产经营方式。从此以后，在国家权力与社会成员之间，贵族作为一个中间层次逐渐消失了，等级身份制度的隔离也将逐渐不存在，国家直接面对的将是身份可以升降流动、分散而又平等的"齐民"百姓，这无疑最有利于中央集权国家的发育成长。

总之，社会生产生活方式的这种深刻变革，不仅直接改变了国家的财政税收制度、兵役制度等，更会带来一系列的连锁反应，冲击旧的等级秩序、人身依附关系等，为新的中央集权国家的政治制度、政治统治方式的形成创造条件。

---

① 如《国语·晋语》所说，"宗庙之牺，为畎亩之勤"，原来用于祭祀的牛，现在用于田间耕作。

② 参见班固：《汉书》卷二四《食货志上》，中华书局1962年版，第1124页。

③ 当然，中国古代的这种所谓"土地私有制"还只能是一种事实上的私有制，在"普天之下，莫非王土"的大原则下，国君一旦"打下天下"或继承了"天下"，从法权意义上说，这天下国家就在整体（包括国家内的土地财富）上归属于君主及其家族，君主就成为全国土地的最高主人，而具体占有土地的地主、自耕农等并非完全意义上的土地私有者，这与现代社会由宪法确认的私有财产权制度不能完全相提并论。

二、兼并战争对旧秩序的冲击

周朝初期,政治统治秩序的基本架构是以周天子为共主、同时又承认各级贵族高度自主权的金字塔结构。它的存在与维系,首先需要周王室保持足够强大的实力,以防诸侯国尾大不掉;同时在这种以天子为中心的人治政治结构下,天子本身的能力、素质,对王朝的兴衰及中央与诸侯关系的协调也至关重要。而周王室在经济、军事上都很强大,具备控制诸侯、平衡他们之间关系的力量,加上周初开国者文王、武王及周公等都是贤明有为的政治家,因而能够大体维持以周天子为核心的政治秩序,基本保持周王朝在空间上的政治整合。但是经过二百多年的社会发展,一方面各个诸侯国的综合实力不断加强,而且出现了很大的发展不平衡;另一方面周王室内部却因种种问题,特别是自身的腐败而日趋衰弱,逐步丧失了控制协调的能力与权威。而导致西周灭亡、平王东迁的直接原因,就是周幽王废掉太子宜臼,改立褒姒之子,引发内乱与外敌入侵。平王东迁后,王室直接控制的西部地区几乎全部丧失,后来又因戎狄的侵占和郑国的蚕食,统治区只有洛邑周围一二百里的地方,仅相当于一个小诸侯国的实力。周天子威信扫地,徒有"共主"的虚名,已无力对诸侯发号施令,再也不能发挥协调平衡各诸侯国关系的作用。而一些实力较大的诸侯国则利用这个机会,蚕食和吞并邻国的土地、人口。这样,各诸侯国或为维护生存安全,或为扩充实力,逐渐展开了愈演愈烈的兼并战争。春秋时期由于人口总量还比较小,加上战争武器和军事技术水平还比较低,战争的规模还不是那么大。到战国时期则一次战争动辄动员数十万人,甚至一次坑杀、活埋战俘就达几万,乃至几十万,规模越来越大。公元前405年的齐赵廪丘之战,齐国丧师3万余人;公元前293年秦、韩、魏伊阙之战,秦国大将白起击败韩魏联军,斩首24万;在秦赵长平之战中,白起坑杀赵国战俘40万人,而整个战争下来秦军共斩敌首45万。孟子记述当时的情况是"争地以战,杀人盈野;争城以战,杀人盈城"(《孟子·离娄上》)。

兼并战争对于政治制度的变迁带来了深远而广泛的影响。

首先,战争直接推动了一系列制度的变革。为了适应战争的需要,势必要加强国君对财权和兵源方面的控制权,必然带来土地制度、兵役制度、财政税收制度和法律制度方面的改革。同时,原来周天子与诸侯、诸侯与诸侯之间的关系本来是靠家族血缘关系维系的,原本是叔侄、兄弟、甥舅关系,现在则为了各自的利益兵戎相见,成为你死我活的仇敌,这样就势必破坏原来的宗法关系和相应的尊卑等级制度。同时,各国国君为了加强自身的权力,提高对社会资源的控制与动员能力,也会有意识地通过各种手段打击旧的贵族势力,并在占领或开辟新土地之后,不再把土地和人口分封给贵族,而是设立郡或县的行政区,直接委派官员进行控制,以获得更多的财力与兵力支持。(详后)这些,都会造成对原来的等级制度、分封制度的破坏,以及新制度(如郡县制)的诞生。

兼并战争也会和当时正在发生的生产方式变革相互作用,瓦解旧制度造成的封闭、束缚,促进人口、名分等的社会流动与资源开放。生产方式的变革、公田制的瓦解和大量自耕农的出现,对于各国国君来说,本身就意味着社会资源更加开放、流动,更有利于统治者对这些社会资源进行控制,进而更有利于其集权,而兼并战争则明显会加剧这一趋势。其中重要的原因是,为了在兼并战争中动员更多的人力物力,国君们采取一些奖励"耕战"的办法,如纳粟拜爵、立功授官,不再按照原来的身份、血统,而是按照提供粮食的多少,按照战场上是否英勇杀敌为标准进行封官拜爵,这无疑是政治权利和利益分配机制方面的一项重大变革。

兼并战争还有一个直接的后果,就是通过滚雪球式的弱肉强食,使列国数量越来越少,国土规模越来越大。按照一般的说法,春秋时期至少尚有一百多个诸侯国[①],战国时期减少到十几个,其中实力最强的是齐、楚、燕、秦、韩、赵、魏等"战国七雄",这就为秦朝最后建立统一的帝国做了准备。

三、"礼崩乐坏"与权力中心的转移

在西周时期,天子是权力配置的中心所在,所谓"礼乐征伐自天子出",违反这一原则就被视为严重的僭越和非礼。进入春秋以后,由于王室的衰落,权力的重心开始逐步下移。

原来诸侯对天子应尽的义务如纳贡、朝觐、拱卫王室等,已经很少履行。在《春秋》这部书所记载的 244 年历史中,诸侯朝周王者仅三次,而朝齐、晋、楚者竟 33 次。过去诸侯之间发生矛盾,一向由天子调解,现在诸侯之间会盟、和战则由各国根据实力而定。楚国的国君(庄王)甚至自称为王,并且陈兵周的边界,向周定王"问鼎之大小轻重"(《左传·宣公三年》),大有取而代之的势头;而郑庄公更大败周天子的军队,而周桓王的肩膀也在战斗中中了箭,大失颜面。

在诸侯国内部,各级贵族之间的"尊尊""亲亲"关系也不断破坏。一方面,为了满足兼并战争的需要,国君们逐渐抛弃原来的等级名分制与世袭制,纷纷采用尚贤任能、奖励耕战的用人政策,以争取有实力的贵族和新兴政治势力的支持。另一方面,各国国君为了加强个人权力,也往往把贵族视为直接的障碍,而有意识地加以打击削弱;如晋献公即位后,因公室内部几派政治势力争斗不休,干脆"尽杀群公子",使他身边从此再无同姓公族的掣肘,此后在晋灵公、景公、厉公时又发生几次大杀公族事件。而在国君剪除了同姓贵族的势力后,一些异姓卿大夫却在兼并战争中依靠军功或政治手腕而强大起来,形成春秋后期强卿专政的

---

① 关于春秋时期诸侯国的具体数字说法不一,这里采取保守的说法。

局面。比如晋国,在春秋末期就由于强卿干政而名存实亡,进入战国时代则干脆被韩、魏、赵"三家分晋"。齐国的政权也逐渐被来自陈国的田氏所把持,世卿大族被一一清除,最后终于在齐康公十九年(前386),田和正式成为齐侯,齐国的吕氏政权完全由田氏所取代。其他如鲁、郑、卫、宋也基本上是由强卿控制了政权。

这种尊卑秩序的变化也反映在观念和称呼上。比如按照周制,诸侯不得称"公",而春秋时期各国诸侯纷纷称"公"。不仅如此,齐国的田氏、晋国的三家卿大夫竟然也能称"侯",楚国与吴、越的国君甚至还称起王来。

孟子说,春秋以来"臣弑其君者有之,子弑其父者有之"(《孟子·滕文公下》);司马迁更指出,春秋时"弑君三十六,亡国五十二,诸侯奔走不得保其社稷者不可胜数"[1]云云,都是这种"礼崩乐坏"、权力关系格局大变化的现实写照。

总之,从春秋到战国时期发生的一系列剧烈而深刻的社会大变革、大动荡,有的直接导致了旧制度的瓦解和新的制度的产生,有的则发生综合相乘的效应,从各方面为中央集权帝国的建立,为君主专制的政治体系形成扫除了障碍。

第二节　政治制度的变化

一般来说,制度变迁有两种基本途径或方式,一种是经过自发演进的方式实现的。一种是经由人们自觉的、有计划的制度变革而完成的。春秋到战国时期政治制度的演变也是通过这两种基本途径实现的。在这些制度变迁中,像国君权力的加强、专制政治原则的不断强化,作为新的区域控制手段的郡县制的不断扩张演变等,基本上都不是通过哪一次具体的改革完成的,而是随着形势的发展和当时政治统治的需要,随着各种经济、政治和文化资源的逐步积累,逐渐演变而成的。而另外一些较为具体的制度变革,则主要是通过各国的改革、变法实现的,如春秋时期鲁国"初税亩"并"作丘甲",按田亩征收军赋,晋国的"作爰田""作州兵""铸刑鼎",郑国子产的"作丘赋",齐桓公"相地而衰征"等[2],都直接或间接引起了土地制度、赋役制度乃至法律、军事制度的变革。而战国时期各主要国家开展的变法运动,如

---

[1]　司马迁:《史记》卷一三〇《太史公自序》,中华书局1959年版,第3297页。

[2]　按学术界一般看法,鲁国"初税亩"是对劳动者的"私田"按亩征税,"作丘甲"是以"丘"(基层组织单位)为单位征收军赋;晋国"作爰田",就是承认劳动者对现有土地的占有权,同时将国有土地分给没有土地的国人,"作州兵"就是以州(乡以下的基层组织单位)为单位负担军赋,"铸刑鼎"就是公开颁布成文法典;郑国"作丘赋"也是以"丘"(基层组织单位)为单位征收军赋;齐国"相地而衰征",就是根据土地的面积和优劣征收赋税。

魏李悝变法、楚吴起变法、秦商鞅变法、韩申不害变法等，也直接引发了政治制度方面的重要变革，其中最重要的就是废除身份世袭制，确立按能绩选拔任免官员的官僚制。

下面就让我们具体看看，春秋到战国时期中国的政治制度究竟发生了哪些重要的变化。

一、君主专制政体的逐步形成

春秋时期，虽然基本政治制度和西周大致相同，仍然采取的是建立在宗法贵族制基础之上、以等级分封制为基本国家结构形式的君主制，但是在剧烈的社会大变革的这一背景下，君主制制度势必产生某些变化。这种变化的总趋势，一方面是作为族邦联合体的天子的权力和地位日益衰微，另一方面则是在各诸侯国内，权力正在向国君或干政的强卿集中，从而开始以诸侯国为单位，向君主专制转型和过渡。从我们上面所介绍的情况可以看到，君主制的这一转型和过渡主要是通过两个具体途径实现的：一是贵族通过掌握国政进而取代君主，开始化家为国，日益凌驾于旧的宗法贵族之上，逐渐拥有至高无上的地位和权力，如三家分晋，田氏代齐；二是在君权始终占优势的诸侯国，如楚国和秦国，则直接通过各种政策措施和变法活动强化君主个人的权力。无论哪种走向专制国家的道路，其所采取的基本手段，或者说所需要的基本条件，都是打击和摆脱族权、世袭贵族制度的束缚，把各种统治所需要的社会资源如官职、地位、名分、荣誉、财富乃至人口等，从这些旧制度旧习惯的分割、束缚中解放出来，变成可供统治者任意支配的"自由流动"的资源，从而最终解放君权，使君权成为凌驾于社会之上的、最不受限制的权力。到战国时期，伴随着各国变法运动和官僚制、郡县制的逐步推广，虽然没有形成超越诸侯国之上的、统一的中央集权帝国，但君主专制政体已经在各国基本确立起来，其主要表现是：

第一，从称呼和观念上看，在西周时期，本来只有殷朝王室后裔或功高望重的宗室贵族可以称"公"，如周公、召公等，诸侯不得称"公"；而到春秋时期，不仅各国国君纷纷称"公"，而且楚国、吴国、越国的国君竟然和周天子一样称"王"；到了战国时期，各国国君更相继称王，齐湣王和秦昭王甚至自称"东帝"和"西帝"，"帝"本来是中国古代人信仰的至上神，以它作为人间国君的称号，说明君主的地位和身份正被进一步抬高和神化。

第二，在基本政治观念和原则上，主张国家必须有一个凌驾于一切机构、法律和个人之上的最高统治者——君主，由他统一、集中地掌握国家最高权力，而不受任何正式的法律、制度层面的限制，这已经成为各派思想家共同的政治原则。虽然当时各种思想流派在具体政治主张方面互相批评攻讦，但是儒家主张"礼乐征伐自天子出"，国家要"定于一"（《孟子·梁惠王上》）；法家主张"生法者，君也"（《管子·任法》），"权者，君之所独制也"（《商君书·修权》),或者强调"擅国之谓王,能利害之谓王,制杀生之威之谓王"[1];墨家也主张国家大事最后统一于君主的意志,做到"天子之所是,皆是之;天子之所非,皆非之"(《墨子·尚同上》)。这些都说明,君主专制的基本原则与精神,即强调君主应该具有凌驾于一切法律、机构和个人之上的地位与权力,或者强调君主应该保持"对政治决策和政治目标制订的垄断"并且保持"对社会中心价值(这大部分是传统价值)的代表资格的垄断",这些原则已经成为社会的普遍共识。

第三,从实际政治过程看,各国君主也确实拥有至高无上的地位和绝对的、不受限制的权力。所谓的"不受限制",当然不是不受任何客观条件、事实上存在的限制,而首先是君主垄断了对政治决策、政治目标和法律的制定权,同时君主的意志又凌驾于这些目标和法律之上,不对其负责,不受其限制。而衡量君权不受限制的最简单明了的标志就是,一方面当时的原则和制度赋予了各国国君创制政治目标、制定法律的权力,即所谓"生法者,君也",一方面却从来不存在针对君主违法或违反这些目标的正式惩罚机制,从来没有哪个朝代敢于制定关于君主违法、违制如何处理的法律(这显然是大逆不道的行为),历史上也从来没有哪个君主因违犯法律、违制而按照合法程序受到惩罚的事例,顶多只有道义上的谴责或者劝谏。

君权的至高无上、"不受限制"的另一个标志是,君主凌驾于一切机构和个人之上,独揽国家的最高权力。也就是说,在君主与其他国家机构与官员的关系上,是主从关系、从属关系,一切机构和政治角色都是从君主和君权派生出来的,都从属于君权,对君主负责,即申不害所谓"君如身,臣如手",君应"操生杀之柄",而不存在任何依法设立的制度、机构和个人可以与君主平行、抗衡,从而对君权进行"合法反对"。在权力的最终归属方面,则是君主掌握一切国家大权,具有对国家事务的最终决定权。比如在用人方面,战国时期所有的官员都是可以由君主随时任免的,哪怕像吕不韦这样的权相,有拥立君主之功,号为秦王嬴政的仲父,秦王嬴政一声令下他就被解职,忧郁而死。在有关重大事务的决策方面,也是最终听命于君主。如战国时期各国的变法运动——魏国的李悝变法、楚国的吴起变法、秦国的商鞅变法、韩国的申不害变法等,虽然是各国的这些重臣或宰相具体主持的,最后还是取决于该国君主的支持。而一旦失去君主的支持,如秦孝公、楚悼王一死,商鞅、吴起就性命不保。再就是各国之间的战争与和好,绝交与结盟等,也最终取决于君主的意志。

同时,为了实现国君的"擅国"之权,还需要必备的组织形式和国家结构形式,这就是官僚制度和以此为基础的中央集权的郡县制度。官僚制虽然也可以成为现代国家政治制度的

---

① 司马迁:《史记》卷七九《范雎蔡泽列传》,中华书局 1959 年版,第 2411 页。

一个重要组成部分①,但从世界历史的范围看,任何一个君主要想实现其个人集权,要想最大限度地控制社会成员和各种社会资源,首要的步骤就是努力建立类似的官僚组织或官僚制度。可以说,官僚组织或官僚制度就是君主专制制度的实施手段和"操作系统",离开了这个必要的手段和操作系统,君主的集权、专制就无从体现,无从实现。而郡县制则是官僚组织在全国范围内的展开,是君主意志在空间上得到表达与渗透、从而实现纵向集权的一种有效形式。没有郡县制这类形式,就不能实现君主意志在全国范围内的贯彻,君主专制、集权也就成为一句空话。因此,正是随着战国时期官僚制和郡县制在各国的普遍建立和推广,君主专制才成为现实。

当然,说战国时期以国君为核心的君主集权、专制的政治体制逐步确立,只是就制度上而言的。由于君主个人能力的不同,各国具体的政治斗争情势不同,各国的政治发展变迁不平衡等因素,并不排除在同样的原则和制度下,君主个人的实际权力有大有小。同时也要看到,这个时期毕竟尚处于向君主专制政体的过渡时期,贵族制度还在不同程度上发挥着政治影响,特别是在春秋中期以后,许多国家甚至出现君权旁落、"政在家门"、强卿专政的局面。但这都是政治斗争的结果,不是一种制度上的安排,同时,无论谁是真正的掌权者或统治者,政治发展的总趋势却是权力不断地向某个人集中。

二、郡县制逐步取代分封制

作为古代中国中央集权组织形式的郡县制,大致萌芽于春秋后期,战国时期逐渐普及于各个诸侯国。它是伴随着春秋战国时期分封制、世袭制的瓦解和官僚制与土地私有制的产生而产生的。

根据近年来学者们的研究,"县"字在春秋早期,甚至在西周时期就已经出现,其最初的含义大致与西周"国野"之分中的"野"相同,都是表达方位之词,指的是国都或城周围的乡野地区,到春秋前期还常常"县鄙"连用,指国都之外的鄙野、郊野之地。如《左传·昭公十九年》记载,是年郑国公族驷氏因继承人问题产生争议,与驷氏有姻亲关系的晋国大夫派人过问此事,执政的子产对晋人说,晋国人干预郑国公族的继承,这是要将我们郑国沦为"晋之县鄙"了,说如此一来"何国之为",国家还算是国家吗?《左传·昭公二十年》记录晏子对齐景公说的一段话,其中也有"县鄙之人,入从其政"。进入春秋时期,从这种"郊野""乡野"意义上的"县",又逐渐演变出"县邑"之"县",县逐渐有了"邑"的含义,指的是一种自然形

---

① 政治学和管理学所谓的"官僚制",主要是指通过建立层层节制的科层组织和统一的规章制度,以效率为取向进行管理的制度。产生于春秋战国时期的官僚制虽然与现代官僚制有所不同,但在这些基本方面是一致的。

成的人口聚集区或地理单位。然而春秋时期大部分这类"县",包括楚国、晋国在边地灭国为县,虽然有些变化,但总体上还不是后来郡县制意义上的"县",而基本上仍属于旧分封与世袭制度下直属于国君的公邑或士大夫的采邑,可以用来赏赐功臣,可以世袭,甚至仍然带有"县鄙"之"县"的痕迹。而且这些县以下的基层组织也没有经过重新改造编组,仍是原来的氏族组织。① 从整体的制度环境和社会条件看,只有当分封制瓦解和官僚制、土地私有制产生,郡县制的产生才有可能。而大致在春秋中期之前,这些社会条件和制度环境还只能说处在变化过程之中,因此不可能全面正式地推行建立在中央集权的官僚制基础上的郡县制。

到了春秋后期,这种郡县制意义上的"县"才在历史记载中有了比较明确的反映。如《左传·昭公二十八年》记载,前514年,晋国韩、赵、魏、知、范、中行氏等六家大夫联合灭掉了祁氏、羊舌氏两家,"分祁氏之田以为七县,分羊舌氏之田以为三县",任命十人为县大夫。这十人当中,除了因为恩荫、立功受禄之外,有四个县大夫之前并不认识当政的魏献,却"皆以贤举",是因为贤明而非宗法制的因素被选拔。并且这些人任职期间遇到疑难案件"不能断"时,还要"以狱上"、向中央政府请示,可见他们是听命于中央的,如果此时的县是封建制下的采邑,则领主自有独立处置领地事务的权力,无需请示中央。可见,从这些县大夫的选拔和履职情况看,都比较符合郡县制下官僚制特点和中央与地方间的行政关系。

到了战国时期,随着土地私有制的产生、官僚制的确立等一系列社会变革的完成,萌芽于春秋后期、作为中央集权体制下一种行政区划的县才普遍建立起来。

与传统的县邑之县相比,郡县制下的县至少有这样几个特征②:

第一,县直属于国君,其长官一般称县令,其职务不是因为贵族的血统而世袭,而是由国君根据能力或需要随时或定期任免,县令任职的凭证就是国君授予的玺印。故《韩非子·外储说左下》说,魏文侯时西门豹为邺令,"居期年上计,君收其玺"。

第二,县的辖区范围一般经过人为的划定,而非像原来的"邑"那样,多为自然形成。如秦国商鞅变法时就"并诸小乡聚,集为大县",共设四十一县(一说三十一县)。③ 既然是把小的乡、聚落合并为县,就意味着要根据一定的人口、面积的标准,对县的辖区加以规划,这正反映了县作为一级行政区划的特征。从后来汉朝的情况看,大概是"百里为县",并以万户为标准,万户以上的县设县令,不满万户者设县长。而史书记载,汉朝县制又是沿袭了秦朝的

①　参见田昌五、臧知非:《周秦社会结构研究》,西北大学出版社1996年版,第215—216页;周振鹤:《县制起源三阶段说》,《中国历史地理论丛》1997年第3期。

②　参见田昌五、臧知非:《周秦社会结构研究》,西北大学出版社1996年版,第225—230页;周振鹤:《县制起源三阶段说》,《中国历史地理论丛》1997年第3期。

③　司马迁:《史记》卷五《秦本纪》,中华书局1959年版,第203页。而《史记·商君列传》则说设三十一县。

做法。① 所以，不管具体如何设县，总是需要按照一定的标准，规划成为一个比较合乎标准的行政单位，以便中央政府以此为单位进行考核管理，征收赋役。

第三，县作为一级地方政府，必须接受中央政府的考核监督与奖惩。考核监督的主要形式是一年一度的"上计"。"上计"就是将本县该年度户口、土地、仓储、赋税等情况统计为书册，上报给中央政府以供考核。从秦简可知，秦国各政府机构都设有上计吏。《史记·滑稽列传》记载，齐威王曾"朝诸县令长七十二人，赏一人，诛一人"②。记述的大致就是国君听取县令汇报计书并进行赏罚的情况。

第四，作为一级地方政府，县具有比较完备的组织机构。除了县令（有的设县长）统管全县事务之外，县还设有县丞，协助县令管理一县事务，又设县尉，协助县令管理一县军事。县以下还有乡、里等基层组织与之配套，形成一个严密的网络把全国编组成为一个整体，并使国家权力的触角到达每一个编户齐民的身上。

第五，作为中央政府在地方的代表，县具有管理行政、经济、司法、财政、军事方面的职权，全面发挥着作为一级国家政权的职能，而不再像春秋时期的一些县那样，偏于征收军赋或者行使军事职能。

县这种建立在官僚制基础上的行政区划的产生，使中央政府能够最大限度地、最快捷有效地掌控和动员社会资源，无论对国家能力的提高还是对君主个人集权而言，都是最有效率的一种形式。它在春秋后期一旦萌芽初见，就显示出巨大的吸引力。到了战国时期，它终于成为各国普遍推行的一种地方政治形式和中央集权国家的构建形式。

至于作为行政区划的郡的产生，则比县要晚。有的学者认为它产生于战国时期；有的则认为，"战国的郡并不是地方政区"，只是尚处在从边地的军事区向行政区演变过程之中，作为郡县制下一级行政区划的"郡"，是在秦统一之后才形成的。后者主要的根据是，战国时期的郡主要还是承担的军事职能，并不具备作为一级地方政府应有的完整职权，如具备行政、司法、财政等职能。

这样到了战国时期，作为地方行政区划基本单元的县制已经普遍实行，而郡，至少也处在向一级行政区划转变的过程中，可以说，郡县制的框架已经基本形成。

三、世袭分封制的瓦解与官僚制度的形成

正如前面所说，西周主要是靠宗法血缘关系为纽带结成国家共同体，并以血缘关系的亲

---

① 参见班固：《汉书》卷一九上《百官公卿表上》，中华书局 1962 年版，第 742 页。
② 司马迁：《史记》卷一二六《滑稽列传》，中华书局 1959 年版，第 3197 页。

疏、宗族内的嫡庶尊卑来确定不同的政治角色,建立起等级秩序,从而形成一种普遍的等级分封制与统治地位的世袭制。进入春秋时期,特别是进入战国时期以后,前述社会生产力的发展、王室的衰微和兼并战争的加剧等因素,本就使得社会流动不断地加剧,原来的等级分封制度和世袭制度不断遭到破坏;而各国的国君或当权者为了加强个人权力,也为了适应社会变革带来的新情况,以便在兼并战争中更加有效地动员社会资源,也在千方百计地通过各种改革变法活动突破旧的制度与秩序,寻找新的、更为有效的管理制度和统治手段。这样,伴随着原来的等级世袭制度的不断瓦解,一种新的组织形式和统治手段——官僚制便逐渐发展起来。

这种官僚制与原来的世袭制的主要区别在于:

第一,选拔任用官员主要是以能力为依据,而非以身份血统为依据,或者说,官僚制下对官员的任用是以能绩为取向的,而非以先赋性的身份为取向。这样,君臣之间实际上形成一种雇佣关系,即韩非子所谓"主卖官爵,臣卖智力"。从战国时期的情况看,官员的主要来源有这样几种:一是根据军功授官赐爵,如商鞅变法时规定"有军功者,各以率受上爵""有功者显荣"等;二是通过游说与上书获得官职,如商鞅、苏秦、张仪、范雎等以布衣为卿相,孙膑、白起等自白身而为将军;三是通过荐举为官,如商鞅因得宦官景监的推荐而受到秦孝公重用;四是通过养士而获得人才,一些国君甚至公卿大臣往往养一些食客于门下,作为储备人才,如平原君因食客毛遂自荐,完成赵楚合纵。但不管以何种途径选任官员,最终都是以是否对统治者"有用"为转移,都是为了满足统治者对统治绩效的追求。

第二,官员的管理和活动方式按照比较客观统一的标准、规章制度进行,而非采取特殊的、因人而异的方法。在这方面比较值得注意的是,各国已经形成一套关于官员的考核奖惩、俸禄、玺符制度。比如在考核奖惩方面,战国时期对于各级官员和机构已经形成了比较固定的考核程序,这就是前面提到的"上计"制度。同时,为了统计上的方便,各国还颁行了统一的度量衡制度。俸禄制度就是以官员的级别为标准,给官员发放薪酬时,同级别官员给予相同的报酬。春秋后期,随着赋役制度的改革,官员俸禄制度已经产生,如孔子任鲁国司寇,"奉粟六万",到卫国后,卫国人也按照这个标准"致粟六万"。[①]另外,不同级别的官员有不同的玺、印、符、节,是君主授予臣下行使某种职权的凭证,免职时收回。玺符不仅用于任命官员,也用于官府往来公文。

总之,到战国后期,虽然以身份、血统为取向的世袭制还有一定遗存,但是以能绩为取向的官僚制已经逐步成为各国占主导地位的用人任官制度。虽然这个时期乃至整个中国帝制时代的官僚制,都属于君主专制之下的官僚制,官僚的权力主要来自君主,官僚制更具有"政

---

① 司马迁:《史记》卷四七《孔子世家》,中华书局 1959 年版,第 1919 页。

治性",因而和马克斯·韦伯所说的法理型的现代官僚制有所不同,但还是初步具备了理性化、科层化和非人格的制度化等官僚制的一般特点。

四、政权机构演变与职位分化

春秋战国时期的社会变化和国家政权职能的变化,势必会带来各国政权的组织机构与职位方面的新变化。

第一个值得注意的变化是,在国君之下,逐渐分化出了辅佐君主处理总管全局事务的首脑,相当于后世的宰相,并逐步形成了以相、将为代表的文官与武官系统。

春秋时期,国君之下总理国政的官职,在各国还没有统一的称呼,郑国称"当国"或"执政",楚国称"令尹",晋国在晋文公以后则以"元帅"行使此项职能,齐国则称为"相"。不过这时候的"相"还比较偏于"辅佐""帮助"等动词意义。一般认为,公元前548年齐景公即位之初,以崔杼为"相",庆封为"左相",这已经开始把"相"作为名词和官职使用了。[①] 这些执政者一般由国君任命,春秋中期以后则由执政的强卿父子相传,或者几个贵族家族轮流担任。

进入战国以后,除了楚国仍称"令尹"之外,这种执政的首脑逐步有了固定的称呼,叫相、丞相或相邦,即后人所统称的宰相。宰相在君主一人之下,辅佐君主统掌全国的军政大权,在当时人的观念中,相已经被认为是"百官之长",具有总管各种政事的职能[②]。

当然,战国时期的相和后世也有不同。比如商鞅为卫国人而为秦相,张仪几度出入秦、魏之间为相,苏秦还挂起了六国相印。似乎既可以跨国为相,又可以一人兼任几国之相,这只能是在那种列国纷争、你死我活的兼并战争时代才会出现的事情。

另外,春秋时期的执政官统管文武大权,既管民事又管军事,既总领百官又领兵作战,文职和武职的区分尚不明显。战国时则普遍设立了将和相,将主军事,职级最高者称将军、大将军、上将军,也有称柱国(赵国、楚国);相则主管政务,出现了文武分职的趋势。这一方面分化了执政官的事权,适应了加强君主集权的需要,即所谓"官分文武,惟王之二术也"(《尉缭子·原官》),一方面也意味着国家政权在组织与功能上有了进一步分化与专门化。

第二个方面的变化是,在总管政务的宰相之下,经春秋到战国时期大体形成了分担某方面政府职能的机构与官职,号称"百官",主要有:

主管全国财政事务的官职,如秦国、赵国的内史等,可能为汉朝治粟内史的前身;

①　事见《左传·襄公二十五年》。顾炎武在《日知录》卷二四"相"条中说,"三代之时言相者皆非官名",而《左传》此处所记崔杼为相、庆封为左相之事"则似真以相名官者",认为这里的"相"似乎才是真正的官名。

②　如《吕氏春秋·举难》说,"相也者,百官之长也";《荀子·王霸》也说,"相者,论列百官之长,要百事之听"。

主管治安、刑罚等事务的官职,有的称为司寇(鲁、韩、赵、魏国),有的称士师(齐国)、廷尉(秦国);

主管工程建筑和手工业的官职,称司空或司工(楚国称大工尹);

主管与其他诸侯国交涉事务的官职,称为行人、主客等;

主管监察事务的官职,如御史、御史大夫(秦国)等。

五、法律、军事、财政等方面制度的重要变化

春秋战国时期也是法律、军事、财政制度等方面发生深刻而剧烈变革的时期。

从法律制度方面看,首先是法律的精神和法律原则发生了很大变化。

比如在战国之前,还没有今天"法律"意义上的"法"的概念,而是用"刑"作为与后来的"法"类似的说法。而"刑"的基本含义是部分地或整体地伤害人的身体,它与表示杀人武器的"兵"常常联用,说明当时"刑"法的基本功能和精神是着眼于镇压、制裁。[①] 到了战国时期,则逐步形成了与后世"法律"含义比较接近的"法"的概念,法已经被视为具有普遍约束力、至少体现形式公正的规范。再就是,战国时期各国的政治家们已经提出了一些全新的法律原则,比如,提出了"事断于法""以法为本"的主张(邓析、韩非子、管子),强调"君臣上下贵贱皆以法",用法作为基本手段来治理国家,来调节、规范人们的行为;提出了"法不阿贵""刑无等级"的主张(商鞅、韩非子),强调要用共同的法律规范、法律标准去平等地对待一切人,不承认凌驾于法律之上的特权。虽然这些精神和原则从根本上并不能超越君主专制的根本制度,但至少在规范意义上构成了中国古代法律体系中的重要原则和精神,并且不能不在一定程度上影响当时的司法实践。

而这个时期法律制度方面最突出的变化,则是成文法的公布。

成文法的公布,开始于春秋时期。公元前536年,郑国的执政者子产首先开始"铸刑书",就是把法律条文铸在大鼎上予以公布。随后,晋国的赵简子也仿照郑国的做法,于公元前513年"铸刑鼎"。进入战国以后,为了将变法运动中推行的各种新制度、新举措上升为国家意志,各国对法律的制定和颁布更加重视,颁布成文法的现象更加普遍。

成文法的制定与颁布,大大改变了以往统治者"临事制刑,不预设法"的局面,降低了司法实践和政治统治过程中的随意性和神秘性,是法律文化和政治文明方面的一种进步。

在军事制度方面,表现最突出、与政治制度关系最密切的变化主要有以下两个方面:

一是在军队的指挥、控制体制方面,国君对军队的控制权力得到了进一步加强。如前所

---

① 参见钱锺书:《管锥编》(一),中华书局1979年版,第285页。

说，春秋时期还没有出现明显的文官与武将的分化，一般是遇到战事即命将出征，但国君始终会牢牢掌握最高军事统帅权。进入战国时期，国君对军队的指挥、控制制度更加系统严密。一方面，这个时期出现了专门领兵打仗的武将，他们和文职官员一样由国君直接任免；另一方面，军队的调动权、作战的最高指挥权也由国君直接掌控。国君发兵或授予将领前线指挥权的凭证是兵符。如魏国的兵符为虎形，上有铭文，剖为两半，一半存于国君处，一半发给带兵的将领。需要发兵时，必须将国君的一半与将领的一半相合，"合符"之后才能调动军队。"信陵君窃符救赵"的典故，说的就是魏国公子信陵君窃得魏安釐王的兵符，调兵击败秦军，解救赵国的故事。可见，兵符是君权的象征。

二是在兵役制度方面，逐渐过渡到普遍兵役制。在春秋时期，一方面基本上延续了西周时期区分国、野的格局，对"国人"和"野人"分别给予不同的政治地位与待遇，一般只有"国人"才有服兵役的资格。另一方面，随着战争的频繁进行和战争规模的扩大，各国对兵源的需求越来越大，又开始逐渐打破国人、野人的界限，扩大征兵的范围。据有的学者的研究，公元前645年晋惠公"作州兵"，就是把兵力动员的范围扩大到野人的一次改革。后来随着社会的不断发展，一家一户的小农逐渐成为社会结构的主体，国野的界限不断地被打破，加上战争的频繁和战争规模的不断扩大，对"野人"在兵役上的限制也就最终不复存在。于是在进入战国之后，以"编户齐民"为基本对象的全面、普遍兵役制逐步在各国推广开来。如苏秦就曾对齐宣王分析齐军的来源说，临淄一地就有居民七万户，以每户三个成年男子计算，则"不待发于远县"，仅仅"临淄之卒固已二十一万矣"[1]。显然，苏秦这里是把临淄城内所有居民都算作征兵对象的。另外，当时的征兵以县为基本单位，应征的年龄或服役期大约在15岁至60岁，即汉班昭所谓"十五受兵，六十还之"[2]。在著名的长平之战中，秦国就是"发年十五以上，悉诣长平"[3]，即把十五岁以上的男子全部征发到长平作战。

除了征兵之外，战国时期还出现了募兵制。如荀子所说"招近募选，隆势诈，尚功利之兵"（《荀子·议兵》）。这种"尚功利之兵"，当然就是以当兵为谋生手段的职业兵。

春秋战国时期也是我国赋税、财政制度发生重大变化的时期。其中最引人注目的变化是在财富和资源的征调方式上，从早期的家产式征收为主，逐渐过渡到以承认财产（土地）私有制为前提的征税制为主。

如前所说，西周时期王室的收入主要来自其直接控制的公田的收入和各地诸侯的贡纳，同时通过奴役奴隶、罪犯等来满足其生活享用品、军事装备、修筑宫殿城郭等方面的用度。总之，国家是通过赤裸裸的暴力来直接占有大量土地和人口、进而直接占有劳动成果来满足

---

①　司马迁：《史记》卷六九《苏秦列传》，中华书局1959年版，第2257页。

②　范晔：《后汉书》卷四七《班超传》，中华书局1965年版，第1585页。

③　司马迁：《史记》卷七三《白起列传》，中华书局1959年版，第2334页。

统治的需要的。相对来说,这种资源的征调方式还是比较简单、初级的,对国家能力的要求尚不是很高。进入春秋战国时期,随着土地私有制这一新的产权制度的逐步确立,身份相对自由的小农逐渐成为主要的社会阶级,国家已无法通过直接控制大量土地和人身的方式来征调社会资源,作为满足统治需要的主要渠道,而是基于土地私有制的确立、奴隶制的瓦解和小农社会形成的事实,逐渐建立起以税、赋为基本构成的财政收入体系。虽然对于这一演变的具体过程和具体情况还有许多不清楚的地方,学术界对于相关材料还存在不同的理解。[①]但从春秋各国接连发生的"相地而衰征"(齐国)、"初税亩""作丘甲"(鲁国)、"作丘赋"(郑国)等变革事件来看,有一点是可以确定的:春秋以迄战国,国人与野人的权利义务区分已经逐渐消失,小农日益成为国家赋税的主要承担者;至少到战国结束,建立在土地私有制基础上的土地税已经形成,并且和赋(户赋)一起构成国家的基本财政收入项目。

土地税按亩征收,即按照一亩地的平均产量确定税率。魏国主持变法的李悝在讨论农民的收入和地税负担时指出:一个五口之家的农户,大致耕种一百亩土地,以亩产一石半计算,则全年收入一百五十石粮食,"除十一之税十五石,余百三十五石",即按照十分之一的税率向国家交税十五石之外,还剩下一百三十五石。[②]可见魏国土地税的税率是平均亩产的十分之一,即当时常说的"什一税"。另外,荀子在谈到"王者之法"时也说,应该"田野什一,关市讥而不征"(《荀子·王制》),这说明,虽然各国的具体情况有所不同,实际的征收量可能不止此数,但在当时人看来,什一之税已经是常态或标准的税制。

土地税之外还有赋,即按户征收的户口税。一般认为,赋是由军赋演变而来的,最初征收的直接用途,就是为了解决国家在军需品方面的需求,后来逐渐演变为一种以户为对象的固定税种。如秦孝公十四年"初为赋",商鞅变法时并规定,"民有二男以上不分异者,倍其赋",[③]说明立户则交纳户赋,有男丁而不立户就减少了户赋,因此要加倍征收。另外,孟子曾提到当时有"布缕之征,粟米之征,力役之征"(《孟子·尽心下》),还说如果"廛无夫里之布,则天下之民皆悦"(《孟子·公孙丑上》)。其中"布缕之征"与以土地为征收对象的"粟米之征"、以人身为对象的"力役之征"对举,"廛"就是住宅,"布"就是钱布,都说明存在着以户为对象的赋。荀子也有类似的提法,认为官府应该"轻田野之税,省刀布之敛,罕举力役"(《荀子·王霸》)。这些记载说明征收户赋的情况在当时是比较普遍的。

以土地、户口为对象的税、赋征收制度的出现,意味着国家征调、动员社会资源能力的大

---

①　比如关于鲁国"初税亩"的记载,以往几乎一致认为是鲁国开始统一"按田亩计税",不再有公田、私田的区别,进而由此开始了我国土地私有制的时代。而田昌五、臧知非则根据他们对史料记载的理解认为,这是一种望文生义的理解,实际上土地私有制的确立、以私有制为基础的土地税的形成,终战国之世都处在形成过程中,只是到了秦统一之后"使黔首自实田"才最后完成。此观点可备一说。

②　班固:《汉书》卷二四上《食货志上》,中华书局1962年版,第1125页。

③　司马迁:《史记》卷六八《商君列传》,中华书局1959年版,第2230页。

大提高。为了能够按照需要和预定的财政计划征收税、赋,需要建立相应的土地与户口的普查、登记、审核、注销,和税、赋征缴各个环节的复杂组织体系和程序,从而大大促进国家的制度、组织化水平的提高。

总结与讨论

一、主要内容回顾

结束本章之前,我们再来回顾一下这一时期政治制度的主要变化。

首先,最重要的变化是基本政治制度或政治体系方面的变化,即从西周时期以宗法贵族制为基础、以等级分封制为基本国家结构形式的君主制,逐步向建立在官僚制与郡县制基础上的君主专制制度过渡,并且到战国结束时,这种君主专制的政治体系已基本形成,为秦始皇建立统一的中央集权帝国下的君主专制做好了准备。

其次,伴随着这种整体变革,某些具体制度也在发生深刻变化,比如:

形成了以宰相为代表的官僚机构,官僚制逐步取代了原来的世袭贵族制;

郡县制基本形成,奠定了中央集权国家的基本组织形式与结构形式;

军事制度方面的突出变化是普遍征兵制的出现与推广;

法律制度方面的重要变化一是成文法的颁布,二是法律的原则和精神不再局限于针对特定社会成员的狭义的"刑罚",而开始具有形式上的公正与普遍约束力;

在财政制度方面,最值得注意的变化是形成了以土地私有制为基础的土地税,以"编户齐民"的户口为对象的赋,基本奠定了专制国家的税、赋体系。

总之,长达五百多年的春秋战国是中国社会变革与政治制度变革最剧烈的时期。那么,这种政治制度的变化路径又是什么呢?

我们知道,从理论上说,社会政治制度变迁的路径无非有两种,一种是自发演进的,另一种是人为设计或创制的。而具体到春秋至战国时期的政治制度变迁过程,虽然还有许多具体情况不是很清楚,但像君主专制政体的形成,乃至郡县制、官僚制取代世袭与分封制度,则大致上可视为第一种情形,即它们是在比较漫长的历史过程中,在各种复杂的社会因素作用下,通过自下而上的、无数个历史行动主体的"集体选择"而渐进演变形成的,类似于经济学家所说的"诱致性制度变迁";而那些具体制度的出现与形成,则大致属于后一种情形,即主要是通过统治者自上而下的一些具体的变法活动而被设计、创制出来的,这类似于经济学家所说的"强制性制度变迁"。当然,所谓"自发演进"只是相对而言的,它并非没有人的行为参与其中的自然过程,而是说,像君主制这类涉及人类基本政治秩序的制度,不可能由哪个具体的个人或团体、在哪个具体的时间点上被"理性"地规划、设计出来,而是在各种复杂的社会条件作用下,通过无数个行动者与环境的无数次互动、博弈,在历史的"集体理性选择"中完成的。所谓的"人为设计"与"创制"的制度,当然也不是说这些制度可以被随心所欲地设计与创制,像军事、法律和赋税等制度的改革,也是在春秋战国时期发生了深刻而剧烈的社会变革的前提下,在具备了相应的社会条件并产生了新的需求的情况下,通过统治集团顺势而为的变法而完成的。

当然,由于资料的欠缺,加上许多制度的变化都是在人们"不知不觉"中自发演化而来的,使得后人对一些问题的认识还存在盲区或分歧,比如,官僚制取代世袭制、作为正式行政区划的郡县制究竟形成于何时,还有按亩征税的制度从何开始等,这里尽量吸取最新的研究成果,并采取大致不误的稳妥方法加以处理。

二、春秋战国时期在政治制度史上的地位

春秋战国属于从商周早期国家政治体系向秦汉以后中央集权帝国政治体系过渡的时期。在古代中国政治制度的演变过程中,这个时期的主要作用和地位是传承与变革、"承先"与"启后"。

具体来说,春秋战国时期虽然在思想与制度方面经历了巨大的震荡与变革,孔子甚至用"礼崩乐坏"来形容。但是,由于这些变革又是在整个华夏文化体系内部,是"兄弟阋于墙",是在共同的汉字文化圈、在同为"诸夏"民族的基础上发生的变革与交融(而不同于西方历史上经历的波斯文化对希腊文化的冲击、日耳曼蛮族对罗马帝国的冲击),这使得中国古代文明在变革与发展中能够保持更多的连续性,从而使早期国家时期的有些重要的观念、原则还是在经历春秋战国的历史震荡之后被沉淀、保存了下来,比如:

以"中国"为基础的共同体认同意识,为"中国"这一共同体奠定了牢固的思想基础和观念原型。尽管商周时期的政治共同体的组织结构还比较松散,到春秋战国时期,西周以来的"天下"秩序又遭到破坏,甚至被孔子说成"礼崩乐坏",但是春秋战国时期已经有了"华夷之辩"的意识,把中华文化、中国作为认同的对象,把当时的"中国"作为天下中心。孟子主张"用夏变夷",用先进的华夏文化去引领、影响周边的"夷狄",还有人认为,中原之国虽然相互争斗,却属于兄弟之争,而不同于与戎狄的对外之争。即所谓"兄弟阋于墙,外御其侮",反对"弃亲即狄"、与戎狄联合,主张一致对外。(《国语·周语中》)在后来的历史发展中,这种以"中

国"为中心、大一统的国家共同体原型,已经深深扎根于中国人的观念中或想象中,成为统一的动力和政治发展的方向。

奠定了中国几千年君主制的基本框架和原则。其中最重要的是,确立了君主独尊、君权至高无上的地位,君主集中掌控国家大权,即君主集权的原则。这些原则强调,君主是宇宙、自然(伦常)秩序的人间代表("天子"),具有沟通天、人的巫术般的神圣属性与能力,是国家共同体的集中、统一的代表,因而享有最高的权力和神圣尊严的地位。从西周时期所谓"溥天之下,莫非王土,率土之滨,莫非王臣"的观念,到孔子所谓"礼乐征伐自天子出",孟子所谓天下"定于一"的思想,春秋战国时期出现的各种"君辱臣死""君命不贰"等绝对忠君的伦理观念等,都是这种君主制原则的体现。此外,作为古代宗法继承制在政治制度层面的延伸,君主(后来的皇位)世袭制也在后世延续和保存下来。

确立了官僚制和郡县制,形成了秦汉以后两千多年的帝国政治制度的关键性、支柱性的构成部分。官僚制既是传统社会吸纳政治精英、聚集统治力量的主要手段,又是用于控制全社会的组织手段;而郡县制则是这种官僚制在全国范围内的空间展开。正是通过郡县制,国家权力、君主权力才得以传递、渗透到社会的每一个角落、每一个成员。没有这两个制度,君主专制制度就无从体现,就空有其名。

参考文献:

1. 白钢主编,王宇信、杨升南著:《中国政治制度通史》第二卷,人民出版社 1996 年版。
2. 田昌五、臧知非:《周秦社会结构研究》,西北大学出版社 1996 年版。
3. [美]艾森斯塔得:《帝国的政治体系》,阎步克译,贵州人民出版社 1992 年版。

思考题:

1. 试分析春秋战国时期政治制度发生巨大变化的主要原因。
2. 简述春秋战国时期君主专制政体初步形成的标志。
3. 简述春秋战国时期出现的官僚制与世袭制的主要区别。
4. 简述郡县制下"县"的主要特征。

中编　秦汉到明清时期的政治制度

　　本编将要分析和介绍的是自秦汉以迄清朝灭亡这段历史时期政治制度的生成演变情况。这段在时间上跨越了两千多年的历史,是中国传统政治制度发育成长最成熟、最典型的时期,也是学习和研究中国古代政治制度时需要重点关注的内容。其中主要内容包括,关于本时期的根本政治制度——君主专制政体的基本特点和长期延续问题,以及构成这种根本政治体系必要组成部分的各项重要制度,如皇帝制度、宰相制度、中央集权的郡县制度、官员的考选制度、监察谏议制度和军事、法律、财政等制度的演变。

第一章／秦汉至明清时期政治制度概观

本章围绕君主专制政体这一中国传统政治制度的核心,对秦汉至明清时期的政治制度进行总体分析与介绍。首先从政体类型学的角度,比较中国君主专制政体与一般君主专制政体的共性与特性,进而分析其内涵与特征;其次则从经济、社会、政治文化、地理环境等方面,分析这种以君主专制政体为核心的政治制度在中国长期延续、保持强大韧性的条件与原因。

第一节　中国君主专制政体的特点

随着秦汉帝国的建立,中国的历史正式进入以君主专制政体为核心的政治制度发展时期,从此以迄清末辛亥革命推翻帝制、建立共和政体,中经两千余年历史,君主专制政体却一直重复繁衍、延续不变,这是我们在总体把握古代中国政治制度历史的时候首先应该了解的一个基本史实。

关于中国历史上的"君主专制政体"或"君主专制制度"问题,我们在前面一章已经简略提及。由于这个问题涉及对中国历史上政治制度类型的基本认识,这里有必要再全面介绍。让我们先从"君主专制制度"这一政体分类概念出发,然后结合历史事实,看看中国君主专制政体所表现出的共性与特性是什么。

一、"君主专制政体"概念及内涵

按照政治学和法学界的一般看法,"君主专制制度"(Absolute monarchy / Autocratic monarchy)或"君主专制政体"属于一种政治制度类型,是君主制政体中的一种,它和其他君主制类型(如当代立宪君主制)之间具有以下共同点:

第一,实行君主职位终身制和世袭制,即君主没有任期的限制,君主死后其职位由家族成员继承,君位在一家一姓内世代相传;

第二,与此相联系的是,君主作为国家的代表和象征,享有至高无上的地位和特殊的尊荣,甚至有的被赋予某种超人的神性和神格,如被称为"太阳""天子"等。

除了这些共同点之外,君主专制政体与君主立宪政体又是两种君主制政体类型,它们之间有着重大的区别:君主立宪政体(Constitutional monarchy)在当代西方的主要形式是议会君主制,它采取"主权在民"的原则,使君主的地位和权限受到宪法或宪法性文件的规定、限制,同时君主还受到议会这类国家机关的依法限制,这样,君主只是没有实际权力的国家象征和名义元首,议会才是国家最高权力的中心,由议会产生的政府履行国家行政职能,对议会负责;而君主专制政体则是由君主独掌国家最高统治权,君主不受法律和任何机关(如议会等民意机关)的制约,拥有不受限制的、绝对的权力。[①]

结合对一般"君主制"特征的考察,可以这样概括"君主专制政体"的基本含义和特征:

第一,君主职位的终身制和世袭制;

第二,君主地位的崇高性、独特性乃至某种程度的神圣性;

第三,君权至高无上,是绝对的、不受限制的权力。

在以上三个特征中,第三点是君主专制政体最不同于其他政体的根本特征。也就是说,专制和非专制君主制的实质性区别,关键就在于君权是不是绝对的不受制约的权力。

而政治学或法学所谓的专制君主权力"绝对""不受限制",其前提及特定含义是指,在制度规范的意义上,君权不受法律制约,不对任何机构负责,也不受任何机构(特别是议会等民意机关)依照正式法律程序和制度而实行的制约监督。不符合这一点,就不能说专制君主权力"绝对""不受限制"。因为,任何权力都在一定的关系中存在和运行,不仅受掌权者本人情况(如能力素质、价值偏好)的制约,还要受权力关系的另一方情况的制约,同时还受权力关系双方所处的社会环境、制度环境和历史文化传统诸因素的制约。[②] 这也意味着,所谓君主具有"绝对""不受限制"的权力,是指由君主职务所产生的绝对、不受限制的权力,是指君主在制度上被赋予了最大的职权、最大的行使权力空间,这并不排除拥有同样君主职位的人,因为个人能力等条件的"限制",可能会拥有不一样的实际权力,其实际影响力可能有大小、强弱之分。因此,在对君主制政体的实际分类中,应当注意把任何当权者都会受到的客观"限制",与一般政体分类中制度、法律层面的"限制"明确区别开来,避免混为一谈。否则,如一看到任何当权者都会受到"限制"的事实,就怀疑、否定专制君主的权力是"绝对""不受限制"的,则世界上根本找不出这种不受(客观等原因)"限制"的君主,也就没有"专制君主制"与"立宪君主制"这种分类的必要了。

另外,正如我们在上一章曾经提到的,既然君主专制制度下君主可以最大限度地集中掌控国家权力,则这种集权必然包括横向集权和纵向集权两个方面。从横向集权来说,君权作

---

① 参见《布莱克维尔政治学百科全书(修订版)》"专制政府"(Absolute government)条,中国政法大学出版社 2002 年版,第 1 页;《简明不列颠百科全书》"专制主义"(absolutism)条,中国大百科全书出版社 1996 年版,第 332 页。

② 参见张星久:《中国古代官僚制度的自主性分析》,《政治学研究》1997 年第 4 期。

为一种绝对、全面的统治权力,其作用和影响力必然能够遍及全国,而且必须凌驾于一切国家机关之上,使一切国家机关和个人必须服从于它,从属于它,使之成为不可分割、不可抗衡的权力;从纵向集权来说,君主专制制度意味着可以把地方权力集中于中央,又最终集中于君主一人,形成金字塔式的权力结构。因此,无论从君主专制的运行"逻辑"上还是从世界各国君主专制的实践情况上看,为了最大限度地实现这种纵向和横向集权,君主专制必然要发育出相应的官僚制度和中央集权制度。关于君主专制与官僚制、中央集权制之间这种密不可分的关系,包括艾森斯塔得、马克斯·韦伯、托克维尔等在内的许多国内外学者都从不同角度作过分析。[①] 就是说,虽然有官僚制、中央集权制并不等于一定就有君主专制,但是,没有相应的官僚制和中央集权制,就不可能存在君主专制政体。作为一种政治体系,君主专制必须通过一定具体的制度才能体现和实现其存在,而其中最重要的构成部分和实施手段,就是官僚制和中央集权制。

总之,君主专制制度除了采取君主终身制与世袭制,规定君主享有至高无上的地位和绝对的权力之外,一般还必须以某种官僚制和中央集权制度为必要手段。

二、中国君主专制政体的特点

根据以上对"君主专制政体"概念的界定,综观古代中国政治制度的发展演变情况就不难看出,中国自秦汉以后确立起来的基本政治制度,不仅符合上述君主专制政体的特征,而且历经两千多年的发展,其特点和内涵表现得十分充分和典型。

1. 与宗法制相结合的世袭制

从世袭制和终身制方面看,中国自早期国家时期的夏商周各代开始,就把王位继承制度与家族宗法制度结合起来,建立了王位世袭制和终身制,秦汉以后历代王朝也大体如此。君王在秦汉以后被尊为"皇帝",皇位必须由某个王朝的开创者,即"打天下"者一家所垄断,并基本上沿用了早期国家时期的宗法继承制,在皇位继承与世袭方面,采取了以嫡长子继承为基本形式的制度,特别是汉朝以后,这种嫡长子继承制又具体化为预立太子的制度,即在位的皇帝预先根据"有嫡立嫡、无嫡立长"的原则预立太子,确定其死后的皇位继承人,以实现皇位的有序世袭,从而形成了与家族宗法继承制结合的君主世袭与继承制度。

---

① 如艾森斯塔得指出,中央集权的行政机构或官僚行政机构是秦汉至清的"历史官僚帝国时期""最为重要的"发展与维持机制(见[美]艾森斯塔得:《帝国的政治体系》,阎步克译,贵州人民出版社 1992 年版,第 12、23、100 页);马克斯·韦伯也把秦始皇建立起一个"根据功绩与皇恩晋升的严格的官僚制秩序",作为"真正的专制制度"的开始(见[德]马克斯·韦伯:《儒教与道教》,洪天富译,江苏人民出版社 1993 年版,第 54 页);托克维尔在《旧制度与大革命》一书中,也对这个问题作了比较深入的分析(见张星久:《〈旧制度与大革命〉中的"专制国家"图景——专制集权国家的制度构成与社会条件》,《理论视野》2013 年第 4 期)。

可见，与家族宗法制度相结合，实行嫡长子继承制度和预立太子制度，是中国古代君主世袭制和终身制的具体实现形式。

2. 君主"受命于天"的神圣性与崇高性

从君主的地位与属性上看，中国的君主也同样拥有独特的、至高无上的崇高地位，君主虽然不被直接地等同于神，但在某种意义上又被赋予了神圣性，具有人和神的双重属性。这主要是因为，直接塑造中国君主制的"观念原型"，是我们在第一章提到的那种"天人合一"的有机宇宙观。在中国人这种根深蒂固的"天人合一"观念支配下，君主被认为是沟通天（神界）、人（俗世）的中介或中心。一方面他是"君父"，是全国人的共父、大家长；一方面又被认为"受命于天"，是"天子"，是上天的"元子"，是通天、通神、有神性者。自秦始皇开始，更把君主称为"皇帝"，强调皇帝是"皇天上帝"，或者功德地位超越"三皇五帝"，是"天""帝"的化身。汉董仲舒在解释"王"这个字的造字原理时也说，"三画而连其中谓之王。三者，天地人也，而参通之者，王也"（《公羊义疏》）。后来，皇帝又逐渐被神化为"真龙天子"，和他有关的一切事务都具有神圣性和神秘色彩。这样，君主作为上天、神在人间的最高代表，就被赋予了神和人的双重属性，成为人和神的混合体，是所谓"天地君亲师"五位一体，从而也就理所当然地具有了至尊无比、神圣尊严的地位，与臣民之间形成不可逾越的等级尊卑关系。

这种君尊臣卑的关系，甚至可以颠覆父子关系等基本的家庭伦理。如刘邦当了皇帝后去见父亲太公，太公就以"皇帝虽子，人主也"，对刘邦以臣礼相迎。这就是所谓"帝王之尊，与天同位，是以家天下，臣父兄，四海之内，皆为臣妾"[①]。直到清朝颁布《钦定宪法大纲》，还要规定君上"神圣尊严，不可侵犯"。我们知道，古埃及的法老也是自称太阳神之子，是神在地上的代理人和化身。古代中国君主的这种地位，和古埃及的法老比较相似。而在西方基督教文化的传统中，世界被认为是由神的"上帝之国"与人的"地上之国"这两个部分组成的，"地上之国"是由亚当与夏娃的后代、具有"原罪"的人类居住的世界，因此人的世界和神的世界、人和神之间是存在着明确界限的，即使是最为专制的欧洲君王，如自称"太阳王"的路易十四、自任英国国教最高领导者的伊丽莎白女王，从基督教的观点看也依然属于具有"原罪"的人，而不可能等同于上帝。

正是在这种肯定君主神圣尊严、至高无上的体制下，臣下面对君主只能是"微臣""愚臣"，甚至是"奴才"，而百姓则只能是"小民""草民"，形成君尊、臣卑、民贱的基本秩序。

概言之，中国古代君主的这种至高无上的崇高地位与身份上的神圣属性，以及由此形成的君尊臣卑、君尊民卑的基本政治关系，是建立在天人合一、君王"受命于天"的有机宇宙观基础上的。

---

① 陈寿：《三国志》卷五九《孙奋传》，中华书局 1971 年版，第 1373 页。

3. 君主高度集权与君权的绝对性

从权力的集中程度和君权的绝对性上看,中国的君主作为神在人间唯一的、集中的代表,当然也就集中掌握了一切国家最高权力,君主的意志当然也就可以凌驾于一切法律、制度之上,不存在任何法律和制度上的限制。不过,由于社会结构等方面条件的不同,中国的君主专制在这方面表现得更加突出、更加充分。

首先,从君主在国家政权中的地位上看,中国的君主制下,君主处于最高的主导的地位,不存在任何类似西欧君主制下的代表会议机构能与君主平行乃至分割、抗衡君权。在英、法等国的君主专制时期,也始终存在着能够对王权进行某种抗衡与"合法反对"的代表会议制度,如英国的早期国会"巴力门"(Parliament)、法国的三级会议。虽然西欧专制的君主们也曾千方百计地想要限制这些机构的权力,但是因为有了这样一种制度上的设计,国王的很多重大决定,如战争、征税等,就需要代表会议的批准,这势必对君权造成更加制度化、更有刚性的约束。就像伊丽莎白女王(1558—1603 年在位)那样强势的君主,当她准备把商品专卖权出售给宠臣时,也因为国会的反对而受阻;而法国大革命的直接起因,就是国王想要强行增加征税而引起第三等级的反对。

而在中国的君主专制制度下,一切国家机构的权力都是由君权派生的,都是从属于君主、服务于君主的,而不存在任何机构可与君权平行,可以分割、抗衡、"合法反对"君主的权力,因此君主在国家政权中的最高、主导的地位也更加突出、明确。虽然在中国君主专制政体的内部也发育形成了一些调节机制和制约因素,但它们不是来自与君权平行的政治主体或机构的限制、制约,而只是君主专制体制内部的一种自我调节、自我约束机制,国家权力的行使最终还是以君主的意志为转移的。比如汉朝的宰相虽然在制度上位尊权重,备受皇帝礼遇,名相萧何又立下开创西汉帝国的首功,甚至萧何也因担心自己功高震主,主动采取避让、自污的韬晦之计,但还是引起刘邦的猜忌而被捕下狱,弄得蓬头垢面、污秽不堪。而刘邦逮捕萧何的理由,竟然是当宰相的应该像李斯对待秦始皇那样,"有善归主,有恶自予",凡是好处都归于君主,坏事都算到自己头上,萧何却替百姓说话,"自媚于民"。[①]汉武帝时期,不光绕开宰相府(外朝),另由"内朝"处理重大国事,甚至动辄处死宰相。他在位时,竟然有四个宰相被赐死,两个被迫自杀。唐太宗李世民尽管最大限度地做到了虚怀纳谏,但也曾对魏征动过杀机,扬言要杀掉这个"田舍汉"。幸亏长孙皇后从旁劝解,才使魏征逃过一劫。[②]魏征死后不久,还是因为受到其他人的牵连,其墓碑被太宗下令毁坏。可见,魏征直言极谏的成效乃至个人生死荣辱,都在君主一念之间。另外,唐朝三省议政制度确曾对皇权产生一

---

① 班固:《汉书》卷三九《萧何传》,中华书局 1962 年版,第 2011 页。
② 刘餗:《隋唐嘉话》,中华书局 1979 年版,第 7 页。

定的制约、调节作用。但是同样不能忽略的是,这些制约、调节很快就在君主的干扰下逐渐扭曲、瓦解,在历史上并没有维持多久。早在贞观二十三年(649),刚刚即位的高宗就以英国公李勣为尚书左仆射、带"同中书门下三品"头衔担任宰相,[①] 从此形成"故事":本来位居从二品、原为当然宰相的尚书仆射,还需皇帝特许带上"同三品"的头衔,才能行使宰相职权,否则不敢再进入政事堂议政,最终使三省长官共同行使宰相职权、联合处理国政的三省制度遭到破坏。尤其重要的是,这些制约因素和调节机制并没有阻止武则天的篡位活动,没有阻止她为了当上女皇而一再突破当时的道德人伦底线,干出骆宾王所谓"残害忠良,杀姊屠兄……人神之所同嫉"[②] 的事情。可见,与处于绝对地位、强大的君权相比,一些内部制约调节机制是非常脆弱和不对等的,是很容易被扭曲、破坏的。

其次,在君主集权的程度和权力作用范围上,虽然和一切君主专制一样,中国的君主也被赋予了决定国家政治事务的最高的、全面的权力。但在中国,君主集权却达到了更高的水平,君权的控制力、渗透力也达到了最大的范围和空间。

在西欧君主专制制度的历史上,虽然一些君主如法国路易十四,为了最大限度地加强个人权力,消除集权的障碍,也曾千方百计地打击贵族、教会势力,但是由于西欧社会存在着悠久的城市自治的传统、相对"硬化"的等级制度,加上贵族势力、教会势力的强大等,都严重地影响和限制王权的扩张与作用范围。而中国早在春秋战国时,伴随着等级身份制度与贵族阶层的瓦解,就已逐步确立了以一家一户的小农为主体的基本阶级结构。与西欧那种身份硬化的等级制度不同,在中国的小农经济的"汪洋大海"中,由于小农的孤立、分散和脆弱,使他们无法构成对皇权的结构性、稳定性的抵抗力,因此君主的权力显然要大得多。只要君主的能力和精力允许,原则上他可以对一切政务进行"乾纲独断",行使最高决定权。如秦始皇时"天下之事无小大皆决于上",皇帝一天要看 120 多斤的竹简文件[③];朱元璋害怕大权旁落,竟然废除了沿袭千余年的宰相制度,自己包办全部行政事务;清朝康熙皇帝也表示,国家政事"分任于人则断不可行",而要"无论巨细,朕心躬自断制"[④]。以君权与法律的关系为例,稍稍了解一下中国古代法律史就会发现,强调法自君出,以君主的意志主导法律、凌驾于法律之上,一直是古代中国法律传统的基本特点之一。不仅法家认为"生法者君也,守法者臣也",儒家也主张君命不可违,君主的命令和意志像天一样不可逃避,[⑤] 都承认君主的意志就是最高的法律。中国很早就有"夏有乱政,而作禹刑;商有乱政,而作汤刑"的说法,法律被

---

① 刘昫等:《旧唐书》卷四《高宗本纪》,中华书局 1975 年版,第 67 页。
② 王志坚选编:《四六法海》卷八,辽海出版社 2010 年版,第 468 页。
③ 司马迁:《史记》卷六《秦始皇本纪》,中华书局 1959 年版,第 258 页。
④ 蒋良骐、王先谦撰:《十二朝东华录》(二)康熙朝卷二一,文海出版社 1963 年版,第 747 页。
⑤ 参见《管子·任法》;《宋史》卷四三四《蔡元定传》记朱熹的弟子蔡元定被朝廷谪离事:"州县捕元定甚急,元定闻命,不辞家即就道。"有人劝他不要急着走,他说:"获罪于天,天可逃乎?"(中华书局 1985 年版,第 12875 页)

冠以"禹刑""汤刑",就是强调它们是君主意志的体现。从秦汉至明清时期的法律实践来看,每个王朝开国之初的法律体系,首先都是由君主亲自下诏制定和颁布的,而且立法的原则也是由君主事先确定的。西汉前期几位皇帝崇尚黄老无为之治与宽简治国原则,因此其法律中相继废除了《挟书律》、"三族罪"、"妖言令"等。隋初法律在文帝"务尚宽平"原则的指导下,废除多项死罪、流罪,而后来则"炀帝忌刻,法令尤峻"。初唐时期的法律体系是在高祖、太宗"务在宽简、取便于时"的指导思想下制定的。宋朝开国之初的立法原则,则是根据太祖、太宗的"重典"立法,而在司法实践中又以"忠厚为本"的指导思想确定的。明初也是根据朱元璋"重典治国"的原则制定了《大明律》,朱元璋还亲自参与具体的立法过程,每成一篇,他都要"亲加裁酌"。朱元璋甚至还亲自撰写《御制大诰》,直接把自己的意志凌驾于法律之上。另外,从中国古代法律体系中"律"和"令"的不同法律效力上,更能清楚地说明这一问题。由于每个王朝颁定的法律(即所谓"律")具有相对稳定性,不利于后任君主随时贯彻个人意志和政治理念,于是后来的君主就在现有法律之外,通过临时发布诏令(即所谓"令")来贯彻个人意志,直接把自己的意志凌驾于成文法典之上。汉宣帝时廷尉杜周,曾被人批评在司法过程中"不循三尺法,专以人主意指为狱",而杜周则反驳说:"三尺安出哉?前主所是著为律,后主所是疏为令;当时为是,何古之法乎!"[①]说国家的"三尺"法律难道就不是出自君主的意志么,前面的君主认为对的就制定为律,后面的君主认为需要补充的就颁布为令,以君主当时的意见为准,不能泥古不化地死守过去的法律!这个故事生动地说明,体现当朝皇帝意志的"令",在法律效力上是高于"律"的。

可见,从立法原则的提出到整个立法过程,都是在君主意志的主导下进行的,并且一旦当朝的君主认为必要,还可以绕开现有的法律,直接发号施令或颁布"大诰",形成"当时为是"、"令"高于"律"的情况,从而造成君主意志凌驾于法律之上的局面。

其他方面,比如在用人权、军权、财权等重大事权方面,当然也都属于君主必须牢牢掌控、绝不容他人染指的权力。围绕着如何控制这些权力,历代王朝发明了种种"苦心奇术"。正如后面我们将要看到的,中国历史上的很多重要制度的生成与变迁,其直接原因、直接的动力都是来自君主集权、防范上述大权旁落。比如南宋思想家叶适就这样批评当时君主集权太过的问题:

"国家因唐、五季之极弊,收敛藩镇,权归于上,一兵之籍,一财之源,一地之守,皆人主自为之也……故人材衰乏,外削中弱,以天下之大而畏人。"[②]

在后人的眼中,宋朝算是政治上很"开明"的朝代,但叶适却能从制度上着眼,看出君主

① 班固:《汉书》卷六〇《杜周传》,中华书局1962年版,第2659页。
② 《叶适集》卷十《始议二》,中华书局2010年版,第759页。

高度集权的问题。在他眼中，"开明"的宋朝也是"以天下之大而畏人"，处处设防而一切"权归于上"，从制度上看与秦始皇时期的"天下事无大小皆决于上"并无不同。

最后，中国的君主集权还表现为，君主在思想文化领域内具有更大、更广泛的控制力。

根据政治学的一般理解，"权力"由精神的和物质的两大方面要素组成。有关思想文化方面的控制力，就属于政治统治权力中的精神构成要素。现实生活中，仅有物质控制力、没有精神力量的权力是跛脚的、裸露的、因而是无法持续存在的。因此，任何政权和统治者都会以物质力量为后盾，努力把权力转化为一种在思想文化领域内的控制力和影响力。正因为如此，在欧洲封建社会的历史上，也曾发生多次王权与教权的冲突摩擦，专制君主也总是千方百计地要把教会纳入自己的控制之下。然而，由于在君主专制确立之前，基督教早就取得了在欧洲思想文化领域的支配地位，君主专制制度形成之后已经无法改变这一现实。而按照基督教的"原罪说"与"双国论"，所有的人作为亚当、夏娃的后代子孙，都具有一种与生俱来的原始罪过，都是上帝面前的罪人，这些带有"原罪"的人组成了现实世界中的世俗国家，即地上之国，与上帝和将来得救者所居住的永恒、完美"天国"相比，"罪人"所在的世俗国家是存在缺陷和注定要灭亡的。从这些教义出发，基督教及其信徒当然只会承认上帝及其天国的至高无上性，而根本不会承认世俗国家及其君主的至上地位与绝对权威，进而造成现实政治社会结构中明显的政教分离格局，即"上帝的归上帝，恺撒的归恺撒"，有关信仰、灵魂方面的事情不能由世俗国家及其君主管理，而只能交给上帝及其在人间的设施如教会组织等。比如，英国伊丽莎白女王虽曾自认英国教会首领，但在她颁布的《英国国教信条》中，仍然承认国君"无权宣扬神语和举行圣礼"，这就大大影响了君权的全面性和绝对性。

在中国历史上，虽然也存在着某种"道"与"势""道统"与"政统"之间的紧张，在儒家思想和君主专制之间也存在一定的摩擦与冲突，[①]但这毕竟属于整个政治体系内部的紧张和冲突，双方在根本原则上仍然是一致的，在"道统"与"政统"关系的总体格局中，儒家思想仍然处于从属地位，和欧洲政、教分离格局下的基督教不可同日而语。在以儒家思想为核心的中国传统政治文化观念中，君主是上天在人间的最高的、集中的代表，是"天道"和人间纲常伦理的化身，甚至在民间被认为是集天、地、君、亲、师五位一体，这自然就被赋予了主宰人们精神和文化生活的最高权力。从历史上看，自从汉武帝"独尊儒术"之后，历代统治者无不通过改造儒家思想、重新解释儒家思想和直接干预文化与学术发展等手段，把儒家思想意识形态化，实现其精神控制和思想文化方面的专制集权。如西汉宣帝时期的"石渠阁会议"，东汉章帝时期的"白虎观会议"，就是由君主出面，亲自裁定儒家内部各派对经典理解的争议；

---

① 参见张星久：《帝制中国的两种基本"公""私"观及其制度表现——一个从制度回溯观念的尝试》，《武汉大学学报（哲学社会科学版）》2006 年第 6 期。

科举考试制度产生后,特别是明清时期,朱熹《四书集注》对儒家经典的解释被官方奉为科举考试的标准答案,否则就是"非圣无法";君主们还直接出面编定解释儒家经典的官方教科书,像明成祖下令撰《四书大全》,清世祖下令撰《性理精义》。

4. 制度化水平的进一步提高

按照一般的理解,制度化(institutionalization)是指一个社会的群体和组织在生活和行为方式上不断规范化、有序化的变迁过程,是一个社会不断趋向发展和成熟的过程。从政治制度的角度看,制度化首先意味着其规则系统更具有确定性,即规则系统更加明确,更加具有普遍约束力;其次是组织结构分化发育得更加专业化、复杂化,从而对变动的环境更具有适应性;最后就是组织结构在功能的发挥方面更加具有自主性,即每一个组织及其角色都能发挥比较稳定的功能,具有某种超越其他特殊社会集团和力量的独立性,其职能具有相对清晰的边界,其运行程序具有相对稳定性。因此,制度化也可以作为评价一种政治制度是否健全、能否有效应对环境挑战的重要概念。

从现代政治的角度看,发端于春秋战国、确立于秦汉帝国时期的君主专制政体,虽然从根本上说仍然属于人治时代的"简单政体",不及现代政治制度发育成长得那么"复杂",但和先秦时代相比,它却是更复杂、制度化水平更高的一种政治制度。甚至可以说,与世界上同类的政体相比,中国的君主专制政体也是结构与功能分化最复杂的一种。其具体表现是:

第一,在各个层次的组织机构中,形成了相对稳固的活动程序、规范和规则。比如,在国家最高权力——皇位的继承更替方面,形成了比较固定、明确的规则,即除了少数王朝(清朝)之外,两千多年来一直以嫡长子继承制作为皇位继承的基本制度;在君和臣之间不同角色的规范方面,特别是关于"君道"(君主的角色规范)与宰相之职的问题方面,历代都形成了一些基本共识;关于朝廷各个部门(六部)的职责分工及相互关系、公事的处理流程,不仅在本朝是相对稳定的,甚至历代王朝都是如此;关于法律的基本罪名及相应的惩罚量刑规则,历代王朝之间的继承性、延续性也十分明显。再就是,我们确实可以在唐朝前期看到这样的情况:正常情况下,朝廷的主要决策要经过中书、门下和尚书三省长官共同讨论,然后由中书起草文件、门下审核后,才能以"圣旨"名义付诸施行。在宋代甚至有这样的记载:皇帝需要一只薰笼,也要经过尚书省及下面的有关部、寺、局逐级办理手续才能得到。当然,这一切都是在不触犯君主专制原则的前提下,在皇帝所能容忍的范围之内发生的。对于君主及其整个统治集团来说,一定程度上的程序化、规范化、制度化,对于统治、治理一个像中国这样庞大的帝国而言,是最有效率、最有利的选择。

第二,形成了复杂而具有较高自主性的官僚制度。中国历史上的官吏制度至少从战国、秦汉就已经开始形成,其中关于对官吏如何选拔、任用,如何分等级实行薪酬制,如何进行考核奖惩,乃至如何退休(致仕)等,形成了包括官员的"进、管、出"各个环节的一套比较完备的制度。特别是隋唐以后发展起来的科举制度,成为中国官僚制度中最富特色的部分。虽然取得官职仍主要取决于君主的意志,服务于君主集权的需要,但是也含有按照统一的标准公开、平等竞争的因素。

官僚制度的这种自主性还特别表现为其价值目标的开放性与公共性。在儒家文化的浸润影响下,其所追求的价值目标能够在一定程度上突破君主专制的"私天下"局限,而具有某种程度的"公道"与公共精神。因为在中国的历史条件下,官员不仅仅是单纯的技术官僚,而同时又是具有深厚儒学修养的士大夫。在那些坚信儒家道德理想的士看来,入仕做官并不仅仅是为了服务于君主个人私利,而最终还是为了践履儒家之道,实现更具公共性、终极性的目标,这就给官僚制度乃至整个政治制度注入一种独立于君主个人意志和利益的"公"的精神。

第三,形成了分工细密、职能稳定、体系庞大的组织结构。自隋唐以来,在中央一级就形成了省、部、司、寺、监为主体的国家行政组织体系,此后一直到明清,虽然上层组织有所调整(如省为内阁、军机处取代),但在长达上千年的历史中,以六部为骨干的中央行政组织机构和职能一直是稳定的。地方政治体制方面,虽然历代也有些变动和局部调整,但自战国时期形成的中央集权的郡县制也一直延续不变,在垂直控制、层次节制的国家政权组织结构中,各级地方政权组织构成了重要组成部分。同时,各级地方政府在组织机构的具体设置方面,也基本上和中央政府形成稳定的对口与被指导关系。

这些制度化、规范化、程序化和复杂化倾向,固然容易导致官僚主义、文牍主义等弊端,但也在传统政治体系内部形成了对君权的某种制约和调节机制,使君主制制度具有某种程度的开放性、适应性或生长延续的韧性。同时,也蕴含着某些现代管理所要求的普遍主义、规范化、程序化等积极因素。正如国外一些研究现代化的学者所指出的那样,中国封建帝国在两千多年中"发展了许多结构特征类似于现代社会的政治形式",如完整稳定的政治结构,精心设计的专职部门,以及"根据高度合理的"规则和惯例进行行政管理等,"预示了现代官僚政治的统治形式",这些都是实现中国现代化的有利因素。[①]

当然也须看到,这种制度化(规则、结构与功能方面的稳定性、复杂性与自主性)的发展也是有限度的和暂时的。制度化意味着整个政治制度在结构上功能上更加健全高效,这对于一个统治着庞大帝国和复杂官僚体系的君主来说,当然是乐见其成的好事。所以在一般情况下,君主会在一定程度上容忍甚至鼓励政治体系各方面的制度化发展。但是,专制政治下的君权之所以会成为绝对权力,更重要的是它还有另外一面,即它还具有不断破坏规则、不断突破规则约束的随意性与运动性的一面。只有当一个君主既能创设制度、又能破坏制度而随时贯彻自己的意志时,他的权力才能称得上是绝对的,他的意志才能算得上是至高无

① ［美］吉尔伯特·罗兹曼主编:《中国的现代化》,上海人民出版社 1989 年版,第 59—61 页。

上的。而一旦制度化发展到一定水平,一旦君权过多地依存于稳定的规则、程序、制度,就意味着其权力不断沦为常规化,就会让君主感到"不得自由",甚至感到权力被架空、被遗忘,一旦出现这种情况,君主就会设法绕开正规化的官僚组织及宰相机构,重新物色和起用身边的恩悻近侍,形成新的非正式的权力核心,甚至制造和发动重大政治斗争,以废除宰相制度(如朱元璋时期的胡惟庸案),借此打破这种权力的常规化和制度化。正是这一点,在很大程度上造成了中国古代官僚机构的重叠繁衍和以君权为中心的波纹式循环发生过程。[①]

综合这些方面看,一方面,在中国的君主专制政体下,君主对社会各个方面的控制力和渗透力确实达到了前所未有的程度,在君主集权程度和君权的绝对性方面确实表现得更为充分和典型;另一方面,其在规则、结构与功能等方面的制度化也有了相当大的发展。

第二节　政治制度的"韧性"及其发生条件

根据本书的分期,中国以君主专制为核心的政治制度始于春秋战国时期,以秦统一帝国的建立为正式开端,一直延续到清末,共持续了两千多年之久。这中间,虽然经历了多次改朝换代的历史动荡和国土分合,甚至有过几次北方民族入主中原,但中央集权的君主专制政体却始终持续不断。相比之下,西欧的封建社会总共不过 12 个世纪左右,其政体演进又依次经历了贵族民主制、等级代表君主制和专制君主制,专制政体在英、法等国只有短短一两百年历史,比中国时间短得多。

为什么中国这种以君主专制为核心的政治制度会有如此强大的"韧性",即为什么会有如此顽强的延续性和再生力? 这是一个复杂的问题,笔者依据对中国的历史经验观察,提出几个可能是相关性更高的因素,作为尝试解答这一问题的思考方向。

如果我们把政治制度的持久延续理解为政治体系与环境之间的一种持续平衡状态的话,则要想维持一种政治制度的持续存在,就主要取决于内外两大方面的情况:一是政治制度自身的情况,即该制度是否在结构功能方面发育得比较健全成熟,是否具有一定的灵活性与适应性,是否能够对外部环境的压力与挑战做出有效回应;二是政治制度外部的各种条件和环境情况,即是否存在有利于该政治制度产生、巩固与持续生长的条件,环境的压力与挑战是否与制度的回应能力大致相当。而我们在上一节讨论"制度化水平"问题时,实际上已

---

① 参见张星久:《中国古代官僚制度的自主性分析》,《政治学研究》1997 年第 4 期。关于君主对权力"常规化"的担忧与防范,还可参见[美]孔飞力的《叫魂:1768 年中国妖术大恐慌》(上海三联书店 2014 年版)这本书的精彩研究。

经从政治制度本身的情况,如秦汉以后的政治制度在结构－功能上进一步成熟、健全,对环境具有较好的回应能力等方面,考察了产生制度韧性的内在条件。因此,关于中国传统政治制度持久延续的内在条件问题,这里不再赘述,而主要讨论其外部条件问题。对于这个问题,至少可以从这样几个相互关联的方面加以考察,即社会经济条件、社会结构条件、以儒家思想为核心的政治文化传统和地理环境因素等。

一、社会经济条件

中国自古就是以农业为立国之本的国家,而中国的专制国家又是伴随着土地私有制的发展、国家承认土地私有制的合法性而形成的。在土地可以买卖、流动的情况下,这种土地私有制又具体分为地主经济和小农(自耕农)经济这两种基本成分(此外还有起补充作用的商品经济)。从马克思主义观点来看,作为上层建筑的君主专制正是建立在这种经济条件之上的。这些当属于构成政治制度的"决定性基础的经济关系"①。其中,自耕农是耕种自己所有的小块土地,地主则是将土地租佃给农民而获取地租。从而,无论是在哪种土地私有制下,都是以一家一户的小农作为基本的生产生活单位。正是这种小农经济,构成了专制国家赋税、劳役和兵员的稳定来源。

就地主阶级而言,虽然从法律上讲,地主也和小自耕农一样必须承担赋税、劳役和兵役,但是采取土地租佃制经营的地主,会以各种方式转嫁到租佃土地的农民身上,最终体现出来的仍是国家对小农的一种剥削关系。所谓"农夫输于巨室,巨室输于州县,州县输于朝廷,以之禄士,以之饷军,经费万端,其始尽出于农也,故曰民养官矣"②,说明无论在哪种具体经营方式下,小农经济都是支撑专制国家存在的主要条件。至于小自耕农更是专制国家最直接、最稳定的财税与兵役来源。正因为如此,历代统治者才十分注意稳定小自耕农队伍,防止因土地兼并等因素而造成他们破产失业。历史上每次变法、改革运动都以打击豪强、抑制兼并为主要内容,就足以说明小农经济与专制国家之间的这种内在联系。

除了能为国家提供相对稳定的财力、人力和兵源之外,由于小农经济的分散和脆弱性,也容易造成农民的孤立、原子化,使他们无法形成"全国性的联系"和"政治组织",使他们一定需要一个高高在上的权威、"不受限制的政府权力""来代表他们",需要由"清官"和"好皇帝"来"代表他们"。所以马克思得出结论说,"小农的政治影响表现为行政权支配社会"。③

①　《马克思恩格斯选集》第四卷,人民出版社 1995 年版,第 731 页。

②　曾枣庄、刘琳主编:《全宋文》(第三三八册)卷七七八九《赈济利害书》,上海辞书出版社、安徽教育出版社 2006 年版,第 91 页。

③　《马克思恩格斯选集》第一卷,人民出版社 1995 年出版,第 677—678 页。

而地主阶级更不可能发展成类似西欧中世纪领主那样的牵制王权的力量。由于中国自商鞅变法以来土地买卖既已合法化，地主主要是凭其财力购买土地这一主要形式取得"地主"身份的，一旦失去土地，其"地主"身份地位就不复存在。所谓"有钱则买""无钱则卖"，"贫富无定势""田宅无定主"，[①] 就是这种情况的写照。因此，在中国不存在类似西欧中世纪那样的"不可转让""硬化"了的领主土地所有权，[②] 也不存在像领主那样在自己的土地上世代相传地行使经济剥削和政治统治全权的地主阶级，虽然中国的地主作为一个阶级整体是始终存在的，但其具体成员却由于缺乏门第、血统等非经济因素的凭借而随时可能升降流动。这就注定使他们在自主性方面要比西欧的领主差得多，从而更需要利用一个强大的王权去实现对农民的剥削和压迫，成为支持专制王权的最重要的力量。中国历史上流传的天子"与士大夫共天下"的说法，就典型地说明了地主阶级与专制王权之间的共生关系。

总之，小农的分散、孤立使他们无法形成类似欧洲贵族那样的身份"硬化"的阶层力量，来制约专制君权的扩张，反而成为国家赋税、徭役、兵员的稳定来源，同时在政治上也是他们更倾向于需要一个强有力的国家和君权来代表他们，给他们安全和秩序，因此，小农经济和由此形成的基本阶级构成，就成为专制国家得以延续发展的重要条件。

二、家－国同构的社会结构形式

在中国早期国家商周时期，特别是在典型的西周分封制时期，国家基本上是直接在支配家族——周王室基础上的裂变与放大：周天子就是这个大家族的最大家长（大宗），享有最尊崇的地位，形成"宗君合一"的格局；各个诸侯国就是各"房"子弟，他们既有各自门户（小宗），又共同维护西周这个大家庭的利益，以及天子这个大家长的权威；各个诸侯国在其封国（房）内也按照这种"家法"或宗族之法加以组织，形成大宗和小宗的"家族式"的伦理（政治）关系和秩序，家族组织和国家组织直接融为一体，族的"亲亲"关系、伦理秩序与政治关系、政治秩序高度重合，宗族之法直接成为国家的构建方式。

进入春秋战国时期，伴随着社会各个方面的剧烈变革，特别是等级分封制、贵族世袭制的崩溃，西周以来的贵族宗法制也日趋瓦解，随之建立的大一统帝国的各级官僚行政系统也基本上和宗法组织脱节，原来那种宗族组织与国家结构高度重合、宗法原则直接表现为国家政治原则的状况确实发生了很大变化。但是，由于秦汉以后形成的专制帝国仍然属于"家天下"的统治形式，西周时期"普天之下，莫非王土"，与汉高祖刘邦把天下当成最大的家产，在"私天

①　王梓材、冯云濠编撰：《宋元学案补遗》卷四四《袁氏世范》，中华书局 2012 年版，第 2425 页。
②　《马克思恩格斯全集》第一卷，人民出版社 1956 年版，第 368 页。

下"上是一样的;其君主专制仍然是从原来的君主制延续而来的,其基本内容、基本原则如君主被拟制为君父,即国家共同体的大家长,君主拥有至高无上、神圣尊严的地位和权力,君主(皇帝)的职位由一家一姓世袭垄断,以嫡长子继承制作为皇位继承的"万世正法"等,都是从先秦特别是西周直接继承下来的,只是秦汉以后专制国家的规模、君主集权的程度更大而已。换句话说,在社会生活方面,从宗法制与国家政权的结合方式上看,秦汉与先秦之间固然存在着很大的变革或"断裂",但从基本的政治制度上看,则更多地表现出连续性和继承关系。由于君主制本身就是基于宗法制的原则而形成的,本身就是与宗法原则、家族血缘关系内在地结合在一起的,随着君主制在秦汉以后的延续与发展,原来的那些宗法制的原则、精神自然也随之延续下来。而且从文化上说,从西周到春秋战国时期属于中国传统文化奠定原型的"轴心期",围绕宗族、家族血缘关系而形成的价值观、伦理观与思维方式,如家族为核心的价值观、孝的伦理观、重视血缘家族维护与延续的家族认同心理以及家本位的思维方式等,早已深深地融入文化传统之中,并被记录、保存于上古的各种文化典籍之中[①],它们不可能随着春秋战国时期的社会变动而一下子消失,而是主要通过取得"独尊"地位的儒家,以一种新的方式传承下来。

如果说,对先秦君主制和先秦宗法家族文化的继承是整个中国传统社会"家-国同构"的历史原因,春秋战国以降贵族宗法关系的终结,"编户齐民"意义上的普通(庶民)家庭、家族形态的普遍发展,则是这种以家-国同构为主轴的社会政治秩序结构持续存在几千年的根本社会条件。虽然有关秦汉以后中国的这种普通庶民家庭为基础的家庭、家族形态具体形成情况,特别是这种家庭家族形态与先秦贵族宗法制之间的关系问题,目前学术界尚无定论,但主要有两种可能。一是伴随着宗法制、分封制的瓦解,从旧贵族宗族的破坏、分解而来。二是由普通民户的小家庭繁衍而来,即普通民众被国家正式编入户籍,成家立户,成为有名有姓、独立承担国家赋役的家户。[②]同时,这种作为独立纳税服役单位的"家",是以父母与子女两代组成的小家庭(现代家庭分类中的"核心家庭")为主体的,即《汉书·食货志上》所说的一般"五口之家"为主;[③]而随着这种小家庭的繁衍发展,由同一个祖先的后代子孙聚族而居,就形成了一个个的大家族。这种民间化、大众化的家庭组织和宗族形态,正是中国传统

---

① 日本学者高木智见曾通过考证古代中国人有关"头发意义"、"人与植物的类比"意识、"世"与"存亡继绝"的意识等,深刻揭示了古代中国的"血族社会的构造"与根深蒂固的"血族永存"世界观。见[日]高木智见:《先秦社会与思想:试论中国文化的核心》,何晓毅译,上海古籍出版社2011年版。

② 参见[日]尾形勇:《中国古代的"家"与国家》,张鹤泉译,中华书局2010年版,第65—66页;徐扬杰:《宋明家族制度史论》,中华书局1995年版,第7页。

③ 有学者经过考证,认为汉代这种小家庭的规模大概是每家5.5人。参见[日]尾形勇:《中国古代的"家"与国家》,张鹤泉译,中华书局2010年版,第64页。

社会的宗法关系和家族观念、宗族意识以某种"变异"的形式而延续发展的条件。[①] 也正是在这种家庭、家族形态及其相关的家族文化、宗族意识基础上,构成了古代中国的家－国同构秩序生成与延续的社会条件。

在这种家－国同构的结构下,国家就是对家庭、家族制度、家族文化的拟制和放大:

在国家的归属,或者说西方人所谓的"主权者"方面,家庭既然是一个私有财产占有单位,国家也被视为一家一姓的家产即"家天下";

在组织结构和政治关系方面,家的组织方式和原则被移用于国,父家长的权威被延伸、投射为君主的权威,就像父亲作为为天然的权威而居于家庭的主导地位一样,君主也对国家负有家长的责任和权威,成为全国的共父——"君父";君主和臣民之间的政治关系,也被拟制成父子之间的血缘家庭关系——"君父"与"子民",政治关系以亲情关系为联系纽带;

在君权的继承与转移制度方面,也采取了宗法制下的嫡长子继承制度;

政治认同和政治伦理方面,也是把家庭成员对家的感情、对家的认同投射、移用到君主及其国家上,并把家庭中形成的核心价值如孝、悌、尊卑秩序感、家庭义务感等,放大延伸到对国家、君主的忠、服从义务和政治上的纲常伦理。

这样通过这种家－国同构的形式,国家似乎不再是明显地、赤裸裸地凌驾于社会之上,而好像是从生活中"自然而然"地生长出来的,君主的权威也好像和父权一样,是一种基于血缘关系而形成的天然的、内生的权威,从而在一定程度上把对国家、国君的感情天然化,把凌驾于社会之上的国家权威拟制成内生的、自发的家庭般的秩序,从而很容易在心理上和情感上对君主及其国家产生深刻的认同感与归属感。

三、政治文化条件

政治文化作为一种观念形式和政治意识形态,从根本上说是社会经济政治制度的反映,然而一旦它形成之后,也必然会遵循着自己独立的历史发展逻辑,对产生它的原因发生反作用。换言之,政治文化的传统一经形成,必然会以独特文化氛围和文化土壤反过来制约政治制度的存在和发展。因此,在讨论专制制度的成因时,不能忽视以儒家文化为代表的传统政治文化的影响。

马克思曾经说过:"理论在一个国家实现的程度,总是取决于理论满足这个国家的需要

[①]　参见冯尔康:《秦汉以降古代中国"变异型宗法社会"试说——以两汉、两宋宗族建设为例》,《天津社会科学》2008 年第 1 期;赵沛:《汉代的社会结构与宗族聚居形态》,《山东社会科学》2005 年第 7 期。

的程度。"①儒家思想与专制主义思想的确不能等量齐观,而儒家能够被君主专制政权奉为统治思想,也确实是因为它自身有可供利用的地方。对此,当代新儒家一些代表人物也不讳言,如著名学者徐复观就指出:"我以为儒家思想与专制政治的许多纠结,是和儒家思想的性格有关系。……儒家思想特性之一,它不是以打倒现实,去改造现实,而是想攒入到现实之中,采用脱胎换骨的方法去改造现实。"这种思想的长处是在"不破坏即成的东西中去增加新的东西",短处是在于"界线划不清、把握不定,则拖泥带水,常于不知不觉之中,易被腐朽的东西所假借利用"。②

具体来说,在以儒家为核心的传统政治观念中,君主及其国家是以"天"为代表的宇宙秩序在人间的代表和体现,既然宇宙秩序是普遍永恒的,君主所代表的人间秩序(纲常伦理)也就是普遍永恒的、须臾不可离开的,这就是"天佑下民,作之君,作之师",以及俗语所谓"国不可一日无君"。既然君主及其所代表的政治秩序是须臾不可离的,则现实中任何成功登上皇位者都有可能被视为这种得天命的"真命天子",都有被接受和承认的可能。

特别是儒家讲孝、讲"父为子纲"等,强调尊重家长的权威和长幼尊卑秩序,把家庭成员之间的自然亲情和伦理规范,推衍到国家和政治层面的"忠"与以尊君为核心的纲常伦理,把君臣比为父子,视君主为家长,将治国等于治家,这一点就非常能够迎合君主的需要,也更具有合乎宗法农业社会常情的天然合理性,非常有助于形成认同和支持任何现实君主制的政治文化心理。比如刘邦以布衣平民而提三尺剑打天下,成为汉朝统一大帝国的君主,起初他对儒家并不重视,甚至极其轻蔑,以致"诸客冠儒冠来者,辄解儒冠溺中"。儒生陆贾给他谈论儒家《诗》《书》,被骂道:"乃公居马上得之,安事《诗》《书》!"③但当叔孙通告诉他说,儒家思想虽不能进取,却可以守成,并按照儒家的理念为他设计了一套礼仪制度,使得文武百官在朝会觐见时秩序井然,气氛庄严,那些平时散漫跋扈的大臣个个服服帖帖、战战兢兢,大大显示了皇帝的尊严威仪,于是刘邦高兴地脱口说道:"吾乃今日知为皇帝之贵也!"④这个故事说明,儒家思想确实具有维护现实君主制,实际上是维护君主专制的一面。

当然,儒家思想本身并不是等同于专制主义。在儒家的政治制度设计蓝图中,并非主张任何人都可以当皇帝,而是对君主提出了很高的要求,设置了很高的"门槛":只有那些具备君主之德、保民惠民、"民心归往"之人才能得到上天的青睐,成为"天子",这就是所谓"保民而王""天与人归""天命有德""立君为民"。也就是说,君主必须具备相应的德或民意基

①　《马克思恩格斯选集》第一卷,人民出版社 2012 年版,第 11 页。
②　徐复观:《中国思想史论集》,上海书店出版社 2004 年版,第 99 页。
③　班固:《汉书》卷四三《陆贾传》,中华书局 1962 年版,第 2113 页。
④　班固:《汉书》卷四三《叔孙通传》,中华书局 1962 年版,第 2128 页。

础,才能"顺天应人",有资格成为君王。否则,如果君主残民害物,有天下而谋求私利,就会违反天命而引起天怒人怨,上天最终会收回对某个君主的授命,而借助人民的选择进行改朝换代的"革命"。可以说,它所设计的君主实际上是一种完人式的"圣王"角色,君主是上天和人民的集中、最高的代表,是全善、全能的化身;它所希望的政治,是一种由这种圣王治理的"王道"政治。从这种完美的"圣王"与"王道"政治要求出发,儒家思想和秦汉以后的政治制度,实即君主专制和"霸道"政治之间,确实存在着深刻的紧张和摩擦关系。儒家也确实看到了现实中君主权力滥用的可能性,因而提出了一些诸如以"天""民"来监视、限制君权的思想。但问题在于,儒家并没有由此另辟蹊径,在君权之外专门设计出一套聚集、表达"天道""民意"的机制和机构,形成相对独立、客观的政治表达、评价与监控制度和机制,而最终还是把君主作为"天"和"民"的最高、唯一的代表,实际上还是把判断政治良恶、是否代表天道与民心的解释权,交还给了君主本人,由他们"自度天命",自说自话。而在缺少制度性"他律"、缺少异体监控制度和机制的情况下,儒家至多只能把希望寄托于对君主进行道德教化或"君德"的培养,希望借此来"格君心之非",使之做到道德"自律"。然而这些"软化"或道德约束手段毕竟属于在君主专制体制内部的自我调适,在君主的意志凌驾于法律和一切机构之上、君权在制度上不受制约的基本权力结构中,其作用显然是有限的。总之,儒家对君主集权、专制,对君权的绝对性的设计是刚性的、实实在在的,而对制约君权的设计则是柔性的、虚化的。正因为如此,它才有可能被历代统治者所"假借利用",成为君主专制进行合法性论证的十分便利的理论工具。[①]

同时还要看到,儒家思想固然存在着被统治者假借利用之处,固然在形成君主专制政体的文化土壤方面发挥过重要作用,但它同时也在很大程度上造成了君主专制政体内部的某种约束、调节机制,使得君权不至于过分膨胀,过分地"任性""自私"。这是因为,儒家思想和专制主义思想至少存在着以下明显的分歧:首先,就像韩非子为代表的法家一样,专制主义思想首先强调以君权为最高权威,主张君主的意志高于一切,而儒家思想则强调"道尊于势",以"道"为最高的权威,对儒家及其信奉者而言,现实的王权不过是行"道"之"器",是工具,即所谓"道非权不立,非势不行"。其次,专制主义追求"私天下""家天下"目标,即以君主及其家族的狭隘私利为最高政治目标,实质还是以家产制国家为目标,儒家思想则是以"公天下"、保民利民的"仁政"为最高目标。从这个意义上说,秦汉以后的专制政治从根本上讲是不符合儒家道德理想的。朱熹认为文武周公、孔孟之道"未尝一日得行于天地之间也",梁启超在《西学书目表》中强调专制制度"与孔孟之义大悖"。正是出于这些原因,在儒

---

① 参见张星久:《"圣王"的想象与实践——古代中国的君权合法性研究》,上海人民出版社 2018 年版,第 204—207 页。

家"独尊"之后,它虽然时刻处于被利用、改造之中,但由于其基本的思想体系、基本的经典定型于"专制天下时代"之前,因此它在后世并没有完全丧失其独立性,也不可能真正弥合它与专制君权之间的深刻紧张与摩擦。而随着儒家思想与君主专制政体的结合,它的政治理念、政治目标如"公道""仁""德"等观念注入国家政治制度的各个方面,使得专制国家能够在一定程度上突破"私天下"、家产制国家的狭隘目标,兼顾"公"或"民"的目标,从而使国家政权具备某种"公共权力"性质,并使官僚制度形成一定的自主性,发挥某种遏制君主"私欲""私心"、制约君权过度扩张的作用。这在一定程度上减小了专制制度所造成的弊端与危害,增强了政治体系的适应性和包容性。

总之,儒家思想一方面承认君主所代表的纲常秩序的普遍永恒性,在统治者的自我合法性辩护中,它自身确实也存在着可以利用之处,加上其思想的"独尊"和体制化,又在政治体系中造成了某种约束、调节君权的机制,使之具有某种适应社会环境的弹性和包容性,这对于专制制度的长期延续和顽强再生能力无疑具有很大的影响。

四、地理环境因素

还要看到,古代中国的相对封闭的地理环境及由此形成的文化隔离状态,也是中国古代君主专制政体持久延续的重要条件。

中国地处亚欧大陆的东部,四周被高山、沙漠与大海所阻隔,在古代的交通、通信条件下,很难与域外文化发生大规模的交流与冲撞。虽然中国也曾受过外来文化的一些影响,如佛教东来就曾对当时的思想界产生过冲击,但总体来看,中国文化确实没有像古代的地中海文明那样,不断遭受到异域文化大规模的冲击与挑战。加上中国在古代确实处于世界各国的发展前列,周边的少数民族在汉族统治者心中又是十分落后的"夷狄",因此历代改革家和农民起义的领袖在从事革命和改良运动时,不可能也不愿意寻求新的国家治理形式,而只能从自身传统中寻找政治方案,只能是无可选择地利用原有的原则与政治模式去重建国家政权。中国历史上发生过多次分裂与割据混战局面,但动荡之后总是由局部的君主专制走向统一的君主专制,专制制度的基本原则这类"软件"并没有因反复的历史动荡而破坏,这在很大程度上与相对封闭的外部环境所造成的自然保护机制有关。相反,到了近代以后,随着"天朝大国"的国门被迫打开,中国历史发生了"数千年来未有之变局"[①],来自西方异域文明的各种政治观念逐步传入,中国的固有政治观念和政治体制才遭到了颠覆性动摇,专制制度才终于走到了尽头。

---

① 缪荃孙编:《续碑传集》卷七,上海人民出版社2019年版,第230页。

总结与讨论

一、主要内容回顾

本章首先在梳理"君主专制政体"这一概念基础上,分析了中国君主专制政体的主要特点:

在古代中国,君主的世袭制、终身制主要是采取了与宗法制下嫡长子继承制相结合的方式;

中国古代君主的至高无上地位与神圣属性,是建立在天人合一、君王"受命于天"的有机宇宙观基础之上的;

君主对社会各个方面的控制力和渗透力都达到了极大的范围和空间,君主集权的程度和君权的绝对性表现得更为充分和典型;

除了君主高度集权、君权绝对性之外,中国的君主专制政体还有另外一副"面孔":它甚至是世界历史上同类政体中,结构与功能分化最复杂、制度化水平更高的一种政治制度。

其次,本章分析了造成中国君主专制制度持久延续、产生强大"韧性"的各种条件与环境,其中包括:

小农的分散、孤立使他们既无法形成欧洲贵族那样的身份"硬化"的阶层来制约专制君权的扩张,反而成为国家赋税、徭役、兵员的稳定来源,同时又需要一个强有力的国家和君权带给他们安全和秩序;

家-国同构的社会结构形式,在一定程度上把凌驾于社会之上的国家权威拟制成内生的家庭般的秩序,把对国家、国君的感情拟制为对家庭、对父家长的自然亲情,因而很容易对君主及其国家产生认同感与归属感;

儒家思想一方面存在着支持君主专制政体、有利于现实政治合法性建构之处,一方面又在政治体系中造成了某种约束、调节君权的机制,使之具有某种适应社会环境的弹性和包容性;

古代中国的相对封闭的地理环境和由此形成的文化隔离状态,也是中国古代君主专制政体持久延续的重要条件。

二、进一步讨论的问题

第一,本章认为,正确认识君主专制制度下君权的"绝对性"或"不受限制"问题,或者说澄清该政体下君主究竟在何种意义上受"限制"的问题,是理解和认识古代中国政体类型的关键问题:专制君主所拥有的"绝对""不受限制"的权力,是指君主在制度上被赋予的最大职权、最大的行使权力空间与可能性,它并不排除同样拥有君主职权的人,因为个人能力等条件的"限制",可能会拥有不一样的实际权力。在对君主制政体的分类中,应当注意把君主是否受到客观的"限制",与君主是否受到制度、法律层面的"限制"区别开来。否则,我们就无法对古代中国的政体进行分类,甚至也无法区别什么是一般的君主制(立宪君主制),什么是君主专制。

第二,综合本章及上编第二章的内容,我们还可以对"君主专制政体"内部的基本构成作进一步思考。无论从君主专制的运行"逻辑"上还是从世界各国君主专制的实践情况上看,为了从横向和纵向上实现最大限度的君主集权,君主专制政体必然要发展出相应的组织手段和区域控制模式,而科层制的官僚组织与郡县制的行政区域控制模式相结合,就是古代中国君主专制政体的基本组织手段和必备的实施条件。正是这两方面的结合,才使专制王权最大限度地延伸、渗透到帝国每一个角落,得到最充分的空间表达。

第三,本章提出,相较于早期国家或家产制国家的政治制度,乃至从世界历史的范围看,古代中国的君主专制政体似乎具有更高的制度化水平。或者说,它可能是结构与功能分化最复杂的一种君主专制政体。

参考文献:

1.［美］孔飞力:《叫魂:1768年中国妖术大恐慌》,陈兼、刘昶译,上海三联书店2014年版。

2.［日］尾形勇:《中国古代的"家"与国家》,张鹤泉译,中华书局2010年版。

3.［美］艾森斯塔得:《帝国的政治体系》,阎步克译,贵州人民出版社1992年版。

4.张星久:《"圣王"的想象与实践——古代中国的君权合法性研究》,上海人民出版社2018年版。

思考题:

1.比较"君主制"与"君主专制"两个政体概念的异同。

2.试分析中国以君权为核心的传统政治制度产生与延续的条件。

第二章 / 皇帝制度与中央决策制度

"皇帝"是中国古代对君主极为尊崇的称号,这一称号始于秦始皇。

前面提到,"帝"本来是上古中国人信仰的天神,战国时期,随着君权的扩张与某些诸侯的强大,称"王"已觉不够尊崇,于是有些国君开始称"帝"。"皇"作为形容词,具有"煌煌""美好""光明""伟大"之意,同时也用来称呼上古传说中的圣王如"三皇"等。秦王嬴政在统一六国后,自认为"德高三皇,功过五帝",于是确定以"皇帝"作为正号,为了表示自己是古来第一、至高至上、神圣尊严的君主,还把自己称为"始皇帝"。皇帝名称及其相关制度的出现是中国的皇帝制度和中央集权君主制的开端。西汉继承秦制的基本精神,并进一步将皇帝制度予以丰富化与严密化,此后又经过历代因革损益,中国的皇帝制度逐渐完备。

什么是皇帝制度?学术界对此尚无比较一致的说法。大体说,它是直接显示"皇帝"独特身份、地位和权力的制度,是整个君主专制政治体系的核心。主要包括:作为皇权象征的服饰、符号、名物制度(专属皇帝的器物、行为与名称方面的规定),宫廷礼仪制度,皇位继承制,后宫制度,宦官制度,皇帝决策制度,皇室管理制度,宫殿建筑形制,陵寝制度等。这些制度详细介绍起来十分复杂,这里选择一些最能反映君主专制政体特征的内容加以介绍。

第一节　皇位继承制度

在两千多年的历史中,中国的皇位转移方式可分为两大类:第一大类是皇位在不同王朝、不同姓氏之间的转移,即通常所说的改朝换代或政权"易姓",其中又可具体分为战争的方式与和平的方式两种,前者如刘邦提三尺剑打天下,是"打"出来的皇帝,后者主要是通过政变、篡位("禅让")的方式改朝换代;第二大类是皇位在一姓王朝之内父子相传,以世袭的方式转移交接,这里所说的皇位继承制,指的是后一种情形。

总起来看,秦汉以后主要是按照宗法制下的嫡长子继承制原则,公开选立太子,实现皇位继承转移。除此之外,也有一些变通的皇位继承转移方式。

一、嫡长子继承制

前面说过,早在先秦时代,嫡长子继承制就已经成为君权转移继承的基本形式。秦始皇生前虽然没有来得及预立太子,但也曾宣布,要把皇位"二世、三世、至于万世"地传下去。西汉刘邦在他还是"汉王"时,就明确立长子刘盈为太子(即惠帝)。从此以后,除个别时期(如清朝)之外,皇位继承大体上都采取这种嫡长子继承制。其基本内容是按照西周宗法制下"立适(嫡)以长不以贤,立子以贵不以长"原则,或者后世所谓"有嫡立嫡、无嫡立长"的原则,[①] 首先在皇帝诸多嫡子(正妻所生)中,确定长子为法定的第一顺序继承人,其他妻妾所生的庶子,即使比嫡子年长、贤能,也不能作为继承者;其次,在没有嫡子的情况下,再按照年龄长幼顺序选择继承人。如果这个皇位继承人是在皇帝生前预立的,他就叫太子,也就是"皇储""储君""储贰"。正如后面我们还要谈到的,虽然在实行中这种继承制度有所变通,历史上夺嫡另立或诸皇子争位的事件也屡有发生,但它毕竟为皇位的继承转移提供了规则和依据,确立了皇位继承制的正常形式,减少了皇位转移时政治动荡的频率,一定程度上起到了"绝庶孽之窥觎,塞祸乱之源本"的作用[②],从而作为一种基本的皇位继承制度而被沿袭下来。明太祖朱元璋在世时,因太子早逝,于是选立皇太子之子朱允炆为皇太孙,作为法定皇位继承人,其理由就是:"皇孙世适,富于春秋,正位储极,四海系心。"此后明成祖舍去功勋卓著的次子朱高煦,立长子朱高炽为天子,也是基于"立嫡以长""长嫡承统,万世正法"的认识。[③]

这种皇位继承制也存在着明显的缺陷。

首先,由于历史上许多皇后没有儿子,或者虽有嫡子却患病早夭,这就使嫡长子继承制下"立嫡"这一首要原则很难落实。如秦汉两朝共有 28 位皇帝,出身嫡子者仅 3 人,东汉皇帝竟无一人嫡出,宋朝 18 位皇帝中仅 3 位为嫡出,明朝 16 帝(不包括南明)仅 6 人嫡出。所以,立嫡的原则实际操作起来很困难。但是,如果放弃这一原则,又会使皇位继承制产生更大的弹性,引起内部争斗。这是嫡长子继承制面临的头一个难题。

其次,立嫡、立长原则注重的只是血统、年龄因素,无法顾及一个政治家所需要的才、德方面的条件,甚至出现把白痴、幼童、荒淫无耻之徒推上皇位的情况,造成君主德不配位,"权""能"脱节,带来无穷的政治祸患。如晋惠帝以嫡子身份即位,却是有名的白痴。有一年发生饥荒,许多老百姓被饿死,他却说,百姓没有饭吃,何不吃肉糜? 正是他在位时,爆发了"八王之乱",西晋王朝不久即告灭亡。明英宗、明武宗、明熹宗都是凭皇长子身份继位,由

---

① 参见《春秋·公羊传》隐公元年和《明史》卷二三一本传顾宪成语。
② 刘昫等:《旧唐书》卷七一《魏征传》,中华书局 1975 年版,第 2559 页。
③ 谷应泰:《明史纪事本末》卷一五《削夺诸藩》、卷二六《太子监国》,中华书局 1977 年版,第 225、389 页。

于不能胜任皇帝的职责,大权落入了宦官刘瑾、王振、魏忠贤这些人手中,造成了明朝极为严重的宦官之祸。总之,这种非智能型的君主选择方式,会造成君主的权力与能力之间严重脱节,使君主起不到平衡各种政治力量的作用,加深整个统治阶级内部的冲突与矛盾。但是,从世界各国的历史上看,这种继承制又是当时条件下所能采取的损害较小的一种方式。

二、嫡长子继承制的变通形式

如上所说,因为经常出现皇帝没有嫡子的情况,立嫡、立长制常常在实施中面临困难,因此这种嫡长子继承制之外,中国历史上还有一些非常态的、变通的形式:

首先,皇帝往往出于个人好恶,舍嫡长子而另立。如东汉光武帝刘秀取得政权后,实现了"娶妻当得阴丽华"的宿愿,便废掉郭皇后而立阴丽华为后,郭后的儿子刘强眼看太子之位保不住,便主动让位于阴后的儿子(明帝)。而隋炀帝杨广则是靠玩弄阴谋,骗取了文帝和皇后的好感,取代其兄杨勇而被立为太子。刘邦也曾有意废掉太子,另立爱子刘如意,只是经过吕后一番幕后活动,才使他打消此念。[1]唐太宗李世民很喜欢杨妃(隋炀帝之女)所生的李恪,"常称其类己",也动过废太子李治的念头,也因遭到势力强大的长孙皇后及外戚长孙无忌的抵制而作罢。[2]可见,嫡长子继承制毕竟不具备现代法制那样的强制性约束力,太子的废立往往又取决于皇帝的一念之间。说明君主制度一方面需要有某种程度的制度化的权力转移制度,另一方面它毕竟是一种肯定人治、肯定个人专断的制度,这正是它的内部矛盾性所在。

其次,采取宗法制的过继制度,即在皇帝没有儿子的情况下,从血缘关系最近的皇室子弟中选择继承人。通常是由在外的藩王或其子孙入继皇位,在名分上,这种继承人要奉在位的皇帝为父亲,形成虚拟的父子关系。由于选择皇位继承人的范围扩大,资格放宽,统治集团内部的角逐、倾轧也格外激烈。如汉成帝无子,其兄弟定陶王刘恭便买通成帝的宠姬赵昭仪,又贿赂当权国舅王根,终于使儿子登上皇位(即哀帝)。又如南宋宁宗无子,原拟以养子赵竑为皇嗣,但赵竑却因事得罪了权相史弥远,所以宁宗一去世,史弥远便勾结皇后另立他人为帝(理宗)。更有甚者,有些外戚和宦官为了永远把持朝政,往往有意选立幼儿为帝。如东汉和帝以后八位皇帝中,年龄最大者15岁,最小者不满百日,平均年龄不足9岁,其原因之一就是外戚和宦官"贪孩童以久其政,抑明贤以专其威"[3]。另外,有些在位的皇帝虽然没有亲生的继承人,却又出于极端自私的心理,迟迟不肯选立皇储,也往往引起政治危机。如宋仁宗在位30多年尚无皇子,却又不肯预立太子,大臣如包拯、司马光、韩琦等人一再请仁

①　司马迁:《史记》卷五五《留侯世家》,中华书局1959年版,第2044—2047页。
②　刘昫等:《旧唐书》卷七六《太宗诸子传》,中华书局1975年版,第2650页。
③　范晔:《后汉书》卷十《皇后纪上》,中华书局1965年版,第401页。

宗早定大计,希望他从宗子中选定继承人,但仁宗却一再拖延,直到晚年,仁宗还对韩琦说,"后宫一二将就馆,卿且待之",结果生的又是女儿,这才答应领养宗子为皇嗣(英宗)。[①] 南宋高宗也是如此。他原有的儿子三岁早夭,此后不再生子,虽然迫于群臣的压力,选了两个宗子养在宫中,但内心里并不甘心把皇位让给别支,仍对生育皇子抱有希望,因此迟迟不肯在两个养子中明确皇位继承人身份,直到绍兴十六年(1146)还举行仪式,向上天祈求子嗣。这期间,大臣赵鼎等人因建议尽快明确皇储身份,都被视为心怀异志,遭到贬逐,名将岳飞也因请求建储而遭到猜忌,而秦桧则因迎合高宗的自私心理而进一步得势,使南宋朝廷内部主战与主和的斗争更加复杂化。[②]

这些变通的皇位继承方式,直接的功能在于弥补嫡长子继承制在操作上的困难,同时也是为了满足某些君主实现个人独裁的需要。但在采用这些变通形式选择继承人时,也很难照顾到才德标准,从而无法克服君主制度中皇帝"权"和"能"的矛盾。

总结起来看,嫡长子继承制及其变通形式对于古代中国的政治制度的影响是十分深远的。无论是嫡长子继承制本身还是它的各种变通形式,在专制政治这一大前提下,都只能流于一种非智能的选择方式,都必然导致君主在权力和实际能力之间发生严重的脱节和矛盾。经常会把幼儿、白痴、昏庸乃至性格变态者推上皇位,这与专制政体所要求的全智全能君主、圣王政治更是相距甚远。

在这种情况下,势必发育出某种调节机制,以便对君主制度的这种内在矛盾和缺陷加以适当调节和弥补,否则它就会充满风险,难以为继。这种调节机制一方面表现为,借助政治文化的力量,影响君主个人的政治社会化过程,如通过太子的早期教育和君主的读书学习制度(经筵),使储君或在位君主从历史书籍和儒家经典中受到道德熏陶,获取政治智慧(在南北朝和唐朝,还实行过让太子观政、摄行政务的做法,以锻炼未来君主的政治能力);另一方面则是借助组织和制度的力量,即用官僚制度的理性和智能因素来弥补君主才智上的不足,从而使专制君主在一定限度内容忍官僚制度的某种"自主性"。当然,这些调节补救方式只能在一定程度上缓解君主"权""能"脱节的矛盾,却无法从根本上消除这一矛盾。

三、清朝秘密建储制

如果从清军入关前算起,清朝政权的皇位继承制度前后经历了三个发展阶段。

首先,在清军入关前,满族宗室贵族仍有很大势力,其皇帝(汗)由诸贝勒大臣推举的方

---

① 李焘:《续资治通鉴长编》卷一九五,中华书局 1979 年版,第 4728 页。
② 参见张星久:《南宋"抑武"政策的演变与岳飞之死》,《岳飞研究》,浙江古籍出版社 1988 年版。

式产生,如皇太极继努尔哈赤为汗,顺治继皇太极为皇帝,都是采用的这种推举方式。

其次,采取短暂的预立太子制。顺治在位时,起初也没有预立太子,直到临终时才匆匆立第三子玄烨为皇太子,即康熙。康熙为了削弱诸大臣在皇位继承问题上的权力,便仿效汉族政权的做法,采取嫡长子继承制的皇位继承办法,在他继位的第14年宣布立嫡长子为太子。但可能是由于宗法制的观念还未能深入人心,这种预立太子的做法使皇太子和其他皇子及皇帝本人之间勾心斗角,一时间矛盾重重,一些满汉大臣也被卷入这场纷争,闹得朝野上下人心惶惶,以至于康熙将皇太子胤礽两立两废。

最后,从雍正时开始,鉴于预立太子的做法难以实行,于是改用新的皇位继承制——秘密建储制。其办法是由皇帝秘密写定皇位继承人的名字,一式两份,一份带在皇帝身边,一份密封后放到乾清宫正中最高处的“正大光明”匾后。皇帝死后,由顾命大臣共同取出两份名单当众验明,然后由这个被秘密写定的皇位继承人继位,从此以后,除了皇帝自己禅位(如乾隆)、皇帝独子或无子(光绪)等特殊情况外,其他各朝都是采用这种秘密建储制来选择继承人。

秘密建储制虽然没有改变父子相传的世袭制,但它可以突出君主在选择继承人时的绝对权威,使君主既可以顾及继承人的能力条件,又可以通过秘密方式减少皇族内部争权夺位的纷争。

此外,一些北方少数民族在中原建立政权后,也逐渐采用了预立太子制,但实际上又受本民族习惯影响很大。如忽必烈建立元朝后,也采用公开建储法,立嫡子真金为太子,但由于受蒙古旧习的影响,皇帝往往又由宗室大臣推选或拥立,因此皇位传承关系比较混乱,也经常因为争夺皇位而发生兄弟相残的内乱,严重地影响了其政治稳定。

第二节　后　妃　制　度

在古代中国的皇位世袭制度下,皇帝的婚姻与两性生活关系到皇位能否顺利转移继承,牵动着最高统治集团中各派势力的彼此消长兴衰,直接影响一个王朝的国运。所以,君主的婚姻家庭生活乃至生殖行为也就具有了政治行为的性质,后妃制度也就构成了皇帝制度的重要内容。通过后妃制度,我们也可以从一个侧面看到整个君主专制政体内部的深刻矛盾。

一、后妃制形成的原因

后妃制是帝王多妻制的一种形式,是关于皇帝众多妻妾的选择、册立、日常管理、行为规范等方面的制度与规范,是"家天下"政治在君主的婚姻两性关系上的体现。在早期国家时期的军事征服过程中,胜利一方的首领往往把战俘据为自己的奴隶,其中女性就成了这些军事首领满足私欲的妻妾。所以,正如西欧中世纪盛行的领主对农奴妻子的初夜权一样,这种多妻制反映的也是一种统治与被统治的政治关系,它是帝王多妻制形成的历史前提。

后妃制之所以能够与君主制度相始终,主要是由于它具有下列功能:

第一,它是君主专制制度的象征符号体系。也就是说,它具有象征、展示君权的功能。它使君主可以控制、占有成千上万的异性,借以展示君主作为"天子"的独特地位、禀赋和控制力,或者说,通过对异性的占有,最大限度地显示君权对人民身体的控制和塑造能力,从而在两性关系问题上体现和象征皇帝对整个国家的所有权。

第二,作为君主繁育后代的生殖策略,它又具有直接的功能,这就是提高皇子的出生率,减少因皇帝无子而出现的继承危机。事实证明,这一点对皇位继承制是非常重要的。即使在皇帝多妻制的情况下,中国历史上也仍然出现过许多次继承危机,表现为皇帝或者没有生育能力,或者只生女儿,或者儿子早夭。如果皇帝不是广备后宫,提高皇子出生率,情况可能更为严重。所以,通过多妻制以保证皇位世代相传,也是一种合乎经验的做法。

第三,作为家族伦理观念与皇帝制度相结合的产物,它还有延续皇帝家族、进而维持家天下统治的功能。按照传统的家族伦理观念,人们极为重视家族力量的扩大和延续,以多子多孙为多福,把子孙的繁衍作为人生重要的目标。[1] 所谓"不孝有三,无后为大",所谓"福莫大于昌炽,祸莫大于无嗣",就是这种强烈的家族主义价值观的反映。一般人尚且如此看重家族的延续,皇帝更不例外。刘邦当了皇帝后曾说,"人之至亲,莫亲于父子,故父有天下传归于子,子有天下尊归于父"[2]。可以想见,一个被认为是真龙天子、拥有国家这个"莫大产业"的皇帝,却绝后无子,这当然是无法接受的。历史上一些皇帝直到晚年仍不肯承认自己绝嗣的事实,不愿意让外藩别支继承皇位,就说明了这一点。为了传宗接代,平民尚可纳妾,皇帝多妻制在礼法上自然也是合情合理的。比如汉和帝一连死去几个皇子,因此担心"继嗣不广",便"数选进才人",几度选拔女子进宫。[3] 也就是说,传统中国根深蒂固的家族宗法观念也对后妃制的产生与延续带来很大影响。

第四,后妃制还有实现君主政治结盟的作用。即使普通人家的婚姻,也具有建立社会关

---

[1]　参见王玉波:《传统的家族认同心理探析》,《历史研究》1988 年第 4 期。

[2]　班固:《汉书》卷一《高帝纪下》,中华书局 1962 年版,第 62 页。

[3]　范晔:《后汉书》卷十《皇后纪上》,中华书局 1965 年版,第 419—420 页。

系、实现社会联结的功能。正如古人所说:"夫婚姻者,合二姓之好,上以为宗庙,下以为继后世者也。则有受分器之重,居秉圭之位,修先君之好,结大国之援。"[①] "修先君之好,结大国之援",利用婚姻关系结成政治联盟,这在君主的后妃选择方面体现得更加明显。

一般人缔结婚姻还要讲究门当户对,给帝王选拔妻妾当然要设置相应的条件或门槛,才能显示帝王之尊。宋朝大臣范祖禹就说:"古之帝王,所与为婚姻者,必大国诸侯、先圣王之后、勋贤之裔……不以微贱上敌至尊,故其福祚盛大,子孙蕃昌。"[②]

而在君主与豪门贵族联姻、显示其地位尊贵的同时,也实现了君主和这些贵族之间的政治结盟,扩大了统治基础。正是基于这样的双重需要,君主在选择后妃,特别是皇后时,一般都非常重视出身门第。如东汉至魏晋时期豪强门阀势力非常强大,故皇后多选自高门华族。隋唐帝王婚姻也很重视阀阅,故皇后多选自勋臣门阀家族。据统计,唐朝24个皇后中,出身三品以上高级官员家庭的有17个,其余的人也都属于中等以上的良家出身。宋朝后妃除选自开国功臣之外,再就是从进士出身的家庭中挑选。[③] 这样,通过历朝君主的婚姻血缘关系纽带,使皇家与社会上最有势力的大族结成了政治联盟,强化了统治集团内部成员在利益上的一致性。另外,君主的后妃中也有出身贫贱者,明朝除开国初期选功臣徐达之女为成祖的皇后外,后妃的选拔"率由儒族单门",即来自平民。[④] 但是,一旦她们受到皇帝的宠幸,特别是当了皇后以后,其娘家亲属也会一步登天,成为新贵。也就是说,专制制度不仅通过君主的婚姻与原有的贵族集团结盟,而且培植了大量的新贵族,同样具有扩大统治基础的作用。

二、后宫的等级名号

帝王多妻制在先秦就已存在。据《礼记》记载,周天子有后(正宫)、三夫人、九嫔、二十七世妇、八十一御妻,共121个后妃。按照礼法,后是天子正妻,在宫闱中地位如同天子;三夫人如同三公,九嫔如同九卿,世妇如同大夫,御妻如同士。后及三夫人为天下母仪,由她们负责制定天下的妇札。而后妃中的"妃"字,原义指配偶,古音读"配";"后"字原意指天子,把天子的配偶称"后",含有尊天子之意。

汉朝继承先秦制度,建立了后宫体系。皇帝之母称皇太后,皇帝祖母称太皇太后,嫡妻称皇后,三后所居之宫称三宫。以皇后为首,皇帝的妻妾被划分为皇后、夫人、美人、良人、八手、七子、长使、少使8个等级。从汉武帝、汉元帝开始,后宫妃嫔又被划分为14个等级。东

① 王钦若等编:《册府元龟》卷二四五《列国君部(十一)》,凤凰出版社2006年版,第2747页。

② 吕祖谦编:《宋文鉴》卷五九《论立后上太皇太后》,中华书局1992年版,第881页。

③ 参见徐连达、朱子彦:《中国皇帝制度》,广东教育出版社1996年出版,第334页。

④ 张廷玉等:《明史》卷一〇八《外戚恩泽侯表》序,中华书局1974年版,第3269页。

汉时又化繁为简,在皇后之下,仅设贵人、美人、宫人、采女四等。

魏晋南北朝时期大体上恢复了先秦的等级名号,皇帝众多妻妾大体分成皇后、三夫人、九嫔几个层级。如晋代在皇后之下,设贵嫔、夫人、贵人为三夫人,设淑妃、淑媛、淑仪、修华、修容、修仪、婕妤、容华、充华为九嫔。三夫人、九嫔之外,又有许多名目。

隋唐时期,后宫大体上都沿用了前朝从后到三夫人、嫔、妇、御妻的等级序列。隋朝皇后之下,以贵妃、淑妃、德妃为三贵人,相当于古代三夫人;以顺仪、顺容、顺华、修仪、修容、修华、充仪、充容、充华为九嫔;以婕妤、美人、才人并为二十七世妇;以宝林、御安、采女等 81 人为御妻。此外还有六尚、六典、六司等名目繁多的宫娥使女。唐朝除皇后之下设四夫人之外,其他与隋大体相同。

隋唐以后的宋明各代,在后妃等级名号上沿袭了前代。清初因受满族旧习影响,皇后称福晋,是女真族"可敦"的转音。康熙后,以"福晋"称呼皇帝妃嫔的情况才消失,后妃等级制度得到完善:皇后居中宫,下有皇贵妃、贵妃、妃、嫔、贵人、常在、答应等名目,分居东西十二宫。为了保持皇族种族的纯正,宫中规定不蓄汉女。

以上还只是皇帝有名号的妻妾,实际上,后宫人数远远不止于此。从汉朝开始,皇帝就经常派人到民间选拔"秀女",后宫藏有"女子数千"。晋武帝经常派人到民间搜罗宫娥美女,灭吴之后,又把吴王几千名宫女据为己有,以至于宫女达万人以上。唐朝宫女尤其多,仅高祖李渊前后放出的宫女就有三千余人,太宗时"无用宫人,动有数万"。

三、后妃、外戚干政的原因及其影响

后妃虽然主要是作为皇帝享乐和传宗接代的工具而存在的,但由于后妃与君主的特殊关系,加上其他一些因素,使得后妃及与其相关的外戚这些政治势力经常走向政治的前台,干预政治,乃至造成所谓后妃、外戚干政的"女祸",对古代中国的政治制度乃至整个政治生活都产生了深远的影响。

那么,造成后妃外戚干政并导致政治上祸乱的原因是什么呢?

说到底,这是由于在后妃制度的实践中,存在着两种互相矛盾的规范和规则体系:一方面在观念上反对、谴责女后、外戚干政,在实践中也存在着防范女性干政的某些制度、规则;另一方面又从对家长"孝"和对君主"忠"的伦理,延伸出肯定、承认母权的规范,同时又由于君主制度的缺陷,不得不在某些情况下依赖、迁就后妃、外戚干政。

比如,从古老的"阴阳"秩序观和父系家长制原则出发,在涉及男女社会地位的一般准则上,传统社会中占主导地位的伦理规范是,强调男为"阳"、女为"阴",男尊女卑,强烈反对和谴责女后干政,认为这是牝鸡司晨、阴阳失序,违反天道或自然法则,甚至根据现实的经验教训，认识到"母后临朝，未有不乱者"①"外姻乱邦之迹"②。而在后宫制度的具体操作层面，不少王朝都采取了种种防范后妃干政的措施，出台了颇为严格的"家法"，如曹魏时规定，不许臣下向皇太后奏事，后族不许辅政；北魏更采取极端的办法，立太子而杀其母；宋朝有不许女后干政的"祖宗家法"；明朝朱元璋曾命翰林院修《女诫》，严禁后妃干政，并令工部造红牌，镌刻"戒谕后妃之辞"③，悬挂宫中。

但在另一方面，传统的"孝道"又强调孝敬父母，《尔雅·释训》对"孝"的解释就是"善事父母"，"善事父母"就包含尊重、顺从父母意志的意思，后世把"孝"和"顺"连读为"孝顺"，中国人实际生活中"母命难违"的说法，都说明了这一点。所以这种"孝道"已经包含了尊重母亲意志、肯定母权的因素，从而为母后干政提供了伦理依据。而从政治角色和政治地位上说，"母后"尽管相对"君父"来说处于从属地位，但相对于臣民来讲，则是与君主"同体"，是等同于君主的。如《白虎通·嫁娶》就这样解释"后"："天子之妃谓之后何？后者，君也。天子妃至尊，故谓后也。"④就是说，天子之妃被称为"后"，是因为她是被天下人所尊的"君"。

《后汉书·皇后纪》中也有类似的说法："后正位宫闱，同体天王。"⑤并引用和帝称赞邓皇后的话说："皇后之尊，与朕同体，承宗庙，母天下，岂易哉？"⑥这是说，皇后与君主是一体的，同样受到天下臣民的尊崇。

可见，无论是从传统的礼法还是从制度安排上，母后作为家长之一，作为君主这种人类至尊角色的配偶，又具有与君主"同体"的地位，分享着和体现着君主的尊严，在一定程度上是君主的代表、君主的化身。后妃的特殊地位和身份，使她们本身就具有干预政治的潜在权威性与正当性。所以，一旦皇权出现真空，比如当年幼的君主在位时，或者在皇位的继承和转移的间歇期，后妃以"母后"的身份主持重大国事，往往又成为顺理成章、最能被人接受的做法。比如，在皇帝突然死亡或其他原因不能预立继承人的情况下，往往以皇太后的名义选择继承人，才更有利于皇位继承人的正统性，我们可以通过两个事例来说明这个问题。

一个是南宋的例子。

南宋孝宗死后，继位的光宗因患病不能主持丧礼，一时出现了皇权的真空，闹得朝野上下人心惶惶，很多官员和民众甚至为了避祸纷纷出逃。最后还是在太皇太后吴氏的首肯下，群臣才敢让光宗内禅，迎立光宗的儿子即位（宁宗）。在这一过程中，大臣们三番五次地强调

① 王夫之：《读通鉴论》卷七《安帝》，中华书局 1975 年版，第 184 页。
② 范晔：《后汉书》卷十《皇后纪》，中华书局 1965 年版，第 399 页。
③ 古应泰：《明史纪事本末》卷一四《开国规模》，中华书局 2015 年版，第 208 页。
④ 班固：《白虎通疏证》卷十《嫁娶》，中华书局 1994 年版，第 489 页。
⑤ 范晔：《后汉书》卷十《皇后纪上》，中华书局 1965 年版，第 397 页。
⑥ 范晔：《后汉书》卷十《皇后纪上》，中华书局 1965 年版，第 421 页。

要"取太皇太后旨处分","全望太皇太后主张",[1] 就是为了使这次皇位的授受关系符合正统名分。

一个是明朝的例子。

前面说过,明朝朱元璋曾经铸造铁牌,严禁女后干政。但是在明宣宗去世时,英宗方九岁,在"主少国疑"的情况下,有关政变的谣言四起,说要改立年长的襄王为帝。关键时刻,英宗的祖母、太皇太后张氏"趣召诸大臣至乾清宫,指太子泣曰:'此新天子也。'群臣呼万岁,浮言乃息"。后来,明英宗遭"土木堡之变"被蒙古人俘虏,国家再一次出现权力真空,也是由皇太后孙氏出面,"命成王监国",后来又在于谦等大臣请求下,由皇太后主持立成王为帝(景帝)。[2]

另外,像东汉后期,皇帝往往幼年早夭,皇位继承人也都是在太后的主持下选定的,如殇帝、安帝、质帝、桓帝、灵帝都是如此。

这说明,由于皇帝制度本身存在的缺陷,在许多非常时期还是得依赖、需要母后主持政事,在这种情况下,后妃的"干政"反倒是最具有礼法根据的。

因此,对于后妃制的功能和历史作用,应该从两方面看。

从积极方面看,后妃制在一定程度上提高了皇子的出生率,在皇权的转移继承过程中也发挥了一定保障作用,同时也在一定程度上弥补了在位皇帝能力上的不足,在维护当时政治秩序的稳定方面,还是发挥了一定作用的。当皇帝年幼或患病不能理政的时,通常由太后临朝听政。如东汉后期和、殇、安、顺、冲、质、桓、灵帝时期,都是如此。尽管太后临朝可能会导致外戚专政,但这毕竟能够起到一定补救作用。在一般情况下,它不会危及一个王朝的"君统"而改朝换代,可以使皇权在形式上得以维持运转,使一个王朝得以维持较长的稳定。

不过,女后干政及由此引起的外戚专权也有很大的弊端。

首先,由女后乃至外戚干政毕竟被认为是不得已而为之的办法,其正当性本身就不及皇帝亲政,容易打破统治集团内部的权力平衡,特别是一旦后妃干政,就往往出现外戚专权的局面,确有导致异姓夺位、政权更替的潜在危险(如王莽代汉,杨坚代周)。为什么女后当政后容易走向外戚干政乃至专权呢?这里有"礼法"上的原因。女性"临朝听政"后,因为碍于传统礼教中"男女大防"的束缚,如果要她直接地与其他外廷大臣接触,整天在一起商谈、处理政务,确实多有不便,很多情况下就需要"委政外家",由其父兄出面。更主要的原因是,这些女后对异姓大臣不信任,自身缺乏安全感,于是"莫不定策帷帟,委事父兄"[3]。这就造成外戚干政问题。

---

① 周密:《齐东野语》,中华书局 1983 年版,第 41 页。
② 张廷玉等:《明史》卷一一三《后妃传》,中华书局 1974 年版,第 3512—3514 页。
③ 范晔:《后汉书》卷十《皇后纪上》,中华书局 1965 年版,第 401 页。

其次,后妃、外戚集团以裙带关系相结合,往往宠树亲党,排斥贤良,卖官鬻爵,鱼肉百姓,成为政治腐败的一大根源。

第三节　宦官制度

宦官是经过阉割而失去男性功能、在宫廷中专门服侍皇帝及其后妃的一种人。由于宦官是距离君主最近的人,久而久之,宦官制度就成为皇帝制度的重要组成部分。这里主要讲述宦官制度的起源、宦官影响政治过程的表现、宦官干政的原因等,其中特别强调,要更重视从政治结构(君主专制制度)、政治社会化等方面去理解宦官制度与"宦官之祸"问题。

一、宦官制度的历史演变

宦官在先秦时期就已存在,称阉人、寺人、内侍等,汉以后称宦官、宦人,唐朝以后又有太监之称。也有"内臣""中人""宦竖""阉宦"等说法。宦官制度是和帝王后妃制密切联系的。其直接的功能是服侍皇帝及其后妃,为君主及其后妃提供生活方面的服务。君主为了实现对后宫妻妾的独占,保持子孙血统的纯正,只能使用这种经过阉割的男性奔走宫中,为他们提供衣、食、住、行等方面的服务。

宦官最早起源于战俘和受到宫刑的罪犯,后来多招自一些生活无奈的穷苦人子弟。商朝就曾把被捕的羌人净身,令其服劳役。周代开始,把摧残男女生殖能力作为一种刑罚——宫刑,是五刑中仅次于死刑的重刑。男性受刑之后,就送到宫中当宦官。秦灭六国后,往往把战俘,尤其是贵族出身的男性战俘处以宫刑,在宫中服役。赵高的父亲原本就是赵国国王的远亲,秦灭赵之后,赵高一家被俘,赵高和父亲、兄弟同时被处以宫刑,"世世卑贱"。秦始皇因赵高力大过人,而且又懂"狱法",任用他为中车府令,管理宫廷车辆印信,从而致其在秦始皇死后把持了朝政。

汉承秦制,用宦官充任宫中宿卫及服侍后妃生活起居,如以黄门令为首的内廷警卫、传达命令系统,以尚方令为首的御器制造系统(东汉宦官蔡伦就是尚方令监),以御府令为首的主掌皇帝衣物的服务系统等,都由宦官担任。然而,两汉宦官制度中最引人注目、影响政治生活最大的则是由宦官担任中常侍之职。中常侍也是秦朝的官职,他们随侍皇帝身边,出入宫廷,最受皇帝宠信。西汉时杂用外廷士人,不专用宦官担任此职,加上对宦官控制较严格,故虽有少数宦官干政,如武帝时的弘恭、石显等,但还没有形成左右朝政的局面。东汉皇帝身边的常侍则全用宦官,不再用士人,并逐渐固定为常侍 10 人,小黄门 20 人。由于他们是皇帝联系、指挥外廷机构的中介,可以借传达皇帝命令的机会向外发号施令,所谓"手握王爵,口含天宪",因而自明帝以后,势力日益膨胀,一些专权的后妃如邓太后,不能直接与外廷官员接触,于是"委用刑人,寄之国命"①。东汉后期专权的外戚梁冀被杀后,宦官势力更加嚣张,招致官僚和士大夫的抨击,又酿成宦官制造的"党锢之祸",东汉也随之而灭。

进入魏晋南北朝时期,各国统治者鉴于东汉灭亡的严酷事实,对宦官戒心极大,宦官势力转入低潮。如曹魏撤去中常侍之官,另设散骑常侍,职掌规谏,并在皇帝出行时"骑而散从",不再用宦官担任。并规定:宦官只能在后宫任职,官不过诸署令;而且"金策著令,藏之石室"②,永为定制。当然,某些政权下也不是没有宦官干政问题,如:蜀后主宠信宦官黄皓,排斥忠良,国政日衰;北魏时先有宗爱逼死太子拓跋晃,杀害太武帝拓跋焘、秦王拓跋翰等,一度位居元辅,录三省事(相当于宰相中首相),兼总领禁军,后来又有刘腾废后戮相,专断朝政。但总体来看,宦官专政问题不及东汉严重。

唐朝是中国历史上宦官专政的第二个高峰期。唐朝主要的宦官组织是内侍省(或称内侍监、司宫台),以内侍省监、少监为其正副长官,其下有内侍、内常侍、内给事、内谒者监、内谒者、内寺伯、寺人等名目。所属有六局,各以令、丞为正副主管,负责宫中各种勤杂日常事务。唐太宗时规定:太监不许参政,只能做宫中杂役,禁止太监获得三品以上高官。直到高宗时,太监基本上没有插手政治。到唐玄宗时期,宦官势力开始抬头。玄宗为了追求享乐,把外朝政事推给李林甫、杨国忠,内廷事务则交给宦官高力士。四方奏进的文件,都由高力士转给玄宗,高力士借机掌握了大权,将相如安禄山、杨国忠都要巴结他。安史之乱爆发后,宦官李辅国因劝太子李亨(肃宗)在灵武即位,取得皇帝信任,专权用事,凡章奏军令都由他掌管,后又转升为兵部尚书。另一个宦官鱼朝恩也在肃宗时控制了中央禁军神策军,从此以后历经十余朝,神策军都掌握在宦官手中。这样,宦官就掌握了对军队的实际控制权。此外,由于安史之乱后,玄宗对地方将领日益不信任,逐渐形成由太监作为皇帝特派员外出监军的制度。这样,宦官不仅参与政事,而且控制了内外兵权。肃宗死后,宦官拥立代宗即位,又设内枢密使,由宦官担任,负责接受外廷章奏并向皇帝转呈,还负责对外传达皇帝命令,很大程度上控制了出纳王命的权力。由于宦官完全操纵了军政大权,从唐宪宗到唐昭宗共 9 个皇帝,历时近百年,其中 7 个皇帝是由宦官拥立的,宪宗、敬宗两个皇帝更被宦官杀害,文宗在宦官的控制下形同囚徒,只能吃喝玩乐,哀叹"受制于家奴"。宦官专权成为唐朝后期政治混乱与腐败的重要原因。

---

① 范晔:《后汉书》卷七八《宦者列传》,中华书局 1965 年版,第 2509 页。
② 陈寿:《三国志》卷二《魏书·文帝纪》,中华书局 1971 年版,第 58 页。

　　宋朝宦官势力再次转入低潮。宋朝严禁太监后宫干政,成为宋朝士大夫津津乐道的"祖宗家法"。因此,终宋之世,君臣对太监的戒备防范是极为严密的。除了徽宗曾宠信童贯揽权之外,基本上没有形成大的宦官之祸。紧接着宋朝兴起的元朝,因受蒙古贵族势力的影响,往往由贵族子弟入宫侍奉君主,皇帝周围多是贵族子弟,宦官干政问题也不太突出。

　　明朝是宦官专政的第三个高峰期。明初,朱元璋曾采取一系列措施严防宦官干政,包括:(一) 限制宦官人数在百人之内,禁止自行净身的人进宫充当太监;(二) 宦官不得兼带外廷文武官衔,内职最高不得过四品,禁止太监与外廷官往来;(三) 宦官不得识字;(四) 洪武十七年又铸铁牌悬挂宫门,"内臣不得干预政事,预者斩"[1],防范可谓严密。然而成祖之后,宦官就开始干预政事。成祖夺取建文帝的皇位,得力于太监帮助,加上他的公然篡权行为遭到官僚士大夫的强烈反对,因此不敢信任外廷官僚,只对宦官"多所委任"。此后,一些皇帝或者年幼无知(如英宗、武亲),或者倦于理政,宦官于是把持了朝政,演成中国历史上又一次宦官之祸的高峰。

　　宦官机构在洪武末年就有十二监、四司、八局,也就是所谓二十四衙门,人数逐年增加,达 10 万之多。成祖时,宦官被派出监军、出使、专征、镇守地方,乃至充当刺探臣民"隐事"的密探;尤其是司礼监的太监被委以提督特务机关东厂的权力,宦官与特务组织开始结合。此后宪宗时增设西厂,武宗时增设内行厂,都由宦官统领。另外,宦官不准读书识字的禁令也在成祖时破坏。成祖曾宠爱一个叫范弘进的太监,教其读书写字。宣宗时,范弘进受到重用,在他的建议下,宣宗在宫内设立"内读书堂",专教 10 岁以下净身儿童读书识字。宦官又逐渐掌握了代皇帝批阅奏章的权力。根据明制,天下奏章文书应先经内阁处理,由内阁用小票(小纸签)拟写出处理意见,再转呈皇帝用朱笔批出,即为"圣旨"。但每天需要皇帝批答的奏章太多,皇帝的精力有限,加上明中期以后的皇帝多养尊处优,懒于理政,每日御笔亲批不过数本,其余全部由司礼监的太监代批。司礼监本来就有传宣皇帝旨意的权力,现在又可批阅奏章,于是成了掌握实际决策权、凌驾于内阁之上的"太上内阁"。

　　这样,太监不光控制了出纳皇帝命令的权力,又掌握了规模庞大、无孔不入的特务组织,不仅朝廷大政、官员任免全部取决于宦官,而且利用特务随意拘捕杀人,镇压正直的官员,弄得"士大夫不安其职,商贾不安于途,庶民不安于业"[2],整个国家都处于宦官的恐怖统治下,政治黑暗到了极点。

　　清朝在顺治时大大削减宦官人数,太监由明朝时的 10 万人减至千余人,并在宫中铸铁牌:内臣但有犯法干政,"即行凌迟处死","定不姑贷"。[3]康熙时又革去宦官十三衙门,规

　　① 张廷玉等:《明史》卷三〇四《宦官传一》,中华书局 1974 年版,第 7765 页。
　　② 张廷玉等:《明史》卷一七六《商辂传》,中华书局 1974 年版,第 4690 页。
　　③ 朱寿朋:《光绪朝东华录》,中华书局 1960 年版,第 3188 页。

定设五品总管太监一人，同五品太监三人，六品太监二人。这样，太监不仅品级低下，而且六品以上的名额极少，此后雍正、乾隆时最高品级也没有超过四品。直到清末，虽有慈禧太后宠信的安得海、李莲英在政治上比较活跃，但基本上没有形成宦官专政之祸。

二、宦官干政的根源

君主专制制度是宦官干政的总根源。

首先，宦官干政是与其特殊的地位和职能分不开的。宦官制度是与皇位世袭制、后宫制度密切相关的。为了保证皇帝对后宫妃嫔的独占和皇族血统的纯正，只能由宦官在宫中服侍皇帝及其后妃，充当联系皇帝与外廷的中介，所以，宦官也和后妃一样，是最接近皇帝这一权力核心的势力，其特殊的地位和职掌使之极易于窃弄权势，控制外廷。一旦皇帝因年幼或其他原因不能行使权力，便容易由外戚掌权，或者皇权转移到宦官身上，或者这两种势力联合掌权，虽然一些皇帝对宦官干政避之唯恐不及，却又始终未能避免，就有这方面的原因。

其次，宦官干政乃至"宦官之祸"的产生，更是君主专制制度的根本属性使然。君主专制制度让皇帝一人独揽国家大权，必然要最大限度地孤立、分散、弱化臣民，"解散臣民而专尊天子"（王夫之语）。而宦官作为一种"刑余之人"，由于生理原因而极受社会歧视，又没有传宗接代的功能，其孤立、卑贱的社会地位，更容易让皇帝放心，一般不会担心他们危及自己的权位，因此常常委以重任，使之牵制外廷官员。汉元帝自称其信用宦官，就是因为"中人无外党，精专可信任"[1]。南汉后主刘鋹更坦言："群臣皆自有家室，顾子孙，不能尽忠，惟宦者亲近可任。"[2] 因而毫不掩饰地把朝中大权交给宦官。这些事例，清楚地说明了历代君主信任宦官的原因。在平时，皇帝尚且如此缺乏安全感和对大臣的信任感，当出现政治危机和国内动乱时，更会觉得只有宦官才可信任。唐朝自安史之乱起，皇帝不信任大臣，而由宦官统领禁军，监视各地将领；明成祖以燕王篡位，进南京后又大肆屠杀不肯向他称臣的官员，更有意识地利用宦官推行其恐怖统治和阴谋政治，都说明了这一问题。

最后，宦官因其特殊的地位，比一般人更容易和君主建立感情和心理上的联系，从而使君主对宦官产生亲密感和信任感，也是造成宦官干政的一个重要原因。皇帝长于深宫之中，宦官是他朝夕不离的游玩伙伴，又是赖以生活的奴仆，在某种意义上又是皇帝人生道路上最早的老师。末代皇帝溥仪在《我的前半生》中就这样回忆说："讲我的幼年生活，就不能少了太监。他们服侍我吃饭、穿衣和睡觉，陪我游戏，伺候我上学，给我讲故事，受我的赏也挨我

---

① 班固：《汉书》卷九三《佞幸传》，中华书局 1962 年版，第 3726 页。

② 欧阳修：《新五代史》卷六五《南汉世家》，中华书局 1974 年版，第 817 页。

的打。别人还有不在我面前的时间,他们却整天不离我的左右。他们是我幼年的主要伴侣,是我的奴隶,也是我最早的老师。"①

君主从幼年到成年的每一个时期,特别是在他最孤独、最需要感情呵护的儿童时期,都是在宦官的照料、陪伴下度过的,这不但很容易对宦官产生亲近感和信任感,甚至会形成对宦官的依靠心理。随着君主的继位,这种信任、依赖关系必然进入政治领域。比如唐僖宗 12岁即位,在即位前为王时,他与宦官田令孜长期生活在一起,以至于"同卧起",即位后对田令孜就非常宠信,甚至"呼为父";明朝专权宦官王振自少选入内书堂,服侍幼儿时期的英宗,及英宗 9 岁即位,遂对王振非常信任和依赖,不称其名而称其为"先生",而王振也因此专权跋扈,出口即为"圣旨";明朝另一个著名宦官刘瑾,也是在武宗即位之前就已"侍武宗东宫",武宗 15 岁即位,刘瑾便"以旧恩得幸",逐渐控制了朝政。

而对于外廷大臣来说,由于宫禁森严,不能随便出入宫中,与皇帝接触的时间有限,当然缺少像宦官与皇帝之间的这种感情交流渠道了。司马光说宦官"出入宫禁,人主自幼及长,与之亲狎,非如三公六卿,进见有时"②,就是这个意思。

由于生理方面的残缺,加上宦官一般都是自幼净身入宫,几乎就是"零距离"地观察皇帝、观察当时的政治生活,不像一般"局外人"那样,看到的都是皇帝神圣尊严、光鲜亮丽的一面,而是更多地看到皇帝的吃喝拉撒,衣食住行和肮脏、血腥的上层政治斗争,这对他们的人生观、价值观会带来更多的消极、阴暗的影响。因此,宦官掌握政治权力之后,会使一个王朝的政治统治显得更加黑暗、残暴,这确实和宦官的这种不健全的"政治社会化"过程有关。但是从根本上说,还是当时的政治制度造成了宦官干政、"宦官之祸"。恰恰是君主专制制度"制造"出了宦官这种畸形的"政治人",并使其在政治上占据特殊的地位,发挥重要的政治影响,乃至走向干政、"乱政"的局面。从这个意义上说,宦官专权实际上是君主专制的一种表现形式或补充形式。

第四节　以君主为核心的朝廷决策制度

在任何政治体系下,决策都是权力的核心和集中体现,也是政治统治过程中的核心环节。而在古代中国的君主专制政体下,朝廷决策无论其具体形式如何,也不论其具体是在哪

---

① 爱新觉罗·溥仪:《我的前半生》,东方出版社 2007 年版,第 63—64 页。
② 司马光:《资治通鉴》卷二六三,中华书局 1956 年版,第 8595 页。

些人的参与下进行,从制度安排上看都是君权的一种运作形式,都是君主意志的体现,因而朝廷决策制度当然也就成为皇帝制度的一个重要组成部分。

就决策类型上看,中国古代以君主为核心的朝廷决策仍然是建立在人治基础上的经验决策,还不可能像现代政府的决策那样,具有完备、固定的决策程序和决策制度。由于篇幅和资料方面的限制,这里只能根据实际情况,围绕决策的基本范围、形式和大致程序等,重点加以介绍和分析。而这一节中我们需要了解的核心问题是:皇帝的权力是怎样通过决策来运行的? 皇帝作为最高决策者,他的意志最终又是通过哪些决策形式来形成和体现的?

概括地说,秦汉至明清时期的朝廷决策,大致可以分为这样几种形式:君主单独决策、非正式会议决策(如汉武帝时期的内朝)、朝会(视朝听政)决策、君主授权的会议决策等。

一、秦汉时期的决策制度

秦汉时期的朝廷决策形式大致有皇帝"乾纲独断"的单独决策、皇帝与宰相等大臣议决、内朝非正式会议决策、朝议(廷议)决策、皇帝视朝等几种。

由于君主专制制度本身就是一种肯定和保证君主个人决断权的制度,因此皇帝根据个人经验、好恶进行单独决策的情况是经常的和大量的。如秦始皇一天要处理 120 多斤竹简文书,其中对文件的批复就多出自个人决断;他派大将蒙恬率兵 30 万"北击胡",这一大规模军事行动的诱因,竟是由于相信民间有"亡秦者胡也"的传语[①]。刘邦北击匈奴,不仅没和大臣共同商讨,反而拒绝娄敬的劝阻,结果遭到失败。

皇帝如果遇到某些重大问题,也会找丞相或相关方面的大臣一起商议,最后由皇帝作出决策,类似一种专题性质的小型会议,这种情况在西汉前期尤其明显。秦汉丞相位高权重,其本来职责就是"掌丞天子助理万机"[②],充当皇帝在管理和决策方面的最高辅助者。在正常情况下,皇帝遇有军国大事,要亲临相府,共同决策,所谓"国每有大议,天子车驾亲幸"[③]。有的史书说皇帝对丞相的建议"靡有不听"[④],虽未必全是事实,但在一般情况下,皇帝在决策中确实比较尊重丞相的意见。除了皇帝与丞相亲自议决政事外,有时皇帝还下诏令丞相与有关官员议政,最后由皇帝裁决。如景帝曾要求修改惩治受贿的法律,就是"廷尉与丞相更议著令"。[⑤]

---

① 司马迁:《史记》卷六《秦始皇本纪》,中华书局 1959 年版,第 252 页。
② 班固:《汉书》卷一九《百官公卿表上》,中华书局 1962 年版,第 724 页。
③ 马端临:《文献通考》卷四九《职官考三》,中华书局 2011 年版,第 1405 页。
④ 范晔:《后汉书》卷四六《陈忠传》,中华书局 1965 年版,第 1565 页。
⑤ 班固:《汉书》卷五《景帝纪》,中华书局 1962 年版,第 140 页。

内朝决策主要是指皇帝与身边侍从等亲信人员一起进行的决策。参与的官员虽非法定的正式决策参与者,但因受皇帝的宠信,给他们加上侍中、给事中、常侍等头衔,就可以进入宫中,在皇帝身边出谋划策,为皇帝提供参谋咨询,并帮助皇帝处理由尚书转呈上来的公文[①],围绕着皇帝形成一个决策核心,这一决策核心到汉武帝时进一步稳定,形成与以丞相为首的正式官僚组织(外朝)并列的"内朝"。内朝由皇帝宠信的官员带上录尚书事、大将军、侍中、尚书、给事中等衔组成。由于它的决策是在皇帝直接授意下作出的,因而具有最高权威性,丞相反而被排斥出决策中心,成为内朝决策的执行者。武帝以后,原来作为皇帝秘书的尚书地位日益重要,东汉时终于发展成尚书台,"虽置三公,事归台阁"[②],尚书台取代了丞相机关,事实上成为参与皇帝决策的最重要的机构。

参与内朝决策的官员都是皇帝的亲信,而且地位都比较低,可以随时更换,议事的形式很随意,不像其他正式会议决策那样程序复杂,因而能够有效地实现皇帝的意志,还可以牵制、分割宰相的权力,这是内朝形成的一个重要的原因。

朝议或称廷议,是皇帝亲自或指派丞相主持召集的百官决策会议。秦始皇时,虽然天下事"无大小皆决于上",但遇有重大事件也要"下其议"于群臣,如议帝号,议决是否实行分封制等,都是在这种会议上决策的。汉朝在丞相府专设百官朝会殿,用来举行百官朝议。参加朝议的范围,一般是公卿、列侯、二千石官及大夫、博士等。朝议决策内容涉及立君、立储、宗庙、郊祀、典礼、分封、法制、边事、大臣罪罚等。

除了以上形式外,还有一种皇帝听政朝会的决策形式。如汉宣帝规定"五日一听事",相当于五天召开一次办公会议。东汉光武帝则是每天天刚亮就开始处理政务,直到太阳偏西,所谓"每旦视朝,日昃乃罢",届时由皇帝会同有关官员议决日常政务。

以上是秦汉决策的几种主要形式。这些决策形成后,一般会交御史府拟成不同形式的诏令(如根据诏令性质与解决问题的不同,分为诏、制、勅、令等形式),经丞相副署后,交付有关官署执行。

二、魏晋南北朝时期的朝廷决策制度

魏晋南北朝是向隋唐三省制度的过渡阶段。东汉时期,尚书台一方面实际上取代了丞相的职权,成为总理政务的中枢,但在组织上却仍然隶属于少府,身份上还是内廷官。魏晋时期,尚书台终于脱离少府,改称为尚书省,成为名副其实的宰相机构。尚书省长官尚书令、

---

① 参见杨鸿年:《汉魏制度丛考》,武汉大学出版社 1985 年版,第 35—54 页。
② 范晔:《后汉书》卷四九《仲长统传》,中华书局 1965 年版,第 1657 页。

尚书仆射正式成为皇帝决策的最高辅助者。然而,由于尚书省成了正式宰相机构,尚书省长官取得了汉朝丞相一样的尊崇地位和重要权力,又逐渐为皇帝所疏远,脱离了御前决策中心。

取代汉朝尚书进入御前决策中心的是中书监和中书令,他们也是以皇帝机要秘书的身份充当君主"喉舌之任",为君主起草诏令,执掌"出纳王命"之权。而尚书省则又逐渐向专门的执行机关演变,情形和汉朝内朝与外朝的关系相近。

东晋以后,随着中书官员权力的膨胀,皇帝又以侍中官随侍左右,以备顾问及拾遗补缺之任,参与重要事务的谋议,形成更深一层的决策核心。这样,尚书、中书、门下(侍中)三个机构又逐渐向执行、审议、决策三个相对独立的系统过渡。

三、隋唐时期的朝廷决策制度

隋朝统一全国之后,传至第二代皇帝隋炀帝就迅速灭亡,被李渊建立的唐朝所取代。故这里重点介绍唐朝的朝廷决策制度。

唐朝皇帝与大臣议决政事的主要形式有常朝议政、"仗下后会议"与延英殿议政等,此外,还有在皇帝授权下召开的政事堂宰相会议。[①]

常朝议政是君主举行的例行视朝听政会议形式。在唐朝前期,除了每年正月初一和冬至日举行的仪式性"大朝会"之外,每天要举行参拜皇帝的常朝(常参)。参加者一般为五品以上的高级官员。后来改为单日举行,双日休朝,地点在朝廷的正殿宣政殿,有时也在紫宸殿,故常朝又叫"正衙常参""正衙奏事""御正殿""紫宸听朝"等。届时,出席"常朝"(常参)的大臣在对皇帝行礼之外,可以就有关事务向皇帝提出奏议,皇帝也可以提出问题交大臣讨论,内容涉及有关施政方针、太子废立、军事、民政等重大国务,在唐朝前期中央决策中起过很大作用。

而所谓"仗下后会议"也叫"仗下后议事",则是在常朝结束后的一种小规模议政例会,即在常朝大会结束、其他百官退出之后,撤下陈列于朝堂的仪仗,皇帝再与宰相或有关大臣一起召开小规模会议,议决军国大事。相比较而言,常朝议政往往由于皇帝因故辍朝、天气灾异等原因不能按时举行,加上与会官员众多,议事效率低,机密性差;而仗下后会议则可以弥补常朝议政的不足,比较灵活而具有较高的机密性。因此,高宗以后,常朝议政往往流于一种仪式,而由仗下后会议发挥主要议政功能。

---

① 以下唐朝决策制度问题参考了谢元鲁:《唐代御前决策会议初探》,《中国史研究》1988 年第 4 期;张国刚:《唐代官制》第一章第三节"常朝、入阁、延英召对——宰相的职权",三秦出版社 1987 年版,第 13—16 页。

　　延英殿议政也叫"延英奏对""延英议事"或"便殿奏对"等,是由皇帝召集的临时性小型会议演变而来的。唐朝前期,在仗下后会议之外,皇帝有要紧事情,还临时召集宰相和有关官员举行小规模决策会议,宰相也可以临时请求皇帝召见,起初既无固定形式,也无固定场所。大致在肃宗以后,逐渐以大明宫的延英殿作为这种决策会议的场所,所以有了"延英议事"或"延英奏对"的说法。又因为相对于举行"正衙常参"的宣政殿,延英殿是便殿,所以又叫"便殿奏对"。开会的日期也逐渐固定,如宪宗规定:除宰相临时奏请之外,每月逢一、五、九日共九次开延英殿会议。

　　延英殿议政会议保密性较高,除皇帝、宰相和其他有关官员外,其他人不准在场;会议形式也比较灵活,虽然有些皇帝规定了开会日期,但宰相可以临时请开延英殿会议;在时间上也可长可短,有时皇帝与宰相谈话可以长达几个小时;内容上也不受限制,便于君臣从容讨论。因此,延英殿会议成为唐朝中期以后皇帝与宰相议决政事的最主要的、也是最高层次的决策形式。

　　除了以上由皇帝亲自主持的决策会议之外,宰相会议也是中央决策的重要形式。宰相会议的地点是政事堂,一般讨论皇帝交付的或者属于宰相职权范围内的日常政事。

　　在正常情况下,以上各类会议决策的结果最后都要形成皇帝的诏令,才能发布生效。大体程序是,经过决策会议讨论之后,由中书省的中书舍人根据决策结果拟出诏令,由中书省长官署名后,交门下省审核署名,再呈皇帝书面批准,然后转门下省封印,封转尚书省及有关机构执行。

　　以上只是就正常情况而言。有的皇帝为了更灵活方便地实现个人意志,往往绕开这一套正常的诏令起草、拟定程序,不经中书、门下省而直接下达御笔批示。比如唐中宗时期,一些公主、宠妃、外戚权贵收到他人的贿赂或说情,就通过中宗直接内降御笔,任命某人为官。据说一些屠夫、奴婢花上 30 万钱,就可以做官。以至于当时人用"车载斗量"来形容这些斜封官之滥。为了有别于经中书、门下颁行、使用朱红笔写成的诏令,皇帝内降的御笔批示是用墨笔写成的,而且据说批示的封袋也是"斜封"的,所以被称为"斜封墨敕",通过这种渠道任命的官员被蔑称为"斜封官"。[①]尽管君主的这种做法遭到一些大臣的批评抵制,但在君主意志高于一切的专制政体下,这种决策当然还是能够生效的。另外,自唐朝初年开始设立的"学士"一职,原来只是皇帝身边的私人顾问,唐玄宗以后逐渐发展成为翰林院,设于宫中,专掌起草重要的诏令(即所谓"内命"),而中书舍人却只能起草一般性诏令(即"外命")。这样,翰林学士又渐渐成为独掌重大事务决策权的工具。

---

　　① 参见司马光:《资治通鉴》卷二〇九,唐中宗景隆二年七月甲午,中华书局 1956 年版,第 6623 页。

四、宋、辽、金、元时期的朝廷决策制度

宋朝朝廷决策主要是通过垂拱殿常朝（皇帝视朝）实现的。此外还有皇帝临时召集大臣议政、百官集议等形式。

垂拱殿（内殿）常朝是北宋前期具有日常决策功能的皇帝"视朝"理政的主要形式。垂拱殿常朝也叫"内殿起居""常起居"。本来，宋朝的早朝分为常朝（常参）、常起居（内殿起居）、大起居三种形式。但常朝（常参）只是由在京无职事的朝臣参加，每天在文德殿正衙（后改称大庆殿）立班，象征性地举行一下对皇帝的参拜仪式，皇帝并不出来接见，因而并无决策的功能。发挥重要决策功能的会议形式是常起居（内殿起居），即皇帝每天坐垂拱殿（内殿）受朝，参加者为"宰相、枢密以下要近职事者"，以及高级武官等。届时宰相首先上殿奏事，其他官员在殿下等候；然后是枢密使上殿奏事，接着是其他官员奏事。这是当时最重要的朝廷决策会议。[①]

这个时期还有一种朝会形式也有一定的决策功能，即所谓"百官大起居"。它每五天举行一次，参加者包括有职事和无实际职事的文武朝官，是一种更大规模的议事例会，其奏事程序与内殿起居相似。

到宋神宗元丰改制时期，鉴于文德殿的"正衙常参"与垂拱殿"常起居"重复，于是重新颁定朝参制度，其基本原则是将仅具仪式功能的"正衙常参"合并于其他朝参中，并按照官员的职掌、类别分别参加不同的朝参，将其分为日参、六参、朔参、望参等形式。日参就是侍从官以上的官员每日朝见皇帝于垂拱殿，这些人称为"常参官"；百司朝官以上的官员，每五日一朝紫宸殿，叫"六参官"；在京朝官以上，每月朔、望日一朝紫宸殿，叫"朔参官""望参官"。其朝拜礼仪及奏事程序则大体如上。

除以上例行的议事会议之外，还有"召对"和"请对"的议政形式。宰相和枢密院大臣如遇紧急事情，可以随时请对，听取皇帝决断。其他官员如有机速事务而又不愿通过中书门下（宰相机关）转呈，也可请求皇帝召见。另外，皇帝也根据宰相与执政大臣进呈的名单，按一定程序轮流召见官员议事，听取意见，称"轮对"或"转对"。

另外，皇帝遇有重大事务不能决断，也往往下令由有关官员进行讨论，讨论的结果由皇帝批准后实施。情况与汉朝时的朝议类似。

朝廷决策最后也是经宰相和执政大臣拟成诏令或"圣旨"，再由门下省官员复核，下达有关机构执行。在正常情况下，皇帝不能绕过"中书门下"（宰相府）和枢密院直接向有关机构下达指令。但在实际过程中，有些皇帝还是常常破坏这一程序，如宋仁宗时期欧阳修知开

[①]　参见江少虞：《宋朝事实类苑》卷二六"文武官朝参"条，上海古籍出版社 1981 年版，第 330—331 页。

封府,不到两个月就"十次承准内降"①,都是皇帝直接下令,要欧阳修帮他办理某些私人请托的事务;宋神宗推行大规模的改革变法运动,更是大量地运用"内批"的形式贯彻自己的意志,以至于大臣批评他说,"内外之事,多出陛下亲批,恐喜怒任情,善恶无准"②;徽宗不仅常常直接以"内批""内降指挥"的形式实行个人独断,甚至还公开颁布了"违制罪",规定"凡应承受御笔官府,稽滞一时杖一百,一日徒二年,二日加一等,罪止流三千里,三日以大不恭论"③。

进入南宋之后,由于时局动荡,战事频繁,"不比承平之日",这种按部就班的常朝决策体制往往无法坚持,朝廷决策主要在君主和宰相等主政的大臣之间小范围内进行,临事决断。

辽、金、元各政权的中央决策制度一方面保留了本民族的习惯,另一方面在不同程度上吸收了汉族制度,形成了各自的特色。

辽朝在耶律阿保机建立皇帝制度之后,虽然传统习俗和贵族势力仍然具有很大影响力,但在制度上已经确立了皇帝至高无上的地位和权力,形成了以皇帝为核心的中央决策体制。其基本的决策形式是在皇帝"捺钵"(皇帝行营)举行的南北臣僚会议。根据辽制,辽皇帝在一年的春夏秋冬分巡至四个地方的行营,称为四时捺钵,在其中的冬、夏捺钵举行南北臣僚会议,届时讨论、处理一切军国大事,然后"取旨",由皇帝做出最终决策。

在金朝前期的太祖、太宗时期,主要通过勃极烈(长官的统称)会议议决重大事务,它实际上是一种女真宗室贵族合议决策国家大事的形式。自熙宗仿照汉族政权建立三省制、采取大力强化君权的措施开始,君主逐渐掌握了国家的最高决策权。大致上也和汉族政权一样,遇事先由某个层次的大臣会议提出初步方案,由皇帝最后决断。

元朝建立后,仿照汉制设立了中书省(宰相机构)、六部、枢密院、御史台等机构,形成以君主为中心的朝廷决策体制。凡做出重大决策之前,一般先由宰相、枢密院和御史台官员以及相关大臣合议,提出处理建议,然后取旨皇帝。由于元朝的君臣关系深受蒙古旧俗中主奴关系的影响,又吸收了汉族文化中绝对忠君的观念,因而元朝政权中皇权独尊、臣僚奴化、君主集权的趋势进一步加强。

五、明朝的朝廷决策制度

明朝中央决策主要有常朝议政、便殿议政、廷议、廷推、批答奏章几种形式。

①　《欧阳修全集》卷一一一《请今后乞内降人加本罪二等劄子》,中华书局 2001 年版,第 1686 页。
②　徐自明:《宋宰辅编年录》卷七,中华书局 1986 年版,第 380 页。
③　脱脱等:《宋史》卷二〇〇《刑法二》,中华书局 1985 年版,第 4991 页。

明朝的朝会分为大朝与常朝两种形式。大朝也是礼仪性的,不理政务。常朝既有礼仪性质又有决策性质。常朝除每日早朝外,明初每天又有午朝、晚朝,即所谓日视三朝。早朝奏事起初没有一定限制,英宗时杨荣等辅政,规定每日早朝只许言事八件。早朝一般只处理比较简单的具体事务。午朝规模较小,时间上比较灵活,群臣可以"从容陈论",讨论大政方针,而非"泛陈细故"。①晚朝则处理一般政务。

英宗以后,皇帝或者以幼童即位,或者荒于理政,不仅日视三朝的惯例不能坚持,连每天例行的早朝也常常中断,神宗干脆几十年不上朝,自然再无从发挥常朝的决策作用。

在明朝正常条件下,对于常朝议而未决的事情,则改在便殿议事,参加者一般是皇帝和有关大臣;皇帝临时有事,也可随时在便殿召对大臣,这些可以统称为便殿议政。这是比常朝议政更具有实质性、更高层次的决策形式。和常朝一样,这种决策形式后来也逐渐废弛,而政事逐渐落于权臣或宦官之手。

再就是廷议和廷推。廷议是皇帝传令召集的大臣会议,主要讨论紧急的、重大的军政事务,如议位号、立君、建都、边防、宗庙、大臣等。廷议在宣宗以前由皇帝亲自主持,英宗以后,凡所议之事属某部管辖范围,则由某部尚书或侍郎主持;如果所议之事难以划归某一部,则由吏部主持。参加者包括阁臣、九卿、科道官以及有关文武官员。廷议后,主持者将结果上奏由皇帝最后裁决。

廷推则是推选大臣的朝臣会议,又叫会推。办法是当大臣缺员应补、不待考满而推升时,由吏部主持,会同九卿、科道官(六科给事中和监察官)推举数人,备皇帝最后选用。明初尚无此制,大臣由皇帝亲自选用,称为"特简"。英宗以后,渐渐采用由阁臣与吏部推荐的办法。大致在孝宗、世宗时期,大臣会推官员逐渐成为定制。大臣,尤其是内阁大臣不经会推而由皇帝直接任命,往往被视为违制,会遭到臣僚的抗议。如明神宗曾用特简的方式任用张位等人入阁,吏部尚书陆光祖就抗议说:"辅臣当廷推,不当内降,帝命不为后例。"②宰相张居正曾私荐两官员入阁,御史刘台也以"祖宗朝,用内阁冢宰,必由廷推"③为由加以反对。但是,在宦官专政的情况下,公卿大夫的任用往往出于宦官之手,廷推制度也就难以实行了。

此外,朝廷决策还包括皇帝对群臣、百司奏章的批答。一般情况下,各地奏章经通政司转呈皇帝批答。具体办法是先由内阁阅读后,代皇帝拟出初步处理意见,皇帝如果同意,就用朱笔把这些意见批出,即为"批红"。明朝后期,皇帝的"朱批"权又由司礼监太监所控制。

明朝诏令形成的程序一般是这样的:皇帝与大臣面议政事或者接到臣下奏议后,以口头

---

① 张廷玉等:《明史》卷六《成祖纪》、卷一八〇《姜绾传》,中华书局1974年版,第83、4788页。
② 张廷玉等:《明史》卷二二四《陆光祖传》,中华书局1974年版,第5892页。
③ 张廷玉等:《明史》卷二二九《刘台传》,中华书局1974年版,第5990页。

或书面形式(上谕)命令内阁起草诏书;如果内阁认为皇帝的上谕不妥,可以不遵办或再行请示,这就是内阁的封驳权。内阁起草的诏书经皇帝批出后,必须先经六科给事中封驳,然后交付执行。如果六科认为不当,也可以封还执奏,请求再议。

六、清朝的朝廷决策制度

清朝中央决策的常见形式是皇帝御门听政。

清朝的朝会也分大朝与常朝。大朝为庆典性的,常朝又分御殿和御门两种。御殿朝每月逢五(三次)在太和殿举行,也是礼仪性的朝会;常朝的另一形式御门听政(也叫早朝)才具有议政性质。

御门听政的地点是在乾清门,有时也在瀛台东门。御门听政一般分为前后两个阶段:首先是各部院官员齐集午门之外,由各部的尚书、侍郎上殿拜见皇帝,面奏事项或进呈题本。这时皇帝一般不立即表态,只是在事关重大时,偶尔向奏事官询问;然后,当各部院奏事完毕、百官退朝后,皇帝再与内阁大臣处理早朝中提出的问题,根据君臣商议的结果,由内阁拟出诏令,经皇帝批出即可实行。对一些复杂的问题,皇帝则在早朝时下令有关部门议出处理方案,或者交九卿议处,或者交内阁满汉大臣会议讨论,这些统称"廷议"。廷议之后,再具奏皇帝定夺。

除了御门听政之外,朝廷每天都收到来自全国各地大量的奏章,这些奏章经通政司转达到皇帝和内阁(称"通本"),对这些通本作出批示,也是清朝廷日常决策的重要形式。通本中涉及的重大事务,也由皇帝下令有关大臣会议讨论具奏;一般问题则交内阁拟旨,由皇帝批出。

在一般情况下,清朝中央决策程序分为这样几个环节:各地奏章到京后一律先送通政司,由通政司核查后送内阁,内阁拆阅后票拟出处理意见,由皇帝最后再用红笔批出;各部院衙门在早朝时上奏给皇帝的奏章,皇帝认为事关重要的,就折下一角,称为折本,待退朝后与内阁大臣共同讨论,再由内阁票拟后,也由皇帝批出。这些经过批红的题本称为"红本",由内阁送六科发抄有关机构执行。

雍正以后,随着军机处的产生及其权力的不断膨胀,皇帝与军机大臣之间议决大政,成了更加重要、更加机密也更加经常的决策形式,上述御门听政的决策功能逐渐减小。

通观秦汉以后几个主要王朝的朝廷决策制度,可以发现以下主要特点:

第一,形成了比较复杂多样的决策形式和程序。历代王朝的最高决策虽然本质上都是出于君主的意志,与现代决策相比,它属于简单的经验决策类型,但是,由于君主的能力、精力等方面的制约因素,为了避免或减少决策失误,只能是在君主的主导下,吸收众多官员和机构参与决策,并尽可能地发展出多种多样的决策形式和程序,从而使决策制度表现出了相当高的开放性和制度化水平。比如,历代都形成了不同形式的由皇帝出席的朝会制度或视朝制度,实际上是皇帝主持的办公例会,一般分成了前后两个阶段,前一阶段在不同的朝代有不同的说法,如唐朝的常朝议政、宋朝的垂拱殿常朝、明朝的早朝、清朝的御门听政;后一阶段则是更为小型的决策会议,如唐朝有仗下后会议、延英奏对,宋朝以后的召对便殿等。除非遇到节假日等特殊情由,这种皇帝每天"视朝"、举行办公例会性质的朝会制度在中国基本上历代相沿不改。

第二,但从另一方面看,这种最高决策的制度化、程序化又是不稳定和不充分的。其突出的表现是,它们大都经历了从一个制度化决策到人格化、非制度化决策的循环过程:往往每一个王朝前期的制度化、程序化水平较高,决策会议的形式比较复杂,而到中后期则逐渐流于非制度化、人格化决策,形式也趋向简化。造成这种变化的原因,首先与君主个人的情况有关。当遇到一个年富力强、自信开明且具有宏大抱负的君主,可能各种制度就会坚持得好些;如果幼主昏君在位,则可能政荒礼废,连虚应故事都难以为继。另外也与王朝后期的政治局势有关。在王朝的中后期,往往因为时局动荡、战争等非常态的情况,需要快速做出反应和处置,而无法维持一种常规化的决策形式和机制。

总结与讨论

一、主要内容回顾

本章在皇帝制度这个大范畴下,梳理和分析了古代中国皇位的继承制度、后妃制度、宦官制度和朝廷决策制度。皇位继承制度涉及传统政治体系中国家最高权力的继承转移方式,朝廷决策制度则是古代中国最高层级的决策问题,而后妃、宦官制度则涉及皇权的维持和延续。这些制度,既是整个皇帝制度的重要组成部分,也是君主专制政体的核心部分,因而也最能体现和反映君主专制的丰富内涵与"质感"。

就皇位继承制度而言,尽管在政体分类上,中国古代国家政体属于君主专制政体,属于人治的或前现代化政治体系,但也发展出嫡长子继承制的皇位继承制度,把嫡长子继承制作为"万世正法",并在实践中发展出一些变通的、补充的形式,从而较好地解决了国家最高权力的继承问题,这无疑是有助于减少或避免政治动乱,利于维护政治稳定。相比之下,在没有确定嫡长子继承制的元朝,显然更容易出现争夺君位的内乱。

从国家的最高决策方面看,尽管在原则上和正式的制度表达中,君主是国家的最高决策者,君主的意志左右着国家决策的最终走向。但是古代中国还是最大限度地发展出了比较多样的决策形式和比较复杂的决策机制与程序。比如,在各个主要王朝的兴盛时期,君主一般每天都会出席和主持朝廷会议,也就是常朝或者每日视朝,并且根据所议决事项的性质,分成前后两个阶段的会议处理,前一阶段的会议规模、范围较大,需要议决的事情可能不那么复杂;后一阶段会议则规模、范围较小,决策的事情可能比较复杂机密。除了每天举行的这类例行朝会之外,还有因临时需要而举行的各种专题型会议。另外在唐宋时期,宰相等大臣遇到紧急情况,也可请求皇帝"召对",举行临时会议,从而在决策方面表现出相当程度的制度化和开放性。因此,我们在面对诸如君主专制政体下君主个人"集权""独裁""专制"等问题时,切记不可把问题想得过于简单化、公式化,而应该看到,这只是从总体上、从君主专制政体和其他政体相比较而言的,并不排除在这种政体之内,也可以发育出相对复杂多样的决策形式,也可以在一定程度上容忍一些次级的政治制度具有较高的制度化、程序化水平。

另外,通过对皇位嫡长子继承制、后妃制度和宦官制度的考察,一方面可以让我们更具体地了解皇帝制度是如何运行的,另一方面也使我们看到君主专制政体存在的深刻矛盾。比如,在制度的正式表达和规定中,皇帝至高无上的地位和权力,要求他应该是兼备内圣外王素质、至圣至明的全能君主,而实践中君主又是按照"立嫡""立长"的非贤、非智原则选择出来的(在改朝换代的"打天下"时期除外),常常把昏庸之辈乃至白痴、幼儿推向皇位,造成君主的"权"与"能",即君主实际能力和其职权要求严重偏离,甚至相互矛盾,这样在政治制度和政治运行过程上又导致两方面的后果:一是为了弥补君主的能力和作用上的不足,会在政治体系内发展出一些调节、补救的制度和机制,如太子的教育制度、皇帝读书(经筵)制度、宰相制度以及上述决策形式的多样化和制度化等;另一方面,则是外戚、后妃、宦官这些"幕后替补者"趁机走上政治的前台,代替君主发挥政治的平衡与主导作用,而一旦出现这种情况,又极易在各种矛盾、各种因素的作用下,引发所谓"女祸"与"宦官之祸"等。与此相联系的是,在这种政治体系下,一方面设计了种种防止外戚、后妃和宦官干政的制度、规矩,另一方面又为这些政治势力的干政提供了方便的条件,甚至在某种意义上还依赖这些人的干政。皇帝制度,乃至整个君主专制政体,就是在这样一种重重矛盾的境况下运行的。

二、进一步讨论的问题

总结反思这一章的内容,还可以引发出一些值得进一步思考与讨论的问题。

比如,为什么在君主专制的政治体系下,会发展出相对复杂的、程序化的决策制度?从现代决策的一般理论和知识出发,我们固然可以大致地提出一些假说性解释:正常情况下,皇帝是知道自己的理性是有限的,而并不真心认为自己是"至圣至明"的,他也和常人一样,害怕自己的行为会产生不可预知的风险,因此在利益机制的约束下,他会希望获得更多信息,听到更多建议和意见,以降低决策失误的风险,更好地实现其政治利益,这恐怕是中国古代朝廷决策制度形成的一般性原因。当然也可能存在这种情况:皇帝对某件事情早已"宸谟"在胸,只是把朝廷会议作为一种象征形式,以便形成合法化机制,使决策得到大臣的认可与支持。当然,这些还只是假说或者一般推论,具体是哪一种会议议决了什么事项,或者说到底是通过何种会议决策哪一类事项,还需要进一步具体分析。

又比如,通过后妃和宦官制度,似乎还可以发现观察专制国家控制能力,乃至观察"身体政治"的另一个视角。正如米歇尔·福柯的研究所揭示的那样,身体本身也是权力的符号,是权力谋划、规训的对象。从专制国家的"身体规训"角度看,发明种种酷刑对某些反叛者进行肉体消灭,只能是身体控制的简单、低级形式。而通过后妃制度和宦官制度,则把某些人造就成皇权的直接标识,制造成依附于皇权的生育机器,乃至宰制人的身体生理需求、重塑人的生理特点,把人"特制"为宦官那样"相之不似人面,听之不似人声""其声似童不颖,似女不媚,似哑成声,似狸成语"的"人妖"。[①] 这似乎可以说明,通过这两种制度,君主专制国家向我们展示了它极其强大的控制力量和这种权力所能达到的、超乎一般人想象的作用强度与边界。

另外,我们在这一章还发现一个"制度失败"的例子:有的朝代(尤其明朝)曾明令禁止宦官干政,甚至为此制定了严苛的防范制度,但最终这些制度还是被突破,造成了中国历史上又一次宦官干政乃至宦官之祸的高潮。本章也从整体的结构观点,如君主专制制度本身的原因和文化传统的原因等方面进行了解释。需要深入思考的是,这种"制度失败"或者"制度偏离"的经验事实如何在今天的有关制度或制度变迁理论中加以解释。

参考文献:

1. 徐连达、朱子彦:《中国皇帝制度》,广东教育出版社 1996 年版。

2. 吴宗国主编:《盛唐政治制度研究》,上海辞书出版社 2003 年版。

3. 葛红兵、宋耕:《身体政治》,上海三联书店 2005 年版。

4. 张星久:《母权与帝制中国的后妃政治》,《武汉大学学报(社会科学版)》2003 年第 1 期。

5. 谢元鲁:《唐代御前决策会议初探》,《中国史研究》1988 年第 4 期。

6. 胡丹:《明代早朝述论》,《史学月刊》2009 年第 9 期。

---

① 唐甄:《潜书》下篇下《丑奴》,《续修四库全书》本,上海古籍出版社影印版,第 433 页。

思考题：

1. 简述皇位嫡长子继承制度的内容。
2. 试分析中国古代皇位继承制度的功能与影响。
3. 造成后妃干政的主要原因有哪些?
4. 造成宦官干政的条件和原因有哪些?
5. 在中国古代的朝廷决策方面,存在着哪些主要的决策会议形式,会产生什么样的政治影响?

第三章／中央政府机构的变迁

本章主要围绕君主的最高辅政——宰辅(宰相与事实上的宰相)机构介绍历代中央政府的基本组织结构及其职能关系的演变。宰辅机构是辅佐皇帝处理国政的最高机关,是全国的政务中枢,宰相位极人臣,号称"百僚之长",宰辅机构及其职能演变问题自是本章要介绍的主要内容。由于宰辅机构处于政务中枢的地位,对上必然会涉及与皇帝的关系,对下也会涉及与各职能部门的关系问题(如汉朝的卿、监,隋唐以后的六部等),因此,相权与君权的摩擦及其在制度上引起的后果,其他中央政府机构的基本架构及其与宰辅机构的关系问题,也是本章要讲述的内容。

第一节　秦汉以丞相为核心的公、卿体系

秦与西汉前期,丞相府、御史府与太尉府三府是国家的最高中枢机构,三者的长官习称三公,三公之下是分管各类政务的列卿,构成了"朝廷"的主体。不过,只有丞相府才是皇帝之下"事无不统"、负责全面事务的最高辅政机构,在地位和职权方面非其他二府可比。西汉中期以后,上述三府进一步演变为大司徒、大司空、大司马三个最高官职,成为地位同等的"三公"。因此,这里用"公、卿体系"来概指秦汉朝廷的主要政府机构。

一、秦及西汉的公、卿体系

秦朝中央政府称朝廷,以丞相、太尉、御史大夫作为皇帝之下的最高官员,他们各有自己的办公机构,如丞相府、太尉府、御史府等。

丞相,即一般所说的宰相。秦统一后设左右二丞相,但不是定制。丞相为皇帝之下最高的行政长官,"金印紫绶,掌丞天子助理万机"①。

太尉,据《汉书·百官公卿表》记载,也属于秦朝设置的官职,"金印紫绶,掌武事",是全

---

① 班固:《汉书》卷一九《百官公卿表上》,中华书局 1962 年版,第 724 页。

国的最高武官,它与丞相都是"金印紫绶",地位同样尊崇而分掌文武之职。"尉"官在战国时有很多种,如掌"宫门卫屯兵"者为卫尉,掌京师治安者为中尉,在县里主管军事者为县尉。一般认为,太尉一职就是从尉官演变来的。然而,秦始皇虽然设置太尉一职,但又不愿意将军事大权交给一人掌控,因此并不将此官实授于人,史书上也不见有人任太尉的记载。

御史大夫,协助丞相处理政务,职掌相当于副丞相,同时负责监察百官,是从古代的史官发展而来的。战国时期已有专门为国君掌管文书及记录言行的御史,如秦昭王与赵惠文王渑池之会,双方各有御史记录"赵王鼓瑟""秦王为赵王击缶"之事[①]。秦御史仍掌文书,如张苍为秦御史,"主柱下方书",萧何入秦御史府便可搜得图书等。御史的身份虽然不高,但经常活动于君主身边,因此权力逐渐扩大。到秦统一之后,御史大夫除了作为副丞相参预一切政事外,又作为皇帝身边的近臣,负责臣僚的奏章和皇帝诏令的下达,并代表皇帝审问重大案件,监察百官,充当君主的耳目。

分掌中央各部门事务的是列卿。秦汉的卿本不止九个,也并没有九卿与其他列卿的分别,只是因为传说周代有九卿之官,故后人习惯上把秦汉列卿称为"九卿"。秦的诸卿名称、职掌如下:

奉常,掌宗庙祭祀的礼仪,又兼管史官记事、星象、占卜、音乐、医药等事。其下有令丞、长史等属官。

郎中令,掌"宫殿掖门户",负责侍从或警卫皇帝。

卫尉,统帅皇宫卫队,负责宫廷警卫。

太仆,掌皇帝车马及军马。

廷尉,掌刑狱,为中央最高司法官。

宗正,掌皇族事务,如宗室管理、教育等。

治粟内史,掌管钱谷等财政事务。

典客,掌外交及国内少数民族事务。

少府,掌供皇室消费的"山海池泽之税"及其他皇室杂务。

中尉,掌京师治安。

将作少府,掌宫室营建。

这些作为中央各部门官员的卿,大部分直接为皇帝服务,保留着浓厚的帝王私人仆役的色彩,说明王朝国家一开始就是"家天下"的统治,但又保留着王朝国家在初期发展阶段的某种粗野和简陋,即它还没有完全以凌驾于社会之上的"公共力量"的面貌出现。

西汉的中央政府机构与体系基本沿袭秦的格局,但又有所发展。

---

① 司马迁:《史记》卷八一《廉颇蔺相如列传》,中华书局 1959 年版,第 2442 页。

先看丞相、御史、太尉三府。

西汉中央政府中的最高官员仍为丞相、太尉、御史大夫,汉初这三个职务也不是法定的"三公",只是相传周代以三公为最高官职,故汉人以"三公"这一旧号来称呼上述三个官职。如公孙弘、晁错在担任御史大夫时,都被当时人称为"三公"。①

丞相是三公之中权力最大、地位最高的官职。表现为:

第一,宰相位居百官之长,职权相当广泛。史书记载,汉宰相"上佐天子理阴阳,顺四时,下育万物之宜,外镇抚四夷诸侯,内亲附百姓,使卿大夫各得任其职焉"②,上至阴阳气候、天文星象③,下至内政、外交、民政、立法、司法、用人、赏罚等事务无所不统。

第二,丞相在朝廷决策过程中起着举足轻重的作用。在一般情况下,皇帝对丞相的意见都比较尊重,遇到重大国事,皇帝要亲临宰相府征求意见,丞相对皇帝的诏令如有不同意见,可以当面争论,可以拒不执行,即所谓"面折廷争""不奉诏"。如吕后欲封其兄弟为王,丞相王陵当面抵制;景帝欲封外戚王信为侯,因丞相周亚夫反对而作罢;哀帝要加封宠臣董贤食邑二千户,丞相王嘉封还诏书,表示不能执行等。

第三,皇帝对丞相的礼遇极为隆重,凡拜相,天子要临朝大会百官,届时六百石以上的官都要出席朝会,向丞相行礼。丞相见皇帝时,皇帝要起身离座;皇帝出行遇丞相必须下车;宰相生病,皇帝要"亲至问疾"④;丞相有大功者如萧何,还可以特许"赐带剑履上殿,入朝不趋",即上朝时可以带剑穿靴,而且无须屈身疾行。⑤

正因为丞相是皇帝之下最高政府首脑,因此相府的机构也十分庞大。协助丞相处理政务的主要有长史和司直等。在长史、司直之下又按职掌分为许多曹,分管全国各方面的政务,吏员多达三百余人。⑥

御史大夫是副丞相,位于丞相之下、九卿之上,主要是辅佐丞相,处理国政,同又兼管图籍秘书、四方文书,考课监察和纠弹百官。御史大夫也有专门的御史府,与丞相府号称二府。其属官有御史中丞、侍御史、治书御史(或称持书御史)、符玺御史、监御史等。

太尉是全国最高军事长官,地位很高,但实际上并无发兵之权,而且设置也不及丞相固定,主要是荣誉性的最高军职。

三公之外,习惯上称汉朝太常(由秦朝的奉常而改)、光禄勋(由郎中令而改)、卫尉、太仆、廷尉、大鸿胪(秦朝的典客)、宗正、大司农(治粟内史)、少府为"九寺大卿"(寺,指各卿的官

---

① 参见赵翼著、王树民校证:《廿二史札记校证》卷二,中华书局1984年版,第45页。
② 司马迁:《史记》卷五六《陈丞相世家》,中华书局1959年版,第2061—2062页。
③ 成帝时就因为发生了"荧惑守心"的星变,丞相翟方进遭到政敌的抨击,最后被成帝赐死。
④ 马端临:《文献通考》卷四九《职官考三》,中华书局1986年版,第449页。
⑤ 司马迁:《史记》卷五三《萧相国世家》,中华书局1959年版,第2016页。
⑥ 参见钱穆:《中国历代政治得失》,生活·读书·新知三联书店2001年版,第3—4页。

署)①,其他列卿如中尉改为执金吾,将作少府改为将作大匠。

除此之外,又设太傅、少傅等,是辅导太子的官职。

二、西汉中期内朝的出现与丞相地位的变化

西汉中期,丞相的权力和地位发生了重大变化,主要表现在两个方面:内朝的出现和三公并相制的形成。

内朝出现的一个重要原因是君权与相权的矛盾。由于汉朝丞相权力很大,而且地位极其尊崇,势必和皇帝发生冲突。早在西汉初,萧何就因位尊权重而遭到刘邦猜忌,甚至被投入监狱。② 只是因为西汉前期崇尚无为之治,君、相之间的矛盾不太尖锐,到汉武帝时期,随着各种社会矛盾的突出和君主集权趋势的加强,皇帝和宰相之间的矛盾也日益尖锐。史称汉武帝即位初期,宰相田蚡十分专横,经他推荐的官员甚至一开始就被授予二千石的高官,以至于汉武帝责问他:"君除吏尽未?吾亦欲除吏!"③ 在君主专制制度下,这种"权移主上"的行为是不能被容忍的。汉武帝在位期间共任命过 13 个丞相,下狱赐死 4 人,自杀 2 人,因事罢免 4 人,真正善终者很少。有个叫公孙贺的官员被汉武帝任命为相,竟吓得长跪哭泣不起,别人问他原因,他说:"主上贤明,臣不足以称,恐负重责,从是殆矣。"④ 当丞相竟被视为畏途。这些都充分说明,君权和相权之间存在着深刻的矛盾。内朝正是适应君主集权的需要而产生的。

内朝出现的直接原因,是为了适应汉武帝时期对外反击匈奴、对内打击各地诸侯王势力的需要。由于对匈奴大规模用兵作战、部署削弱各同姓诸王国的势力,都需要一个精干、灵活又具有高度机密性的决策班子,内朝在组织形态上恰恰适应了这一要求。

所谓"内朝",是因其活动在宫内而得名,它不受外朝(朝廷)的组织编制、议事程序的限制,任何官员只要取得皇帝信任,带上大司马、大将军、将军、侍中、常侍、给事中的头衔就可以进入宫中,在皇帝身边参与谋议。内朝官一般官位不高,也便于皇帝贯彻自己的意图。起初,内朝主要议决军事,但由于它是最接近皇帝、最能体现皇帝意志的御前决策班子,因而逐渐发展到议决一切内外重大事务,如对外用兵、削弱藩王、打击丞相等,成为以皇帝为首的最高决策中心。而丞相机构则逐渐变成内朝决策的执行者。尤其在武帝死后,外戚霍光以大司马大将军领尚书事的头衔辅政,进一步确立了内朝决策功能的合法性。如他有一次对丞

①　马端临:《文献通考》卷五五《职官考九》,中华书局 1986 年版,第 497 页。
②　参见司马迁:《史记》卷五三《萧相国世家》,中华书局 1959 年版,第 2018 页。
③　班固:《汉书》卷五二《田蚡传》,中华书局 1962 年版,第 2380 页。
④　班固:《汉书》卷六六《公孙贺传》,第 2878 页。

相车千秋说:"今光治内,君侯(汉人称丞相为君侯)治外。"[1] 显然是把丞相排除在内朝决策核心之外。所以,内朝的出现,是汉朝相权削弱的一个重要标志。

西汉丞相权力削弱的第二个标志是三公并相制的出现。丞相的实权既然已经随着内朝的出现而遭到削弱,其外在组织形态上也必然会有所体现,这一变化过程是在成帝时出现的。成帝绥和元年(前8),以大司马大将军为大司马,以御史大夫为大司空,而且和丞相一样封侯增俸,地位如同丞相;哀帝元寿二年(前1),又改丞相为大司徒,与大司马、大司空同为正式的"三公","丞相"的名称也不复存在。原来丞相总理庶政,单独向皇帝负责,是位极人臣、礼绝百僚的最高行政官员,现在相权则一分为三,共同向皇帝负责,丞相独特的地位消失,这是在制度上削弱了相权。

三、东汉尚书台权力的膨胀

东汉仍以三公为宰相,三公虽然都开府治事,但其实权又被另外一个从皇帝身边发育出来的机构尚书台所取代。

尚书本来是隶属于少府的小官,其职务是协助皇帝收发保管文书、出纳诏命,是皇帝的私人秘书。由于地位特殊,尚书不仅是内朝的当然成员,而且渐渐成为主政大臣的必兼之职。进入东汉,刘秀鉴于西汉王莽等以位高权重而控制朝政,更有意把权力交给地位不高的尚书,即史书上所说:"光武皇帝愠数世之失权,忿强臣之窃命,矫枉过直,政不任下,虽置三公,事归台阁。自此以来,三公之职,备员而已。"[2]

这样,尚书虽然在名义上仍属于少府所辖的宫廷小官,实际却成了最高政府官员,宰相成了闲职。当时人这样描述尚书的权力:

"今之三公,虽当其名,而无其实。选举诛赏,一由尚书。尚书见任,重于三公。"[3]

"今陛下之有尚书,犹天之有北斗也。……尚书出纳王命,赋政四海,权尊势重,责之所归。"[4]

与权力的扩大相适应,尚书组织也不断发育完备。尚书有了正式的衙署——尚书台,台下设六曹,它们是三公曹、吏曹、民曹、客曹、二千石曹、中都官曹,分掌选举、考课、祭祀、修籍、民族交往、审判、治安等。尚书台长官为尚书令,副职为尚书仆射,六曹各设一个尚书,合称"八座",此外又设尚书左、右丞各一员,以协助尚书令和仆射。总之,尚书台各曹所掌事务

---

①　班固:《汉书》卷六六《车千秋传》,第 2886 页。

②　范晔:《后汉书》卷四九《仲长统传》,中华书局 1965 年版,第 1657 页。

③　范晔:《后汉书》卷四六《陈忠传》,中华书局 1965 年版,第 1565 页。

④　范晔:《后汉书》卷六三《李固传》,中华书局 1965 年版,第 2076 页。

基本包括了当时全国的政务,尚书六曹已是后来六部的雏形,尚书"八座"的领导体制也为后来所继承,这就为后来尚书省的出现奠定了基本规模。

第二节　魏晋至隋唐时期的三省六部制

进入魏晋时期,虽然秦汉的三公等官职名义上仍然保留,但已经是"坐而论道"的荣誉职衔。真正推动国家政权机器运转的,则是三省(中书、门下、尚书)-六部的组织体制。但是,由于政权的分裂和政局的持续动荡,造成这个时期的中央政府机构乃至整个政治制度都处在不断变化的过程中,使得魏晋南北朝时期的省-部体制总体尚处在初步形成时期。

随着隋唐统一帝国的建立,三省六部体制得到进一步调整完善,进入成熟完备时期,但也从此开始进入不断蜕变、转型的过程。其中,安史之乱是这一蜕变、转型过程的重要转折点。

一、魏晋南北朝时期三省制的初建

1. 三省组织的形成

先看尚书省的形成。东汉三公之权虽然被尚书台夺去,但尚书台仍然隶属于少府,尚书在身份上仍是宫廷官而不是朝官。从曹魏时开始,尚书台正式脱离了少府,独立称省[①],成了皇帝领导下名副其实的最高行政机构。尚书省内部也逐渐固定为尚书令(省)—尚书(曹)—尚书郎(小曹)三级组织层次,基本上奠定了隋唐"省—部—司"的框架。

再看中书省的形成。曹操在被为封魏王时,曾设置过秘书令一职,主掌尚书奏事。曹丕称帝后,改秘书令为中书令,又设中书监并掌机要,其机构称中书省。中书监、令并为中书省长官,其下设郎(或侍郎)四人,舍人(后改为通事舍人)一至二人。西晋以后,中书省的组织大体如魏,只是郎和舍人的数目有些变动。

中书省的形成过程和汉朝的尚书台十分相似。和尚书台一样,中书省也是以皇帝的文秘机关逐渐发展到审理章奏、草拟诏旨、执掌机要,进而渐渐剥夺了尚书省参与决策的实权。

最后再来看门下省的形成。所谓"门下",原指的是"黄门之下"。秦汉宫门为黄色,故称为"黄门"。汉朝在黄门内外奔走服侍皇帝的,除了由宦官担任的黄门侍郎等官之外,外

---

① 尚书称省的时间说法不一,今从《唐六典》。又尚书称省之后,有时仍沿用旧说称"台"或称"台省"。

朝官加上"侍中"的头衔也可出入皇宫,在皇帝身边担任咨询和顾问工作。东汉以这些侍从官为主体设立了侍中寺,体制上仍属少府。到了晋代,则发展为门下省,凡属军国大政,皇帝都要征询门下侍中的意见,其职务渐渐超出了一般侍从顾问范围,而取得了参与机密决策之权。门下省长官叫侍中,设四到六名不等;侍中之下设黄门侍郎四人。此外,还有兼掌言论规谏的散骑常侍、侍郎、给事中、谏议大夫等,也属于门下省系统。

这样,到魏晋南北朝后期,尚书、中书、门下三省相继独立,构成了中央政权组织的主体。

2. 三省的职掌分工

尚书省在魏晋时独立出来后,其出纳诏命之权渐渐为中书省所夺,尚书省就成了正式的政务机构,此后历朝如此,地位比较稳定。

中书省则地位不太稳定,职掌也不太专一。大体上说,曹魏和西晋时期,中书省长官职任贵重,中书省被人视为"凤凰池",中书令、监逐渐被人视为真宰相。东晋时,中书出令之权又渐渐为门下省侵夺。南朝刘宋时期,中书省又恢复了出纳王命之权。不过,由于当时中书令多由不屑于理事的世族高门所把持,中书省的实权落在了中书令的下属中书舍人手中,这就是所谓的"寒人掌机要"现象。北朝至孝文帝改制后,中书省才专掌诏命,但不久又为门下省侵夺。

门下省的情况更为复杂。由于它是最晚独立出来的,在很多方面还保留着皇帝侍从官的身份,其职掌也更为广泛复杂。大致在魏晋以后,凡皇帝诏命完成起草之后,都要交付门下盖印加封后发出,臣民的奏章也由门下封转;至于对皇帝诏书的审核驳正以及对臣下奏疏的驳正,则是在南朝刘宋以后和北魏孝文帝以后,才渐渐成为门下省的主要职能。门下省成了诏令与奏章的必经之地,门下省长官可以利用驳正审核奏章、诏令的机会,参与最高决策,加上侍中一职本来就亲近皇帝,易于左右朝政,因此门下侍中也渐渐被人视为宰相之任。

总之,三省的地位、职掌虽然还不太稳定,但还是存在着起草诏令(出令)、封驳复审和实施诏令这三种职权的大致划分。在正常情况下,尚书省或其他机构的奏章要经过门下省的"封驳"处理,凡门下省认为合于制度者则加封盖印转呈皇帝,凡不适当的奏章则驳回或搁置;而中书省则根据皇帝的旨意草成诏令,也必须经门下省审核后加封盖印,转尚书省施行,如果门下省对诏令有不同意见,可以封还给中书省重拟。不过,此时三省之间的分工不像隋唐时期那样严格而规范。

3. 三省长官与宰相的关系

由于秦汉三公宰相制残余的影响,以及三省组织、职掌的不稳定和皇帝个人好恶等因素,这一时期事实上的宰相(时称真宰相)与三省长官不完全是一回事。

大致而言,三国和西晋往往要同时带三公、录尚书事、中书或门下长官头衔才是真宰相,其中录尚书事是必须的条件,如诸葛亮虽为丞相也要"录尚书事"才能主持政局。东晋和南朝前期,除了以上头衔外,任宰相者还往往兼领扬州刺史(因为南渡后扬州成为屏藩建康的重镇,而且是国家的重要财税区)。到南朝后期,由于宰相带三公、录尚书事、兼扬州刺史等位尊权重,不利于君主的权威,故渐渐取消这些头衔,而以尚书省的副长官仆射带门下侍中作为宰相头衔。至于北朝,则以尚书省为重。北魏自孝文帝改革后,以录尚书事和尚书令同为真宰相,但后者地位不及前者。北齐也大体如此。

4. 九卿与尚书省的关系

尚书省发展成为独立的政务机关后,原来秦汉时的九卿这时还保留着。尚书省下六曹及数十个郎曹,逐渐侵夺了九卿原来的职权,从而尚书省六曹与九卿之间究竟应该是什么关系,当时并无制度上的明确规定。不过,大体上已有了这样一种分工,即"尚书制断,诸卿奉成"[①],尚书主政令,诸卿主事务。前者为后者的实际上司,这一趋势到唐朝就更清楚了。

总之,中书、门下、尚书三省已经有了出令、封驳、施行三种职权的初步分工,三省已成为中央政府组织的主体结构;但三省制度又处在初步形成阶段,三省,尤其是中书省和门下省的职权划分和地位还不太稳定,三省之间的关系尚未理顺,因而带有浓厚的过渡性色彩。

除了上述三省六曹的职官体系之外,这时的朝廷还设有掌监察的御史台、掌军队的都督等,将另章介绍。

二、隋和唐初三省六部体制的确立

1. 隋唐之际中央政府机构综述

隋唐之际,国家政权机构有了较大调整。在中央一级主要通过合并、增设机构,使各级政权组织更加严密,权力分工更加明确。除了原来的三公等荣誉职衔之外,中央的五省、九寺、五监等是管理国家行政和宫廷事务的主要机关。

五省指中书、门下、尚书、殿内、内侍等五省。其中的中书、门下、尚书三省为宰相机关。殿内省主要负责宫廷生活,如尚食、尚药、尚衣等。内侍省是专门的宦官机构,负责传达诏旨、守御宫门、洒扫内廷、内库出纳和皇帝的饮食起居等,因其设于皇宫的北面,故唐朝又称为"北司"。

隋唐的寺即由汉九卿改称,虽然习称"九寺",实际上不止 9 个,隋初有太常、光禄、卫尉、宗正、太仆、大理、鸿胪、司农、太府、国子、将作等 11 个寺。其中,大理寺是萧梁由廷尉改称,太府寺为萧梁增设。隋炀帝大业三年(607),把将作寺改为将作监,国子学(国子寺后改为国子学)改为国子监;又从太仆寺分出少府监,改都水台为都水监,至唐朝又置军器监,这就是

---

① 司马光:《资治通鉴》卷八二,晋武帝太康十年十一月丙辰,中华书局 1956 年版,第 2597 页。

隋唐的寺、监设置情况。它们是三省六部下面负责具体事务的机构,大体上,尚书省和六部是主管政务、制定行政命令和政策的机关;寺监则是负责具体事务的机构。在唐人心目中,寺官已是六部的"属官"。尚书省与寺监的关系到此才大体理顺。①

2. 三省六部体制的确立

经过隋和唐初的调整,三省六部体制比魏晋南北朝时期更加成熟完备了。

首先,三省六部组织结构的划分更加整齐、规范。

尚书省经过从隋到唐初的调整,形成了稳定的省—部—司三级结构:

尚书省总部(又叫都省、都堂)设尚书令、尚书左右仆射,是尚书省的正副长官,下面设尚书左、右丞作为助手;

尚书省下设六部,分管全国政务,各部设尚书、侍郎各一员,为各部正、副长官;

六部下面,每部设四司,以郎中、员外郎作为正副司级长官。

唐朝尚书省六部二十四司职权和名称如下:

吏部:掌全国官员的任免、升降、考核、赏罚,下设吏部、司封、司勋、考功四司;

户部:掌全国户口、土地、税收并管理全国财政,下设户部、度支、金部、仓部;

礼部:掌礼仪、祭祀、教育、科举,下设礼部、祠部、膳部、主客四司;

兵部:掌全国武官任免、升降、考核、赏罚等军事行政,下设兵部、职方、驾部、库部四司;

刑部:掌全国司法行政和审判,下设刑部、都官、比部、司部四司;

工部:掌全国农林、水利、工程建设及工匠管理,下设工部、屯田、虞部、水部四司。

门下省经过调整,在唐朝组织结构也固定下来。其长官为侍中,是宰相之职;副长官为门下侍郎,是门下省实际上的长官;侍郎下面是给事中,是具体负责审核中央各项决策的官员。

以上是门下省本司的大体构成。除此之外,门下省还有些附属机构,设左散骑常侍、谏议大夫、起居郎、左补阙、左拾遗等官,充当谏官和史官。

中书省设中书令为长官,中书侍郎为副长官。中书令是隋和唐初当然的宰相,后来中书侍郎有时也被命为宰相。中书侍郎下设中书舍人六员,是中书省的骨干,负责实际起草诏令的工作。

此外和门下省相对应,中书省设右散骑常侍、右补阙、右拾遗、起居舍人等附属官员。中书省、门下省分别设左、右两套附属系统,起到了平衡三省组织规模的作用。

其次,三省的职权划分也更加明确。

在魏晋南北朝时期,中书省、门下省都还各有许多兼职,经过隋唐之际的调整,中书省草

　　　①　刘昫等:《旧唐书》卷八一《刘祥道传》,中华书局 1975 年版,第 2753 页。另外关于唐朝部、寺的关系,严耕望有《论唐代尚书省之职权与地位》一文,论述颇详,收入《唐史研究丛稿》(香港新亚研究所 1969 年版)。

拟诏旨(出令)、门下省审议(封驳)、尚书省施行这种分工方式基本上明确。在正常程序下,皇帝的诏令是经过以下环节形成并付诸实行的:

首先,由中书令取旨回省,然后各中书舍人根据皇帝的旨意"各执所见,杂署其名",称为"五花判事";再由中书令、侍郎审核,选定一种最佳方案制成诏敕草稿,呈皇帝签字画可;然后再由中书省下达到门下省进行复审,也就是对已草成的诏敕进行封驳,具体行使封驳的是给事中,如果以为可行,便加盖门下省之印,作为皇帝的正式诏令下发到尚书省,并经尚中省下达到中央有关寺、监,或下达于州县。在这一诏令的形成和实施过程中,如果中书舍人对宰相,也就是中书令送来的"词头"(即皇帝旨意的要点)表示不同意,即有权将词头封还驳回;如果门下省的给事中认为中书省起草的诏令不妥当,也可以将诏令封还中书省重拟。[①]

最后,三省长官的身份也进一步明确,三省长官已经是当然的宰相。

隋唐之际,三省长官不再需要附加其他头衔,就可以是当然的宰相。由于尚书令、中书令品位太高,往往缺而不授,于是其副职尚书仆射、中书侍郎也被视为宰相之任。为了使三省之间既相互制约又相互配合,提高工作效率,唐初即在门下省设立政事堂,凡重大事件都由三省宰相在此集议,这样政事堂就成为皇帝之下的最高决策机关。虽然作为宰相的一员,门下省长官侍中当然也会出席政事堂会议,但门下省的属官给事中仍然可以行使封驳权,如果诏敕发出后,发觉处理不当,两省内的谏官又可以批评论奏。三省之间既牵制又配合,共同向皇帝负责,其精神在于谨慎决策、避免失误,这固然有限制相权的一面,但三省分工既已制度化,不能不对君主的意志也产生一定的制约作用。在唐朝人的心目中,凡政令不经过中书、门下就不得称为"敕"[②],正说明了这一点。

三、三省制度的演变与破坏

随着组织机构、职权分工等方面的不断健全完备,初唐时期的这种中书省起草、门下省审核、尚书省(各部)执行诏令的三省分工合作体制,也逐渐走到了尽头,开始逐步被破坏。

这种渐变过程,在唐太宗时期已经初露端倪,尤其从武则天当政到安史之乱爆发,是一个明显的转折期。

作为政治制度的一个重要组成部分,三省制是适应当时的社会环境、政治统治情况而产生的,因此它必定也要随着所赖以存在的这些社会条件的变化而变化。具体来说,造成三省制度破坏的主要原因有这样几个方面:

---

① 关于唐朝三省处理政事的全部流程,参见黎靖德编:《朱子语类》卷一二八,中华书局1986年版,第3070—3071页。
② 参见司马光:《资治通鉴》卷二〇四,唐则天后垂拱三年五月丙寅,中华书局1956年版,第6444页。

一是君主专制制度本身的原因。三省制在某种程度上引起了君主权力运作方面的常规化、制度化,对君主的个人意志产生了某种淡化、限制作用,这和强调君权绝对、君主的意志凌驾于一切机构和程序之上的君主专制制度是根本冲突的,甚至在这种"人治"的制度下,君主的一个偶然之举,比如临时让不是三省长官的人出席宰相会议,就会带来某种制度上的"例外",这就导致了三省制难以长期存在。

二是政治统治的中心议题、任务的影响。安史之乱以后,统治者已经没有什么鸿猷远图,而在藩镇割据的压力下,军事和财政(筹集钱粮)这两大问题成了政治统治的中心议题、核心任务,任何机构、制度的兴废嬗变,都要围绕着这一中心议题展开,从而使得整个制度在结构、功能上都会因此而发生萎缩、扭曲和转化。

三是日益激烈、残酷的政治斗争的影响。比如武则天冒天下之大不韪,以女性而独揽朝政,进而公然称帝,为了夺取和巩固权力,打击政治对手,必然会冲击和破坏原来的三省宰相制度,创造于己有利的制度。事实上,她就是绕过三省体制这一诏令制作、实施流程,而以"敕"的名义直接下达命令,将拒不合作的宰相刘祎之处死。而到安史之乱以后,外有藩镇割据和战乱,内有宫廷政变、宦官专权等非常态的、严峻的政治斗争形势,也会冲击、破坏原来那种常态化的三省体制。

下面,具体介绍一下三省制破坏的具体表现和过程。

第一,三省首长并相制的破坏。本来,三省长官才是当然的宰相,才能"参知政事"。但是唐太宗在贞观元年(627)却破了一个例,他指定让不是三省长官的杜淹,以御史大夫的身份"参预朝政",开了非三省长官参预政事的先例①。此后这种情况就越来越多,凡加"参预朝政""参知政事""同知政事"之衔者,都有资格出席政事堂宰相的办公会议,从而行使宰相的权力。尽管在三省长官尚为宰相的情况下,这些由皇帝特别任命的官员资历、官品都较低,故"非正宰相也"②,而只是副相,但它意味着宰相已不是三省长官的专职,宰相的权力已为副相分割。另一方面,自贞观二十三年(649)太宗首开尚书仆射带"同中书门下三品"为宰相之例后,虽然官居尚书仆射,若不带上面的"同三品"就不敢进入政事堂议政,仆射就失去了当然宰相的资格。③ 从此之后,"同中书门下平章事""同中书门下三品"渐渐就成为真宰相。再加上侍中、中书令这两个官衔太崇高了,一般情况下缺而不授,也逐渐成为荣誉头衔。于是,三省长官就逐渐不再是当然的宰相了。

---

① 参见司马光:《资治通鉴》卷一九二,唐太宗贞观元年九月辛酉,中华书局 1956 年版,第 6037 页。《旧唐书·杜淹传》则说杜淹以吏部尚书参与朝政。

② 司马光:《资治通鉴》卷二四三,唐敬宗宝历元年十二月辛丑胡三省注,中华书局 1956 年版,第 7847 页。

③ 刘昫等:《旧唐书》卷四三《职官志二》,中华书局 1975 年版,第 1849 页;又唐肃宗时,令韦见素、裴冕为左、右仆射,"并罢知政事",就是说尚书省长官不再是过问政事的当然宰相。

　　第二，政事堂逐渐向专门的宰相机构转化。政事堂是宰相在一起议事的地方，起初设在门下省，其后迁于中书省，至唐玄宗开元年间，又改政事堂为"中书门下"，还专门铸了政事堂印为"中书门下之印"，下设吏房、枢机房、兵房、刑房、礼房五房，作为宰相的办公机构。从此以后，带"平章事"衔任宰相者常常不再过问省事（尽管"中书门下"仍旧设于中书省），与本省"不相往来"。① 至北宋前期，"中书门下"遂正式成为独立于三省之外的宰相机构。

　　第三，三省的具体事权逐渐被分割削弱。先说出令权。中书省既已从宫内君主的秘书而变为名副其实的政府机关，则势必另外设立君主秘书之职。太宗时曾召"名儒学士"草诏，但尚非定制，高宗乾封年间后，由于这些被皇帝临时召来草制的人"于北门出入"，故号称"北门学士"，不仅充当刀笔文书之责，而且"密与参决时政，以分宰相权"。② 唐玄宗时，又设翰林学士院，由翰林学士专掌事关"国之重事"的内命。③ 其后历经"安史之乱"及长期的藩镇割据，"天下用兵，军国多务，深谋密诏，皆从中出"，至翰林学士有"内相"之称④，则不仅中书舍人草制权被侵夺，宰相的权力也进一步被削弱。至于门下封驳权，也常常因为君主独裁、权臣干政、宦官专权而被破坏。如玄宗时李林甫当国，常常在自己家里处理政务；唐朝后期宦官专权，乃至于杀害君主和大臣，当然谈不上有什么出令与审核之间的牵制、分工了。再看尚书省的执行权。尚书六部二十四司本来各自都有许多政事要处理，但是唐中叶以后，由于适应君主集权和国家财政、军事上的紧迫需要等因素，在职官制上发生了一大变化，这就是使职差遣制度的大发展。起初是因某种临时需要，皇帝特派某部门的官去管另一部门的事，如兵部侍郎可能去管礼部，也可能被加上"平章政事"当宰相；后来因为战乱频繁，又常派官员到各地领兵（如任节度使），到某一地区调运粮食、征收赋税（任盐铁转运使和户部使），或专管某一项事务。久而久之，就形成了"为使则重，为官则轻"的习惯，于是以本官而治他官之事就成了普遍现象。⑤ 特别是到了玄宗以后，设立了盐铁转运使、度支使、户部使这三个专使，当时号称"三司"（北宋就成了统一的最高财政机关的固定称呼），常由宰相兼领，成了实际上的最高财政机关，原来的户部便被架空了。唐德宗时，又干脆将"尚书省六职，令宰相分判"⑥，宰相成了执行官，尚书六部的执行权被剥夺殆尽。这样，到了北宋前期，中央三省六部就只剩下一副躯壳了。

　　① 刘昫等：《旧唐书》卷一一九《常衮传》，中华书局 1975 年版，第 3446 页。
　　② 欧阳修、宋祁：《新唐书》卷一一七《刘祎之传》，中华书局 1975 年版，第 4250—4251 页。
　　③ 董诰等编：《全唐文》卷四五五，中华书局 1983 年版，第 4649 页。
　　④ 刘昫等：《旧唐书》卷四三《职官志二》，中华书局 1975 年版，第 1854 页。又《旧唐书》卷一三九《陆贽传》记载，陆贽在德宗时为翰林学士，"虽有宰臣，而谋猷参决，多出于贽"，故当时被人目为"内相"。
　　⑤ 参见陈仲安：《唐代的使职差遣制》，《武汉大学学报（人文科学）》1963 年第 1 期。
　　⑥ 刘昫等：《旧唐书》卷一三〇《崔造传》，中华书局 1975 年版，第 3626 页。

第三节　五代、宋、辽、金的中央政府机构

唐王朝灭亡之后,经历短暂的五代十国时期,中国的历史进入宋朝。而当时与宋朝并立的,先后还有辽、金、蒙古等政权,其中蒙古国在忽必烈时期建立元朝,统一了全中国,进入了统一帝国时期。本节以宋朝中央政府机构为主线,兼论五代十国时期及辽、金政权的中央政府机构演变情况。

五代十国虽然短暂,但正是经过这个过渡时期,唐朝的制度大部分被沿袭下来,特别是五代时期的枢密院、三司机构,被北宋直接继承。

两宋的中央政府体制,乃至整个宋朝的政治制度变迁可以大致分为这样几个阶段:一是宋初到神宗元丰改制之前,主要是在历史的"路径依赖"作用下,沿袭了唐朝后期和五代时期的基本框架;二是宋神宗元丰改制后到南宋建立期间,为了配合当时"富国强兵"的大规模改革变法运动,对唐末、五代的"乱政"进行大规模改革,进而基本恢复盛唐体制;三是南宋时期,是适应新的政治情势对"元丰"体制进一步调整、改变时期。

辽和金分别是由契丹人和女真人建立的政权,其政治制度在保留其民族旧俗的同时,也在不同程度上接受了汉文化的影响,因而形成了既融合汉文化,又带有民族特色的政治制度。

一、五代时期的中央政府机构

五代时期各王朝的政治制度基本上沿袭唐朝,但在当时的历史条件下,其政治制度也发生了一些重要变化。

首先,在割据混战的条件下,军事成了各个王朝国家事务的主要内容,军事领导机关在国家机构体系中占有越来越重要的地位,其突出的表现是枢密院地位的提高。

枢密院发端于唐代宗时设立的内枢密使。安史之乱后,唐朝皇帝既不信任地方的节度使,也不信任掌握兵权的将领,转而依靠身边的宦官。起初代宗设内枢密使,由宦官担任,还只是掌管章奏文件,相当于西汉中叶以前的尚书令。后来宦官又逐渐掌握兵权,内枢密使的职权由此扩大,最后发展成枢密院。朱梁时期大杀宦官后,改由士人出任枢密院官,后枢密院又改名为崇政院,由皇帝亲信大臣为崇政使,参与国家大政的决策。后唐时期,再改崇政院为枢密院,以枢密使为长官。当时虽然形式上保留了三省六部的组织,实权却操在拥兵自重的大将手中,他们控制了枢密院,其权力往往重于宰相。[①] 至后周时规定,枢密院专管军事,

---

① 参见赵翼著、王树民校证:《廿二史札记校证》卷二二,中华书局1984年版,第471页。

从而形成了中央政府中军事和行政(指宰相系统)两大机构并立的格局。

五代时期另一个重要变化是财政机关的独立。前面说过,唐中叶以后,由于财政问题日益突出,常由皇帝特派大臣担任户部、度支和盐铁转运使,总领全国财计;朱梁时期设立建昌院,后来又改称租庸院,以租庸使作为全国最高财政长官;至后唐时,正式设户部司、度支司、盐铁司,称为"三司",而设三司使作为总领三司的长官,成为独立的中央财政机关。三司与原来属于尚书省六部之一的户部不同,它在组织上并不直属其他机构,而是直接对皇帝负责。

二、两宋中央政府体制的沿革

1. 元丰改制前的中央政府机构

北宋前期的中央政府机构,基本上沿袭了唐朝后期的体制。一方面,在形式上保留了三省六部和诸寺监等机构和官职,但都没有职权,三省六部等官仅是官品、待遇高低的标志,实际上没有皇帝的特别诏令则本官"不治本司事"[①]。另一方面则是从唐朝发展起来的使职差遣官制体系,才是真正推动国家机器运转的主轴。

构成北宋中央政府机构主体框架的,主要是"中书"、枢密院、三司这三大系统。

宋朝的宰相府叫"中书",即"中书门下"的简称。它已经和原来的三省机构无关,而是独立的最高政务机关,办公地点设在皇城之内(原来的三省则是设于皇城之外),称为"政事堂"。中书门下的长官为"同中书门下平章事",即宰相,一般设两员,有时三人。宰相原则上仍是"事无不统"的百官之长。

那么,如果有几个宰相,怎么区别他们之间的地位差别和排名先后呢? 办法是看他们加带的头衔,比如:

首相,常加"昭文馆大学士"衔;

次相,一般加"监修国史"或"集贤殿大学士"头衔;

宰相之下,又设"参知政事"作为副相,也是设置一到三员不等。

枢密院是国家的最高军政机关,与"中书"并称"二府"。它由五代时期的枢密院演变而来,其长官称枢密使和知枢密院事,副长官为枢密副使、同知枢密院事、签书枢密院事、同签书枢密院事等,都由文人担任,下设庞大的办事机构。其主要职掌包括:管理边防机密,士兵名册,军队招募、训练和调动,装备给养,高级武官任免、赏罚等;还掌管部分对外事务,如交换国书、委派使臣、交涉边界等。

---

① 脱脱等:《宋史》卷一六一《职官志一》,中华书局 1977 年版,第 3768 页。

三司也是在五代时期产生的。它是独立的国家最高财政机关,内部由户部、度支、盐铁三部分组成,其中盐铁司掌坑治、商税、茶盐等收入,并掌修河、造军器等;度支司掌统筹财政收支、酒运等事;户部司掌户口、两税、上供田税与酒税等。三司号称"计省",三司长官三司使的地位仅次于"执政"[①],号称"计相"。但从组织关系上看,三司并不直属于宰相,而是自成系统。

这种中书、枢密院、三司等三大系统分设的体制,事实上具有限制、分割相权的作用。宰相虽然原则上还是可以"事无不统",但是军事、财政已经分别由专设的枢密院、三司来具体掌管,宰相实际上只能管行政事务。另外宋朝还规定,宰相和枢密院长官奏事时必须"先后上殿",而不能一同奏事,以便皇帝听取不同意见,防止两府大臣串通起来蒙骗皇帝。而枢密院虽然有发兵之权,却不能直接命将统兵,统兵之权归于殿前司、侍卫马军司和侍卫步军司(详后)组成的"三衙",其权力上也是互相牵制。

除了上述中书、枢密院、三司机构之外,北宋前期比较重要的中央机构还有掌管司法的大理寺、刑部和审刑院(元丰年间撤销),掌监察谏议的御史台和谏院。其权力的运行方式及有关制度将在专章叙述。

另外还要强调的是,唐朝出现的翰林学士在宋朝地位更为重要,除了负责皇帝直接交办的机要文件起草之外,又作为皇帝的智囊,充当咨询、顾问、参谋之职,地位十分清要。

2. 元丰改制后的政府机构与相权变化

宋神宗元丰年间,鉴于唐末以来使职差遣制度的发展,造成机构重叠、名称与实权脱节的问题,对官制实行了全面的改革。其基本内容是:

第一,恢复了唐朝以来以三省长官为宰相的体制以及相应的三省六部二十四司和诸寺、监的组织与权力。不过,宋朝并没有完全照搬唐朝,而是基本上采取了唐朝三省制的框架和精神,以尚书左仆射兼门下侍郎、尚书右仆射兼中书侍郎,作为宰相;以门下侍郎、中书侍郎、尚书左右丞作为副宰相。

这次调整虽然基本上恢复了三省制,但由尚书省长官兼领中书、门下两省,则出令、审核与执行三种职能之间,比唐朝有了进一步融合。

神宗元丰改制以后直到南宋,由于三省之间分工合作的机制一直运行不够顺畅,三省制经历了多次调整变动,总体趋势是三省在机构和功能上不断融合交叉,三省长官相互兼任职衔。南宋高宗建炎三年(1129),更将中书省与门下省合并为一,称为中书门下省,加上尚书省实际上只有两省,习惯上仍称三省,宰相称作尚书左仆射同中书门下平章事,尚书右仆射同中书门下章事,副相为参知政事,撤销尚书左、右丞。至孝宗时期,干脆将宰相改称左丞相

---

① 宋人习惯上称副相和枢密院的正、副长官为"执政",而把宰相与"执政"又合称为"宰执"。

和右丞相，副相仍为参知政事，宰相不再兼带三省长官职衔，此后相沿不改。

第二，取消或合并了一些重叠的机构，如撤掉三司这一主财机构，其主要职能合并到户部等。

第三，保留了枢密院。当时有人认为，枢密院是五代弊政，主张废掉，宋神宗断然拒绝说："祖宗不以兵柄归有司(实指宰相机构)，故专命官以统之，互相维制，何可废也？"①可见，这样做的目的仍在于限制、分割相权。

然而宰相权力的实际运行，不仅宋朝后期与前期相比已有很大变化，即使在北宋定制之初，也和制度规定上有很大距离。按照皇帝的本意，确实不想要宰相统管军事和财计，但宰相既然"事无不统"，而且两宋一直战事频仍，军事及与军事密切相联的财政是国家管理的主要内容，不可能不由宰相过问。如太宗时那位号称"大事不糊涂"的宰相吕端就说，如果是边防常事，"端不必与知，若军国大计，端备位宰相，不可不知也"。②宋真宗也说，"中书总文武大政"，要求宰相不要因与枢密使具体分工不同而不敢过问军事，而应详阅边防上传来的奏章，与枢密使"共参利害"③。实际上，枢密院专掌的只是"边防、军旅之常务"，若"事干国体"的重要军事问题，则要宰相、执政官合奏。④仁宗时期，因与西夏连年交战，更明令宰相判枢密事、兼枢密使。此后，宰相虽然不兼领枢密院，仍然可以参议军事机要。南宋初，设御营使管军事，也多由宰臣兼领。此后宰相即使不兼枢密使也主掌军事，如高宗时的宰相吕颐浩、张浚、赵鼎、秦桧都曾对当时的军政起过很大作用。到宁宗时期，宰相兼枢密使更成为定制，文武分权的体制在形式上也不复存在。

另外，宋初虽由三司主掌财权，宰相也并非无权过问。如李沆当宰相，皇帝屡欲探知国库钱帛的总数，而宰相始终不肯告知，"恐其知数而广用也"⑤。大致上说，涉及有关国家财经政策、重大制度的制定与设计等，宰相还是要参与的，而三司只是分管具体财政事务的具体部门"有司"。⑥王安石变法时，由宰相兼领制置三司条例司，直接将财权收归宰相，后来进一步将三司并于户部。户部虽然是国家最高财政机关，但组织上却是六部之一，直接属于作为尚书省长官的宰相。南宋时，更常常由宰相兼带"国用使"一类头衔，即使不兼此衔，也有权"通制国用"。仅从这两方面而言，宰相权力似乎有加强的趋势。

总体来看，在制度规定的层面上，以君权为核心的中央集权确有不断强化之势；但在另一方面，宰相的权力似乎也很大，以至于出现了像赵普、王安石、蔡京、秦桧、贾似道等许多

---

①　脱脱等：《宋史》卷一六二《职官志二》，中华书局1977年版，第3800页。

②　脱脱等：《宋史》卷二八一《吕端传》中华书局1977年版，第9515页。

③　李焘：《续资治通鉴长编》卷五七，中华书局2004年版，第1257页。

④　脱脱等：《宋史》卷一六二《职官志二》，中华书局1977年版，第3800页。

⑤　徐自明：《宋宰辅编年录》卷七"熙宁三年"，中华书局1986年版，第37页。

⑥　参见张亦冰：《北宋三司与宰相职权关系新探》，《史学月刊》2019年第1期。

"权相",制度的实际运行似乎与设计的初始目标发生了偏离,如何理解这种现象呢? 从根本上说,一种制度的实际落实、运行结果最终还是取决于它所面临的各种环境因素,特别是其中的政治斗争情境。宋朝的开国者如太祖、太宗是带着这样两种刻骨铭心的"历史记忆"来设计制度和制定"祖宗家法"的:一是唐朝以来"君弱臣强"的"记忆",二是他们本身是靠"陈桥兵变"而黄袍加身的。为了避免重蹈历史的覆辙,防止"君弱臣强"、内乱不止的问题重演,宋朝的统治者一方面用尽一切办法,从政策和制度方面加强以君主为核心的中央集权;另一方面又把"重文轻武""以文制武"作为基本国策之一,把防范的重点放在武将身上,而对科举出身的文人官僚则尽力施恩、包容,为他们提供宽松、宽容的政治环境,这就使得以宰相为领袖的士大夫在政治上显得特别活跃,作用特别突出。再加上宋朝又始终面临着来自少数民族政权的巨大压力,从太祖、太宗到真宗时期的征辽、抗辽,到神宗时期的攻打西夏,再到北宋后期和南宋的抗金、抗元,在生死存亡的军事斗争压力下,必然会带来包括宰相在内的整个政治体制的不断调整与重塑。

三、辽代的南面官与北面官系统

辽国内部的民族结构和相应的社会生活、文化习俗、政治统治目标等,是影响其政治制度的主要因素。

辽国境内的众多民族,其生产生活方式大致分为两类:一是从事定居的农业生产的汉人以及汉化了的其他少数民族;二是从事游牧和渔猎的契丹人和其他民族。为了适应这种情况,辽国的官制采取了南面官与北面官两种体系。北面官统治契丹和其他游牧民族,其长官主要由契丹贵族充任,办事机构设在皇帝的牙帐之北;南面官统治汉人和汉化了的民族,由汉人和契丹贵族负责,办事机构设于皇帝的牙帐之南。而在北、南两个系统中,虽然也设了名义上的宰相府和宰相,但枢密院才是皇帝之下掌管最高军政大权的宰辅机构。关于其中央政权机构的设置情况,史书记载比较简略,因而只能根据学术界比较一致的看法稍作介绍。

1. 北面官系统

北面官系统主要包括:

枢密院[①]。其长官均设枢密使、知枢密使事、枢密副使等,起初主要掌管军事,后来职权扩大,成为统管军事、行政的实际上的宰辅机构。

---

① 关于辽朝北面官中枢密院的设置情况,学术界存在较大争议,有的采用《辽史·百官志》的记载,认为北面官系统中也分设了北、南枢密院;另有相当多的学者经研究认为,北面官中只有一个枢密院,与南面官中的枢密院合起来只有两个(南、北)枢密院。

北宰相府(北院)与南宰相府(南院)。其长官均设左右宰相,只是名称前面各冠以南北。名义上都是佐理军国之大政,但实际上其权力被枢密院侵夺。南、北宰相府不同之处在于,南府宰相一般在国舅族中世选,北府宰相在皇族中世选。但在辽后期,也有汉人任宰相的情况。

此外,又设南北大王院,相当于汉族政权的户部;设南北宣徽院,相当于工部;设夷离毕院,相当于刑部(其以下北面官无南北院);敌烈麻都司,相当于礼部;大林牙院掌文翰,相当于南面官的翰林院。

2. 南面官系统

辽代的南面官系统,虽然也仿照唐、宋设三省六部等机构,以治理汉人方面的事务。但职权远较北面官为轻。其中有中书省,原称政事省,后来恢复旧称是名义上的宰相机构;南枢密院又称汉人枢密院,除了掌管汉人兵马之外,还兼管尚书省的行政事务。

四、金代中央政权体制

在建立政权初期,金还保留着一些氏族社会制度的残余,其最高统治机构是勃极烈(长官的统称)贵族会议,由皇族贵族四员组成,权力极大。金太宗时期,开始设立尚书省,此后渐渐建立了尚书、中书、门下三省。

到金熙宗即位后,废除勃极烈制度,原来的勃极烈贵族分别授太师、太傅、太保等"三师"衔,并兼领三省事,成为三省之上的长官。如在太宗、熙宗之际,宗室大臣宗磐(太宗之子)、宗弼(即兀术)、宗翰、宗幹等,常以"三师"头衔领三省事,权力极大。这时虽有三省之名,实际上只有尚书省组织较为健全。尚书省设尚书令,下设左、右丞相和左、右丞,其下设六部,是实际的施政部门。此后又增设平章政事和参知政事,地位在左、右丞相和左、右丞之下,为宰相和副相的助手。

到海陵王完颜亮时,进行了大规模的官制改革,废除了中书、门下省,只设尚书省,以尚书令和尚书左、右丞为当然宰相,废平章政事。而原来的"三师"不再领尚书省事,成为荣誉职衔。

至金世宗时,又以尚书令、左右丞相、平章政事为宰相,以左、右丞和参知政事为执政官,下统六部,分理众务。这种一省宰相制,开了后代一省制和内阁制的先河。

在军事管理与统帅机构方面,大致演变情况为:金初以太祖为最高军事统帅,战时分命诸勃极烈率军出征;太宗时,另外设立都元帅府,设都元帅和左右副元帅指挥作战,下设左右监军、左右都监;到海陵王时期,废除元帅府,设枢密院为最高军政机关,与尚书省分掌文、武之权,号称二枢府,但枢密院要受尚书省的节制;章宗时期,"枢密院每行兵则更为元帅府,罢则复为院"[1]；金末哀宗时，将枢密院归尚书省，以宰相兼院官，且将尚书省、枢密院迁于宫内，以便皇帝随时召问。

除了以上二府之外，其他机构大体与宋同。

第四节　由一省制向内阁制过渡的元、明、清中央政府

南宋时期已经出现宰相机构向一省制过渡的趋势，元朝则完成了这一过渡，正式以中书省一省作为宰相机构。中书省下统六部等机构，另设枢密院管军事，设御史台为最高监察机关。明初基本沿袭中书省—六部的施政体制。随着君权和相权之间的矛盾不断加剧，朱元璋最终下令撤销中书省，废除了实行一千多年的宰相制度，这是中国古代政治制度的一大变化。废相之后，皇帝直接对六部和朝廷各部门发号施令，又觉得力不从心，于是设立内阁学士辅佐其处理政务。明朝中后期以后，由于皇帝年幼、昏庸等原因，内阁在明朝政治生活中的地位和作用越来越大，然而内阁在明朝始终未能成为正式的宰相机构。清朝沿袭了明朝的内阁制度，其组织机构也发育得更为健全，但前期受制于满族贵族权力，雍正以后，辅佐皇帝进行重大决策的权力又转移到军机处，内阁的政治功能反不及明朝重要。军机处成为对皇权依附性更强的、辅佐皇帝处理政务的中枢机构。

一、元朝以中书省为核心的中央政府机构

忽必烈建立元朝后，其政府机构的设置一方面"遵用汉法"，同时又保留了一些蒙古旧制。其中央政府机构设置方面的主要特点，是在金朝实行尚书省一省制的基础上，实行了中书省一省制。

在蒙古国时期，基本上采用了两套行政制度：对游牧部落居住区实行万户、千户、百户十户为单位的编制方法，设断事官以处理其行政与刑罚事务；而在政治、经济发展水平较高的地区则基本上采用汉制。但在这一时期，设于中央的断事官（蒙古语称"札鲁忽赤"）权力极大，实际上起到"相臣"的作用[2]。

忽必烈即位之后，原拟参照唐宋之法采用三省制，但一些大臣表示异议，认为："方今天

---

[1]　脱脱等：《金史》卷四四《兵志》，中华书局 1975 年版，第 1003 页。
[2]　参见宋濂等：《元史》卷八七《百官志三》，中华书局 1976 年版，第 2187 页。

下大于古,而事益繁,取决一省,犹曰有壅,况三省乎!"①又说,多设官员的意义在于使政事无失,如果使贤才萃于一堂、参决政事,仍然可以达到这一功效,治国贵在得人,而不贵多官,故以设置一省最为稳便。

忽必烈采纳了这一建议,中央政府设中书省作为最高行政机关,设右丞相、左丞相各一;设平章政事四,为副丞相;设右丞、左丞各一员、参知政事二员,作为执政官。这些官员统称为"宰执"。其下面的属官有参议中书省事、左右司郎中和员外郎等,下设若干房,各房之下又设科。

中书省称都省,下领六部。中书之外又设以下机构:枢密院,管全国军事;御史台,为全国最高监察机关;蒙古翰林院,主管起草皇帝诏旨;集贤院,管学校事务;通政院,管理全国驿站;宣政院,管理全国宗教及吐蕃事务。其他方面,设各寺、监机构如旧。

二、内阁制下的明朝中央政府

1. 明初政权机构的调整

朱元璋取得政权后,起初在机构设置上也是主要沿袭元朝旧制,以中书省负责总政务,都督府主管军事,御史台管监察,这三个机构统称"三大院"。在地方上则设立行中书省(简称行省),作为最高地方机构,总一省民政军政。

从洪武九年(1376)开始,围绕着加强皇权这一总目标,朱元璋对官僚机构进行了一系列重大改革,从而逐步形成了具有明朝特色的政权体系。

首先,改行中书省为承宣布政使司,专掌一省民政和财政,另设提刑按察使司②掌刑狱、监察等,设都指挥使司管军事,合称"三司",它们互相独立,直属中央。

洪武十年(1377),又设通政使司,掌官员、政府各部门的奏章收发和百姓陈诉的审验,以便削弱宰相对奏疏的审阅权。

洪武十三年(1380),正式下令废除中书省和丞相,以六部直属于皇帝,又废大都督府,而分设中、左、右、前、后五军都督府,分管京师及各地卫所和都指挥使司。

洪武十五年(1382)又设锦衣卫,作为侍从皇帝、实施秘密侦缉的特务组织,同时改御史台为都察院。

这样,在皇帝之下设立六部主管各类行政事务,设通政使司主管奏章文件的传递,设五军都督府管军队,设都察院监察肃贪,初步奠定了明朝中央政府的基本组织框架。

---

① 宋濂等:《元史》卷一六〇《高鸣传》,中华书局1976年版,第3758页。

② 提刑按察司,有称"提刑按察使司"者。有学者考证指出,"提刑按察使司"之说是清人修《明史》时的误称,在明朝的文献中一直使用的是"提刑按察司",今从之。参见郭润涛:《明代的提刑按察司》,《文史知识》2017年第10期。

2. 明朝内阁的产生与演变

明朝内阁的产生是与宰相的废除紧密相关的。相权和君权的矛盾,是古代中国君主专制制度的深刻内在矛盾之一,纵观政治制度的演变历史,削弱相权、扩大君权是其中一大主题。为加强皇权,朱元璋先是设通政使司专掌收发奏章,下令天下臣民言事者"实封直达朕前"[1],后又下令"禁六部奏事不得关白中书省"[2],取消丞相指挥六部的权力。洪武十三年(1380),终于以谋反罪杀掉宰相胡惟庸,株连1.5万余人,明令宣布废除中书省和宰相制度,并告诫后人:"国家罢丞相,设府、部、院、寺以分理庶务,立法至为详善,以后嗣君,其毋得议置丞相,臣下有奏请设立者,论以极刑。"[3]

废除中书省和宰相后,前属中书的六部由皇帝直接领导,成为直接向皇帝负责、分任朝政的中央最高一级行政机关。六部尚书升格为正二品。

朱元璋虽然实现了"乾纲独断",但中国幅员辽阔,每天汇集到皇帝那里的事务不可胜计,尤其到明朝,内政外交事务比前代更为繁杂,因此他又深感"人主以一身统御天下,不可无辅臣"[4]。于是到洪武十五年(1382),朱元璋又仿照宋朝的做法,设立了华盖殿(世宗时改为中极殿)、武英殿、文华殿、东阁、文渊阁等"大学士"官职,仁宗时又增设谨身殿(后改为建极殿)大学士。最初这些学士的主要职责是随侍皇帝左右,备顾问应对;遇到需要处理的政事时,由皇帝口授处理意见,大学士执笔记录,做出批答,属于皇帝私人秘书的性质,权力不大。由于皇家的四殿、二阁都坐落在内廷,故这些人被称为殿阁大学士或"内阁大学士"。

到明成祖时,因为他是以武力篡夺其侄子建文帝的皇位,对原来的官员心怀疑忌,便开始任用心腹臣僚入值文渊阁,参预机务。但此时的内阁学士官品最高不过五品,仍低于六部尚书。

仁宗即位后,因阁臣杨荣、杨士奇都曾是仁宗在东宫时的旧僚,于是仁宗令杨荣、杨士奇分别以阁臣兼工部尚书和礼部尚书,而且加上少师、少保、少傅一类"三孤"头衔[5]。从此以后,阁臣加带师、保、傅"三孤"官成为定制。这样,本来品位不高的内阁学士就成了从一品、正二品(师保官从一品、尚书正二品)大员,阁臣的地位大大提高。

宣宗即位,又令杨溥以太常卿入阁为大学士,与杨士奇等共典机务。至英宗以9岁幼童即位,而"三杨"这时都是经历成祖、仁宗、宣宗时代的三朝老臣,加上当时太皇太后张氏为避干政之嫌(朱元璋曾传下不许女后、宦官干政的家法),有意委政内阁,内阁之权更重。内

---

①　杨士奇:《明太祖实录》卷一一三,台湾"中央研究院"历史语言研究所校勘本,第1864页。

②　龙文彬:《明会要》卷三一《职官三》,中华书局1956年版,第500页。

③　张廷玉等:《明史》卷七二《职官志一》,中华书局1974年版,第1733页。

④　杨士奇:《明太祖实录》卷一三三,台湾"中央研究院"历史语言研究所校勘本,第2115页。

⑤　据说周成王时,设少师、少保、少傅,合成"三孤"。

阁大臣"偃然汉唐宰辅"①。

到代宗景泰年间,由于阁臣权位渐重,开始由六部尚书直接入阁。世宗嘉靖以后,内阁长官的"朝位班次,俱列六部之上""遂赫然为真宰相"②。

以上就是内阁由皇帝私人秘书机构变为最高辅政机构的大体过程。

内阁大臣起初由皇帝直接选任,时称"特简";后来渐渐改为由朝廷大臣推举适当人员,呈请皇帝最后确定,称"廷推"或"会推"。因为大学士担任的是批答奏章等方面的事务,因此多为进士出身,且往往从翰林院官中选出。

内阁大臣多则八九人,少则一人,其中有一人为首辅或元辅。首辅资历较深,一般负责执笔起草文件,此外还要负责修改审阅其他阁臣的拟稿,职权较重于其他阁臣。

3. 内阁的职权

明朝内阁的主要职权有三项。

一是票拟批答,起草诏令。凡是臣僚和各机关的奏章,必须经过内阁的初步审阅、处理后才能上达皇帝,办法如下:内阁根据奏章所反映的情况和问题,先用小票(即小纸条)草拟出批答处理意见,贴在奏章的上面,送交皇帝审定后,由皇帝最后用红笔批出,就成为正式的"圣旨";皇帝如另有诏令下达,也是交内阁草拟,由皇帝最后审定批出。阁臣这种起草诏令的过程,被称为"票拟"或"条旨""调旨",皇帝最后据此批下处理意见的过程叫"批红"。后来,这种诏令形成的流程逐渐成为定制,如果皇帝的诏旨不经内阁直接下达有关部门,往往会被视为"违制",遭到臣僚的论奏。按照程序,诏旨须经内阁首先转发六科给事中(详另章),给事中认为不当,可将原旨退还。

二是向皇帝"献可替否",行使封驳权。阁臣遵照皇帝的指示草拟诏旨,如果认为皇帝的意见不对,可以提出不同的意见和建议,驳回和建议皇帝修改指示,有时皇帝的意见不是口头传达给阁臣,而是写成"御批""谕旨"交内阁办理,内阁若认为不可也予以封还,提出不同的意见,这就是内阁的封驳权。如果皇帝固执己见,内阁大臣只有辞职或服从。尤其到明末崇祯皇帝时,对阁臣的意见不够重视,阁臣也不敢封驳,故有的阁臣竟说:"昭代本无相名,吾侪止供票拟,上委之圣裁,下委之六部。"③以此推卸责任。

三是揭帖密奏,就重大机密事务向皇帝陈述意见。大臣对皇帝提出的奏章,一般都有固定的格式,讲究也很多。而揭帖的行文格式则比较灵活、随便,所奏事由也都是机密性质的。用揭帖进行密奏时,还要使用皇帝特赐的图章,以表示其特别重要性。世宗时夏言"进密疏

---

①　张廷玉等:《明史》卷一○九《宰辅年表一》,中华书局1974年版,第3305页。

②　张廷玉等:《明史》卷七二《职官志一》,中华书局1974年版,第1734、1730页。

③　张廷玉等:《明史》卷二五七《冯元飚传》,中华书局1974年版,第6639页。

不用赐章"，还被世宗斥责为"怠慢不恭"。[①]

以上是阁臣的主要职权。正是通过草拟诏令、封驳君主的旨意和密奏这三个环节，内阁影响着国家政策的制定，影响着皇帝的决策。除此之外，内阁大臣还有监修国史、侍经筵日讲等职事。

内阁从最初皇帝身边的机要秘书性质机构，逐渐演变为君主的辅政机构乃至事实上的"宰辅"机构，主要还是因为君主个人毕竟能力和精力有限，事实上不可能包揽一切政务，客观上需要一个综合处理、协调各部门事务的辅佐机构。

然而，内阁并非正式的宰相机关。首先，它在组织上对六部没有垂直领导关系，内阁大臣始终只是一种"职"，而非正式的"官"，阁臣只有兼任师、保、尚书这些官职后，才有位尊权重的地位；其次，从对国家决策的影响方式上看，唐朝一切政令皆由宰相拟定，由皇帝画"可"同意后即为正式诏令，明朝的票拟条旨反映的只是阁臣的意见节要，正式的诏旨在制度上是由皇帝完成的，在原则上内阁的意见对皇帝的决策只有参谋和咨询作用，所以它后来虽有宰相机关的实权，却又是不合法的。尤其是后来君主往往并不亲自"批红"，而是由司礼监的秉笔太监代行其事，"批红"（又叫朱批）的实权又落到了宦官手里，宦官成了事实上的最高决策者。正如史书上所说："内阁之票拟，不得不决于内监之批红，而相权转归之寺人，于是朝廷之纪纲，贤士大夫之进退，悉颠倒于其手。"司礼监于是有"太上内阁"之称。[②]

从制度上说，正是明朝皇权的极端膨胀，造成作为宰辅机构的内阁畸形发展，而丧失了自主性和独立发展的空间。

内阁之外，六部尚书外加都御史（都察院长官）、大理寺卿（司法官）、通政使（通政使司长官），称为九卿。其中六部尚书的地位因废除宰相而相对提高，对重大事务的决策起着很大作用。

三、清朝中央政权机构的演变

1. 内阁的设立与演变

在努尔哈赤建立后金国时期，主要以八大贝勒（八旗的首领）会议议决重大事务。皇太极时期，在八大贝勒会议的基础上，建立由满族贵族组成的"议政王大臣会议"，是最高的政治中枢，也称"国议"。它五日举行一次，议决军国大事，不仅六部要直接听命于议政王大臣会议，连皇帝也不能改变其决定。清政权入关之后，开始有少量的非满族官员进入议政王大

---

① 张廷玉等：《明史》卷一九六《夏言传》，中华书局 1974 年版，第 5194 页。
② 张廷玉等：《明史》卷七二《职官志一》，中华书局 1974 年版，第 1730 页。

臣会议。康熙十六年(1677),建立由亲信文人组成的南书房,类似皇帝身边的机要秘书机构,协助皇帝进行重大事务的决策,议政王大臣议的权力逐渐被削弱。到雍正时期设立了军机处,议政王大臣成了名义头衔,最终在乾隆五十七年(1792)被撤销。议政王大臣会议兴衰过程,就是清朝社会政治组织中血缘关系的不断减弱和君权不断发展强化的过程。

皇太极时期,一方面利用议政王大臣会议议决国政,一方面也在逐步建立直属于自己的辅政机构,其主要的举措就是设立了内三院,它就是后来清朝内阁的前身。

内三院设立于皇太极天聪十年(1636),包括:内秘书院,负责君主及各衙门起草文件;内国史院,负责记注诏令,编写史书;内弘文院,负责注释古今政事得失,向皇帝皇子进讲,并教育诸亲王等。各院设大学士、学士一至二人。

入关之后,为适应统一的全国性政权建设的需要,内三院于顺治十五年(1658)正式改为内阁。为显示其地位尊崇,其大学士头衔中要加带皇宫里的殿、阁名字,最初加带的是中和殿、保和殿、文华殿、武英殿、文渊阁、东阁等"四殿二阁"头衔(乾隆时期撤去中和殿,增加体仁阁,以三殿三阁为大学士头衔,成为定制),还可以兼任六部尚书或侍郎职务,其职权和办事流程大体仿照明朝。

内阁设立不久,顺治皇帝在1661年去世,掌权的大臣鳌拜等又以"率循祖制"的名义,废内阁而恢复内三院。直到康熙九年(1670)清除鳌拜及其同党后,再次撤销内三院而恢复内阁。此后经过一段时期的发展演变,到乾隆时期内阁在机构、员额和职权方面才逐渐固定下来。

内阁的组成人员主要有:大学士,满、汉各二人,正一品;协办大学士,满、汉各一人,从一品;学士,满族六人,汉族四人;侍读学士,满族四人,蒙汉各二人。此外还有侍读等各种属官和办事人员。

内阁大学士为内阁最高官职,协办大学士相当于大学士副职,根据资历、地位,他们会在大学士之前加带上述殿、阁头衔。一般来说,加带保和殿、文华殿大学士衔的地位最高,相当于内阁的领袖或首辅。

内阁里面设有各种办事机构,如典籍厅、满本房、汉本房、蒙古房、诰敕房、稽察房、满票签处、汉票签处、收发红本处、批本处、饭银库、副本库等。

内阁在清朝被视为"政府"和宰辅机构,是协助皇帝处理国家事务的最高行政中枢,职权也非常广泛,所谓"钧国政、赞诏命、厘宪典、议大礼"①,代理机务,表率百僚,但其最主要的职责则是"票拟"或"票签"诏令,即对奏章拟出处理意见,写于小票(纸条)送呈皇帝,皇帝批准后拟旨下发,或者直接奉皇帝的指示,拟出诏旨下发。

---

①　赵尔巽等:《清史稿》卷一一四《职官志一》,中华书局1977年版,第3267页。

清朝的内阁和明朝有很大不同。

首先,清朝内阁在组织机构上更加正式、健全。明朝大学士始终是兼官,内阁大臣本身没有品级,其品级高低要根据其本官而定;清朝大学士则本身就是正一品,大学士和协办大学士与宋元的宰相一样,并有"中堂"的别称。如《清史》卷一九八记载,曾国藩、李鸿章任大学士,就直接说他们是"为相"。

其次,清朝内阁的实际权力却比明朝要小。一方面,清朝前期实权掌握在满族贵族手中,参预重要决策的人员多由皇帝指定,不一定是内阁成员;另一方面,内阁虽然掌握票拟诏旨之权,但明朝是先由内阁大臣审阅臣下奏章,提出初步处理意见,再由皇帝定夺"批红",清朝则是先由皇帝阅看内外大臣奏章,然后再由内阁根据皇帝旨意拟旨,最后获皇帝认可后下达执行。特别是,皇帝如果有事需要办理,往往亲自来到内阁票本房,指令大学士当面拟旨,内阁"一一皆秉上裁",直接听命于皇帝。另外,康熙时期还抽调了一些翰林官,在宫内设立了一个南书房,负责起草重要的诏令,也削弱了内阁的权力。而到雍正设军机处之后,重要政务都交给军机处办理,内阁仅负责一般性文件的起草,大学士成了高级官员的最高荣誉衔。故史书上说,"雍正以后……内阁宰辅,名存而已"[①]。

2. 军机处的设立和职权

军机处的设立,直接起因于雍正年间对西北地区展开的军事行动。

雍正七年(1729,一说雍正八年),雍正开始对西北地区展开大规模军事行动,需要一个精干高效的指挥中心,对前方军情做出快速、机密的反应。而内阁则距离皇帝的内廷较远(在太和门外),既不便皇帝亲授机宜,又怕泄露机密,于是在皇宫的隆宗门内设立了军机处,处理前线的奏报和下达旨令。雍正十年(1732),正式启用"办理军机处"的印信。

军机处原本只是临时设立的办事机构,类似战时最高指挥部,而非正式的机关。它既无公署(仅有值房),又无专官(都是兼职),但因地近内廷,便于皇帝直接控制,军机大臣大多又选自亲信重臣,所以很快就成了处理全国军政事务的中枢。

军机处设军机大臣若干名,由皇帝从内阁大学士、六部尚书、侍郎及其他部门长官中特简,人员不定,以其中一人为"首揆",即首席军机大臣;其余按照资历、地位分别为军机大臣、军机大臣上行走、军机大臣上学习行走等。

在军机大臣下面处理具体事务的叫军机章京,通称"小军机",初无定额,嘉庆初年定为满、汉章京各十六人,共三十二人,分满、汉两班值班。最初由军机大臣从内阁或六部的司员中选任,后改为由内阁、六部、理藩院保送,经军机大臣考试选用。

---

① 赵尔巽等:《清史稿》卷一七四《大学士年表一》,中华书局 1977 年版,第 6089 页。

军机处的具体职权是：

第一，起草皇帝谕旨。皇帝对各级官吏一般性题本[①]的批示叫"旨"，对将军、总督、巡抚等军职人员的一般性指示称"敕"。"旨"与"敕"由内阁起草。而皇帝的重要命令则称"上谕"，由军机处拟稿，送皇帝审定后，凡交内阁公开发布者为"明发上谕"；凡属机密文件则由军机处封缄密寄，直达有关官署或官吏，无关者不得拆看，称为"廷寄上谕"。"廷寄"这一行政渠道的产生，加强了君主对地方的控制和联系。

第二，充当皇帝的顾问。军机处汇集了全国军政方面的重要资料、信息，军机大臣每天值班于此，可以被随时召见，随时回答皇帝的咨询。

第三，议决皇帝交办的重大国家事务，为皇帝拟出处理意见，必要时还要与有关部门长官协同议奏。尤其是重要的用兵部署，都由军机处议定。

第四，凡内阁、翰林院起草的文件，皇帝若认为不妥者，交军机处复议。

第五，推荐和建议任命官员，范围包括大学士、六部官员、将军、督抚及各级地方官员。

军机处的突出特点，首先是机构短小精干，有官无吏；其次是活动方式上的高度机密性，如军机大臣不得私自交结外面的官员，非军机处官员不得与军机处官员交谈，皇帝和军机大臣谈话时太监不得在旁，同时规定，一律不用书吏，即使是供洒扫杂役的"苏拉"，也要选自内务府的童子担任，至 20 岁即更换；其三，它由皇帝控制，参与国家重大事务的决策，位高权重，但较之内阁更缺乏组织上的独立性，因而又带有明显的过渡性和皇帝的私人秘书机关的性质，这也是君主专制制度下君权不断发展和扩展的反映。

3. 清朝中央各部、院衙门

清朝中央行政机构仍设吏、户、礼、兵、刑、工六部，但与前代又有所不同。为了表示"满汉一家"，各部都设尚书二人，左右侍郎各二人，满汉官员额各占一半，实权却操于满官手中。同时，六部的地位和职权也不及明朝：首先，明朝皇帝上谕要经六部下达，地方公事要经六部上传，兵部尚书还有权命令地方督抚。清朝则许多重要事情都不经中央有关各部，而是直接廷寄到地方处理，六部更不能直接号令地方。其次，清朝六部重要职权多为皇帝控制下的军机处侵夺。如吏部的本职为铨选官员，但任命大臣却出自皇帝的旨意和军机推荐，地方官吏则由督抚委任，吏部没有什么实权；兵部本为最高军政机关，但重大军事皆由军机处议处，兵部也没有实权。最后，各部尚书、侍郎，不仅满、汉官员互相牵制，而且他们都可单独向皇帝上奏，这就分割削弱了尚书的权力。

六部之外就是各个寺、监、院。

隋唐以来的九卿，到明清时期剩下大理寺、太仆寺、太常寺、光禄寺、鸿胪寺五寺，监则仅

---

① 题本是当时臣下奏章的一种，用于一般公事，而机密事务则使用奏折，通过军机处转呈皇帝。

保留了一个国子监。

另外,清朝沿袭明制设立通政使司,以通政使为长官,掌收各省题本,校阅后送内阁,各省地方官每季奏过的本章也要造册送通政使司核查。通政使与六部尚书、都察院都御史、大理寺卿合成"大九卿",可以参加皇帝下令召开的九卿会议。

清朝较重要的机构还有理藩院,为清朝管理蒙古、回、藏等少数民族事务的新设机构,设承政一人,左右参政各一人,后来改承政为尚书,参政为侍郎,主要由满人担任。

另外,清朝都察院仍为最高监察机关,但雍正以后,开始把原来独立的六科给事中归隶于都察院,这是它与明朝不同之处。

总结两千多年中央政府机构演变的历史,可以发现这样一个突出的特点:宰相或中枢机构多从皇帝身边的近臣侍从(尚书、中书、内阁学士)人员或宫廷组织发展而来;这些近臣、宫廷组织一旦发育成为相对独立、正式的宰相机构,便会逐渐被皇帝身边重新发育起来的近臣或宫廷机关所取代,从而形成以皇帝为中心的波纹式循环演变过程[1]。

这一机构与制度变迁的过程,主要是在外部环境和内部力量的共同作用下实现的。外部环境的变化,特别是当时政治统治与政治斗争的形势,给政治制度内部的行动者设定政治任务与议题;而以君主为核心的政治行动者为了应对眼前的这种政治任务和议题,往往会"随机应变"地对机构作出某些调整,后来逐渐发现这种机构调整能够带来很多"意外"的利益,比如更方便其打破官僚组织的常规化、自主性,更方便贯彻君主的意志,加强个人集权,就会不断地强化、扩展这种新机构的功能,逐渐形成对新制度的"路径依赖",从而造成一次次制度变迁的"意外"后果。

总结与讨论

一、主要内容回顾

在这一章,我们主要以君主之下的宰相辅政机构为主轴,介绍分析了历代中央政府机构的演变情况。

---

[1] 所谓宰相中枢机构的"波纹式循环"发生过程,采用的是日本学者和田清的说法。参见[日]和田清编:《支那官制発達史——特に中央集権と地方分権との消長を中心として》,汲古书院 1973 年版。

　　大体上看,秦汉至明清时期君主之下发挥政务枢纽的宰相辅政机构,可以粗分为两大类型:一种是以一个相对独立的单独机构作为君主之下的最高政务中枢,并以该机构的长官出任宰相或宰辅之职;另一种是以多个机构共同担任最高政务中枢或宰辅机构,以来自这些机构的长官共同承担宰相或宰辅职能。属于前一类的,大致有秦汉时期,唐朝中期至北宋元丰改制时期,元明清时期。元朝以一个中书省作为宰相机构,是很明显的事实;明朝的内阁和清朝的军机处虽然身份模糊,既没有被明确为独立的宰辅机构,组织机构的发育也很不健全,但它们都属于皇帝之下的最高政务枢纽或中枢机构,应该是不争的事实。属于后一类的,则主要有魏晋南北朝时期、隋朝及唐朝前期、北宋元丰改制到南宋前期的一段时期。相对前者来说,那种用多个机构共同承担宰辅机构职能的情况存在的时间并不长。

　　就这样,中国两千多年的政治制度,主要就是以宰相辅政机构为重心而层层展开和演变的。而宰相辅政机构的演变,又是围绕着它与君主的关系,也就是通常所说的君权与相权之间的关系展开的,表现为:宰相或中枢机构多从皇帝身边的近臣侍从(尚书、中书、内阁学士)人员或宫廷组织层层演变而来,从而带动整个中央政府机构围绕皇帝这个中心,呈现出波纹式循环演变过程。造成这种演变的原因,一是环境的因素,在环境面前,制度有时候是很脆弱的,一旦政治制度面临的各种条件、政治斗争情势等变化了,制度就会调整变化;再就是君权与相权的摩擦冲突问题,君主对宰相等辅助机构和大臣既依赖又不放心,还存在深刻的矛盾、冲突,这应该是造成中国几千年宰相辅政机构不断演变、身份暧昧、组织体系复杂乃至"混乱"的重要原因。

二、进一步讨论的问题

　　从上述中枢机构演变中,也可以引申出很多有趣的、需要进一步思考和讨论的问题。

　　比如,在我们探寻宰相等中枢机构的演变原因时,固然可以大致套用制度变迁的一般理论,从环境因素和君主个人因素两方面解释中国历史上的这类"制度变迁现象"。但是,如何从具体的事实、从微观层面具体论证环境变化与制度变迁的关系,如何去具体分析君主的"狡计"和君主行为的"意外后果"带来的制度变迁,这都还需要进一步研究。

　　与此相联系,宰相机构和宰相制度的不断演变,似乎也可以在一定程度上证明和丰富孔飞力在《叫魂》中的观点:在中国这样成熟的君主专制制度下,君主一方面清楚地知道,他必须借助制度化、程序化的官僚组织,才能有效治理这个庞大的帝国(如朱元璋不得不承认治国需要"辅臣");另一方面,以宰相为代表的官僚组织的存在会产生自主性,会造成程序化、制度化的权力运行机制,会使君主的权力被"常规化",并最终会使人们在这种"常规化"中忘掉君权的存在! 于是顺乎逻辑的做法就是,为了"刷存在感",君主就必须不停地折腾、不停地调整机构,从而造成整个政府机构乃至整个政局的"运动"性格。当然,为了使这样的看法更有说服力,还需要做更深入的研究。

最后,通常制度变迁的具体路径可以分为自发演进的和人为设计的。我们是否可以运用这种理论去分析认识宰相制度、中枢机构的演变,进而基于中国的经验事实去丰富这种制度变迁理论,这也是需要有志者进一步研究的问题。

参考文献:

1. 钱穆:《中国历代政治得失》,生活·读书·新知三联书店 2001 年版。

2. 陈仲安、王素:《汉唐职官制度研究》,中华书局 1993 年版。

3. 白钢主编,朱瑞熙著:《中国政治制度通史》第六卷,人民出版社 1996 年版。

4. 关文发、颜广文:《明代政治制度研究》,中国社会科学出版社 1995 年版。

5. 余英时:《"君尊臣卑"下的君权与相权——"反智论与中国政治传统"余论》,《中国思想传统的现代诠释》,江苏人民出版社 2003 年版。

6. 张星久:《中国古代官僚制度的自主性分析》,《政治学研究》1997 年第 4 期。

思考题:

1. 试分析汉朝的"内朝"出现的原因及其影响。

2. 试说明在唐朝三省制度下君主诏令的形成过程。

3. 唐朝三省制度破坏的标志和原因是什么?

4. 试说明明朝内阁的职权与特点。

5. 清朝的军机处形成的原因与特点。

6. 试运用有关制度起源变迁的理论,并以宰相中枢机构为中心,分析中国古代中央政府机构的演变。

第四章／官员的选拔任用制度

官员的选拔任用制度是中国古代政治制度的主要组成部分。这种制度,既可以为国家不断输送各种统治和管理人才,对全社会进行更为有效的治理和控制;同时,这种官员的选拔、任用本身就是对官职、权力、地位和财富等稀缺资源的一种分配过程,因而也是一种对人才(尤其是社会中的"贤才")进行笼络控制的形式。

总体上看,自秦汉以迄明清的官员选拔任用制度不再以血统、身份为准,而主要是按照能力和统治者的需要为标准。其间又可以分为前后两个大的阶段:秦汉到魏晋南北朝时期,是以考查举荐为主的时期;隋唐以后,则进入通过科举考试选拔任用官员的时期。

第一节　秦汉选官制度

秦朝统一六国之后,将按照能力、绩效和统治需要选官用人的制度推向全国,成为实现君主专制的工具。汉朝的官员选拔制度则更加系统化,通过察举、征辟等途径定期选拔人员补充到政治体系当中,这在一定程度上解决了官僚世袭制废除后统治阶层再生产的难题。

一、秦朝选官制度

秦国在商鞅变法以后,废除世卿世禄制,建立了二十级军功爵位制度,依据军功大小选拔官吏:"斩一首者爵一级,欲为官者为五十石之官;斩二首者爵二级,欲为官者为百石之官。"《韩非子·定法》在军功制的激励之下,秦军作战非常勇猛,成为一支横行天下的虎狼之师。除了"军功入仕"外,秦国还有一些其他的做官途径,如"客卿入仕"与"由吏入仕"。

秦统一六国后,官吏队伍迅速扩大,中央和地方县以上官员大部分由功臣担任。为适应君主专制中央集权的需要,秦朝逐步建立和发展了一套较为完整的选官制度。对官员的选拔以直接考查和举荐为主,通过皇帝征召、地方官员推荐,辅之考试考核,进行甄选任用。

由于秦朝存续时间较短,加之秦末战乱,典章制度基本没有保留下来。《史记》《汉书》

等书留下了一些有关秦朝选官制度的记载。如"秦之法,任人而所任不善者,各以其罪罪之"①。秦朝称保举为"任",是现有的官员向朝廷推荐人才为官,如果被保举者有犯罪的行为,则保举者也要获罪。

秦朝还有一种选官方式是征召,指皇帝和官府向民间征召人才。薛人叔孙通曾因为文章博学而被征召为博士;萧何为泗水卒史,考课第一,秦御史欲入言征之,可见征召也是秦朝常用的选官方式。

1975年湖北云梦出土了"睡虎地秦墓竹简",为我们了解秦朝的政治、法律提供了珍贵的资料。在这批竹简中,《置吏律》《除吏律》《内史杂》等篇记载了选官制度的一些具体情况:(1)地方官吏经过正式任免,才能被委派和行使职权;(2)地方长官可任免吏、佐和官府属员;(3)新官异地上任不允许任用其原来的下属;(4)吏、佐的任用须符合规定的条件,即要有一定的家资,要会书写、懂法,年龄须当壮年以上,至少年满十七岁才有担任官吏的资格。

值得注意的是,在秦朝官僚系统中,"吏"这个群体很受重视。秦国自从商鞅变法以来,实行严格的法律,所有事情都要依据法律来决断,迫切需求通晓法令的人才。秦始皇焚书坑儒之后,更加依赖"吏"这个群体,很多法令都需要他们去解释和推行,所谓"秦任刀笔小吏,狱吏得贵幸"。百姓要学习法令,就要拜官吏为师,即"以法为教,以吏为师"。吏的选拔和任用上有章可循,采用推荐和考试的方法。《史记》记载刘邦曾"试为吏,为泗水亭长",夏侯婴也曾"试补县吏"。如果县吏在上计考课中表现优秀,还可以由吏入官。

二、汉朝选举制度

汉高祖刘邦提三尺剑打天下,起初十分崇尚武力在政治中的作用,因而对于文人儒士非常轻视无礼,官僚队伍也主要由他的功臣旧部构成。后来他的一位重要谋士陆贾劝他:马上得天下却不能马上治天下,只有文武并用,才是长治久安之术。刘邦接受了这一意见,开始重视选拔统治人才的问题。他曾经发布诏令要求"贤士大夫"出来帮他治理国家。文帝时曾几次下诏,要执政的大臣及公卿、郡守荐举"贤良方正直言极谏者",从此开始了汉朝官吏的察举制度,但当时尚无人数、期限的规定。直到汉武帝时,察举制才成为一种比较完备的选官制度。除此之外,也陆续形成了其他一些选官方法,如征辟、博士弟子、任子等。

汉朝选举制度主要包括两个部分,一是察举,二是征辟。

---

① 司马迁:《史记》卷七九《范睢蔡泽列传》,中华书局1959年版,第2417页。

　　察举制是汉朝的基本选官方式。汉武帝采纳董仲舒的建议,规定各郡国每年按"孝"和"廉"的标准各推荐一人,如果官员不奉诏察举孝、廉,或者荐举的人才不合格,都要治罪。武帝以后,孝、廉合为一科,成为士大夫入仕的主要途径。孝廉出身者多在中央的郎署供职,由郎升迁为中央或地方官,被察举者多为地方郡国的属吏。察举制度下主要依赖地方官向上推荐人才,但是仍然需要被推荐人具有较好的风评。

　　除孝廉以外,察举的科目还有茂才、贤良方正、文学、明经、明法诸科,都是不定期地待诏举行。遇到新皇帝登基或有大灾等情况时,皇帝下诏,请地方推荐人才到中央来。推荐上来的人才一般有"贤良方正"或"直言极谏"之名,中央通过考试对他们进行选拔,称之为"策试"或"策问"。策试由皇帝或皇帝派人主持,内容大多是有关国家根本方针、当务之急的问题。应试者各以己见对答,合格者授以官职。儒家学者董仲舒就是以"天人三策"为汉武帝所赏识,由是开两千年儒学定于一尊的局面。

　　为保证察举效果,汉武帝对察举者和被举者的资格进行了限制,只有中央和地方的高级官员才有察举权,被举者也不能是高官子弟,以防徇私舞弊。东汉光武帝之时,在察举制中增加了"授试以职"的规定,即郡国应先对拟举的茂才、尤异、孝廉、廉吏四科人才"务尽核实",并挑选其中的优秀人员委以一定职务,检验其是否"便习官事",合格者方可举至中央。东汉阳嘉元年(132),鉴于察举中弄虚作假现象严重,汉顺帝接受尚书令左雄的建议,首先将察举孝廉的年龄定于四十岁以上;其次建立察举考试制度,规定被举孝廉者应是儒生与文吏,考试的内容是"诸生试家法,文吏课笺奏"[①]。考试分为初试和复试,分别在公府和皇宫端门举行。在察举制度中增加考试环节,这是察举制度发生的一次重大变化,史称"阳嘉新制"。经过严格考核,阳嘉年间所举孝廉从过去每年200人左右减少到30余人。

　　征辟即征召与辟除。征召是由皇帝对某些有名望的人按一定的礼仪进行征聘;辟除是由宰相府、御史府等"公府"或地方州郡征用人才。所辟人员起初主要用为各级长官的掾属,除了奉皇帝之命进行辟除外,也可自行辟除。这也是两汉经常采用的方式。辟除的标准有四项,一曰德行高妙,志节清白;二曰学通行修,经中博士;三曰明晓法令,足以决疑;四曰刚毅多略,遭事不惑。这实际上是考察一个人的德行、经术、法律、政事四方面的素质。

　　除察举和征辟以外,汉朝还有从其博士子弟中选官的做法。博士子弟入仕始于汉武帝时。武帝立五经博士,并为这些博士招收学生,称为"博士弟子"。受教者每年考试一次,考试的办法为"射策"(类似于今天的抽签考试),即由主试者提出问题,书之于策,覆置案头,受试人拈取其一,叫作"射",考生按所射的策上的题目作答。能通一经以上的就授予官职,特

---

① 范晔:《后汉书》卷六一《左雄传》,中华书局1965年版,第2020页。

别优异者官位更高些。此所谓"学选"。

任子是指二千石以上官吏任满一定年限后可保举子弟一人为郎。这是对官僚子弟的照顾，直到清朝仍有这种现象。

汉朝还实行赀选。赀者，钱财也。所谓赀选，就是卖官鬻爵，开后世捐官的先河。

三、汉朝选举制度的影响

汉朝选举制度为统治者选拔了大量的人才，建立了政府和社会之间制度化的联系。阳嘉新制增加了察举考试，以文取人，已经很接近后世的科举考试了。当然，由于汉朝选举制度的核心是自下而上的荐举和自上而下的辟除，很大程度上依赖举主和辟主个人的主观意志和当时的社会风气，运行时间长了以后，就容易弊病百出，与制度的设计初衷背道而驰，以致后来民间有"举秀才，不知书；举孝廉，父别居"之讥。

汉朝选举制度对政治、社会还产生了以下几方面的影响：

第一，选举制度进一步推动了儒学的体制化进程。汉武帝采用董仲舒的"罢黜百家、独尊儒术"的对策，确立了儒家的主导地位。选举制度将儒家经义设为考试内容，选出了大批儒生进入官僚系统，也使教授研习儒学的学校得到了迅速的发展。这几方面的变化，进一步推动了儒家体制化的进程，使之与权力高度结合，进而影响了儒学本身的发展方向。

第二，选举制度的实施催生了士大夫阶层。无论是察举还是征辟选出的人员，起码都要熟悉儒家经典，并凭借掌握的政治和行政技能在官僚系统中获得一定的职位。儒生官僚化，或者说儒生与文吏融合后，开始在这个传统社会形成一个新的士大夫阶层，从而使得士大夫政治在中国扎下了根基。[①]

第三，选举制度导致了豪族官僚化，逐渐成为世袭的门阀。君主专制下的皇权对豪强地主一直抱有警惕之心，但汉朝选举制度的设计，客观上使豪族能够利用它不断扩充自己的势力。豪族子弟在财富、家学、社会关系方面占有优势，更容易在荐举和辟除中获得进入仕途的机会。而当他们占据高位获得荐举和辟除的权力后，往往又将机会给予恩主的后代或自己的亲属。这样循环往复，久而久之豪族就把持了地方上选举的权力。一个典型的孝廉晋升途径是这样的：豪族通过孝廉获得地方官职，实现官僚化，然后通过"家世孝廉"进一步与地方权力甚至中央权力相结合，从而实现由豪族向世族门阀的演化。两汉时期门阀的出现，为魏晋南北朝的门阀政治奠定了基础。

第四，察举制按地域或人口分配名额，增强了中央政府的代表性，有利于维持帝国的大

---

① 参见阎步克：《士大夫政治演生史稿》，北京大学出版社 2015 年版，第 411 页。

一统。汉武帝最初令郡国每年举孝、廉各一人。由于汉朝各郡国人口数量相差很大，大郡人口多至百万以上，小郡只有万人。所以，不论郡国大小、人口多寡，平均分配察举名额并不合理。后来汉和帝采纳了丁鸿的建议，实行按人口多寡的比例分配荐举名额，每二十万人岁举孝廉一人。为照顾边郡，后又规定边郡十万以上岁举一人。从汉朝开始，历朝历代的选官制度都会考量地域、人口的因素，尽量将政治机会开放给全国各地。中央政府始终有各地的代表，一方面加强了中央与地方的联系，另一方面也在一定程度上平衡了区域利益。要在中国这样一个拥有广袤土地的帝国维持大一统，制度设计就不能不考虑这一点。

第二节　魏晋时期的九品中正制

魏晋南北朝时期实行的九品中正制，大体是在汉代察举制的基础上发展起来的。察举制主要由地方"郡国"负责，从制度上看是由地方官府具体掌握察举权，但因地方豪族可以左右乡评舆论，所以实际上多被地方豪族控制；九品中正制下的中正官虽然多由出身本籍的官员担任，但在制度上中正官是代表中央政府的，人才评选权是属于中央政府的，因而是一种将人才评选权收归中央的举措。然而，和汉代的察举制度一样，九品中正制也没有在人才评价中找到评判"才、德"的客观标准，于是在门阀地主势力大增的背景下，它就转变为完全按照家世、门第评选人才的制度。

一、九品中正制的实施背景与内容

汉末三国时期，经过长期混战，地方上的乡里制度遭到严重破坏，人口大多流离失所，地主士人亦多侨寓他乡；中央与地方的制度性联系也已中断，州郡察举制不能发挥作用。在这种情况下，曹操曾先后三次颁下"求贤令"。第一次求贤令中，曹操提出了唯才是举的人才选拔原则；第二次求贤令，他提出，有才能的人即使有短处，也要重用；第三次求贤令，曹操更加大胆地提出，对于能胜任将军、郡守却背上坏名声的人，不仁不孝而有治国用兵之术的人，也要重用。

曹丕即位之后，尽管曹氏家族在国中势力最大，但是也面临着众多拥有雄厚势力的门阀的压力。要想进一步稳固统治，就需要建立一整套完整的官僚系统，并将选人权收归中央。同时，也要处理好与其他世家大族之间的关系，以获得他们的支持。曹丕根据吏部尚书陈群的建议，采取九品中正制的选官方法。九品中正制，也叫"九品官人法"，其基本内容是由政府选择"贤有识鉴"的在职官员,按照各自的籍贯,兼任本州、本郡的中正官,州为大中正,郡为小中正,由他们来察访同籍而又散在各地的士人,按其家世、才德评列为九品(等),作为授官的根据。

中正评定品级的具体操作方式分三步:首评家世,即考察其家庭出身与背景,包括父祖辈的资历和仕宦情况以及爵位的高低等;其次考其行状,也就是对个人的品行才能的总评;最后根据家世和行状确定品级,分为上上、上中、上下、中上、中中、中下、下上、下中、下下九个等级。中正每三年对所评定的人物等级进行一次大的调整,平时也有权对所评人物随时升品或降品。

九品中正制的"九品",起初只是标志官员德行人品的等级,但因为这种由中正评定的才品又往往与官职高低相一致,故后来渐渐成了官职级别的标志,成了所谓"官品",虽然曹魏初定九品官人法时是否已有官品尚待讨论,但刘宋时官阶已明显地分成九品,萧梁百官又分为九品十八班,班越多职位越高;北魏官也分九品,每品又分正、从,四品以下,正、从再分上、下阶,共三十阶。北周则依周礼分官为九命。然而大致北朝开始,品级才与俸禄级别有了固定的关系。

九品中正制严格来说是一种人才评价机制,并不是人才任用机制。魏晋南北朝时,入仕有吏部铨选、察举、征辟等各种方式,但是中正给予士人的品第评价,是士人入仕的前提,无论何种方式入仕,都必须经过中正的评定,舍此则无资格。另外,中正所评的品级越高,士人做官的起点就越高,以后升迁也越快。

二、九品中正制的流变

从曹魏建立九品中正制的本意来看,是"以论人才优劣,非谓世族高卑",实质意图是通过九品中正制将用人权掌握在中央政府手中,选拔出优秀的人才。在其实施初期,确也起到了积极作用,一些门第不高的人能够通过施展才干得到提升。西晋重臣卫瓘曾上书说:"其始造也,乡邑清议,不拘爵位,褒贬所加,足为劝励,犹有乡论余风。"[1]

然而,九品中正制在实施过程中,逐渐出现了只论门第、不重品行的情况。事实上,在制度设计的时候,之所以把门第作为选拔标准之一,也是因为需要获得世家大族的支持。而从评级的技术角度看,在中正评定士人品级的标准中,门第显然比个人品行更容易确定,久而久之,评级难免偏重门第这个硬杠杠,忽视品行的软标准。随着门阀地主势力迅速发展并取得政治上的主导地位,九品中正制渐为门阀贵族所把持。担任中正的官员本身往往就是门

---

① 房玄龄等:《晋书》卷三六《卫瓘传》,中华书局1974年版,第1058页。

阀士族出身,他们评列人品的标准实际上只能是门第、家世。

西晋时,九品中正制虽然还能发挥一些选拔人才的作用,也有些寒门庶族通过"举寒素"获得二品资格,但整体上已经开始出现清浊分流、社会阶层日益固化的迹象。九品中正制逐渐成了门阀地主把持政权的工具。这种情况引发了广泛的批评。晋人刘毅抨击九品中正制时说:"上品无寒门,下品无势族。"[1] 一些有识之士也纷纷指斥九品中正制,攻击点集中在两个方面:"第一,势族凭资垄断上品。第二,中正不遵乡论。"[2] 尽管九品中正制的初衷是加强中央集权,但是由于西晋士族相对强大,将这项制度改为士族特权制度,皇权几乎无能为力,反而因为需要打击地方郡县势力,而与中央高门大族合作。

到南朝时期,由于士庶差别已经通过法典化的途径凝固下来,吏部选官全凭门第,士族凭借自己的出身门望,便可坐致清官美职,而出身寒门的地主则只能做一些品秩低而又职事繁重的所谓"浊流浊官"。即使在鲜卑人为统治主体的北魏政权下,也基本是如此。中正品第只是例行公事,甚至父祖官爵高低都不再计较,重视的是魏晋间祖先名位。吏部官员则必需精通谱牒之学,防止有人假造谱牒,冒充高门。九品中正制发展到这种地步,已经完全起不到选拔人才的作用了,所以,清朝学者赵翼评价说:"选举之弊,至此而极。"[3]

第三节　隋唐科举制度的产生

隋唐时期官僚制度的最重要变化,就是九品中正制为科举制所取代。所谓科举,即以科目考试选举人才。科举考试的实施,不仅使官员选拔有了更为客观的依据,也对当时的政治生态与政治文明产生了深远的影响。

一、科举制的产生与基本内容

隋朝统一之后,为适应加强中央集权的需要和士族门阀衰落的新局面,隋文帝时废除九品中正制,开始采取公开考试的科举制来选拔官吏。起初只有秀才一科,所取人数甚少,至炀帝时又增加明经、进士二科,然而具体情况已无从得知。到了唐朝,科举制度才有了大的发展,考试类型分为常举(或岁举)、制举两种。

---

[1]　房玄龄等:《晋书》卷四五《刘毅传》,中华书局 1974 年版,第 1273 页。
[2]　胡宝国:《魏西晋时代的九品中正制》,《北京大学学报(哲学社会科学版)》1987 年第 1 期。
[3]　赵翼著、王树民校证:《廿二史札记校证》卷八,中华书局 1984 年版,第 167 页。

先说常举。唐朝常举的科目有秀才、明经、俊士、进士、明法、明字、明算、童子等。在各科中,常设的为进士、明经两科,且报考的人数也最多。在考试内容方面,秀才科要兼通经史,要明达政事,还要文词典雅,在各科中最为难考,故后来渐渐废掉。

明经科着重测验对儒家经典的掌握程度。唐朝列为"正经"的儒家经典有九种,按篇幅多寡分为大、中、小经。其中《礼记》《左传》为大经,《毛诗》《周礼》《仪礼》为中经,《周易》《尚书》《公羊》《穀梁》为小经。《论语》《孝经》属兼经,作为儒家常识性知识,也是必考内容。考生能通两经即可,即一大一小或两中经;若能通五经者,往往直接授予官职。

明经科考试方法为帖经(开元以后渐渐不考帖经)、问经、时务策三道,在诸科中较容易考取。所谓帖经,就是把要考试的经书翻到某一页,遮盖左右两边,中间只留出一行,再把这一行中的任意三个字遮盖,让应试者写出被帖没的三个字来,每三字为一帖,每经十帖。这种考试办法主要测试考生的记诵能力。在明经试中,帖经是最重要的,举子通过后方准考第二场。问经是出十条有关经义的题目,回答以辨明义理为通,初为口试,后改为笔试。第三场为时务策,这种做法始于唐玄宗开元二十五年(737),主要考察士子处理应对时务的能力。综合起来看,明经科用帖经考察对经典的熟悉程度,用问经考察对经典的理解,用时务策考察学以致用的能力,构建了一个较为完善的选拔考试体系。唐初时,明经科在诸科中居首位,但到唐中叶,明经科日渐受人轻视。这一方面是因为明经科偏重对经典的掌握,而帖经日渐僵化,偏题怪题多,考生"止限于记诵章句,绝无意义之发明"。另一方面是唐朝文风日盛,整个社会出现重文轻儒的社会风尚,选才取向发生了变化,以诗取士的进士科更受推崇。

进士科偏重于考诗赋和时务策。唐初主要考策论。策论以文字华美取胜,以至于开元年间唐玄宗抱怨说:"举人对策,剖析案牍,敷陈奏议,多不切时宜,广张华饰。"[1] 高宗时,考功员外郎刘思立认为策文庸浅,建议加试帖经和杂文。进士科考试内容因此发生变化,高宗时增帖一小经,开元年间改为帖一大经(《礼记》或《春秋》)。至于杂文,最初包括箴、表、论、赞等文体,天宝之后,改以诗赋为主,每场省试诗赋都有固定的体裁、严格的声韵。

进士科的考试内容更加灵活,难度远大于明经科。从录取比例看,进士科也更难考上。明经科每年录取的人数都在百人左右,有时多达200人,而进士科考生数量上与明经科差别不大,却一般只录取三十人左右。进士科虽然难考,但考上之后,声名显赫,仕途升迁也快,就连宰相也多出自进士科。唐中期以后,明经出身的人甚至受到鄙视,比如诗人元稹明经及第后拜访李贺,李贺不仅不见,还挖苦嘲笑:"明经擢第,何事来看李贺?"唐朝的进士科本来主要面向广大"寒士",世家子弟多通过门荫、特敕、制举等方式入仕,但到了晚唐,因为出现进士独尊的局面,连这些权豪子弟也纷纷参加进士科考试。

---

① 　董诰等编:《全唐文》卷二七,中华书局1983年版,第313页。

科举制的考生,主要来源有两个:一是官办学馆的"生徒",二是州县士人向地方政府报名应举(乡贡)。应考有一定限制,如:凡犯法、为吏者不能应试;大臣子弟应考时,如考试及格往往由皇帝决定取舍,而且在舆论上,大臣子弟报考常常招来批评。另外,如果是主考官的亲故应考,要由吏部考功司主持,称为"别头试"。

在考试程序和规则方面,凡州县不在学校的士人,自行向当地州县持证("牒")报名,由州县根据其品行、学问进行初试。初试合格者又分等上报尚书省礼部,这一过程叫乡贡或"解试"。取得乡贡资格者称贡士,凡在一州内获初试第一名者称"解头"。乡贡的成绩报到省部后,经过审查,认为没有假冒现象者,便行文到州,士子于三四月时上路投考。凡各在学馆的学生,也要举行类似考试才能获得进京应试的资格。考试起初由吏部考功司主持,后由礼部主持。开考之日,举子入场要经过严格搜查,凡所需生活用品必须自备。考试以一天为限,天晚仍不交卷,许延长时间,燃完三根蜡烛为止。

礼部考试之后,开始按成绩录取。录取的名单要在发榜前送中书门下审核,称为"呈榜",录取人数每次多少不定,进士科录取最多为高宗时期,共 79 人,一般仅二十几人。进士科在高宗以后最受人重视,每年参加考试多则 2 000 人,少则千人,考取第一名者称"状头"或"状元"。考中的举子先在慈恩塔题名,然后在曲江大宴,称为"曲江会"。

礼部考试及格,只能算是有了出身,有了任官的资格,但不能直接授官,还要经过吏部的考试才能获得官职,摆脱布衣平民的身份,故称吏部试为"解褐"(或"释褐")试,又称关试。韩愈就曾三次试于吏部。吏部试的项目有身(身材)、言(表达能力)、书(书法)、判(公文水平)四项。

再说制举。科举中除明经与进士两常科以外,还有为某种特殊目的而特意安排的科目,即所谓制科。一般由皇帝临时出题进行考选,名目很多,有贤良方正直言极谏科、文辞清丽科、博学通艺科、武足安边科、军谋越众科等多种。士人和官吏都可以参加考试,考中者原是官吏的立即升官,不是官吏的立即授官。制举原本是为了选拔非常之才,实行上却往往与常举无异。

唐朝科举与后来相比尚不太严密、成熟。不仅贵族、大臣子弟可以通过科举以外的途径入仕为官,科举考试中也存在着严重的重门第、行贿等舞弊现象,至于向权要、名人请托之风,更是习以为常。如白居易以诗投顾况,李贺以诗拜韩愈,孟郊投诗于吕渭等,都是希望借这些人通关节而被录取。

二、科举制度的影响

隋唐建立的科举制度,以考试作为选拔政治人才的主要途径,这是古代官僚制最大的转变,对王朝政治影响深远。

第一,科举制的实施,打破了魏晋以来少数门阀主导选举的局面。社会阶层之间流动加强,门阀政治存在的基础逐渐被消除。贞观年间,唐太宗命重臣修《氏族志》,编修者将"山东士族"中的博陵崔氏排为天下第一。后在太宗的干预下,《氏族志》才抬高了皇室地位,可见唐初时期,门阀仍有较大势力。但在科举制实施以后,大量寒族子弟通过科举考试进入政府。陈寅恪在《唐代政治史述论稿》中指出,武后专政时期,常科中进士科"特见尊重,以为全国人民出仕之唯一正途"。至德宗贞元时,进士开始大量进入高级官员的行列。宪宗以后,进士出身者在宰相和高级官员中占据了绝对优势。吴宗国在《唐代科举制度研究》中考察了宪宗至懿宗七朝133个宰相的出身,发现进士出身者有104人,约占78%。所以说,进士科才是打破门阀政治的利器。

第二,唐朝通过科举制选拔出大量的优秀人才,提高了统治效率,造就了唐朝初期及中期的盛世景象。科举制也是君主笼络士人的有效手段,最大限度地减少了读书人离心离德的可能。唐太宗曾说:"天下英雄尽入吾彀中矣!"从这个角度看,科举制也是君主驯服读书人有效的工具。到了明清科举制发展后期,考试方式和内容进一步僵化,科举制反而成了加在读书人身上的沉重枷锁。

第三,科举制有利于将地方重要人事任免权收归中央,加强了中央对地方的控制。科举制的考选内容统一,考选标准较为客观,不再依据乡议及地方官评选,避免了汉魏地方官易受地方势力影响的流弊。在科举制基础上搭建起来的官僚系统,具有观念一体化和组织同构性的特点,是大一统帝国的重要支柱。

第四,科举制实施以后,逐步形成了一个以师生、同年关系为核心的人际网络。知贡举的考官与所录取的考生结成师生关系,而同年被录取的考生则形成了同年关系。通过科举考试形成的人际关系网络,对于考生今后进入仕途与处理各种私人和公共事务都极其重要。围绕着科举制度,士大夫依角色定位、等级关系等构成了一个更为纷繁复杂的关系网络。从国家的角度看,这种网络连接着正式制度与非正式制度、体制内外的不同场合,为国家与社会的互动提供了空间。

第五,科举制考试内容主要是儒家经典与诗赋,有利于重新确立儒家意识形态的主导地位,在文学上促进了唐朝诗歌的兴盛繁荣。魏晋以来士林大谈玄学与佛学,儒家的地位一度岌岌可危。唐以后,在科举制等制度的助力下,儒家才渐渐恢复元气。中央及各地兴办的学校,以儒学为主,也兼有各种技术及杂学。

当然也要看到,随着科举制度的发展,学校日益成为科举的附庸。科举制也在无形当中加剧了整个社会官本位的思想,绝大部分士子都去学习儒家经典和诗赋,各种技术性专业性的知识因此丧失了发展的空间。

三、唐朝的其他选官途径

随着科举制度在唐朝的建立,通过科举入仕为官逐渐被视为正途,但在传统政治体制下不可能杜绝特权制度,加上社会上重视家世、门第的习俗影响,同时也要给人数众多的胥吏提供一定的升迁出路,因此在科举考试之外还存在其他的选官途径,主要有恩荫、荐举以及由各官府吏员出职为官等。

恩荫,又称任子、门荫等,即父兄为官,可依其官品高低任一定数量的子或弟、侄为官。唐朝恩荫制度的直接渊源是魏晋南北朝的门阀制度,主要内容则是赋予统治阶层的后代一定的政治特权,如其中规定一品至从五品官员,其所荫子孙官品为正七品上至从八品下;级别更低的官员,受荫子孙则需要服役后待选,品阶也随之降低。门荫制度下,受荫者只是取得做官资格,之后还要参加由吏部或兵部组织的铨选才能真正成为官员。在唐朝中后期,科举制影响越来越大,通过门荫入仕的官员愈发不受重视,升迁也更为困难。

荐举,在唐朝前期主要是举荐那些民间隐逸之士、茂异之才入仕为官的活动,一般由地方官、五品以上的官员或皇帝派出的使臣向朝廷推荐。后来发展到官员的升迁也要由人荐举,并演变出名目繁多的各种形式。

唐朝官府中办理具体事务的各类吏员,经过一定的考选程序也可以进入官僚队伍。一般情况下,这些吏员要通过户部主持的"流外铨",铨选合格后成为"流外官"。流外官虽然也有品级(九品)、俸禄和告身(官方委任状),但身份还是吏。要想成为官,还需积累一定的资格并通过特定铨选程序,通过铨选后即转为"流内官",也就是进入了"九流之内"的官职系列。唐时由流外铨进入官僚队伍的数量非常大,是下级官员的主要来源。不过,吏员"入流"后为官,除极个别情况外,一般只能担任低级官职。[①]

第四节　宋朝科举制度的成熟

隋唐时期是科举制度的初创阶段。到了宋朝,科举制日趋完整、严密。科举制向士大夫广泛开放,只要考试合格,即可录取,科举成为向国家输送官吏的主要渠道。宋朝统治者借科举制度笼络读书人,抬高读书人的地位,成功地解决了唐末以来武将干政的问题。与宋朝先后并立的辽、金也曾实施科举制度,不过因为辽、金以武立国,实施科举的时间较晚,且施

---

① 参见任士英:《唐代流外官的管理制度》,《中国史研究》1995 年第 1 期。

行区域及对象都有诸多限制,如辽朝开科初期,禁止契丹族参加科举考试,只允许汉人和渤海人应试,因此,科举制度的选官作用远不如宋朝重要。

一、宋朝科举制度的变化

与唐朝相比,宋朝科举制度发生了较大的变化。

1. 在程序上增加了殿试

唐朝科举考试中舞弊成风,在朝官僚向主考官推荐士子、主考官按好恶取舍的现象相当普遍,故知举官(即考官)与进士多结成"恩师"(座主)与"门生"关系。宋朝为了防止考官利用职权培植私人势力,在太祖即位不久即下令禁止举子称考官为恩师、自称为门生。自开宝六年(973)起,宋太祖于中央礼部省试之后,又亲自在讲武殿出题重试,称为"殿试",从此,这种由皇帝亲自主持的"殿试"就成了固定的最高一级的考试,科举考试便由唐朝的乡贡、省试变为乡贡、省试、殿试三级。

经过殿试,合格者分为五等录取:一、二等称"进士及第",三等称"进士出身",四、五等称"同进士出身"。一甲前三名被人称为状元、榜眼、探花。考取者都是"天子门生"。唐朝武则天时曾亲自主持殿试,但那只是武则天侵夺礼部考试权力、由君主代替考试机关进行考试的做法,而非宋朝以后正式的最高一级考试。殿试加强了皇帝在科举考试中的权力,而成为天子门生也增添了进士们的荣耀,拉近了君臣之间的联系。当然,从殿试的产生过程看,起初也有防止舞弊的目的,宋太祖就曾得意地对大臣们说:"昔者科名多为势家所取,朕亲临殿试,尽革其弊矣。"[1]

2. 科举考试录取更加宽松

首先,录取名额增多。唐朝进士每次仅取几十人,而宋朝自太宗时期起,每次取士多达数百人,最高的如徽宗时期,平均每次达 680 多人,如果加上其他科的取士额,人数就更多了。据学者统计,北宋共开科考试 81 榜,取士 60035 人;南宋开科 49 榜,录取 49915 人,两宋合计取士 109950 人,其中正奏名 59598 人,特奏名 50352 人。再加上武举、制科、词科、童子举和宗室应举所取人数,多达 115427 人,平均每年 361 人,约是唐朝的 5 倍,元朝的 30 倍,明朝的 4 倍,清朝的 3.4 倍。[2]

其次,宋朝对士人的优待还体现在"特奏名"恩科上。宋朝鉴于唐末王仙芝起义时,有许多不得志的进士参加了起义,故太祖时即规定,凡举人参加 15 次以上考试终场者,特赐本

---

① 脱脱等:《宋史》卷一五五《选举志一》,中华书局 1985 年版,第 3606 页。

② 张希清:《论宋代科举取士之多与冗官问题》,《北京大学学报(哲学社会科学版)》1987 年第 5 期。

科出身,这就是"特奏名"法的开始。因"特奏名"是皇帝推恩赐予,故称恩科,此后恩科所规定的应考者年龄、应考次数又有变化,但恩科的设立,使士大夫中潦倒不第者都存在"觊觎一官"的希望,以此防止士大夫加入农民起义队伍,使政权对所有的读书人都具有一定的吸引力。

最后,宋朝科举录取的进士,不必再参加吏部考试,可以根据其考取进士的等级直接授予相应官职。新进士释褐授官时的官职,宋朝在不同时期有所变化。太宗时期,考取前几名者可以担任将作监丞、州通判等七品官;其他等级也可任八、九品官。后来略有降低,但大体上授予八、九品官。进士出身的官员升迁很快,只要不是特别贪婪的人,基本上"无灾无难到公卿"。

3. 考试制度更加完备,增加了多种防舞弊措施

科举对于士人来说至关重要,因此,科场各种舞弊的方法层出不穷。宋朝为防止舞弊现象,主要采取了以下防范措施:

一是实行糊名(封弥)和誊录法,防考官作弊。唐朝考试的卷子,因写有应试者姓名、籍贯等项,易于考官徇情用私,故宋太宗时开始,将应举者试卷的姓名、乡贯等项糊封,并派专官负责此事。此后各州解试也采取封弥制。但封弥制实行后,又发现有人在试卷上做暗记,于是真宗时又设立誊录院,派书吏将试卷抄成副本,考官评卷时只看副本,防止考官认识笔迹。

二是实行锁院制。宋朝和唐朝一样,举人如与考官有亲者,应单独举行别头试。一般情况下,皇帝下诏某官知贡举(即主持科举考试),受命之官应立即进入尚书省贡院锁宿,暂不回家,借以杜绝请托。

三是禁公荐,罢公卷。唐朝知举官在赴贡院前,台阁近臣向其推荐举人,是为公荐。公卿大臣的推荐有时能起到关键作用,士子于是纷纷将自己的文章投入其门。杜牧曾凭《阿房宫赋》得人公荐,预定了进士科第五名,而大多数人却是以公荐为名、行请托之实。到宋初时,也有公荐这个惯例,宋太祖为此多次下诏禁止,但成效不大,举人行卷、公卿延誉、知举官滥取之风依然盛行。直到宋真宗即位之后,采取了严厉打击请托徇私、完备封弥誊录等措施,才取得了显著效果。

公卷是举人直接向知举官进投所撰诗文。唐时交纳公卷是省试规定,可以作为录取依据。公卷的弊病是无法确定是否为本人作品,容易有舞弊行为。宋朝在实行封弥誊录制度之后,公卷作为平时成绩,参考意义也不大了,不久后予以废除。

4. 考试内容的取向发生变化

唐朝进士科的录取,重诗赋轻经义。宋初沿袭唐制,进士科最受重视,且也以诗赋取士。但宋之情势毕竟与唐不同,北方一直受到游牧民族的强大压力,所以,士人当中忧国忧民、经世致用的风气很浓,对华丽浮艳的文风多有批评。北宋时,范仲淹认为六经才是治国治人之

道,以词赋取进士,选不到真正的人才。因此在他主导庆历新政时,对科举考试的内容做了改革,把原来进士科只注重诗赋改为重策论,明经科从考察儒家经文的记忆改为要求阐述经书的意义和道理(大义)。后来庆历新政失败,科举恢复旧制。到宋神宗时,又采纳了王安石的改革建议:科举诸科全部并入进士科,罢除诗赋、帖经、墨义,改用大义、论、策取士。殿试也从诗、赋、论三题改为只试策一道。这样一来,诗赋彻底从科举考试中消失了。以苏轼为代表的文学派则极力主张恢复诗赋取士,他认为,士人为官品质和行政能力,与诗赋、策论都没有关系。而策论文章因为没有规矩准绳、声病对偶,所以学之易成,考之难精,其弊有甚于诗赋。后来朝廷采取了折中办法,进士科分立经义进士和诗赋进士。经义进士以经义定取舍,诗赋进士以诗赋为去留,名次高下,则参照策、论综合评定。

二、对宋朝科举制度的评价

在宋朝统治者刻意崇文抑武、以文制武的国策下,科举制无论是在录取人数上,还是在影响人群方面,都有非常大的提高。科举录取比例高,授官后待遇优厚,使人们对科举考试趋之若鹜。据统计,参加发解试的读书人在北宋真宗时为 10 万,到英宗时达 42 万人左右,发展到南宋末则有可能接近百万。[1]勤奋读书之风习深入到宋朝社会的各个阶层,"虽穷乡僻壤,亦闻读书声"。科举制直接刺激了教育的发展,当时中国教育普及的程度,在世界上都是罕见的。

从科举考试的录取结果看,平民子弟通过的比重相当大,这是宋朝社会阶层垂直流动的主要方式。宋朝科举,士农工商几乎都可参加。熙宁后,民间印书禁令解除,出版市场飞速发展,廉价书籍得到普及翻印,富裕子弟的优势大为削弱。据学者统计,《宋史》列传中的北宋人物,出身于高官家庭的不过四分之一左右,出身于布衣的则超过二分之一,而且随着时间的演进,时代愈晚,布衣出身的比例也愈高。而布衣官员中,在北宋初期以科举出身的约占三分之一,在北宋中期已超过四分之三,到北宋晚期更超过五分之四。[2]科举制度所造成的影响,十分明显。

由于政权通过科举制广泛地吸收了士人精英,两宋时期农民起义虽然此起彼伏,但因为没有大量失意文人参与其中,无法组织起像汉朝黄巾起义、唐朝黄巢起义那样大的规模。科举制的吸纳功能,对于稳定社会秩序、维持君主统治起到非常大的作用。但是,选官人数太多,待遇过于优厚,也给宋朝财政带来沉重的负担,埋下了严重的隐患。清人赵翼曾批评宋

① 何忠礼:《科举制度与宋代文化》,《历史研究》1990 年第 5 期。
② 陈义彦:《以布衣入仕情形分析北宋布衣阶层的社会流动》,《思与言》1971 年第 9 卷第 4 期。

朝:"恩逮于百官者唯恐其不足,财取于万民者不留其有余,此宋制之不可为法者也。"①

从科举考试制度本身的发展来看,宋朝通过实行封弥誊录、锁院制、禁公荐、罢公卷等措施,最大限度地保证了考试的客观公正性。不过从选拔人才与培养人才的角度看,考试越严格,程序越繁琐,考试作为人才选拔方式的局限性就越大。比如宋朝科举不问士林声望,不论平时成绩,一切以程文为去留,这很难反映出考生的综合水平,有时反而难以得到真才。王安石改革科举考试内容后,考试以经义、策论为主,经义作文的主旨与内容,大致为官方认定的经典注释的范围,策问的内容易重复,给了考生充分模拟学习乃至抄袭拼凑的空间,文体也逐渐程式化,演变的趋势就是明清的八股文。所以,考经义策论反不如考诗赋,王安石因此感叹:"欲变学究为秀才,不谓变秀才为学究也。"②

三、宋朝的其他选官途径

除了科举考试之外,宋朝的选官途径还有恩荫、吏人转官。

宋朝恩荫制度最突出的特点在于,统治者为获得士大夫集团的支持,给予官员子弟的恩荫名目繁多,数目庞大,以至于泛滥成灾。这也是宋朝冗官现象严重的重要原因。

吏人转官方面,宋朝沿袭唐制,也设流外官制度。流外官只有考任通过,才能依年资升迁,为将来的出职入流做准备。流外官出职入流之途普遍比较艰难,但毕竟为吏人提供了一条晋升之途。

第五节　明清科举制度的僵化

元朝在 1279 年统一全国后,由于受到蒙古贵族和色目官僚的阻碍,并没有实行科举制度。直到 1313 年,元仁宗才下诏恢复科举,两年后第一次开科取士。终元一朝,科举实施时间仅五十余年。考试科目只设进士一科,录取人数较宋朝大为减少。元朝高级官员主要来自贵族功臣,中下级官员则多补自刀笔吏。到了明朝,科举制度迎来大发展。朱元璋在夺取天下的过程中,重视争取士人的支持。在登基之前即发布命令,要求各级官员劝谕士人勤勉读书,为科举考试做好准备。洪武三年(1370),在京师和行省正式举行了乡试,次年举行了

---

① 赵翼著、王树民校证:《廿二史札记校证》卷二五,中华书局 1984 年版,第 534 页。
② 陈师道:《后山谈丛》卷一,中华书局 2007 年版,第 24 页。

会试及殿试。明朝科举发展出完备的三级考试制度,建立了完善的学校教育体系,在考试内容和考试形式方面也有严格的限制,科举制度也日益僵化,成为统治者禁锢读书人思想的工具。清朝科举制除在一些细节上有所变化之外,基本上沿袭了明制。

一、科举制由造极而没落

明清时期的科举选官制度与前代相比,有以下两点不同:一是科举制与学校结合更为紧密,学校是科举考试的必要阶梯,科举是入学受业的出路;二是考试程序更为复杂,考试方法更加程式化,科举制度由发展成熟走向没落。

明朝的正式科举考试分为三级,即乡试、会试和殿试。但在这三级考试之前,又有童生试,下面分别加以介绍。

参加正式科举考试者,必须首先取得"生员"或"监生"的资格。生员是就读于官办的府、州、县学的"学生员"的通称,俗称"秀才",取得生员资格的考试即为童生试。生员在学习期间有两种考试,一种叫岁考,以此定奖惩;一种为科考,成绩优秀者可取得参加科举考试的资格,称为科举生员。成为生员后,有两种方法进入仕途:一是通过考试或其他方式贡选(贡生)入中央国子监,成为国子监生后,可直接出来当官[1],也可继续参加科举;二是以生员参加乡试。

乡试每隔三年在省城举行,考期在秋季八月,又称秋闱。考中的称"举人",第一名称解元。取得举人的身份,既可以参加会试,又可以出任低级的官员,或入国子监学习。

会试在乡试的第二年春天举行,由礼部主持,又称春闱。会试的录取非常严格,全国一般取300人左右,会试录取都称贡士,第一名被称为"会元"。

会试及格者,再由皇帝主持殿试,考中者称进士,分为三甲:一甲三名,第一名状元,例授翰林院修撰(从六品),第二名榜眼和第三名探花例授翰林院编修官(正七品);二甲、三甲若干人,分授京师或地方州县官。

在考试内容方面,各级考试都是从四书、五经中命题,考生只能根据宋朝程(程颐、程颢)、朱(朱熹)理学家的注疏发挥,不允许有个人见解。答卷也有一定的格式,语气要仿照古人,字句要讲究对偶,一篇文章必须包括破题、承题、起讲等八个部分,故称"八股文"。考生思想既受程朱理学的限制,文体又必须采取这种格式死板的八股文,这样往往造就和选拔出一批既无学识又无实际行政才干的腐儒,但这又恰恰为明朝统治者防止思想异端、牢笼和控制知识分子开了方便之门。

---

① 明初由国子监生出官者,往往品级较高,后来便只能做小官了。

明朝科举考试中获得的功名是终身的。考取的功名越高,享有国家给予的资源就越多。明朝入仕方式有很多种,但人人都以进士出身为正途。明英宗后,又从进士二甲、三甲中,选择年轻而才华出众者入翰林院任"庶吉士",进而形成了非进士不入翰林、非翰林不入内阁的惯例。宰辅的出身,九成为翰林,京官要职,进士居其大半。万历以后,地方补缺亦有定例,"州县印官以上中为进士缺,中下为举人缺,最下乃为贡生缺"[①]。所以,仅凭举人出身进入仕途,升迁很慢,大多徘徊于府县级官员。因此有不少人中举之后并不入仕,而是选择回乡居住成为地主。因举人有各种特权,特别是赋役优免,使得不少人主动将田地产业归其名下,借以逃避税收、徭役,举人借此能够获得可观的收入。另外,对于举人的会试路费,国家也纳入财政体系予以补助。至于在科举功名起点的生员,也因为跨入了"士"的行列,与"民"就有了区别。"一入庠序,便自清高。乡邻敬重,不敢欺凌;官府优崇,不肯辱贱。差徭概州县包当,词讼各衙门存体。"[②]可见,即使是生员,也享有役税豁免、司法减责等特权。

因科举制度的实施,形成了一个人数庞大的士绅阶层。有明一代,举行乡试90次,录取举人102399人;举行殿试89次,共取进士24599人。[③]如取明朝中期某一年计算,生存于世的举人规模大约在13000人左右,进士规模大约在2000到3000人。而历年生员录取总数则更为庞大,难以统计。顾炎武曾估算当世的生员数量:"合天下之生员,县以三百计,不下五十万人。"[④]这样大规模的功名群体前所未有。而明朝士绅阶层与历朝豪强世家、士族门阀最大的不同,在于其兴衰成败与科举密切相关,内部保持了较大的流动性。其因科举得功名,因功名得各项政治特权,因政治特权而获得各项经济与文化资源。士绅阶层既是官僚集团成员的主要来源,很多成员又与官僚集团保持千丝万缕的联系。士绅阶层是联系底层民众与政府的纽带,又协助地方政府维持社会秩序。其内部以儒家思想为精神共识,同时他们也通过举办学校、劝善救济等活动,教化民众,促进地方文化发展。至明朝中后期,士绅阶层拥有了大量土地与人口,又掌控着东南沿海发达的工商业,在国家政治生活中扮演着极其重要的角色。

明朝经科举制形成的关系网络,呈现出地域性强的特色。自宋朝中期之后,南方与北方在经济、文化发展等方面出现了较大差距,反映在科举考试中,表现为北方士子不敌南方士子。朝中遂出现了科举应"逐路取人"还是"惟能是选"的争议。录取方式的分歧实际代表了南北不同地域集团的利益。为了解决这个问题,明朝在仁、宣时期推出了科举配额制度:一是针对乡试建立解额制度,即规定每省乡试录取的固定名额,以防止某省乡试录取过滥;二是在会试中采用了南、北、中卷制,三个卷区的录取比例为55∶35∶10,但名次高低不受地

①　顾炎武著、黄汝成集释:《日知录集释》卷一七"进士得人"条,上海古籍出版社1985年版,第1303页。
②　吕坤:《实政录》卷一,《贡士出身》,《吕坤全集》,中华书局2008年版,第914页。
③　参见郭培贵:《明代科举各级考试的规模及其录取率》,《史学月刊》2006年第12期。
④　顾炎武:《顾亭林诗文集》卷一《生员论上》,中华书局1983年版,第21页。

域限制。科举配额制的实施兼顾了地域平衡和考试公平,但随着时间的推移和情势的变化,名额的分配势必要发生变化。如何变,以什么方式变,体现了决策者对地域利害关系的考量。各地对科举名额的激烈争夺,强化了科举体制内外诸人的省域观念,以科举入官的人纷纷以籍贯抱团,竭力维护本省士人利益,为地方代言,进而形成了明显的地域集团。

清朝科举制度基本上与明朝相同,除了乡试、会试、殿试三级正式考试之外,仍有初级考试的童生试。童生要经过县试、府试(或直隶州、厅试)和院试三种考试,才能取得生员资格,进而参加科考或进入国子监,故童生试又被称为小考、小试。至于乡试、会试、殿试的时间、地点、主持者,以及录取后的名称、资格等,大致都和明朝相同。殿试第一甲第一名(状元)例授翰林院修撰,第二、三名(榜眼、探花)授编修。二、三甲进士可以再考翰林院庶吉士,称为"馆选",考中后入院读书,取得未来做高官的资格,不中者另授其他官职。考试的题目仍从四书、五经中选出,答卷仍用八股文。

科举制度到清朝已有千余年历史,在这期间,历代统治者确实通过这种公开考试、竞争的办法选出了一些人才。尤其是它在形式上取消了贵族官僚集团特权,允许中下层地主和富裕的农民子弟加入官职的竞争,从而扩大了封建统治基础,使官僚队伍不断地补充新鲜血液,保持一定的活力。而且,科举与学校、读书、做官是紧密结合的,统治者正是以功名利禄为诱因,将知识分子按照他们的需要一代又一代地加以塑造,使之成为维护君主集权制度的工具,这些对于一个封建王朝的兴旺发展,对于统治秩序较长时期的巩固,无疑是起了巨大作用的。

明清的科举制一方面集前代之大成,达到了登峰造极的地步,另一方面也日趋僵化,丧失其生命力。一则是考试内容专由四书、五经中确定,年代已久,范围已定,题目往往重复,能否考取,凭死记和偶然的因素居多;二则考试的层级越来越多,一个人由小考到经过乡试、会试、殿试取得功名,少则十余年,多则数十年。这些人进入官僚队伍后,不仅年龄老化,而且素质极为恶劣。有些人考了进士,甚至进了翰林院,却不知道中国历史的朝代顺序,搞不清汉祖唐宗是哪朝皇帝;有人甚至当了科举的主考官,却错把"贞观"当成"汉帝年号"[1]。科举制终于走到了"败坏天下之人才而至于士不成士,官不成官,兵不成兵,将不成将"[2]的地步。

二、明清时代其他选官途径

大体上,明清时期除科举之外,还有学校、荐举、恩荫、捐纳吏员等几种选官方式。

学校一途,具体说就是由州县生员考入国子监,由监生而取得做官资格,这在前面已做交待。

---

[1]　参见商承鎏:《清代科举考试述录》,生活·读书·新知三联书店1956年版,第334页。

[2]　顾炎武著、黄汝成集释:《日知录集释》卷一七"生员额数"条,上海古籍出版社1985年版,第1289页。

荐举,在明、清两朝的初期选官制度中曾占重要的地位。明初,朱元璋因一时官员急缺,故对荐举选官十分重视,当时中外大小臣僚皆有权推荐人才,推荐的名目有贤良方正、孝廉、人才、耆儒、才德之士、秀才、明经等,凡应此举者,可以取得中央或地方官职。①但随着学校教育的发展与科举制度的推行,这种荐举制度就逐渐废弃了。清朝统治者在入关之后也很重视荐举人才,或由皇帝命令荐举,或由官员自行保荐,往往皆能取得官职。被荐的人不限是否为现任官,不避亲嫌,荐举的名目也是贤良方正、孝行、硕儒、廉吏、干员等,此外又有许多临时荐举名目,康熙、雍正、乾隆三期荐举较多,此后渐少。

恩荫,按照洪武时期的规定,文官自正一品至七品许荫子孙一人,授官从正五品开始,最低为流外(即九品之外)三等,以恩荫任官者要经过一定的考试,不及格者只能领半俸,过两年再考试,及格者发全俸,仍不及格者谪入军中。成祖以后又稍加变动,凡在京三品以上官考满成绩显著者,方可以为子孙请荫。除了直接授官外,自明太祖开始设国子学时,即命令取文官一品至七品子为国子监生,宪宗以后,三品以上官均可送子孙三人入国子监,此后虽有限制,但并未废除此制。官僚子弟既为监生,实际上取得了官员的候补资格。清朝恩荫官员子弟也主要是通过授予国子监生资格这一途径实现的。如顺治十八年(1661)规定,凡在京满、汉文官四品以上,在外三品以上者,可送一子入监,武官在京或在外二品以上者,可送一子入监。凡取得国子监生资格的官僚子弟,可依其父(或祖)辈官品高低授官。

捐纳,即汉朝的赀选,它是依据臣民向国家捐纳钱财的多少而授官的制度,实际是一种卖官行为。明朝捐纳之制始于代宗景泰元年(1450),当时因西北防线粮草接济困乏,令百姓自运米 300 石至代州者,给以冠带(即官员的服饰),若是吏部候选官运米若干石,则立刻授予官职。从此之后,凡因天灾人祸而造成国家财政吃紧时,便大开捐官之门,无官者可以授官,有官者可以破格超升,革职者可以复职。另外景泰四年(1453),因河南、凤阳等地水灾,于是令天下士人纳粟入监,则从此不仅卖官而且卖功名。宪宗时,因纳草、纳粟、纳马等入监的生员已是动以万计,不胜其滥。清朝捐官之风更盛,除了捐为国子监生外,很多情况下就是直接授官。康熙时因为用兵三藩,急需费用,实行捐官制度,三年之内捐纳知县达 500 余人。乾隆时期,捐纳文官可至郎中,武官至参将,一个道员的定价为银 16400 两,知府为 13200 两。②此后几乎无所不捐,举人、进士、贡生等功名都可以钱财捐得。有些重要的官员竟是由捐官升任的,如乾隆时李世杰入赀巡检,后官至四川总督,张允随入赀为光录寺典簿,后官至云贵总督、东阁大学士,等等。

吏员,指由吏人出职为官,享有品官身分的人。明朝吏人名目很多,分布于中央到地方的各政府机关中,其来源一是在身家清白、30 岁以下又能书写的百姓中签选;二是监生、生

---

① 如就洪武时期和建文时期的例子看,被荐举者多授六、七品以下官。

② 参见顾善慕:《清代乾隆年间的捐纳制度》,《黑龙江社会科学》2006 年第 5 期。

员经若干次考试不能进取者罚为吏人。吏人服役三年为一考,满九年经过一定的考试即给予出身(即官员身分)。其授官的高低,因吏人所在衙门的级别高低而定:一品衙门的提控授正七品,二品衙门都吏授从七品,一、二品衙门的掾史、典吏和二品衙门的令史都是正八品,三品衙门典吏、四品衙门司吏为从九品,四品衙门以下的典吏等都授予未入流(即不在九品官之内)的杂职出身。而进士第一甲的二、三名初授官也不过正七品。明初用人为急,科举制度又不完密,由吏而升至一二品大员的事例屡屡见于记载。但随着科举制度的发展,由进士入官成了主流,即使同为正途的举人、监生,其为官也受到政府和舆论的轻视[1],由吏入官者,地位更低。加上明朝政府鉴于元朝吏治的腐败,陆续颁布了些约束吏人的禁令,如不许吏人出身的官员任御史这种清要之职(成祖时期),不许吏人参加科举考试[2],吏人的地位更低,此后又规定了吏人出官的严格考试办法(宣宗时期)。这样,不仅由吏为官困难,为官之后最高也只能做到正七品官,而且只能当地方州县的僚佐,再无上升的希望。

清朝对胥吏出官的限制更加严格。胥吏服役满五年考核无过,可参加考试,按成绩录取为官。考试分为申文、告示各一道,由吏部分为四等录用,一等授正八品,二等授正九品,三等从九品,四等未入流杂职。因胥吏人数太多,乾隆时规定,京衙胥吏考职授官不得过十分之七,外衙不过十分之五,后来又把授官的品秩由上述四等减为从九品、未入流两等。被录为官员的吏虽可穿官服,但不一定立即实授,大部分要在本乡候选,候选时间也很长,如雍正二年(1724)才开始诠选康熙十七年至四十三年(1678—1704)的候选者,开始只能授从九品或未入流杂职,很难升转为州县长官。

明清胥吏挤进仕途的希望十分渺茫,而胥吏本身的待遇又很低,如明朝在一、二品衙门者禄米仅为二石五斗,最低的仅每月六斗米。这就促使他们利用承办公务之便,舞文弄法,行贿索贿敲诈百姓,贪污公款,使明清的吏治十分腐败。胥吏成了上下切齿却又无法解决的一大公害,自明朝即已有"狐与鼠""虎与狼"之称。

总结与讨论

本章介绍梳理了自秦汉至明清时期的官员选拔任用制度,特别重点介绍了科举制度的产生与发展演变情况。由于科举制度牵扯到政治录用、阶层流动、儒家知识的体制化及其再

---

① 参见赵翼:《陔余丛考》卷一八《有明进士之重》,中华书局1963年版,第359页。
② 参见钱穆:《中国历代政治得失》,生活·读书·新知三联书店2001年版。

生产等,因此,我们对它所产生的深远历史影响还需进一步讨论。

考察中国历史上的官员选拔任用制度,特别是科举制度,其最突出的政治社会功能就在于增强了社会阶层流动。有研究表明,从唐到明清,科考获得功名的人当中,平民出身比例在逐步提高。有学者根据对两份南宋进士题名录的研究发现,来自非官员家庭出身的进士分别占 56.3% 和 57.9%;而在对明清两朝 48 份进士题目录中 1226 例分析后也发现,明朝三代以内平民出身进士占 50%,清朝则占 37.2%,平均占 42.3%。[①]造成这种官职的开放和社会流动的原因就在于,科举取士本身不问家世,且随着科举考试进一步专业化、标准化,录取结果更依赖于考生个人的努力程度。比如到明朝八股取士时,“题目都来自《四书》,学做八股只要熟读《四书》就得之太半。如果考试以策论为主,就非要博览群书不可”[②],在没有图书资料的情况下,不利于寒士。平民子弟借助科举制度的阶梯,一跃成为统治阶层的成员,直接促进了较大规模的社会垂直流动。这种流动,不断保持政权的强大吸引力和凝聚力,使得一个社会的优秀的、新生的力量可以有机会进入政治体系之内,这无疑会扩大统治基础,同时也会不断地为统治集团输入新鲜血液,增强政治体系的包容性与活力。

科举制的实施过程又是儒家知识的体制化过程,即以儒家为核心的知识体系的再生产过程。科举作为一种政治录用的手段,它选拔人才的标准主要是看应试者对儒家学问的掌握程度,于是研习儒家经典和入仕做官融为一体,儒家思想从此有了制度化的渠道进入政治体制之内;同时,由于研习儒家经典成为科举入仕的必由之路,这就必将大大吸引全社会重视对儒家学问的研修(哪怕只是当作“敲门砖”),使得儒家思想日益向百姓的日常生活世界渗透与传播。所谓“孤村到晓犹灯火,知有人家夜读书”的情景,就从一个侧面反映出这种科举制度和儒家思想对社会的共同塑造。可以说,科举制度对于一个以儒家为核心的“文化中国”的构建,无疑扮演了重要角色。

还需注意的是,尽管在君主专制体制下,科举制可能是儒家文化实现其理想目标最适合的选才制度,但是从知识生产的角度,我们也不难看到其消极的一面。首先在科举制中考察的不是客观的知识,而主要是儒家对于做人、道德实践等主观性非常强的规范性知识。这些考题中的“道德”,并不是意志自由的内在的选择,而是功利性的外在的要求,这不仅对于道德和知识都是致命的,而且窒息了知识的转型与创新,使之无法形成专业化的科学知识。其次,知识生产受到了以君主为代表的专制权力的强大干预,几乎变成了专制国家意识形态的再生产,比如在思维方式上,强调标准化答案;在考试内容上,要求考生按照官定的经典解释和严格的格式、字数写作八股文。这表明科举制发展到最后,反而起了戕害人才、禁锢思想的消极作用。

①　参见何怀宏:《选举社会——秦汉至晚清社会形态研究》,北京大学出版社 2011 年版。
②　王学泰、王毅:《关于中国科举教育制度与中国教育现代化的感想——废除科举一百周年纪念》,《社会科学论坛》2005 年第 9 期。

参考文献:

1. 袁刚:《秦朝选官——推举和考试》,《中国行政管理》1998 年第 1 期。

2. 林剑鸣:《秦汉史》,上海人民出版社 2003 年版。

3. 丁华:《云梦睡虎地秦简中的置吏与除吏——秦帝国官吏的任免》,《文化发展论丛》2015 年第 2 期。

4. 钱穆:《中国历代政治得失》,生活·读书·新知三联书店 2001 年版。

5. 何怀宏:《选举社会——秦汉至晚清社会形态研究》,北京大学出版社 2011 年版。

6. 阎步克:《士大夫政治演生史稿》,北京大学出版社 1996 年版。

7. 唐长孺:《魏晋南北朝史论丛》,生活·读书·新知三联书店 1955 年版。

8. 胡宝国:《魏西晋时代的九品中正制》,《北京大学学报(哲学社会科学版)》1987 年第 1 期。

9. 陈琳国:《两晋九品中正制与选官制度》,《历史研究》1987 年第 3 期。

10. 陈长琦:《魏晋南朝的资品与官品》,《历史研究》1990 年第 6 期。

11. 张旭华:《南朝九品中正制的发展演变及其作用》,《中国史研究》1998 年第 2 期。

12. 周雪光:《黄仁宇悖论与帝国逻辑——以科举制为线索》,《社会》2019 年第 2 期。

13. 刘海峰:《科举制与"科举学"》,贵州教育出版社 2004 年版。

14. 张希清等:《中国科举制度通史　宋代卷》,上海人民出版社 2015 年版。

15. 张希清:《唐宋进士科取舍依据的演变》,《文史哲》2010 年第 4 期。

16. 丁修真:《举人的路费:明代的科举、社会与国家》,《中国经济史研究》2018 年第 1 期。

17. 黄明光:《明代科举制度研究》,广西师范大学出版社 2000 年版。

18. 刘海峰:《科举取才中的南北地域之争》,《中国历史地理论丛》1997 年第 1 期。

思考题:

1. 秦朝为什么特别重视吏的作用?

2. 汉朝选举制度如何导致门阀的产生?

3. 九品中正制为何会成为门阀贵族把持的工具?

4. 唐宋科举制有何区别?

5. 明清时期科举制度有哪些主要变化?

6. 简析科举制度的历史影响。

第五章／地方政治制度的演变

作为帝制时期国家政治制度的重要组成部分,地方政治制度的基本功能与目标,无疑是要通过一定的政府组织形式与运行方式,达到既定区域内的政治整合与社会控制,实现以君主为核心的中央集权与国家建构。为了实现上述基本功能与目标,又需要解决好这样两个基本层次的控制与整合问题:一是中央政府如何采取适当的组织层级、组织机构和方式,去控制、管理地方政府(地方"官府"和官员)以保证政令畅通,保证朝廷的意志首先在政府层面得到贯彻的问题;二是地方政府作为国家在基层社会的代表,如何以一种合适的组织和方式去控制、管理基层社会与每个"编户齐民",以保证朝廷或中央政府的政令最终在基层社会得到贯彻的问题。基于对这种"双重控制与管理"问题的理解,本章关于地方政治制度的主要内容可以从三个方面加以考察:一是地方政府的层级与组织结构问题;二是乡村社会的基本组织与治理机制问题;三是在单一制的中央集权体制下中央与地方政府之间的关系,包括中央与地方关系的具体内容与实现方式及其在不同历史时期的演变特点。

第一节　地方政府层级与结构的演变

秦汉及秦汉以后的地方政府层级,大致上可以分为这样三个阶段:第一阶段是秦汉到隋唐时期,尽管在这些王朝的后期都出现某种向三级制演化的倾向(如汉后期的州、魏晋时的都督和唐朝后期的道),但基本上属于以郡、县或者州、县两级制为主体的时期;第二阶段是宋辽金元时期,大体上属于两级向三级制过渡阶段,而元朝则处于行省制的初步形成时期,也可归为向三级制过渡的时期;第三阶段是明清时期,虽然地方政府层级比较复杂,但基本上以省、府(州)、县三级制为基本框架。

在保证政府层级建制和行政区划相对稳定的同时,地方政府层级又因不同时期、不同地区的具体情况而出现了比较特殊、比较多样化的政府建制与区划,如宋朝的同一级设府、州、军、监,明清有领县州和不领县州的区别等;在边疆少数民族地区实行适合当地社会发展水平的羁縻制和土司制。

一、秦汉时期郡县制的确立与发展

（一）秦朝郡县制的推广

秦朝统一天下之后，以中央集权的郡县制代替分封制，这既是统治者选择的结果，也是各种社会条件长期演化的结果。郡县制体现了当时历史变动的大势。在春秋战国时期，支撑分封制的那些基础性制度结构，如西周以来的宗法制度、阶级结构和土地制度均已遭到破坏，分封制也就无法维持。郡县制更直接的动因，则是频繁的诸侯战争所带来的行政集权的需要。行政集权可以使诸侯国更有效地指挥军队、动员民众和获取财政资源，从而在当时异常激烈的"国际"竞争环境中存活下来。此外，郡县制也可视为秦国战时统治经验在统一之后的延续。在统一六国的战争中，秦国每攻克一城一地，便派遣官吏兼行行政、军事大权，守卫和治理该地区，形成了一种垂直、高效的行政体制。于是在统一之后的公元前221年，秦始皇便把这种郡县制体制在全境推广起来。

秦在全国设立36个郡，郡之下设立近1000个县。郡是最高的地方政府层级，长官称为郡守，统管辖区内的行政事务。郡守之下，设郡尉、监御史和郡丞等重要的辅佐官。郡尉主管军事，监御史主管监察。某些边郡地方不设郡守，直接以郡尉代行郡守职责。郡丞作为郡守的属官，辅助郡守处理行政事务，其品秩低于郡尉。郡的下面设县，万户以上县的长官称为县令，不满万户的称为县长。县令或县长掌管一县事务，受郡守节制。在县级政府内设县丞，辅助处理行政事务并兼管司法；设县尉，负责军事。

郡、县两级地方官吏都由中央任免，俸禄也都由中央政府决定，其职权与行政活动也听命于中央，大大强化了中央对地方的控制。郡县制结束了春秋战国时期的分裂、混乱局面，保证了国家权力的上下贯通，强化了中央政府的行政效能。由此，郡县制成为秦以后各个朝代基本的地方管理行政制度。

当然，大一统帝国下的中央集权制模式也有其局限性。在分封制中，绝大多数社会政治矛盾都发生于诸侯国内部，基层社会的起义或叛乱往往针对某一诸侯，而很少形成针对全国性政府的大型起义。但在郡县制模式下，地方长官仅仅是皇帝的代理人，因而，任何地方性矛盾都可能会演变为针对中央政府的全国性反叛。陈胜、吴广起义作为中国历史上第一次大规模的农民起义，发生于秦朝，就说明了这个问题。

（二）西汉时期郡县制的演变

西汉前期，地方政权体制实行郡、国并行的制度。也就是说，有的地方是郡下设县，由中央派出官员直接统治；有的地方则是分封为王国，大的王国下辖若干郡，郡下设县，以皇帝的兄弟子侄为王，给予这些封国很大的自主权。后经文、景、武帝几朝持续的削藩措施，基本上恢复了郡县制体制。

1. 西汉的郡、县二级制地方政府

汉高祖刘邦鉴于秦朝教训，认为郡的规模太大会对中央集权造成威胁，因而增加郡的数量，缩小郡的规模。郡的行政长官为郡守，郡守下设郡尉。景帝时期，郡守和郡尉分别更名为太守、都尉。郡守统管一郡之内的所有行政事务，都尉主掌军事，平时协助管理士兵的征发和训练，战时带兵出征。

西汉郡守的权限广泛，包括选举、民政、司法、财政、教育和治安等。郡守最重要的职权是人事任命。朝廷任命郡守，郡守任命郡内官员。郡内官员，除郡尉、郡丞、长史（边郡丞为长史）为中央任命外，其余属吏二三十种之多，都由太守自行选任，无须中央任命。郡守的权力不但广泛，而且独立处置权也很大，郡守可以在郡内打击豪强，平抑兼并。在这些活动中，经过向中央报备，或遇到非常情况，甚至能够行使连坐、抄家等生杀予夺之权。此外，西汉的郡有远近之别。邻近京畿三辅郡的郡守，有参预朝廷重大决策的权力；边远地方的郡守，则掌有军事权，负责守土卫民。

郡下面的行政机构是县。县的长官也是依据辖区内部的人口多少而定的，万户以上称为令，万户以下称为长。县令（长）的职责也很广泛。县令（长）"皆掌治民，显善劝义，禁奸罚恶，理讼平贼，恤民时务，秋冬集课，上计于所属郡国"。[①] 这些职责涵盖了礼教、行政、司法、财政和兵役等一切内容。县的主要佐官有县丞和县尉，皆由中央委任。县丞主要负责签署文书、统计政府收支等。县尉则负责缉捕盗贼和役使卒徒。与郡的列曹对应，县也设功曹、廷掾、主簿、主记、录事、少府等职位。郡守通过定期或平时的检查，对县令（长）的履职情况进行考核评定。

2. 西汉前期的封国

西汉在郡县之外，兼设封国。起初，封国是在秦汉更替的战争中，汉高祖刘邦分封有军功的将领为王或诸侯而建立起来的。后来，由于担心这些异姓封国坐大，威胁中央，刘邦又逐步对其进行铲除。但是，刘邦目睹了秦朝众叛亲离的情况，认为秦亡的原因在于没有分封同姓子弟，陷入了孤立无援的境地。因此，在剪灭异姓王的同时，又大封同姓王，希望利用同姓的血缘关系来巩固地方统治，并屏卫中央政权。为此，陆续分封了荆王刘贾、代王刘喜、楚

---

①　范晔：《后汉书》志二八《百官志五》，中华书局1965年版，第3623页。

王刘交、齐王刘肥、淮阳王刘友、梁王刘恢、燕王刘建、淮南王刘长、吴王刘濞等。这些王国，大的"夸州兼郡，连城数十"，可以在封国内独立征税，发展工商业，可以单独颁行法律，可以拥有军队，享有很大的独立性。为了避免王国势力失控，刘邦又规定由中央政府任命王国中重要的行政官员，如丞相、太傅、内史等，并严格限制王国的军事权力等，但这些措施并没有有效地防止王国的日趋膨胀，以至于引发了以吴、楚为首的"七国之乱"。汉文帝采纳了贾谊"众建诸侯而少其力"的政策，减小王国的规模，景帝时也接着施行"削藩"政策，以削弱诸侯的权力。汉武帝时更通过颁布"推恩令"等措施，逐渐剥夺了这些诸侯王对封地的实际统治权，由中央政府派出官员直接管理这些地方，使封王变成只是享有这个地方租税收入的贵族，这样，封国就已经与郡没有多大区别，封国对帝国统一的威胁于是基本解除。

（三）东汉地方政府层级的变化

东汉地方政府体制沿用西汉的设置，但出现了一些新的变化。

首先是郡守权力的扩大及其与社会势力的逐渐融合。西汉时，同时设立郡守和郡尉，郡守管民政，也兼掌发兵权，而郡尉则拥有统兵权，统兵权与发兵权是分离的。东汉光武帝刘秀时裁撤都尉，郡太守同时掌握了军政大权。另一方面，东汉王朝又是建立在豪族社会基础之上，豪族通过充当郡县属吏而控制郡县行政，他们拥有大量的土地，甚至拥有自己的武装力量，是地方社会真正的权力中心。豪族政治弱化了中央对地方的控制。

其次，刺史制度与地方行政层级的变化。汉朝刺史制度设立的初衷（详见监察制度部分），是由中央委派官吏到地方执行巡视、监察之职，刺史虽然品秩不高，但由于承担为皇帝刺探地方情势的功能，因而也拥有相当的权势。在西汉设置刺史初期，刺史尚没有设立完备的办事机构和行政属吏，也不是常驻地方。东汉灵帝时，把刺史改为州牧，强化了其职能，提高其品秩，地位仅次于九卿。这种改变的直接原因是为了加强中央对地方的控制和更高效地镇压当时频繁发生的民众起义。然而，州牧却逐渐演变为中央和郡县之间的一级地方政府机关。由此，汉朝地方行政建制由郡、县两级制演化为州、郡、县三级制。州牧集各州行政权、军权、财权于一身，在州内可以随意发号施令、封官置吏。这种变化最终削弱了中央对地方的控制，改变了国家结构的格局。而且随着东汉后期战事日多，在镇压平叛中，州牧勾结地方豪强势力，形成了汉末军阀割据的状态，最终导致了统一的汉帝国的分裂。

二、魏晋南北朝时期的地方政府

进入魏晋南北朝时期，由于政局长期分裂、动荡，朝代更迭频繁，加上门阀势力左右朝政等因素，造成地方政府体制复杂多变。因此，这一时期的地方政府体制大体沿袭东汉，基本框架仍然由州、郡、县三个层级构成,但也出现了一些变化,主要表现为地方行政区划的设置冗滥、州郡权力的扩大及军事化、都督制的形成、分封制的短期实行等。

(一) 州县建制的冗滥

魏晋南北朝时期在地方政区划分上是相当混乱的,其主要表现是,州郡设置冗滥,辖境太小。州在西汉有 13 个,三国共有 17 个,西晋末增为 21 个(郡为 170 多个)。[①] 至南北朝后期,南北共有州 220 多个,郡 900 多个。数量一多,辖区自然变得很小,造成"十羊九牧""叠床架屋"的不合理局面。

造成这种局面的主要原因,第一是侨置州郡。所谓侨置,就是在另一个地方设立与原州郡名称相同的州郡。西晋灭亡后,江北诸州人口随东晋政权南下,于是就在江南诸州划地侨建北方州郡。设立侨州、侨郡的目的,一方面是强调东晋政权的"正统"身份,做出随时光复旧疆的姿态;另一方面使北方南下的大族不失其"郡望",仍然可以凭着在北方州郡中家族的门望保持其崇高的社会声望,以获得这些大族的支持,并以此招诱北方人口南下。第二是政权分裂,原来的一个统一政权分裂为南北两个甚至多个并列的政权,原来的一个州就可能被分割为几处,导致州的增多。第三是增设。当一个政权攻下另一个政权的一部分土地之后,为了夸大声势,便不问大小而增设州郡。另外,有的豪强大族"托迹勤王,规自署置"[②],自行设立州郡,而当时十分软弱的政权又不得不承认这种既成事实。

总之,州郡的设置往往不是从行政管理的角度考虑,而是"百室之邑,便立州名,三户之民,空张郡目",甚至出现了一县两郡的"双头郡"。这种地方政权体制的紊乱,是与当时分裂割据的形势、门阀地主势力的发展、中央政府控制力减弱密切相关的。

(二) 州郡的长官集中掌握民政、军事大权

东汉时,州已经由中央派出的巡查机构演变为地方最高的行政层级。曹魏时期增加了州的数量,相应地缩减各州的规模,但州长官在辖区内的权力变得更大了。曹魏时在全国实际设十二个州,其中河南、河东、河内、弘农、平阳这五个接近京畿的重郡组成"司州",其行政长官称为司隶校尉;其他的州长官称为刺史。郡的长官和汉朝一样,称为太守。

州郡权力的扩大,主要体现在地方行政长官权力的集中上。

---

①　三国中曹魏政权为表示继承汉正统,欲仿照汉代十三州建制,将全国分为扬、兖、徐、交、荆、豫、雍、凉、秦、冀、幽、并、益 12 州,外加在京畿地区设立的司州,也是十三州,但益州为蜀汉拥有,实际只有 12 州;东吴则拥有汉朝部分扬州、荆州之地,另设扬州、荆州,并设广州、交州,共为四州,故《三国志·吴志》卷三引《晋阳秋》说王濬灭吴时"收其国籍,领州四、郡十三"。因此,魏、蜀、吴三国实设 17 州。据《晋书》记载,西晋统一全国后,共有 19 州 173 郡,惠帝时又设江州、怀帝设湘州。

②　李百药:《北齐书》卷四《文宣纪》,中华书局 1972 年版,第 62 页。

首先,司隶校尉最初是汉朝设立的中央委派的监察官,东汉以后,司隶校尉监察官的性质已不明显,并逐步向行政官转化。曹魏时,司隶校尉集监察权、治安权、领兵权、议政权、荐举权、社会事务管理权于一身。

其次,各州郡的长官刺史和太守常常加封将军的称号,带有军号后就有权力指挥军队、领兵打仗。这种情况在曹魏时已多见,晋代的郡太守也往往带军号。到了南朝时期,郡守加军号的情况更加普遍化,不带军号的太守已经少见。

最后,在一些不太重要的州,也有一些不带军号的刺史,又称为单车刺史。单车刺史往往出身于寒门,他们起初不能领兵,但魏晋以后因应复杂多变的军事形势,在地方政治的实际运行中,单车刺史也往往领兵打仗。

(三) 都督体制的形成与分封制的短暂实行

魏晋南北朝时期,在中央与地方的州之间,逐渐衍生出都督府这一政府层级,从而使地方政府层级开始向四级制过渡。

曹魏初年,中央政府为了避免军队豪帅坐大,同时也是为了加强对地方的控制,在地方设立了都督之职。都督掌有军事大权,直接负有督率、统领军队的权责。加之这一时期地方政府体制是以军政领民政,因而都督逐渐成为地方政权的最高负责人。都督的统辖有明确的区域,大多包括一州或数州之地。都督一般在区域内重要的州设立衙署(称为府),招募属僚。后来为了行政上的便利,都督直接兼任督府所在州的刺史,并且有权对所属的其他州郡的行政事务进行干预,属州、属郡的长官都服从都督的调遣。

两晋时期承袭并发展了曹魏的都督建制,都督的权限也呈现出扩张之趋势。两晋地方政府体制的最大特点,是都督制与皇家封王制度逐渐结合,其数量也有所增加而遍及全国。曹魏是通过篡汉而建立的,而晋代司马氏又是通过篡夺曹魏而建立的,这两次政权易姓给魏晋时期人们一个最直接、最深刻的印象是,汉、魏没有分封兄弟子侄为藩王,造成皇帝孤立无援,轻易被人夺走政权。于是在魏晋时期,批评郡县制弊端、鼓吹分封制的声浪一时高涨起来。在这种背景下,西晋在建立之初即实行分封制,将二十七个宗室子弟分封为王,后陆续增加到五十几个。这些王国按大小分为上、中、下三等,依封国大小,可以拥有数量不等的军队,同时又让这些宗王以"都督某地军事"的名义,统帅某一地区的军队,以屏藩皇室,加强中央政府对地方的控制。分封制的实行,加上与都督制结合而产生的宗王出镇体制,最终使都督的辖区逐渐演变为融合军政与民政、凌驾于州级行政区之上的一级政权机关,这就很容易形成地方势力尾大不掉的局面,后来爆发的八王之乱,很大程度上就与这种体制有关。

到南北朝时期,无论南方的宋、齐、梁、陈诸朝,还是北方的北魏、东魏、西魏、北齐、北周诸国,一方面不再实行西晋那样的分封制,但为了加强中央对地方的控制,也经常会采用这种都督建制。

三、隋唐时期的州、县两级制及其变化

(一) 隋朝地方政府体制与机构改革

隋初承袭魏晋,中央和地方政府机构重叠、冗员繁多,尤其郡县"倍多于古",形成"十羊九牧"现象。为此,从隋文帝杨坚开始,推行了一系列改革、精简措施。主要有:

第一,推行州、县体制,减少行政层级。隋文帝时期,裁撤五百余郡,代之以州直管县体制。隋炀帝时期,进一步减少州县的数量,同时又改州为郡。于是,从东汉后期以来的州、郡、县三级体制又回到郡、县两级体制。

第二,废除南北朝以来地方官员自辟僚属的制度,所有地方官员的任免权限收归中央吏部。这一方面避免了官员数量的膨胀,更重要的是防止地方政府和地方社会力量的融合,避免豪门大户把持地方政治。

第三,削弱地方行政长官的军事权力。州的刺史,除边境地区外,一般不再开置幕府和持节领兵。

第四,确立地方官员的轮换制与回避制。刺史、县令等地方官每三年轮换一次,并回避其所出之州县。

第五,由中央的吏部对地方官吏进行统一考核。

通过这些措施,加强了中央对地方的控制,提高了地方政权的统治效能。

(二) 唐朝地方政府及其向三级制的演变

唐朝立国之初,中原内地是州、县二级制,后来演变成道、州、县三级制。在边疆地区是都督与都护统领下的府州制。

1. 唐朝前期的州(府)、县两级制

唐朝初期地方政府实行的是州(府)－县两级制体制,府和州是同一层级的行政区划,但府的地位要高于州。

"府"原本指的是某某官署、机构,它作为一种行政区划名称,是唐朝首创的。唐朝对于一些特殊的、重要的州,将其升格为府,从而与其他普通的州相区分。大致上分为两种情况:一是国都、陪都所在地,如将京师长安(西都)所在的雍州升为京兆府,洛阳作为陪都(东都)而改为河南府,后来又把并州提升为北都,改称为太原府;二是军事战略要地或具有纪念意义的皇帝发迹之地,也升为府,如凤翔、成都、江陵、兴元、兴德、河中府。其中京兆、河南、太

原这三个"京府"分设西都、东都、北都牧各一人,一般由亲王遥领,并不实际到任,而是设京兆尹、河南尹和太原尹作为实际上的最高长官。而在其他各府则不设牧,直接以尹为长官。

唐朝的州以其所辖居民的数量,分为上中下三等。此外,还有"四辅""六雄""十望""十紧"的名目。唐朝在少数民族地区还设有羁縻府州。羁縻府州依据少数民族或部落的大小而设,大者为府,小者为州。

州的行政长官称为刺史(玄宗天宝年间曾一度改称太守)。刺史的职责非常广泛,包括劝课农桑、道德教化、文化教育、巡查属县、举贤惩恶等。府、州的主要属官有别驾、长史、司马等,负责机关事务管理、监督并考核列曹官吏;还有录事(司录)参军等,负责文书档案、监守符印等;此外,州府下还分设六司(曹)参军,各负责特定部门的事务。

唐朝的县作为地方行政实体,有县令、丞、簿、尉及其下的各级官员设置,可独立地对所辖区域的各种事务进行管理并行使相应的权力。按照户口的多少,又把县分为上、中、中下、下四等。县的等级越高,官员升迁的机会就越大。

另外,除了上述从州升格而来的府之外,在唐朝前期还设立过一种更高级别的都督府。如前所述,都督之职最早始于曹魏时期,当时领兵的州刺史一般都兼都督数州军事,后由都督军事发展为监管民事,逐渐成为州以上的地方最高行政长官。北周、隋朝时期改都督府为总管府。唐高祖武德七年(624)改总管府为都督府。唐太宗贞观时期,全国设置的都督府在50个左右,有的管辖数州,有的管辖十多个州不等。关于这些都督府的性质和地位,学术界存在着比较大的争论。一种观点认为,在唐朝前期的都督府已经成为州(府)、县之上的最高一级地方政府,从而认为,唐朝前期的地方政府层级已经是都督府、州(府)、县三级制,只是到了中期以后,随着地方藩镇势力的兴起,都督府才名存实亡。[①]

2."道"的产生与唐朝后期地方政府的演变

唐朝的道,最初只是承袭北魏至隋朝中央分道巡察地方的旧制,作为一种巡查地方的监察区域而设立的。唐太宗依据山川地理形势,将全国分为十道,每一道覆盖若干州县,派出使职官员以道为单位例行巡查。此时的道只是一个巡查、监察区。唐玄宗时期为加强中央集权,推行道制改革,把全国由十道增加到十五道,每个道设固定的使职一人,称为采访处置使。重要的道,如京畿、都畿道由中央政府中的御史中丞担任采访处置使,其余诸道则由道内大州刺史兼任。同时还专门在采访处置使所直接管辖的大州内设立治所,并配备副使、支使、判官、掌书记、推官、巡官、进奏官等职设。这样,道就实际上演变为常设于地方的实体性政府机构。

---

① 关于唐都督府的详细研究,参见艾冲:《唐代都督府研究——兼论总管府·都督府·节度司之关系》,西安地图出版社2005年版;关于唐朝前期都督府是否属于最高一级地方政府的讨论,参见夏炎:《试论唐代都督府与州的关系》,《史学集刊》2008年第2期。

安史之乱发生后,为了强化军事指挥的效能,中央政府在重要的郡设节度使调度军队,同时将原来道的采访处置使改为观察使。随着军事活动的发展,朝廷对节度使的倚重程度越来越大,为了地方管理的方便,直接由节度使兼任观察史。观察使作为道的长官,同时又是节度使,这意味着道在已经成为地方政府实体的基础上,又拥有了军事管理方面的职权。战后恢复统治秩序,道作为一级政府建制的事实就获得了制度性的确认。于是,唐朝的地方政府体制就演变为道 – 府(州) – 县三级制体制。节度使作为道的负责人集行政、民政和军事大权于一身,最终又形成了唐朝末期的强地方、弱中央的格局。

3. 少数民族地区的都护府 – 羁縻州体制

唐朝还在少数民族地区设立了都护府。都护府建制始于西汉,但并非一级政府建制,仅行督察、征讨之责。唐朝的都护府则演变为边疆地区事实上的最高地方政府,负责管理少数民族地区的军政和民政。贞观以后至武则天时期,共设置安东、安南、安西、安北、单于、北庭六个都护府,直接隶属于中央政府。都护府设都护、副都护为其正副长官,属官有长史、司马、录事参军、录事等,下面分设各曹。

都护府统领边疆少数民族,主要是通过设置羁縻府、州来进行的。所谓"羁縻",就是对边疆民族地区采取笼络、控制政策的意思,体现在政权机构设置方面,就是在上述都护府下面,以少数民族原来的部落组织为基础,设置羁縻府、州,小者为州,大者为都督府。一方面给这些府、州以较大的自治权,以本族首领为都督、刺史,统率原来的部众,并且这些职位可以世袭;另一方面这些地区必须承认和接受中央政府的管辖权,如其都督、刺史必须由中央政府任命,听从朝廷调遣兵马的命令等。

都护府和羁縻府州的边疆治理模式,既顾及当时边疆民族地区的社会发展的实际情况,又加强了中央政府对这些地区的管理与控制,这种模式对维护和促进国家的统一具有重要作用,对明清时期的民族政策也有一定的影响。

四、宋、辽、金、元时期从两级向三级制的过渡

(一)宋朝路的创设和地方政府体制的演变

鉴于唐朝后期权力配置上的"内轻外重"和五代时期的军阀割据,宋朝统治者采取了很多加强中央集权的举措。表现在地方政治制度设计上,一是在州、县两级政府层级之上,增设了"路",作为介于监察区和行政区之间的过渡形式;二是在各级地方政府长官的任用方面,贯彻"以文制武"、任用文臣的原则,同时对地方长官使用"知府""知州""知县"之类的称呼,以"知"字强调其是受中央派遣并可以随时调动;三是在路一级不设统一的长官,而是

分设几个机构,使之职能交叉,相互牵制,在州一级则设通判一职牵制知州。

路是宋朝地方政治制度中的一个创设,它既有监察区的特点,又承担着一定的地方政府职能。由于汉朝和唐朝晚期所出现的割据状态都源于三级制下的州或方镇的坐大,宋朝不可能采取正式的三级制;但如果采用两级制,中央政府就要直接管理三百个左右的州级单位,管理幅度过大,必然不堪重负而且效能低下。于是,为了既防止地方尾大不掉,又强化对州县的监控,宋朝设置了路这样一种过渡的形式。

宋太宗至道三年(997),依照交通线路与山川形势,将全国划分为十五路;仁宗初年,改为十八路;神宗时又增至二十三路。路是介于监察区和行政区之间的一种区划和层级,在职位和权力配置方面是高度分散的。路不设最高行政长官,也不具有单一的治所,而是由四个相互平行的机构,即"四司"构成,分别是转运司、提点刑狱司、提举常平司和安抚司。四司之间互不统属,分别向不同的中央部门负责,各自拥有独立的机构与官员,治所也不在同一州内。其中转运司负责户籍、土地和赋税事项;提点刑狱司负责司法、狱讼事项;提举常平司主掌常平仓、免役、市易、坊场、河渡、水利等事;安抚司一般由路内最重要的州的长官兼任,主管路内军政及缉盗等事项。四司长官除了各司其责之外,还负责对路内所辖的地方官吏进行行政监督,所以又通称"监司"。同时,为了保证四司能够忠实履行职责,又规定了诸司互察与行政复查制度。路与四司体制的设立,客观上避免了重蹈地方势力"尾大不掉"而陷入割据混战的历史覆辙,但也造成了宋朝地方行政缺乏效率的弊端。

府、州、军、监都是路之下的同一层级的地方政府,可统称为州级行政单位。各府、州、军、监都由朝廷直接委派官员管理,都可以直接向朝廷奏事。府在州级单位中地位最突出,主要包括皇帝登基之前曾居住或任职的州或国家的首都、陪都等地方。军的名字大致起源于唐朝安史之乱后,某个节度使带着某支军队管辖某个地区,人们就逐渐用驻在某地军队的名字指代这个地区。五代以后,这种军队驻地性质的军逐渐演变为一级行政区划,所以,军是从军事要地演变而来的行政区。监是设置在矿区或重要的经济区域的行政单位。四种行政区的长官分别称为知府、知州、知军和知监。

在州级政府,除知州外,还设"通判州军事"一职,简称通判,与知州同领州事。各州公文,知州必须与通判共同签押方能生效。通判还有监督知州的职权,可直接奏告朝廷知州的不法行为。

州以下的行政单位是县,长官称为知县,统管一县的民政、司法和财政事务。

(二) 辽、金的地方政府

在介绍辽代中央政府机构的章节中我们曾经提到,辽国由于境内民族成分比较复杂,各地区、各民族的社会发展水平也很不平衡,因此在全国范围内大体采取了北面官系统和南面官系统两套管理体制和模式,北面官系统负责管理契丹和其他游牧民族事务,南面官系统管理汉人和汉化了的民族事务。

而在地方管理体制方面,也大体是"因俗而治",具体情况比较复杂。大体上说,其中的契丹部族和属国事务,由朝廷的北面官系统管理,基本上沿袭了旧的部族制度,而在汉人聚集的燕云地区,则基本上采取州、县体制。

另外,辽还设置了"五京",即上京临潢府、中京大定府、东京辽阳府、南京析津府和西京大同府,以五京为中心,对周边地区行使某种管理职能。关于五京的性质及其与下面的州县的关系,过去一般认为,辽朝系以五京为中心,将全国划分为五个一级行政区——五京道,设五京留守作为道的最高军政长官。但近年来越来越多的学者却提出异议,认为五京道的说法只是一种地理区域概念,并不存在"道"这一级地方政权。[①] 详细的情况,还要有待于学术界的进一步研究才能明确。

金国也是根据不同的民族、不同地区的社会发展水平,而采取不同的地方管理模式。对待汉人和汉化了的渤海等民族,主要沿袭宋朝的制度,采取路、州(府)、县三个层级。全国设中都(今北京)、南京(今开封)、北京(今内蒙古自治区宁城县)、东京(今辽阳)和西京(今大同)五京,各设留守司分领一路,另外又设十四路总管府,全国共十九路,构成了金朝最高一级的地方政府单位。路管辖府、州、县,府的行政级别相当于州,地位比州重要。

金朝对于女真本民族及其他部分民族,则编成一种叫猛安谋克的组织加以管理。大致三百户编为一谋克,十谋克为一猛安。猛安谋克组织在战时是军事战斗组织,平时则是行政组织或社会组织。

(三) 元朝的行省制下的地方政府

元朝是一个由少数民族建立的政权,加上其版图空前辽阔,因此在地方政权建设方面表现出鲜明的特色。首先,由于统治区域辽阔,其直接的后果就是地方政府层级增加。如果一级不少的话,其地方政府层级最多的有省、路、府、州、县五级,其中以行省—路—府或州—县四级区划为主,而行省(省)制的出现,无疑是这个时期最大的变化。其次是在各路、府、州、县专设"达鲁花赤"一职,蒙古语为"镇压者""盖印者"等意,由蒙古人出任,作为该级地方政府的监督者和实际上的最高长官。

行省作为地方最高行政层级始于元朝,它是由中书省(国家行政中枢)的派出机构发展而形成的一级地方政府。元世祖时期,在全国设立十路宣抚司分掌各路政务,都隶属于中书省。后又撤销各路宣抚司,改设总管府,作为中书省的代理机构掌握各路行政、军事大

---

① 参见关树东:《辽朝州县制度中的"道""路"问题探研》,《中国史研究》2003 年第 2 期。

权。当时称之为行省,这是行省的最初由来。后来,各行省的区划逐渐固定,行省作为常设性地方行政机构遂成为定制。除了中书省直辖地区(今山西、山东、河北及内蒙古部分地区,时称"腹里")和宣政院管辖的地区(今四川、西藏及青海部分地区)之外,全国分设岭北、辽阳、甘肃、陕西、河南、湖广、四川、云南、江浙、江西十个行省。[①] 行省与中央中书省一样,设有丞相、平章政事、左右丞、参知政事等职,多由蒙古贵族出任。行省体制的重要特点是其作为中央政府的派出机构,权力高度集中而灵便,为元朝辽阔的疆域提供了有效的地方治理体系。

行省以下的行政层级依次为路、府、州、县。路按所管民户多少分为上、下两等,十万户以上为上路,十万户以下为下路。路一级设置总管府,总揽辖区内的司法、行政、财政等职权。路一级设有达鲁花赤、总管、同知、治中、判官、推官等职官。达鲁花赤是路的最高行政长官。

路下设府。其长官设有达鲁花赤一员,知府或府尹一员,下设同知、判官、推官等职。这是从完整的四级地方政府的角度而言的,实际上元朝府的设置很复杂,有的府直属于行省甚至中书省,有的隶属于路,有的管辖州县,有的则不领州县。

州按所管民户多少分成上、中、下三等。上州设达鲁花赤、州尹,中、下州设达鲁花赤、知州。

县也按民户多少分成上、中、下三等,有的县直隶于路、府,有些县则隶属于州。上县设达鲁花赤、县尹(也称县令)、县丞,其下还有主簿、县尉等官职,中、下县则不设县丞,其余相同。

此外,在个别边远地区,还保留着"军"的建置,品秩和设官与下州相同。在远离行省中心的地区或少数民族聚居地区设立宣慰司。

五、明清时期地方政府的层级与结构

(一) 明朝以省为核心的地方政府体制

明朝地方政府体制的变革,主要是围绕着省制的巩固与调整而展开的。其主要的变化包括:取消元朝时期设立的权力相对集中的行省制,在省级政权中设承宣布政使司(布政使司)、提刑按察司(按察司)、都指挥使司三司;取消了元朝的路一级政府,这样明朝的地方政府的基本层级就成为省、府(州)、县三级体制;在边疆少数民族地区逐步实行"改土归流"政策,

---

① 此外,元朝还在中南半岛和朝鲜半岛设立了交趾(安南)、征东两个特殊行省,属于羁縻性质的机构,与内地行省性质不同。

使内地的州、县体制不断向帝国的边陲延伸,不断强化对边境地区的控制力。

1. 明朝的省制与地方政府层级

明朝初年,承袭元朝设立行中书省作为地方的最高行政层级。洪武九年(1377),明太祖为了强化中央的控制,将行中书省改为承宣布政使司。除南京、北京两都地区由中央直辖之外,取消了原来权力相对集中的行省,在全国设立十三个布政使司。由于布政使司的辖区与之前的行中书省基本相同,因而习惯上仍称之为行省。明朝的省级机构设置借鉴宋朝的权力分散制,在省这一级设立了布政使司、提刑按察司和都指挥使司三个机构。

布政使司是地方最高行政机构,执掌一省的民政与财政,俗称"藩台",设左、右布政使各一人(从二品),还有左右参政(从三品)、左右参议(从四品)等职。布政使司下设经历司(出纳文移)、照磨所(勘理卷宗)、理问所(典刑名)、司狱司(狱监)等机构。提刑按察司掌"提刑"与"按察",即掌一省的刑狱、监察,是一省最高司法与监察机构,俗称"臬台"。其长官为按察使,佐官为按察副使和按察佥事,下属机构有经历司、照磨所、司狱司等。都指挥使司执掌一省的军事事务,设都指挥使一人,都指挥同知二人,都指挥佥事四人。下属机构有经历司、断事司、司狱司等。

明朝三司体制所确立的地方分权结构保证了中央集权,但也会遇到与宋朝同样的问题,即地方缺乏统一的领导,降低了整个国家的统治效率。为了解决这个问题,明朝在遇到重大的问题或事出紧急时,由中央派出大臣,带上都察院的都御史或兵部侍郎的头衔,担任临时性的"巡抚"或"总督"来协调督办。明朝中后期,巡抚逐渐由一种临时安排演变为地方的正式机构。巡抚除了中央委派的特殊事务外,还负责督察一省的民事、行政、财政、司法、监察等事务。边境地区的巡抚还要负责军事。总督主要担负军事职责,调度兵马又兼理粮饷。总体来看,明朝的总督和巡抚虽有领导三司的权责,开始出现向一级地方政府机构过渡的趋势,但总体上看,还没有演变为正式的地方政府。

明朝省以下地方政府层级的主要变化是,取消元朝的路这一级政府,省直接管辖府、州、县。府分为上、中、下三等,全国共有 195 个府。府设知府一人,负责一府之政令、狱讼、赋役等;知府之下设同知、通判、推官等。府所属机构有经历司、照磨所、司狱司。明朝的州分为直隶州和属州(散州)两种,直隶州地位相当于府,属州的地位相当于县。州设有知州、同知、判官等官员。府(州)以下设县,也依据户口的多少分为上、中、下三等。县设知县、县丞、主簿等官。

2. 少数民族地区的土司制与"改土归流"

在对边疆民族地区的治理方面,元朝以前的中原各王朝实际上已经采取"以土官治土民"的办法,即通过封赠边疆各族首领官爵以统治本族人民,称"羁縻"政策。元、明和后来的清王朝更进一步将这种办法发展为土司制度。所谓土司制度,就是中央政府任用当地少数民族首领担任长官组成土司并管理该民族地区的一种制度,其突出的特征就是一方面承认中央政府的最高统治地位与管辖权,一方面承认这些少数民族首领在当地的世袭统治权,即所谓世官、世土、世民。如元朝在边疆设立的宣慰司、宣抚司等,均由当地首领任宣慰使、宣抚使。明朝在西南云、贵、两广少数民族聚居区的土司分为两种:一种是由军事部门管辖的,如隶属于兵部的宣慰司、宣抚司、安抚司、招讨司、长官司等,其长官分别为宣慰使、宣抚使、安抚使、招讨使、长官司长官;另一种是属于行政部门吏部管辖的,在这些民族地区设立的府、州、县机构,由当地首领出任各级长官,即土知府、土知州、土知县。所有这些土官都世袭其职,由中央给予符节,并确立土司的承袭、等级、考核、贡赋、征发等制度;除对中央承担规定的贡赋、征发等义务外,土司在辖区内仍然保持传统的统治机构和权力。可以说,土司制度是在当时历史条件下,中央王朝为了维护政治上的统一而采取的一种因地制宜的边疆治理模式。

但是,由于土司的职位世袭,各土司之间又常常因为争夺地盘发生战乱,不利于边疆地区统治秩序的稳定。故明成祖在永乐十二年(1414)平定思州、思南两宣慰使的叛乱之后,即废除了该地的土司,而设贵州布政使司,下设思州、思南等八府,由中央政府直接派官员进行管理,而不再任用当地首领担任世袭的土官。由于中央派去的这些地方官员是有任期的、可以随时由中央调动升转的,相对于原来世袭、固定的"土官",他们被称为"流官",废除土官、改用流官的办法也就称为"改土归流"。后来清朝在这一基础上,又实行了更大规模的"改土归流"。"改土归流"的开展,标志着中央集权的地方政府体制向边疆地区的不断扩展。

此外,明朝政府还在北方边地设置了一些羁縻卫所,以控制当地的少数民族,如在东北地区设立建州三卫(建州卫、建州左卫、建州右卫),以管理该地区的女真人。

(二) 清朝地方政府的层级与结构

清朝地方政府体制对明朝有所继承,又有较大的变化。

在地方政府层级的设置方面,清朝总体上和明朝相似,基本框架为省、府(州)、县三级。此外,还有边疆地区的若干特殊设置和京师顺天府、盛京奉天府等。省是最高的地方行政层级。清朝初年全国分为15个省,康熙年间变更为18个省,到清末又增加至23个省。

清朝地方政府体制的一个突出的变化是总督、巡抚成为固定的地方最高军政长官。清初沿袭明制,地方遇到重大事务,即由朝廷差遣总督和巡抚,带上都察院和兵部官员的头衔,协调、节制各省加以办理,带有"钦差大臣"性质。而后督、抚在全国各省普遍设置,总督、巡抚职位也由临时差遣性质变为实缺,成为省以上最高军政长官,代表皇帝作为封疆大吏而统辖一方。总督由皇帝特旨任命,为正二品,通常情况下都通管两个以上省份,也有的只管一省(如直隶),一般兼带兵部尚书、都察院右都御史衔;巡抚为从二品,一般加带都察院右副都御史、兵部侍郎衔。总督和巡抚各有执掌，总督的职责偏重军事，而巡抚的职责偏重于民事。同时，也有总督兼巡抚(如直隶、四川等)和不设总督而由巡抚提督军务的情况。从官僚品秩上看，总督地位要高于巡抚，但两者均可以直奏朝廷，遇地方军政大事须二者会商解决。这种制度安排，实际上是利用总督、巡抚之间并不明确的职权划分关系，有意使二者互相牵制、监督，从而加强清廷对地方的控制，实现中央集权的目标。

总督、巡抚之下的省级政府机构，设承宣布政使司、提刑按察司及提督学政等。布政使专掌一省民政和财政，按察使专掌一省司法和官吏督察，两者均受总督、巡抚节制，提督学政主要负责一省科举考试和学校教育等。

清朝地方政府体制的另一个重要变化是"道"逐渐由监察区向一级行政区过渡。"道"在明朝大约相当于省下面的监察区。由于省区太大，加上人口增加造成事务繁剧，便把全省的府、州划分为若干片区，称为"道"，由布政使下属的官员左右参政、参议分道巡查监督，分工负责该片区内的钱粮统计、催征等，这叫"分守道"；同时各省按察司也把全省划分为若干"道"，委任提刑按察副使、金事分道巡视，称"分巡道"。后来这种"分守道""分巡道"逐渐演变为布、按二司下属的分司，成为这两个机构常设于某地的派驻机构。清初沿袭明制，布政使司派出的官员称为守道，协助布政使监理各道的钱谷行政；按察司派出的官员称为巡道，协助按察使分管一道的司法与监察。乾隆时期，道逐渐开始向省下面的一级行政机构过渡，道的长官不再叫原来的参政、参议、副使、金事等，而统称道员，别称道台、观察，官阶为正四品，不再是一种临时性差遣，而成为实职；道对下面的府、州也有了某种行政管辖权。学术界对于清朝"道"的性质、地位的看法虽然存在一定争论，[①]但综合起来看，和府、州、县级政府相比，"道"还不具备完整的一级地方政府的功能，还不能说就是一级正式的地方行政区划，顶多是一种过渡形式。从当时记载看，所谓"各道职司风宪，综覈官吏，为督、抚布教令"，以及道员"佐藩、臬，覈官吏"，[②]道和道员仍然带有布政使司、按察司派出机构与佐官的性质。

除了这种按区域划分的守、巡道之外，还有专管省内某一方面事务的专职道，包括督粮道(粮储道)、盐法道、管河道、海关道、兵备道等。无论守、巡道抑或专职道，都兼有"廉察"府州县官吏的监察之职。

省、道以下的行政层级是府、直隶州、直隶厅。府的长官称为知府，知府直接听从布政使司和按察司的政令，管理下属的州县。直隶州、直隶厅均隶属于布政使司，级别与府相近。"厅"是清朝在一些情况特殊的边远地区或少数民族地区专设的行政区划，分为直隶厅与散厅，直隶厅与府同级，散厅与县同级。

---

① 详细的讨论参见朱东安：《关于清代的道和道员》，《近代史研究》1982年第4期；李国祁：《明清两代地方行政制度中道的功能及其演变》，台湾"中央研究院"《近代史研究所集刊》1972年第3期。

② 赵尔巽等：《清史稿》卷一一六《职官三》，中华书局1977年版，第3355页。

府下面是县、散州、散厅。县长官为知县,县级政府负责征收钱粮、审问狱案、兴学教化、劝课农桑等,其职责既繁且重,处于国家与社会交接的关键地位,在国家治理中占有非常重要的地位。散州也相当于县,但地位比县略高,长官为知州,散厅的长官称同知、通判。

综观中国历史上地方政府层级演变,最初是秦汉至隋唐时期的两级制为主,中经宋元的过渡期,最终演变为明清时期的三级制为主。其中,地方最高层级的政府与政区由于距离中央政府这个控制中心最近,对中央集权的整体格局影响更大,因而变动比较频繁;县级政府则由于远离控制中心,又是最接近基层的"亲民官",其政权建制直接关系百姓日常生活和基层社会,因此相对比较稳定,其数量一直浮动在1500个上下。同时,在保持地方政府层级基本稳定的前提下,各个朝代又因地制宜,在不同地区设置不同的政府层级,对于同一级别的政府也根据情况和需要,采取不同的名称和管理体制。

第二节　乡里组织与基层治理

乡里组织是连接古代国家与基层社会的重要纽带。在中国古代,国家(官府)要想把权力的触角深入到民间社会的每一个人,要想让成千上万的远离官府的民众接受其思想"教化",为那个远在都城的皇帝履行纳税服役的义务,就必须通过一定的组织形式把民众编组起来,这种组织形式就是以乡、里为骨干的基层组织。没有这种基层组织,古代国家就无法实现对广大区域的有效控制与治理,因此,乡里组织在古代中国政治制度体系中具有非常重要的地位。

从性质上说,乡、里组织一方面不是"官府",各类乡官的身份是"民"(甚至是差役)而不是"官",因而它是一种基层社会组织形式;另一方面,它又在国家对基层社会的治理中发挥了重要功能,是整个国家治理机制的一个重要组成部分,是国家权力在基层的延伸与实现方式。国家"进入"基层社会,进而实现对基层社会的治理,就是借助乡、里组织去连接宗法组织,去吸纳宗族势力、士绅群体等乡村精英参与治理,也就是通过宗族、乡里、士大夫三者的有机结合来实现的。

根据现有的资料,至少早在春秋战国时期,我国的乡、里基层组织就已经初步形成。如《史记》中记载,老子是"楚苦县厉乡曲仁里人也";《墨子·尚同》也说"是故里长者,里之仁人也。里长发政里之百姓……闻善而不善,必以告其乡长",说明在县以下,已经有了清楚、确定的乡里组织层级,而且各设乡长、里长等作为管理者。另外,在乡、里之下还有什和伍的编组,一般是五家为伍,十家为什,如秦国颁布什伍连坐法就是以此为基础的。

一、秦汉时期乡里组织的发展

秦统一之后,其乡里制度承接战国而有所发展。《汉书·百官公卿表上》记载秦汉之际的乡里组织时说:"大率十里一亭,亭有长。十亭一乡,乡有三老、有秩、啬夫、游徼。三老掌教化。啬夫职听讼,收赋税。游徼缴循禁贼盗。……皆秦制也。"[①]

可见,汉朝的乡里组织基本上承袭了"秦制"。根据上述记载,再结合其他资料,可以看出秦汉的乡里组织有以下值得注意之处:

第一,在组织层级上,秦汉时期除了乡、里、什、伍之外,还增加了亭的设置。不过这段记载把亭作为介于乡和里之间普遍设立的一级组织,而且亭的功能完全等同于乡里组织,许多学者经考证认为是不准确的。大致来说,亭是设在城区和交通要道的基层机构,亭长由县政府选任,主要与都尉配合,负责缉捕盗贼、维护基层治安,同时也兼管驿站邮传等,其设置情况和性质非常复杂。[②]

第二,在乡官的设置上,乡有三老、有秩、啬夫、游徼等分司其职,掌管教化、税收和治安等基层事务,亭设亭长,里设里正(或称里魁)。其中三老一般选自乡村中德高望重者,掌管乡村的道德风俗教化,虽然不是行政职务,没有正式俸禄,只是免除兵役徭役,但地位尊崇,可以直接向皇帝提出意见和建议。汉武帝就曾接受壶关三老的意见,最终改变了处理太子案件的态度。另外各种记载表明,在乡官系列中,啬夫具有非常重要的地位,实际上担负着全面管理一乡事务的职责,在汉朝乡里基层组织系统中扮演着重要角色。以至于当时有"人但闻啬夫,不知郡县"的说法。[③]

二、魏晋南北朝时期乡里组织的衰落与重建

东汉后期,随着政权的衰微,地方豪族势力不断膨胀,主宰着基层社会秩序。豪族占据地方政府重要的吏职,操纵郡县的贤良选举,左右地方舆论,逐渐成为基层社会秩序的支配性力量。随着黄巾起义席卷全国,基层社会秩序遭到严重的破坏,乡里组织也被摧毁殆尽。地方豪强乘机而起,大量民众也加入豪强武装,填补国家权力在地方的缺失状态。三国时期,各割据政府试图恢复政府控制的乡里社会模式。曹魏政权在许多地方实行屯田制度,事实上就是要把乡里社会纳入从上而下的军事控制模式,由屯田官吏和地方豪强共同控制底层

①　班固:《汉书》卷一九上《百官公卿表上》,中华书局1962年版,第742页。

②　参见杨鸿年:《汉魏制度丛考》,武汉大学出版社1985年版,第399—407页;白钢主编,孟祥才著:《中国政治制度通史》第三卷,人民出版社1996年版,第236—242页。

③　范晔:《后汉书》卷四八《爰延传》,中华书局1965年版,第1618页。

社会秩序。

　　西晋统一后,对乡里组织进行恢复整顿。晋代的乡里制度上承秦汉,大致县五百户以上设乡,每乡置啬夫一人;百户为里,设里吏一人。[①] 需要注意的是,由于战乱和人口的减少,晋代五百户以上就设乡,与汉朝的万户大乡相比,乡的规模已经大大缩小。同时,晋代乡的地位也不断下降,乡官权责明显减少,其主要职责局限于"定民户籍"和催征租调徭役,而推行教化等职能日渐丧失。

　　进入南北朝时期,南方各个王朝基本上延续了秦汉以来的乡里制。而在北魏之前,北方则因战乱频繁,乡里组织遭到破坏。地方豪强为了生存,往往"筑坞"自保,同时也会吸引一些流离失所的平民前来投靠。于是,坞堡就成为乱世之中维护地方秩序的一种重要形式。北魏统一之初,为了拉拢地方豪族和保证赋税征收,就对这一事实加以承认,任命这些豪族为宗主,都护、管理百姓,称为"宗主督护制"。但是,这些担任宗主的豪族往往隐瞒户口,使国家赋税收入大大减少。所以在孝文帝改革时,便以三长制取代宗主督护制:以五户为一邻,设一邻长;五邻为一里,设一里长;五里为一党,设一党长。三长的职务主要是统计户口、催税、征发兵役徭役,维持治安等。这种三长制实际上是对汉族政权的乡里什伍组织的一种变通。

三、隋唐时期乡里制度的演变

　　隋朝初年,隋文帝颁布《开皇令》,将基层社会组织编成京畿内外两个系统,京畿之内实行保、闾、族三级制度,五户为保、二十五户为闾、一百户为族,分别设保长、闾正和族正。京畿之外地区实行里、党二级制,里相当于闾,党相当于族,分别设里正和党长。开皇九年(589)又下令统一实行乡、里二级制,规定五百户为乡,置正一人;百户为里,置长一人,而不再有京畿内外的分别。

　　唐朝基本沿袭隋制,也采取乡、里二级组织,以一百户编为一里,设里正一人;五里为一乡,置乡老一人。在里正管理的百户中,实行邻保制度,四家为邻,五家为保,并没有保长,以相互禁约。同时把城市居民聚居的"坊"和乡村自然聚落的"村"也纳入基层管理系统,各设坊正、村正(长),所谓"在邑居者为坊,在田野者为村"[②]。这就是唐朝乡里组织的基本情况,再结合其他材料及学术界的相关研究,可以发现,唐朝乡里制度有以下值得注意的变化:

　　首先,乡的功能不断弱化,里在基层治理体系中的作用则不断突出和强化,呈现出"乡

---

　　①　参见房玄龄等:《晋书》卷二四《职官志》,中华书局1974年版,第746页。
　　②　刘昫等:《旧唐书》卷四八《食货志上》,中华书局1975年版,第2089页。

虚里实"的趋势。秦汉以后,中央政府为了加强对基层社会的控制,防止地方豪族大户势力对郡、县级政权的威胁,都倾向于弱化乡的功能,将权力的触角直接延伸到基层社会。表现在组织规模上,就是乡的建置规模越来越小。汉朝尚有许多万户之乡,晋代以后则是五百户为一乡。乡的规模缩小,乡的数量势必增加,如果沿袭旧制,有相当部分乡官将被纳入国家的基层官僚序列,会加重国家财政负担;而把每乡里的日常管理事务直接交给五个里正便足以胜任,就不必再经过乡长这一环节,既可以减少层级,又可降低管理成本。这样,随着乡的缩小,乡长地位也逐渐下降。所以在唐贞观九年(635)"每乡置长一人,佐二人"之后,不久便于贞观十五年(641)宣布废掉该职。① 这样,一乡之内的基层行政事务实际上就落到里正身上。

里正的选拔也有一定资格要求,如:"诸里正,县司选勋官六品以下白丁清平强干者充。"② 就是说,里正一般要从有担任低级官吏经历者或者普通百姓(白丁)中"清平强干者"中选任。同时,给里正以"免其课役"的特权。这样,在一乡之内,实际上形成了几个里正共同管理乡务的局面,他们"掌按比户口,课植农桑,检察非违,催驱赋役"等,直接对县衙负责,为此须经常奔走于县府,甚至还存在着轮流到县政府当值的情况。如唐人王梵志《当乡何物贵》诗所说,"当乡何物贵,不过五里官,县局南衙点,食并众厨餐",他们替官府办差,可以在县衙吃喝,在乡民眼中还是很尊贵的。

其次,里正等"乡官"的不断职役化。里正虽然在基层治理中担负重要职能,但终究不是官而是民。所以王梵志诗中又说,里正"职任无禄料,专仰笔头钻",没有俸禄而专靠舞文弄法而获取小利。而他们管理的事务又非常繁重,"租调无处出,还须里正倍",稍有疏忽就会受到官府的惩罚,权利与责任严重失衡,导致里正的社会地位逐渐下降,往往被民众视为苦差,以至于政府不得不依据贫富等级轮流选任。里正这类原来的乡官于是成为"至困至贱"之职。加上中唐以后两税法的推行,国家对田亩的控制取代对户口控制,建立在户口控制基础上的里和里正的功能便进一步下降。

最后,与此同时,原来由自然聚落演变而来的村,日益取代里的地位而发挥行政村的职能。作为自然村落,村至少在魏晋南北朝时期已经出现。唐朝实行统一的"百户之里"时,就是以自然村为基础进行编组的。由于自然村有大有小,所以唐朝规定,原则上以百户为里,同时在每一个自然村设村正。但是在"地远人稀"、情况特殊的地区可以灵活处置,这样大村可能不止设一里,小村可能几个村编为一里,而太小的不满十户之村则不必单设村正,而是并入大村进行管理。这样,原来的自然村落也就纳入了整个国家的基层治理体系之中。

---

① 杜佑:《通典》卷三三《职官·州郡下·乡官》,中华书局 1988 年版,第 924 页。
② 杜佑:《通典》卷三《食货三·乡党》,中华书局 1988 年版,第 64 页。

而随着中唐以后里的衰弱,村的地位和作用日益重要,成为国家实现基层治理的基本组织形式。[①]

四、宋元时期的乡里制度

(一)宋朝乡村治理体系的演变

从北宋到南宋时期,其乡村的基层组织和治理体系前后变化很大,而且情况也非常复杂。其中有两个相互关联的因素,对其基层治理体系影响很大:一是为矫正唐末五代以来"君弱臣强"的弊端,国家在整体上不断强化中央集权,从而使中央政府对基层社会控制力加强,政策不断变化,自然使基层治理体系、模式不断调整;二是由于长期处在与外部少数民族政权对峙、战争状态,为了"富国强兵"(特别如王安石变法),也会根据情况不断调整其乡村组织与治理体系。

概括起来看,宋朝的乡村组织和治理体系大致经历了这样几个演变阶段[②]:

第一阶段,基本采取乡里组织时期。北宋初年,虽然在形式上沿袭了唐朝前期的制度,采取乡 – 里两级组织,但又是以乡为单位设置里正、户长、乡书手负责征科赋税;设耆长、弓手、壮丁逐捕盗贼,形成征收赋税与维持治安两个控制体系;同时乡的辖区也在变小,甚至出现乡、里重叠现象,从而出现两级制向一级制演变的趋势[③]。

第二阶段,废乡设"管"时期,宋太祖开宝七年(974),宣布废除乡这一级组织,而代之以"管",以户长负责管内赋税的征纳,以耆长负责治安和诉讼。不过,乡虽然作为一级基层组织被撤除,但是作为统计户口、税收的地理单位,乡的名称仍然保存。宋仁宗时,因里正常年在县衙应差,成为"衙前"之役,又宣布废除里正。

第三阶段,实行保甲法时期。宋神宗时,朝廷为加强地方民兵力量,减少国家军费开支,在全国推行保甲法:将乡村民户以十户组成一保,五十户为一大保,十大保为一都保。选派主户中财产、丁口最多者担任保长、大保长和都副保正;主户和客户有两丁以上者,抽一人充当保丁(民兵),进行军事训练;并由每一大保夜间轮派保丁巡逻,维持治安。从治理体系的角度看,都副保正、大保长等实际上是替代了原来的耆长系列,担负维持治安功能。同时,从

① 此处关于唐朝乡里制度演变的内容,参见张国刚:《唐代乡村基层组织及其演变》,《北京大学学报(哲学社会科学版)》2009 年第 5 期;鲁西奇:《唐代乡里制度再认识》,《中国文化》2018 年第 2 期。

② 参见鲁西奇:《中国古代乡里制度研究》,北京大学出版社 2021 年版,第 488—521 页。

③ 对于这种演变趋势,有学者概括为"乡虚里实",以里为基础治理中心,有学者则提出异议。参见王棣:《宋代乡里两级制度质疑》,《历史研究》1999 年第 4 期;夏维中:《宋代乡村基层组织衍变的基本趋势——与〈宋代乡里两级制度质疑〉一文商榷》,《历史研究》2003 年第 4 期。

每十至三十户主户中轮流派差保丁一名,充当催税甲头,取代原来的户长负责催征赋税。后来因为甲头无力承担催征之责,改由大保长征科。这样,保实际上替代了原来的里,发挥农村基层组织的征税与治安功能。

第四阶段,保甲制与耆、户长制并行的南宋时期。南宋保甲法屡废屡复,大体上说,都副保正、大保长与甲头不仅负责治安事务,也同时负责催征;而原来的耆、户长之役目虽然保留,但在实行中演变为纳钱代役,最后又变成只纳钱不募役,变成一种新税目。这样,南宋乡村真正负责征科与治安的,还是保甲系统。

总之,乡村治理体系的多元化、乡村组织首领的差役化、乡村组织功能简化为征收赋税和维持治安,是宋朝治理体系演变的突出特点。

(二) 元朝的乡 – 都与村社制

元朝参考宋、金旧制,在农村设立乡、都两级基层组织(城市设隅、坊),乡设里正,都设主首,主首辅佐里正,负责催办税粮、禁止违法等乡村事务。不过,由于都是以自然村为基础而设置的,加上各地习惯的原因,都有时候也和村、保、里等互用。

除此之外,元还仿效金,设立了社这一专门劝导农桑的组织,规定五十户立一社,选择"高年晓事者"任社长,"以教督农民为事"。而"教督农民"的职责本来就会涉及倡导勤劳务农、遵纪守法、调解纠纷等广泛的事务,所以在实践中社长常常会参与催税事务,到了元朝后期,随着职责和作用日益增大,社长实际上和主首在职能上混为一体,社成为在里正之下发挥全面职能的乡村基层组织。[①]

五、明清时期的乡里制度

(一) 明朝的里甲制

相比前代,明朝建立起了以里甲制为骨干的组织体系,并配合以老人制、乡约制等,对乡村基层社会的控制更加严密,更加注重发挥宗族势力、老人等乡村精英的作用,乡村基层组织的功能也更加全面。总体来看,明朝乡村组织与控制体系大致经历了两个阶段。

第一个阶段是前期的里甲制阶段。明初,洪武十四年(1381)开始,在全国实行里甲制,每110户设一里,由丁粮最多的10户每年轮流担任当年里长,余下百户编为十甲,每甲十户,

---

① 参见白钢主编,陈高华、史卫民著:《中国政治制度通史》第八卷,人民出版社1996年版,第134—140页;仝晰纲:《元代的村社制度》,《山东师大学报(人文社会科学版)》1996年第6期。

每年轮流一人担任甲首。每年由 1 名里长率领 10 名甲首承担差役,"管摄一里之事"。里长职责广泛,对一里之内所有事务几乎无所不统,其最重要的职责,一是掌握本里各户人丁消长、钱粮多寡,二是监管民户,防止丁口逃亡,同时协助官府缉拿逃犯。

同时,又继承元朝社制,在一里之内设老人一职,每里择三到五名年长且人所敬服的"公正可任事者"充任,协同里长处理纠纷和诉讼,维护风俗教化,督促农业生产。在朱元璋颁发的《教民榜文》中特别规定,凡民间婚姻、土地、斗殴等日常纠纷,必须首先由里长和老人理断,不得直接向官府提诉。[①]

第二个阶段,保甲制为主的阶段。明朝中期,里甲制逐渐瓦解。其主要原因,一是由于里长、甲首是国家强制性的苦差,出了差错要被追究治罪;二是里甲组织的编排以户口和土地占有状况的相对稳定为前提(十年一次轮差),一旦人口因天灾、疾病、流动等因素而发生变化,这种静态的管理机制就会导致赋役不均,人口逃匿。这样到明朝中期以后,一些地方逐渐开始推行保甲制,替代里甲而发挥基层组织的功能。大致以十户为一甲,十甲一保,各设保、甲长,并采取十家连坐治罪。因为各地差异较大,其详细的情况还需要进一步研究。

此外明朝后期官方还曾以宗族组织为基础,推行乡约制度,与保甲制配合。各乡里结合实际设置约长、约副、约正等职务,以道德教化为主要功能,包括宣讲圣谕、倡导互助、处理纠纷等。

(二)清朝由里甲制向保甲制的转变

清朝前期,基本上延续了明朝里甲制,同时老人制、乡约制也不同程度地实行。一般认为,由于清初赋役册籍残缺,征缴方式混乱,造成人口与赋税登记中"增而不增,减而不减,户非其户,丁非其丁"[②],赋役严重不均;加上康熙、雍正时期逐步推行的取消丁口银、"摊丁入亩"的税制改革。这样,原来以编审户口、田产信息为基本职能的里甲制度,就失去了存在的必要性。

大致雍正、乾隆以后,保甲制逐渐取代了里甲制,成为担负乡村治理全面职能的基层组织。其基本形式是每十户编作一牌,设一牌长(头);十牌为一甲,设一甲长(头);每十甲为一保,设一保长。每户发给一张印牌,载明本户人家的户口详情。对于户内人员的行踪和户外人员的来访,都要在印牌上详细记录。保长、甲长、牌长每天要巡视盘查可疑的人,实行邻里监视、告密、互保、连坐之法。除治安之外,保甲还负责催税、人口登记、词讼等基层治理的全

---

① 关于明朝的老人制,详细的讨论参见[日]中岛乐章:《明代乡村纠纷与秩序——以徽州文书为中心》,郭万、高飞译,江苏人民出版社 2012 年版。

② 魏源:《皇朝经世文编》卷七四《敬陈保甲二要疏》,岳麓书社 2004 年版,第 159 页。

面职能。[①]

保甲长虽可免充他役,但事务繁杂,而且没有报酬,稍有疏忽还要连坐治罪,乡里稍有社会地位的人家,都会竭力躲避,于是保甲长之职往往落入乡间闲散无赖人员身上。加上清末财政压力不断增强,保、甲长的主要职责也压缩为赋税催征。不过应该看到的是,明清以后乡村宗族组织和乡绅等精英人物日益参与到乡村治理过程中,还是在很大程度上弥补了里甲、保甲这些正式制度安排的不足。[②]

总体来看,秦汉以后乡村基层组织虽然大致上存在乡－里(都、保)两级组织,但总的发展趋势是"乡虚里实",宋明以后,乡基本上演变为一种统计赋税与人口的地理单位,而基本上由里这一级组织来实际承担基层治理的功能;同时,乡里组织的各种首领也基本上演变为一种政府强制性差役,其职责也简化为催税与治安两大方面,值得注意的是,明清时期宗族的发展和乡绅等力量的活跃,在乡村基层治理中发挥了重要的作用。

第三节　中央与地方关系

要理解中国古代地方政治制度,还需要从中央与地方关系的视角,考察不同时期中央与地方之间的权力配置及其运作。一方面,历代统治者为了有效地实现中央集权,强化对地方的控制,所采用的手段基本相似,主要包括人事、财政和军事等方面。另一方面,在不同的历史时期,影响中央与地方关系的具体因素是复杂多变的,随着政治环境的变化,两者关系也呈现出不同的特征。通过对中央与地方关系的这种"常"与"变"的描述和分析,有助于加深我们对地方政治制度的认识。

一、中央管控地方政府的基本制度与手段

前面说过,中国古代地方政治制度的基本功能和目标就是贯彻中央政府的意志,实现君主为核心的中央集权。而在这种中央集权体制的总体格局下,所谓中央与地方关系的核心和实质,就是中央政府与地方政府的控制与服从关系,也就是以君主为核心的朝廷最大限度

---

① 关于清朝里甲制与保甲制之间的关系,学术界还存在不同的看法,这里主要采取了比较一致的看法。参见孙海泉:《论清代从里甲到保甲的演变》,《中国史研究》1994 年第 2 期;白钢主编,郭松义等著:《中国政治制度通史》第十卷,人民出版社 1996 年版。

② 参见[美]杜赞奇:《文化、权力与国家:1900—1942 年的华北农村》,王福明译,江苏人民出版社 2010 年版。

地集中权力,对地方政府实施压力、控制以贯彻其意志的关系。这种集权、控制关系固然表现在很多方面,但就其基本精神和实践情况来看,其核心内容无非是中央政府通过集中掌握用人权、财权和军权三个基本方面,来达到对地方的控制,以实现国家的统一与整合。为了实现以用人权、财权和军权为核心的中央集权,维持中央与地方的控制与服从关系,历代王朝必然会根据当时所面临的政治情境和主要问题,采取一些具体的制度或手段。下面,结合历代地方政治制度方面的实践,对这些控制制度与手段择要加以介绍与分析。

(一) 控制用人权

郡县制和科层式的官僚制本是一体两面的关系。与身份世袭的分封制不同的是,郡县制下地方政府官员是由朝廷根据能绩和需要而任免的,它以人力资源的自由流动为前提,是对原初的血缘身份规则、贵族等级制度的破坏。通过对地方官员的自由、灵活的任免,国家一方面最大限度地实现了对社会精英在权力、地位和尊严方面的控制,同时又通过地方官员这一中介,使国家的权力和意志在空间上达到最大限度的延伸,从而使官僚制成为实现专制国家空间整合与权力表达的最好形式。

在对官员的具体管理和控制方式上,各个朝代的具体情况有所不同。西汉之初,百石小官也需皇帝任命;后随着官员的增多,六百石以上的地方官员才由皇帝任命或审定。隋唐时期,五品以上官员由皇帝任免,六品以下低级官员由尚书省吏部、兵部按照文官和武官分别选任,并废除秦汉以来州郡自行任命僚佐官的制度,其任免权收归吏部行使。宋朝也是由吏部主管低级官员,重要官员由皇帝、丞相任免。明朝则是文官由吏部任免,武官主要由兵部任免,包括一些佐官杂官等流外官员,都由中央管理,重要官员按照级别不同,可以通过廷推、部推等程序提出候选人,最后都是皇帝圈定。

中央对地方官员既然有任免权,当然也就会有相应的考核、监督等管理权。关于这方面的情况,可以参考监察制度等方面的相关内容,这里不再赘述。

此外需要注意的是,历代王朝还通过君主接见官员的引见制度,强化对地方官员的了解与联系。特别是宋朝以后,官员赴任前受到皇帝接见逐渐成为惯例。明朝初期全国共有1170余个知县,几乎都在赴任前接受过朱元璋的亲自接见和告诫。上任以后,凡清廉正直的,朝廷还要派专人前往慰劳,增加俸禄或额外给一笔奖金。清朝康熙时京官五品以下、外官四品以下,授官时文官由吏部、武官由兵部带领朝见皇帝。皇帝通过接见时简短对话与接触,有时会对某个地方官员留下印象和评价,而这些或许成为日后任用该官员的依据。皇帝对地方官的接见,特别是对于像县官这样的基层官员的接见,既是一种恩宠和激励,同时也是皇帝了解地方官员的一种形式和渠道。

（二）"制其钱谷"

宋朝宰相赵普在谈到如何"强干弱枝"、加强中央对地方的控制能力时，曾经总结出一条重要的原则，就是"制其钱谷"，也就是最大限度地由中央政府集中掌握财权，从经济或财权上实现对地方政府的控制，消除地方反抗中央的条件。它虽然出自宋朝人的概括，却从财权方面揭示了历史上中央与地方关系的基本事实。这种财权关系表现在财政体制方面，就是基本上只存在一种中央财政，不存在地方财权或地方财政，"地方从来没有独立的财权，财政分配或税收划分仅能用起运和存留象征性的表示，一切仍受中央法令的严格限制……地方政府的存留仅作为国家编制中的人事费用。"① 具体在税收分配的比例方面，历代王朝都会努力将大部分税收解送到中央，乃至收归中央朝廷之后，还要再拿出一大部分划为皇帝"私藏"，由皇帝直接掌握，而只留下很小的部分供地方政府的俸禄等日常开支。比如，汉朝的财政分成两大系统，一个是由大司农主管的经费收支系统，负责土地、人头、车船、专卖等税收；另一个是由少府和水衡都尉主管的皇家财政，收入来源主要是全国的山泽税、江湖陂海租税、园池税及公田收入，称为"禁钱"。据当时人的说法，西汉"百姓赋敛一岁为四十余万万，吏俸用其半，余二十万万藏于都内为禁钱。少府所领园地作务之八十三万（万），以给宫室供养诸赏赐"②。可见，尽管大司农岁入只有 40 亿，而少府岁入 83 亿，大司农在负担行政费用等开支之外，还要把余下的 20 亿移交给皇帝作为"禁钱"，皇帝的"禁钱"收入远远大于大司农的收入。皇帝掌握了雄厚的财力，自然便于对国家的控制。而在后来的几个主要王朝如唐、宋、明时期，虽然把中央和地方的税收划为"上供"（"起运"）和"留州"（"存留"）部分，但一则存留的部分很小，再则即使存留，也要纳入中央统一计划管理之下。唐朝税收制度前后变化很大，加上用途复杂，中央和地方税收的分成比例很难有准确的数字，但仅就史书记载来看，天宝年间天下岁入粟 2500 万石，其中 1000 石由中央财政机构调拨上供，1000 万石留作诸道诸司粮料，"五百万留当州官禄及递粮"。③ 可见，至少就粟米收入一项来看，地方各州留作经费等固定开支的税收比例仅占全国总收入的 20%。宋朝也是把财政收入划分为上供与留州部分，但是更加明确地贯彻了"制其钱谷"原则，大部分财政收入划归中央，各州只留下小部分经费开支，而且这部分留作州一级开支的经费也叫"系省钱"，即归属于中央主财机构，表示这笔钱在所有权上属于中央财政。④ 明朝的情况也基本如此。而根据一些学

① 梁方仲：《田赋史上起运存留的划分与道路远近的关系》，《梁方仲文集》，中山大学出版社 2004 年版，第 443—460 页。

② 桓谭：《新辑本桓谭新论》卷一一《杂事篇》，中华书局 2009 年版，第 49 页。

③ 杜佑：《通典》卷六《食货·赋税下》，中华书局 1988 年版，第 111 页。

④ 参见陈明光：《唐朝中央对地方政府的财政监督述论》，《宁波大学学报（人文科学版）》2009 年第 2 期；孙彩虹、陈明光：《唐宋财赋"上供、留使、留州"制度的异同》，《安徽师范大学学报（人文社会科学版）》2004 年第 6 期。

者对万历年间的数字统计,当时国家每年田赋共收入 2660 万石,存留于地方 1170 万石,中央与地方划分比例大致为六四分。[1]而根据最近几年的研究,实际比例还要小得多,而且因为地区、税种的不同,比例也有所不同。比如田税起运中央的比例,有的省份为 68%,有的为 84%,有的则高达 90%;而盐税则一般是八分进京。另外一项对明朝嘉兴府财政的个案研究也表明,在该府财政总收入中,仅有 10% 的部分留给本地,其余 90% 的部分起运上缴。同时存留的部分也不能由地方政府独立、自由地支配,而是按规定、按计划开支;结余的部分也不能随便动用,而是根据朝廷的指令"协济"他省军饷等,在财权划分上体现了高度中央集权特征。[2]

(三)"收其精兵"与军、政相对分离

我们知道,军权是国家权力的核心与保障。尤其在古代,坚持由君主为代表的中央政府(朝廷)集中、统一地掌握军权,包括掌握军队的组建、指挥调动、交战等权力,即所谓"礼乐征伐自天子出""兵权贵一"等,可以说是君主专制政体的一项基本原则或应有之义。也就是说,军事上的集权是君主专制、中央集权的重要内容和体现。

从历代王朝的实际做法看,这种军事上的集权对中央与地方关系的影响,主要有以下方面。一是中央政府掌握整个国家军队的组建、指挥、调动与管理权,全国武装力量纳入中央政府的统一管理系统之中。二是在具体的兵力配属上,由中央政府牢牢掌握军队的精锐和主力,除了少量维持地方治安、勤务的军队之外,基本不给地方政府留下有战斗力的军队,从而在兵力上保持中央对地方的绝对优势,这也是赵普所总结的一条控制地方的原则,叫"收其精兵",同时也是历代王朝的一贯做法。而北宋在这方面做得更为明显,比如把军队分成禁军和厢军,把所有身强力壮、战斗力强的士兵全部挑选、充实到禁军(中央军队),而把剩下的老弱病残者编入厢军,留在各州各衙门充任杂役或维持地方治安。但是,即使是这种战斗力低下的厢军,也要隶属于中央政府统一管理,遇到战事,也要受朝廷调遣出兵作战。三是坚持军、政相对分离的原则,把军权从地方政府权力中适当剥离,保持军权与地方政府行政权的相对分离。所谓相对分离,就是在一般情况下,地方政府的主官与驻军武将在职务上是分开设立的,特别是武将一般不能同时担任地方政府长官;在职能上和管理系统上,军队指挥、管理系统和地方政府的行政管理系统是相对独立和分开的。当然,作为"守土有责"的地方政府官员,起码要担负维护地方治安的职责,不可能与军事职能绝对分开、完全剥离。但是从整体上看,这种军事职能是辅助性的,是从其行政职能中派生的,而不是其主要职能。如西汉时期在郡太守之下设都尉,统帅郡内地方军队,但是发兵作战还是要听命于中央政

---

[1]　参见黄仁宇:《十六世纪明代中国之财政与税收》,阿风等译,生活·读书·新知三联书店 2001 年版,第 229 页。

[2]　参见肖立军:《明代财政制度中的起运与存留》,《南开学报(哲学社会科学版)》1997 年第 2 期;黄素慧:《明代地方政府的财政收支与运作—以嘉兴府为主的分析》,台湾暨南大学历史学硕士论文,2008 年。

府。唐朝主要采取府兵制,府兵有单独的一套指挥和管理系统,地方州、府只是在折冲府练兵、发兵时起一定的监督、配合作用。宋朝也有一些地方长官如知府、知州兼任军事统帅,如安抚使、制置使、经略使等,但是它们是按照"以文制武"的原则,由文臣担任的。明清时期,这种地方政治制度中军事与行政分离的倾向表现更为明显,这里不再赘述。

需要说明的是,以上只是就正式制度下的正常情况而言的。事实上,到了大多数王朝的中后期(东汉后期、唐安史之乱以后、明后期等),由于中央集权体制的控制力减弱,社会矛盾加剧,地方上需要动用军队的情况日益增加,地方政府长官兼军事统帅的做法也随之常态化,于是军权与地方行政权逐渐融为一体,而这种军事、行政的一体化,恰恰进一步加剧了中央与地方权力配置上的内轻外重局面,最终成为摧毁这些王朝的重要原因。

(四) 事权分割与机构牵制

中央集权的控制关系表现在组织机构设置上,就是十分注重事权的分割与机构的分散、多头设置,有意使这些机构职能交叉、互不统属、互相牵制,这在最高一级地方政府机构设置上表现尤为突出。比如,宋朝在路这一级就不设单一的地方首长,而是将权力分散在转运司、提点刑狱司、安抚司、提举常平司几个机构中,但这只是大体上的分工,实际上这种职权的区分并不固定,有时候又是交叉的。路与州的关系也是如此,一方面路的转运使可以监督州,但同时朝廷又赋予知州直达皇帝的上奏权。同时,在州、府一级主官之外设置了"通判"一职,虽在官阶、署名上次于知州、知府,但又没有明确为知州、知府的下属或副职,而是与知州、知府共同处理"兵民、钱谷、户口、赋役、诉讼听断之事",并可以直接向皇帝奏事,知州、知府的公文必须有通判的联署方为有效。[①] 元朝则在各个行省官员的配备中,有意利用民族界限实行牵制、分治之术,掺杂使用蒙古人、色目人与汉人,使之互相牵制。特别是在地方主官如各路总管、知州、知府、县尹外,专设由蒙古人担任的"达鲁花赤"一职,使之监视汉族官员。明朝也是将"省"这一级地方政权的事权分散于都指挥使司、布政使司、按察司三司手中。使之互相监督和制约。

(五) "犬牙相入" 行政区划原则

所谓"犬牙相入"地设计行政区划,就是有意打破各地区天然形成的地理单元的完整性,拆散一个地区的经济文化联系,使地方政府之间相互牵制、监视,而无法凭借山、河之险和各地的经济文化独立性,进行割据或反叛中央。这种做法在汉朝建立之初就已初见端倪,如汉高祖刘邦分封刘姓子弟为王,就是采取各个封国与郡县分散交错的办法,使之监视、牵制地

---

① 参见脱脱等:《宋史》卷六七《职官志七》,中华书局 1985 年版,第 3974 页。

方,所谓"高帝封王子弟,地犬牙相制"。[①] 此后,历代王朝都在不同程度地贯彻这一精神,元朝统治者以少数民族入主中原,在省区的规划中将这种"犬牙相入"、拆分、钳制的精神表现得更为典型和普遍。如魏源《圣武记》所记清人对元朝省域的评价说,"合河南、河北为一,而黄河之险失;合江南、江北为一,而长江之险失;合湖南、湖北为一,而洞庭之险失;合浙东、浙西为一,而钱塘之险失;淮东、淮西,汉南、汉北州县错隶,而淮、汉之险失;汉中隶秦,归州隶楚,又合内江、外江为一,而蜀之险失"[②]。后来明、清两代又继承了这种地方行政区划的原则和格局,并奠定了今天行政区划的大体框架。这样的区划原则可能对维护国家的统一和稳定起到一定作用,但也造成中国的大行政区往往跨山、跨河、跨关隘而治,以行政壁垒隔断了自然地理区域内经济、文化上的天然的联系。

除了以上方面,各个朝代还有许多控制地方、加强中央集权的做法,这里不再详细讨论。

二、中央与地方关系的历史演变

(一) 中央与地方关系演变的主要制约因素

纵观中国秦汉以后的中央与地方关系,总体格局是以郡县制为基础的中央对地方层层节制、高度集权的关系。虽然中间有少数朝代部分地采用了分封制(如汉、西晋、明),但一则分封制已经不占主导地位,二则实行的时间都不长。可以说,郡县制始终是维持中央对地方集权、控制关系的基本制度架构,在中央与地方政府的权力配置关系上,总体上是强干弱枝、以中央集权为重心的。同时,正如我们上面所介绍,历代王朝为了维持这样一种中央集权体制,也曾千方百计地针对本朝的实际情况,采取相应措施和手段。主观上,每一个最高统治者都希望地方政府既能高效运转,又能不折不扣地贯彻中央政府的意志,达到古人常说的"如身使臂,如臂使指"的效果。

但是,由于每个朝代所面临的内外环境不同,需要应对的治理难题、突出问题也各有不同,这就造成每个王朝虽然主观目标是一致的,控制手段也基本上大同小异,但是控制效果却未必相同,从而造成每个朝代在中央与地方关系方面也就表现出不同的特点。

从中国历史上的实际情况看,制约中央对地方实际控制能力的因素无非有以下几点:

第一,"朝廷"或中央控制系统本身出了问题。在"以一人治天下"或者"独术治群"的君主专制制度下,以皇帝为代表的中央政府是整个国家机器的动力(压力)系统与控制中枢,

---

① 司马迁:《史记》卷一〇《孝文本纪》,中华书局 1982 年版,第 413 页。

② 魏源:《圣武记》卷一二《武事余记·掌故考证》,岳麓书社 2004 年版,第 518 页;另外关于历代统治区划原则的讨论,参见万昌华:《秦汉以来地方行政研究》,齐鲁书社 2010 年版,第 307—310 页。

这个动力(压力)系统与控制中枢如果出了问题,当然就会影响对地方的控制,殃及整个中央与地方的关系。这种"中央控制"问题在历史上主要表现为两个具体方面,一是控制失灵问题,即因为皇帝昏庸无能或荒淫无道、朝廷出现严重的党争或内斗等,不能提供推动地方政府运转的动力(压力)或发挥调控功能;二是控制过度或控制失误问题,即中央对地方集权太过,管得太死,导致地方毫无自主性和积极性。这些都会从总体上最后摧毁这种中央对地方的控制关系。

第二,发生了大规模、持续性的叛乱、农民起义等内乱,势必根据作战需要而建立跨地区、随机性的军事调动与指挥体系,从而打破原来那种按地域、分区块的常态化控制体系,给地方政治体制带来严重冲击。

第三,出现了严重的边患或大规模的外敌入侵,也会导致战时体制的形成,冲击和改变原来的常态化的地方控制体系。

当然,具体到每个朝代的中央与地方关系的实际情况,其制约因素又是不一样的。有的朝代可能主要是内部控制问题,有的则可能主要受制于外敌入侵或地方叛乱、起义等因素,也有的可能是多种因素交织在一起共同起作用,从而影响中央与地方关系的实际状况和特点。

(二) 秦汉以后中央与地方关系的基本演变情况

就历史上几个代表性王朝如汉、唐、宋、明、清各朝的实践情况来看,大体上汉朝在处理中央与地方关系问题上,是比较成功的。虽然在西汉初年,汉高祖刘邦错误地总结亡秦教训,以为其迅速灭亡是由于没有分封子弟,导致孤立无援,于是部分地实行封国制,结果酿成诸侯国尾大不掉的问题,但到武帝之后,通过不断削藩的措施,分封制基本上废除,还是回到了郡县制的轨道。总体来看,汉朝一方面坚持了中央集权的郡县制框架,一方面又赋予郡县长官比较大的权力,使其担负起全面管理辖区事务的责任。比如,在郡一级取消了监御史,郡守作为一郡最高行政长官,其权力非常广泛,包括选举、民政、司法、财政、教育、兵事等,而且可以在郡内打击豪强,平抑兼并,具有较大的自主权。同时,从汉武帝时开始,又把全国划分为十三州,各设州刺史,直属中央政府,监察地方郡太守。州刺史一方面代表中央监察地方,地位清要,一方面官职级别只有六百石,而且是在辖区内巡行监察,驻所不定,监察范围也限制在"六条问事"。这样,既不会使州刺史权势过大,干扰郡太守的正常履职,又不会使郡太守失监、失控。所以,汉朝在处理中央权力与地方权力的轻重配置上,掌握得还算比较好。[①]东汉后期,主要是由于中央政府这个控制中枢出了很大的问题,如皇帝幼年早夭,造成一连串的幼年皇帝在位的现象,而幼主在位又造成宦官、外戚相继干政,朝廷内斗不止,加上地方

---

① 参见钱穆:《中国历代政治得失》第一讲"丙·汉代地方政府",第四讲"丙·明代地方政府",生活·读书·新知三联书店 2001 年版。

的起义、叛乱乘势而发,最终造成权力向地方转移,刺史、太守这些地方官拥有了军队,瓦解了东汉帝国。

唐朝继隋朝之后,进一步采取措施理顺中央与地方关系,加强中央集权。在州、县两级制的基础上,唐朝创立了以道为区域的监察体制,加强对地方政府的监控。依据"山河形便",分全国为十道(后增加到十五道),每道置采访处置使。采访处置使由中央委派,多以低等小官充任。由于位卑而获大用,采访处置使能够对于地方官的不法行为进行严格监督。这种制度设计,大体上和汉朝州刺史的原则比较接近,基本上能够体现"内重外轻"的中央集权精神。

但是中唐以后,这种权力配置格局开始发生重大变化。其中最主要的原因是,唐玄宗开元时期,为了加强边境地区的军事防御体系,应对外部军事入侵的压力,在原来边境地区军事防区的基础上,设立了八个节度使(后发展为十道),每个节度使统辖数州、十数州不等,其辖区也叫道。后来这些节度使又逐渐兼带采访使、度支使等职,统管辖区内的军队调动、指挥、后勤粮草补给及辖区内百姓管理事务,"既有其土地,又有其人民,又有其兵甲,又有其财赋",集军权、政权、财权于一身,逐渐形成尾大不掉之势。加上后期的玄宗逐渐宴安耽乐,昏庸懈怠,对边境地区存在的危机毫无预见,甚至宠信安禄山,让其一人兼领平卢、范阳、河东三镇节度使,拥兵十万,最终酿成安史之乱。而在平定安史之乱的过程中,节度使的设置又从边境蔓延到内地,最终造成"内轻外重"之势,成为唐朝崩溃的主要原因。可以说,唐朝后期的中央与地方关系,是在外部军事压力与内部调控失灵、失误的交互作用下,发生重大转折的。

宋朝可谓"控制过度"的典型。宋朝在兵变的背景下建立,为了避免重蹈唐末五代藩镇割据、政局动荡的覆辙,其开国者采取了一系列"强干弱枝"的措施"收其精兵,制其钱谷",把兵权、财权、用人权全部收归中央。此外,还在路这一级设立互不统属的转运司、提刑司、提举常平司等,使其互相牵制、监督;按照"以文制武"的原则,用文人担任知州、知县,绝不让武人担任地方长官;对军队实行"更戍法",禁军每隔几年就更换驻屯地点,防止军队与地方官员形成联系等。这些措施在加强中央对地方的控制、防止内乱方面确实收效显著,如当时人所说,"四方万里之远,奉尊京师,文符朝下,期会夕报,伸缩缓急,皆在朝廷矣。"但这种体制最大的问题是"管得过死",把权力全部集中于君主一个人,地方政府不敢也无力负责,所谓"百年之忧,一朝之患,皆上所独当,而群臣不与""夫万里之远,皆上所制命",①反而造成国家整体能力下降,面对辽、金、蒙古的进攻毫无防御、抵抗能力,一败再败。

明朝的君主专制与中央集权的加强,主要通过两个途径实现。首先是中央完全控制地方官吏的任用权。地方官吏从府州县主官起,以至于那些下层的佐官如主簿、典史之类,无论大小全由中央统一任命、统一控制。地方主官所能任用的属僚,属于临时性的代理,而非正式任

---

① 叶适:《叶适集》卷一○《外稿·实谋》,中华书局 2010 年版,第 768 页。

命。同时,明朝严格实行官员回避制度与轮调制度。洪武期间,实行官员的南北更调制,即南方人到北方任职,北方人到南方担任官职。本省人不得在故里做官,以此防止官员在地方上发展势力,贪赃舞弊。明朝政府对官员经常调动,防止官员久任一地,在地方上生根坐大。

其次,中央对军队的绝对控制。明朝中央设有前、后、左、中、右五军都督府和兵部,地方有都督指挥使司及其所管辖的卫所。卫所是明朝军队的基本编制单位,分散驻扎于全国各地。但卫所本身只在都指挥使的节制下负责日常的一般训练。卫所定期要轮番赴京,在五军都督府的指挥下进行大型训练。都督府负责在京卫所及地方卫所的管理和训练。军官的考核、任免、升调职权在兵部。而军队的后勤则又归工部负责。军队的统帅指挥权,则直接掌握在皇帝手中。凡有战事,由皇帝临时指派统兵将帅,挂将军印统帅卫所军队出征。战事完毕,将帅交还将印,军队回归卫所。因此,明朝军制是所谓内外相维,即京城和地方、中央和外地互相维持。京都和各地的都司卫所交错分布,既互相牵制,又不使统兵机关有一个联成一大片的地区。在军队训练指挥中,将兵分离,使将帅不能久专兵权,从而防止地方割据势力对中央集权的威胁。实行这些措施,大权都集中于中央政府,中央集权制达到了高峰。

明朝承袭了前朝的许多做法,如通过中央政府严格控制兵权、财权、用人权以加强对地方的控制等。除此之外,值得注意的变化主要是在省这一级地方政府分设三司和总督、巡抚制的形成。元朝的行省是中央派到地方的、统一的最高政府,其行省丞相是一省之内的最高政府长官,统管一省钱粮、兵甲、屯种、漕运等"军国重事",权力很大。为了防止行省出现尾大不掉之势,朱元璋在建立明朝不久就宣布将其废除,改设承宣布政使司,虽然其辖区范围大体不变,习惯上仍然称为行省或省,但在省这一级分别设立了布政使司、提刑按察司和都指挥使司"三司",实际上把原来行省丞相的权力一分为三,使之相互制约。为了防止三司之间互相推诿、影响效率,又借鉴历史上的做法,遇事由中央派出大臣,担任临时性的"巡抚"或"总督"来协调督办。由于这种做法有利于协调地方三司的运转,加上明代后期"南倭(倭寇)北虏(蒙古)"与农民起义等并发,于是因事而设的总督、巡抚之职逐渐常态化,开始向统管一省乃至数省事务的最高地方长官过渡。总督、巡抚制度的形成对于明中后期的中央地方关系的深远影响在于,一方面通过这种制度加强了省级地方政府运转的协调性与灵活性,提高了统治效能;另一方面又适应形势的变化,找到了中央控制地方的新机制。在三司体制下,地方的军事由武将专掌,设立总督"提督军务"之后,总督照例由文臣担任,形成"以文制武"的格局,较好地防范了武将势力过大的风险。同时,总督、巡抚虽然在很大程度上已经成为封疆大吏、地方政府最高长官,但在正式名义上始终带"宪衔"或"部衔",表明其始终是从中央都察院、兵部临时派遣的官员,要随时接受中央的调遣。①

---

① 参见关文发、颜广文:《明代政治制度研究》第二章"明代总督巡抚制度的形成与发展",中国社会科学出版社1995年版。

　　清朝总督、巡抚虽然演变成为一级地方最高长官,但是其基本精神仍是在"牵制监督"与"事权统一"之间寻找平衡点。一方面,清朝赋予督、抚一定的权力,和明朝相比,清朝的督抚权力更大。这首先是因为,清朝督、抚既是正式的地方最高行政长官,又带兵部尚书、都察院右都御史衔(总督)或兵部侍郎、右副都御史衔(巡抚),是中央监察部门和军事部门的官员,这种双重属性既便于统一地方事权,特别是战时可以随时调集优势兵力镇压反叛,又便于中央对地方的控制。其次,由于清朝前期的督、抚往往都由满人担任,因面对庞大、共同的汉族统治对象,这些满人督、抚更能得到朝廷的信任,因而被赋予更大的权力。另一方面,清廷又对督、抚采取了层层防范的监控措施。如总督、巡抚一偏于管军,一偏于抚民,总督虽然官品高于巡抚,对巡抚有节制之权,却没有正式的上下级关系,巡抚对总督也有监督制约关系;在总督、巡抚之外,同时还设有布政使、按察使、提督等官员,分掌民政财政、司法、军事,不大容易形成督、抚专断的局面。雍正以后,督抚以下官员也被授予密折奏事权,对督、抚又形成一层监督。此外,一旦遇到大事,皇帝还会特简经略大臣和参赞大臣之类前来处理。这样,督抚体制就成为当时条件下清朝加强中央集权的一种新手段。

　　清朝后期,在太平天国农民起义的沉重打击下,督、抚逐渐落入汉人之手,并集地方军、民、财等大权于一身,从而造成中央与地方权力结构上的根本性转变。

　　总之,在传统政治体制下,整个国家机器的控制动力或压力最终取决于君主个人,而君主始终又面临着无限权力与有限能力的矛盾困境,加上各种复杂因素的牵制,造成君主这一"控制之手"经常失灵,表现在中央与地方权力配置关系问题上,就是经常出现"畸轻畸重"现象,要么"内重外轻",要么"内轻外重",或经常从最初的"内重外轻"而走向后期的"内轻外重",直至政权倾覆。此可谓传统政治体制的一个不可克服的缺陷。

总结与讨论

一、主要内容回顾

　　本章首先考察了地方政府层级与政权结构的演变情况。整体上看,秦汉到隋唐时期,属于以郡－县或者州－县两级制为主体的时期(尽管这些王朝的后期出现过向三级制演化的倾向,如东汉后期的州、魏晋的都督和唐后期的道);宋辽金元时期,大体上属于两级向三级制过渡阶段;明清时期,则基本上以省－府(州)－县三级制为主。同时,在保持区划与地方政府层级基本稳定的基础上,各个朝代又因地制宜,采取了一些变通、灵活的行政区划和地方政府管理体制,如宋在州这一级政府,还根据地位、功能不同设立了府、军、监等;明、清时期则有直隶州和散州等建制。

其次,本章还讨论了古代的基层乡里组织和治理机制。乡里组织是国家权力在基层的延伸方式,其运作的社会基础是宗族与士绅群体,体现了国家权力在基层社会的地缘特征与血缘特征相互交叉重叠的存在状态。乡里组织承担着风俗教化、缴纳赋税、征派力役和维持社会治安等广泛职能。就其组织演变情况看,秦汉以后乡村基层组织虽然大致上存在乡－里(都、保)两级组织,但总的发展趋势是"乡虚里实";宋明以后,乡基本上演变成为一种统计赋税与人口的地理单位,而基本上由里这一级组织来实际承担基层治理的功能。从功能演变情况看,两汉时期更注重乡里制度的教化等自治功能,因而更重视乡老的作用;唐朝之后,乡官逐渐呈现役化的趋势,到明清时期已经沦为人们争相避让的苦差,其职责也简化为催税与治安两大方面,乡里组织更多地表现为国家汲取财政资源和社会控制的工具;与此同时,明清时期宗族的发展和乡绅等力量的活跃,在乡村基层治理中发挥了重要的作用。

最后,在本章的中央与地方关系一节中,首先梳理了中央控制地方政府的主要手段,如控制用人权、财权、军权和组织机构设计中的分割牵制、行政区划中的"犬牙相入"之术,进而论述了中央与地方之间控制与服从关系的具体内容。在此基础上,本章又从实践的角度考察了历代王朝的地方控制效果,以具体反映历史上中央与地方控制与服从关系的实际情况与特点。

二、进一步讨论的问题

回顾中国几千年的地方政治制度演变历史,首先可以看到的一个基本事实是,郡县制始终是地方政治制度的主体,并且在漫长的历史中不断巩固和发展。这就需要进一步追问和思考:郡县制这种形式在中国历史上持久存续、巩固的原因是什么? 与此相联系的是,该如何评价郡县制的历史地位?

思考地方政治制度的生成演变原因,首先需要将其置于帝制国家的宏观政治体系中,从以君权为核心的中央集权制方面去考察。自秦朝开始,君主集权成为国家政治制度设计中的核心精神。对于国家结构形式、地方政治体制的选择,尽管历史上围绕郡县与封建的优劣存在着大量的辩论,但对于统治者而言,这从来就不是一个理论问题,而是一个是否有利于加强地方控制权的利弊权衡问题。[①] 一方面,在现实政治中,以君主为代表的统治者对分

---

① 参见张星久:《国家结构形式问题上的一种道德理想主义表达——论中国帝制时代"封建论"的思想逻辑与发生背景》,《政治学研究》2008 年第 5 期。

封制和郡县制本身可能并没有固定不变的偏好,比如秦始皇认为周因分封而亡,于是就选择推行郡县制;汉高祖认为秦朝因单纯地实行郡县制而短命,就在继承郡县制的同时又部分地恢复分封制;当发现同姓王坐大威胁中央后,后来的君主又果断加以削弱、剪灭。另一方面,正如前面我们在讨论郡县制起源时所看到的,对于始终在谋求集权的君主来说,郡县制相比分封制的优势是显而易见的。郡县制与官僚制密切结合,能够把君主的权力最大限度地传递到社会的每一个角落,控制到每一个成员,能够使中央政府快捷有效地掌控和动员社会资源,这无论对于国家能力的提高还是对君主个人集权而言,都是最有效率的一种形式。所以,尽管西汉、西晋、明朝等都曾部分地实行过分封制,但都时间很短且不占主导地位,郡县制这种“秦制”一直是中国历史上地方政治体制的基本形态。用朱熹的话说,秦始皇实行的这类制度之所以被“后世人君”所继承,是因为“尽是尊君卑臣之事”,迎合了一切专制君主的需要,所以他们“如何肯变”? [1] 可见,以君主为代表的统治集团成为这种制度生成与巩固的重要力量。

当然,郡县制之所以能够在漫长的历史选择中持续存在两千年,至少还需要考虑这样几个因素:首先,在当时的社会历史条件下,在以君主专制为核心的传统政治体系大格局下,选择郡县制应该更能有效地防止国家出现分离或分裂倾向,减少因分裂、割据带来的战乱,从而更能满足社会成员对秩序与安全的需求。历史上几乎每次恢复分封制都引起战乱,如汉的吴楚七国之乱、西晋八王之乱、明朝的“靖难之役”。所以明朝人叶伯巨说分封制“祸患立生,援古证今,昭昭然矣”。反复的历史教训显然会强化人们对郡县制的选择。其次,我们还要看到,郡县制是和官僚制合体的,而分封制的另一面则是等级世袭制。显而易见,在政治机会上,郡县制所代表的官僚制比世袭制更开放、更包容、更能吸引人才,因而拥有更为广泛的社会基础。用柳宗元《封建论》中的话就是,郡县制能使“贤者居上,不肖者居下”,而不像分封制由贵族世袭垄断政治机会,使“圣贤生于其时,亦无以立于天下”。最后,还要看到,这种以郡县制为核心的单一制的国家结构形式,它的巩固与发展给社会成员提供了稳定的生活空间与记忆空间,通过这种空间,人们形成稳定的空间记忆与认同,并由此形成对国家这一“想象的共同体”的认同,这对于增强国家凝聚力,强化统一而又包容多民族的“国家构建”,无疑具有深远的积极影响。

就像任何一种制度都有两面性一样,郡县制所代表的单一制的中央集权体制也会面临一些不可克服的弊端和困境。比如晋朝人陆机就曾在《五等论》一文中指出了郡县制的两个问题:一是造成官员只对上、不对下(百姓)负责,他们为了向上爬,会把所有的精力都用于讨好迎合上司,博取上司特别是君主的注意力,形成一种“吸引注意力的竞赛”,为了个人的

---

① 黎靖德编:《朱子语类》卷一三四《历代一》,中华书局 1986 年版,第 3218 页。

形象和面子而不顾百姓死活，所谓"侵百姓以利己者，在位所不惮；损实事以养名者，官长所夙夜也"；再就是地方政府官员容易产生短期行为，导致"君无卒岁之图，臣挟一时之志"，一味追求短期政绩，不顾百姓和国家长远利益。另外，郡县制下地方政府运转的主要动力来自中央政府的推动，所以一旦中央政府的控制力减弱甚至控制失误（"控制力衰减"又常常是这类中央集权制不可逆转的趋势），就会"人亡政息"，出现全局性混乱，即顾炎武《郡县论》中所谓"闻京城失守而举世分崩""耕种尽废而九有荡然""行人断绝而万里无烟火"。不过总体来看，郡县制之所以在中国持续存在两千年，还是因为它作为古代中国的国家制度的重要组成部分，在满足人们对秩序和安全的需要方面发挥了积极的功能。

考察中国历史上的地方政治制度，另一个值得注意的是国家与社会关系问题，其实质是以君权为核心的国家权力如何通过乡里组织向下延伸的问题。过去有一种观点认为，帝制中国的国家权力具有"皇权不下县"的特征，基层治理主要是由乡里组织、宗族和士绅施行共同治理，因而具有社会自治的属性。还有学者认为中国的国家权力向基层社会的渗透（政权"内卷化"）是近代化的结果，尤其是晚清和民国才发生的事情，伴随着这个过程的是基层管理人员的土豪劣绅化，基层治理逐渐由保护性经纪向掠夺性经纪转变。现在看来，这类观点至少只是反映了问题的一个方面。换个角度看，从秦到明清，国家权力总是在试图不断地向基层社会渗透，恐怕也是事实。为了防止民众的反抗，秦朝便开始在基层建立什伍组织，百姓以五户为一组，相互监督且奖赏告密者，如有不轨情况隐匿不报者处以连坐重罪。北魏的三长制、唐朝的邻保制都贯彻了同样的精神。如果说宋朝的保甲法还是基于富国强兵的需要，那么到明清时期实行的保甲制已完全将注意力置于对民众的控制。这些控制措施落实到明朝后期各地的实践中，已经非常严密，权力的分区控制技术得到了充分的发挥。而且伴随着唐宋时期乡官的职役化，基层社会治理的"掠夺性"特征也早已出现。因此，综合考虑中国历史上的国家与社会关系的这两个方面，或许更有可能接近问题的真相。

参考文献：

1. 钱穆：《中国历代政治得失》，生活·读书·新知三联书店2001年版。

2. 白钢主编：《中国政治制度史》，天津人民出版社1991年版。

3. 陈仲安、王素：《汉唐职官制度研究》，中华书局1993年版。

4. 李治安主编：《唐宋元明清中央与地方关系研究》，南开大学出版社1996年版。

5. 吴宗国主编：《盛唐政治制度研究》，上海辞书出版社2003年版。

6. 关文发、颜广文：《明代政治制度研究》，中国社会科学出版社1996年版。

7. 瞿同祖：《清代地方政府》，范忠信、晏锋译，法律出版社2003年版。

8. 赵秀玲：《中国乡里制度》，社会科学文献出版社2002年版。

9. 周振鹤：《中国地方行政制度史》，上海人民出版社 2005 年版。

10.［美］杜赞奇：《文化、权力与国家：1900—1942 年的华北农村》，王福明译，江苏人民出版社 2010 年版。

思考题：

1. 简述我国古代地方政府行政层级的历史演变。

2. 比较汉朝、唐朝和宋朝地方政府的权力，说明每个朝代地方政府体制所具有的特征。

3. 古代乡里组织承担着哪些社会治理职能？唐朝之后的乡官职役化转变对乡里组织的发展有哪些影响？

4. 影响古代中央与地方关系体制的因素有哪些？

5. 如何从君主集权的视角来认识地方政治制度的特征与演变？

第六章／监察与谏议制度

监察制度和谏议制度是中国古代政治制度的重要组成部分。在君主专制政体下,皇帝以一人而治天下,一方面必须借助官僚集团贯彻个人的意志;一方面又要肃正纲纪,防范和惩治官员的失职与贪腐行为,因此需要建立监察制度,对官僚集团的行为进行监察控制。由于监察官是直接代表皇帝监视、控制官员的,所以历史上监察官又有"天子耳目之官""卧虎""鹰犬"之称。

谏议制度则偏重于以下(臣)对上(君),即为了防止君主在治国理政时出现阙失,由臣下对君主或其他当权者(如宰相)提出建议、谏诤的制度。大致在唐宋时期,作为监察官系统的"台"(御史台,察官)与作为言谏官系统的"谏"(言官)是相对独立的。不过,在宋朝已经出现台、谏合流的迹象。元朝以后废除谏院,明朝虽然保留原来谏官系统的给事中之职,但已经兼掌监察与谏诤,与负责监察的御史并称为"科道"。而清朝六科给事中则不再专设官署,而是直接隶属于都察院,从此,以谏诤天子、归正朝廷为职的言谏机构在制度上不复存在。

第一节　监察制度

顾名思义,监察有自上而下的监督考察的意思。监察制度作为君主监督和控制中央与地方官员以使其忠诚效劳、廉洁奉公的制度,源远流长,存在于整个帝制中国时期。秦始皇统一六国建立皇帝制度、设立郡县制度之时,监察制度就正式产生,此后经历了两千年的变革。

一、监察机构与体制的演变

中国古代的监察机构,其前身最早可追溯到先秦时期的御史一职。御史最初是在国君身边负责掌管文秘、记录君主活动的官职,相当于君主机要秘书。大概因为御史是君主身边的亲信侍从之官，后来逐渐演变出监察百官、充当君主耳目的职能。所以战国时齐威王赐学者淳于髡酒，淳于髡推辞说，"执法在傍，御史在后"[①]，不敢纵饮，说明这时御史已经具有监察官性质。

（一）秦汉时期

秦汉时期对于各级官员和官府的监察，除了这些机构内部的上下级之间的监察督促之外，其外部的独立监察系统大致可以分为中央和地方两个：中央监察系统以御史大夫、御史中丞为首的御史府（宪台）为主，地方则以州刺史、司隶校尉为主。

秦国统一六国以后，为确保中央和地方官员能够忠贞不二、廉洁自守，秦始皇在中央设置御史大夫，其下有御史中丞、侍御史、御史等属官，在地方设置监御史。御史大夫位高权重，在官僚体系中仅次于丞相，如《史记·秦始皇本纪》记载，秦始皇统一六国以后下令让丞相、御史"议帝号"，领衔上书的依次是丞相王绾、御史大夫冯劫、廷尉李斯。由于"汉承秦制"，故从汉朝御史大夫的职掌可以推想，秦御史大夫系统大概也兼掌图籍秘书和监察。而监御史的职掌则是监督郡守、郡尉及监察一郡事务。

汉朝在中央设御史府，以御史大夫为长官，故又称御史大夫寺，亦称宪台。史称御史大夫"位上卿，银印青绶，掌副丞相"，又说御史大夫"典正法度，以职相参，总领百官，上下相监临"。它设有专门的官府，一方面担任副丞相之职，一方面是国家监察机构的最高长官。御史大夫之下主要属官为御史中丞，御史中丞又叫御史中执法，"掌图籍秘书，外督部刺史，内领侍御史员十五人，受公卿奏事，举劾按章"。大致御史中丞和侍御史等负责具体的监察事务。[②]

成帝绥和元年（前8），御史大夫更名为大司空，成为丞相"三公"之一。从此之后，御史中丞逐渐脱离原来的御史大夫属官序列，成为御史府长官，专掌纠察百官之任。东汉以后，御史府称御史台，又名兰台寺，成为相对独立的监察机关。御史中丞参与朝会时与尚书令、司隶校尉都是专席而坐，号为"三独坐"。

除了御史中丞、侍御史之外，两汉在中央还设立治书侍御史两人，与符节郎一起处理廷尉所奏之事。东汉时期，治书侍御史也是二员，以明晓法律者充任，其主要职责是公正审理天下疑难案件。[③] 此外在武帝时，中央也时常会向地方派出临时性的"绣衣使者"，负责惩处奸猾，审理大狱，也称作"绣衣御史""绣衣直指"等，王莽时改称"绣衣执法"。

对于地方各级政府的监察，汉朝罢去了秦制中的监御史，最初由丞相不定时派员监察各

---

① 司马迁：《史记》卷一二六《滑稽列传》，中华书局1959年版，第3199页。
② 参见班固：《汉书》卷一九上《百官公卿表上》，中华书局1962年版，第725页。
③ 参见范晔：《后汉书》志二六《百官志三》，中华书局1965年版，第3599页。

郡国。汉武帝时期,为了加强对地方郡县的监察,将全国划为十三部(州)监察区,每部设州刺史一人,禄秩六百石,巡行郡国,按照朝廷规定的"六条问事",主要职责为监察二千石的郡守、诸侯王和地方强宗豪右①,职责明确。刺史秩卑权重,与地方行政系统互不统属,既加强了中央对地方的监控,又不影响地方政府的正常运行。东汉中期以后,刺史权力不断扩大,逐渐干预地方政府事务,至汉末终于演变为最高一级地方政府机关(参见本书"地方政治制度"部分)。

在京师区的三辅、三河、弘农等七郡,由于高官贵戚众多且关系盘根错节,则设置司隶校尉,专门行使监察之职。司隶校尉持有朝廷特别颁给的符节,最初甚至拥有一支1200人的武装部队,不仅有督察权,而且有逮捕、惩治之权。后来司隶校尉不再领兵,且改称司隶,隶属"三公"之一的大司空,"掌察皇太子以下,行马内事皆主之,专道而行,专席而坐"。东汉时期,司隶复称司隶校尉,督察河南、河内、右扶风、左冯翊、京兆、河东、弘农七郡,其职权"无所不纠,唯不察三公,廷议处九卿上,朝贺处公卿下"。因司隶校尉官属设置与刺史州相同,所以司隶校尉所督察之地也俗称司州。②

(二)魏晋南北朝时期

魏晋南北朝时期虽然是中国历史上的动荡混乱时期,但在监察制度发展历史上却占有十分重要的地位。御史台正式从宫廷机构中独立,成为直属于皇帝的最高监察机关,其组织机构发育日益复杂,内部分工更加细密明确,在制度上也更加严密健全。

曹魏时期,御史台正式从少府中独立出来,成为皇帝直接控制的监察机关,称为宪台。御史台仍以御史中丞为长官(曾一度称宫正)。下设治书执法二人,掌弹劾;治书御史二人,掌律令;又有御史八人,分成各个曹行使监察之权。另外,还有在殿中监察臣僚进退失仪的御史及临时派往某地专察某事的御史。

晋朝御史台仍以御史中丞为台主,中丞与司隶校尉"分督百僚。自皇太子以下,无所不纠"③。其下有治书侍御史、黄沙狱治书侍御史、侍御史、殿中侍御史等。西晋废除曹魏的治书执法而单置治书侍御史,定额四员(后为二员);武帝泰始四年(268)又置黄沙狱治书侍御史,定额一员,禄秩与御史中丞相同,"掌诏狱及廷尉不当者皆治之"④,稍后又废;侍御史有九人,

---

① "奉诏条察州"即"以六条问事",具体指"一条,强宗豪右,田宅逾制,以强陵弱,以众暴寡。二条,二千石不奉诏书,遵承典制,倍公向私,旁诏守利,侵渔百姓,聚敛为奸。三条,二千石不恤疑狱,风厉杀人,怒则任刑,喜则任赏,烦扰苛暴,剥戮黎元,为百姓所疾,山崩石裂,妖祥讹言。四条,二千石选署不平,苟阿所爱,蔽贤宠顽。五条,二千石子弟怙恃荣势,请托所监。六条,二千石违公下比,阿附豪强,通行货赂,割损政令"(范晔:《后汉书》志二八《百官志五》,中华书局1965年版,第3617—3618页)。

② 参见杜佑:《通典》卷三二《职官十四·州郡上·司隶校尉》,中华书局1988年版,第881页。

③ 杜佑:《通典》卷二四《职官六》,中华书局1988年版,第663页。

④ 房玄龄等:《晋书》卷二四《职官志》,中华书局1974年版,第738页。

品级与治书侍御史相同,也是分曹行使对各官府的全面监察,对上受治书侍御史管理;殿中侍御史为四人,也是负责纠察官员朝见时进退失仪,东晋又减为两人。除此之外,又有巡街御史(检校御史)、监搜御史(入殿门时要搜身)等名目。

南北朝各政权下,大致沿袭了魏晋的监察机构框架。

监察官是君主察访臣下的耳目,又是替君主维护统治秩序、纠弹百官的"风宪"官,其特殊的地位要求它必须有权有威,具有一般官员所不能有的品质。故这一时期在监察制度的设计原理上,有这样几点值得注意:

第一,御史的选拔很受重视,一般都以学识丰富、人品廉正为选择标准。北魏、北齐尤重御史之选,必须"对策"中取得高第(即上等)才能授予此官。①

第二,允许监察官"风闻言事",即御史向皇帝检举某人违法行为时,不一定要拿出真凭实据,只要声称听说(风闻)某事即可。关于监察官可以"风闻言事"的传统,据《梁书·武帝本纪中》所载天监元年(502)诏书说,御史台官"可以风闻奏事,依元熙旧制"②,"元熙"为东晋恭帝年号(419—420),则至少东晋时已有"风闻言事"制度。而北魏也有"御史之体,风闻是司"之说③,说"风闻言事"是御史行使监察权的体统。

第三,提高了监察官的地位,使其威势更重。北魏御史中尉"出入千步清道",王公避让,其余百官下马停车于路旁,"其违缓者以棒棒之"。④南朝御史中丞出行也是"专道而行,驺辐禁呵,加以声色,武将相逢,辄致侵犯,若有卤簿,至相殴击"⑤。尚书丞郎以下官员下朝与其相遇要避让,其他朝廷内外官员与之相遇,也要停留让行。声势之大,连皇帝姐姐违反了清道避让的禁令,也被"棒破其车"⑥,自然会使一些贪官污吏闻风丧胆。

(三)隋唐五代时期

经过短暂的隋朝之后,唐朝建立起了严密完备的监察制度。御史台的组织机构发展得更加完整严密,职责分工也十分明确,内部形成台、殿、察三院,职责分工明确;同时形成御史分察尚书六部、分巡各地的"分察"与"分巡"机制;此外又在全国设立名为"道"的监察区,派遣京官出任巡察使、按察使、采访处置使等。同时,唐朝还规定,御史如果纠弹不当,尚书

---

① 对策,又称答策。汉代以来,皇帝往往就重大问题向臣下或社会上一般人士征求解答,叫策问,应试者回答这种策问叫对策。

② 姚思廉:《梁书》卷二《武帝纪中》,中华书局1973年版,第38页。

③ 魏收:《魏书》卷一九中《任城王传》,中华书局1974年版,第478页。

④ 杜佑:《通典》卷二四《职官六·中丞》,中华书局1988年版,第665页。

⑤ 杜佑:《通典》卷二四《职官六·中丞》,中华书局1988年版,第664页。

⑥ 杜佑:《通典》卷二四《职官六·中丞》,中华书局1988年版,第665页。另据《北史·高道穆传》记载,北魏末年孝庄帝时,高恭之为御史中尉,"帝姊寿阳公主行犯清路,执赤棒卒呵之不止,道穆令卒棒破其车"。

省的左、右丞有权弹劾,使监察官也接受监察。

隋朝以御史台作为最高监察机构。因避讳"中"字,改御史中丞为御史大夫,并提高治书侍御史为正五品(后改为从五品),作为御史大夫之副,对于御史台内的簿书"悉以主之"。其下设侍御史、殿内侍御史、监察御史等分察内外官员。

唐朝的中央监察机构在前期变动、调整较多,一度称宪台(高宗时期)、肃正台(武则天时期)等。大致到睿宗时期,其机构名称和体制基本稳定下来,仍以御史台为全国的最高监察机关,设大夫一人,从三品;中丞二人,正五品上。其主要执掌,一是会同中书省、门下省受理百姓的上表申诉案件,一般由其下属侍御史与给事中、中书舍人具体办理,称"三司受事";二是管理御史履行监察职能。起初,因为御史和御史大夫同被视为"人君耳目",因此可以独立行使监察职权,无需得到长官的同意,但是这样不相统属又带来一些混乱与纷争[①],于是后来改为御史弹奏须禀告御史大夫或中丞,大事由长官转奏,小事由御史弹奏。中唐以后,御史大夫因官高望重,很少授人,御史中丞实际上成为御史台长官。

御史台下分设台院、殿院、察院。

台院设侍御史四人(后为六人),分别负责推(推鞫审问案件,设知东推御史、知西推御史)、弹(纠弹百官)、公廨(衙门)及御史台日常事务。侍御史弹劾百官时程序与仪式特别庄重严肃,服装穿着都有讲究,所谓"大事则冠法冠,衣朱衣纁裳,白纱中单以弹之。小事常服而已"。同时,在弹劾五品以上大臣时,要对着仪仗宣读弹文,受弹劾者要立即"趋出",立于"朝堂待罪"。[②]唐高宗时中书侍郎李义府恃宠用事,指使大理寺将涉案人员释放,又逼死参与此事的大理寺官员以灭口,高宗知道此事却"原义府罪不问",侍御史王义方于是对仗弹劾,并再三呵斥,终使李义府"趋出"待罪。[③]

殿院设殿中侍御史六人(后为九人),负责维护朝会仪式秩序、巡视太仓与左藏库出纳等,又以二人分别担任同知东推、同知西推,与台院的知东推、知西推号为"四推御史",一起参与案件审理。[④]

察院设监察御史十人(后为十五人),后来又以资历较浅的"监察御史里行",其职责大致分为"分察"与"分巡"两个方面。分察主要是以监察御史六人,分别负责对尚书省六部监察,合称"六察官"。分巡主要是分巡各地州县及监察刑狱,如监察御史亲临监察处决囚犯,允许囚犯最后申诉;再就是派监军御史监察军队。另外,察院还负责监察祭祀、营造工程等事务。

---

① 参见杜佑:《通典》卷二四《职官六·监察侍御史》,中华书局 1988 年版,第 675 页。
② 刘昫等:《旧唐书》卷四四《职官志三》,中华书局 1975 年版,第 1862 页;欧阳修、宋祁:《新唐书》卷一〇九《宗楚客传》,中华书局 1975 年版,第 4102 页。
③ 司马光:《资治通鉴》卷二〇〇,唐高宗显庆元年八月乙巳,中华书局 1956 年版,第 6298 页。
④ 参见欧阳修、宋祁:《新唐书》卷四八《百官志三》,中华书局 1975 年版,第 1237—1238 页。

在地方监察系统方面,除了御史分巡之外,唐前期主要根据唐太宗时期所划分的十个道,每道由中央派出巡察使二人(睿宗时改为按察使一人),巡察州县。玄宗开元年间置十五道,"每道置采访使,检察非法,如汉刺史之职"①。后来,这种监察区性质的道逐渐向行政区过渡。

(四) 两宋时期

宋朝在中央设御史台,"其制与唐略同",有御史大夫、中丞、侍御史、殿中侍御史、监察御史等官。其中御史大夫多为加官,不实授,实际上以御史中丞为御史台长官。御史台也和唐朝一样下辖三院,即侍御史所在的台院、殿中侍御史所在的殿院、监察御史所在的察院,只是比唐朝机构规模要小。台院设侍御史一人,辅助御史中丞管理台政;殿院设殿中侍御史二人,主要也是负责纠察朝会仪式秩序;察院设监察御史六人(南宋时多设三人),"掌分察六曹及百司之事,纠其谬误,大事则奏劾,小事则举正"②。官职卑微却入殿中为监察御史者,称为监察御史里行,如程颢在熙宁初年就因吕公著的推荐而被任为监察御史里行。与唐朝相比,宋朝的监察制度有以下主要特点:

第一,监察御史只分察六部及其他中央机构,不再巡按州县,其权位作用小于唐朝。

第二,在对监察官本身的监察方面,唐朝已有尚书左、右丞纠弹御史失职的规定,宋朝则进一步在尚书省的办公机构都司中设立御史房,专掌纠弹御史失职。

第三,御史台兼掌议论,开始出现台官、谏官合流的趋向。

第四,地方监察呈现多元化趋势,路一级的转运使、提点刑狱使、提举常平使等官,都负有监察地方之责,但又都不是纯粹的监察官;州一级设通判,俗称监州,也兼有行政与司法的双重性质。另外,还有一些中央临时派出的监察官。

北宋地方监察系统中还有一种特有的官职,这就是设在路一级的"走马承受公事",简称"走马承受",由皇帝从宦官或低级武官中选拔,专门监视、刺探地方将帅、州县长官,职权范围涉及地方官是否廉洁、民生、司法、钱粮及地方军事等,所谓"一路事无巨细,皆所按刺"。

(五) 辽、金、元时期

辽在针对汉人而设的南面官系统中,也设了御史台,有御史大夫、中丞和侍御,下辖殿中司,有殿中和殿中丞等,但史书对其具体职责、相互关系缺乏记载③。同时在上京、东京、中京、西京和南京等五京设处置使司,在地方州军中设置观察使,另外还有分决诸道滞狱使、按察

---

① 刘昫等:《旧唐书》卷三八《地理志一》,中华书局 1975 年版,第 1385 页。
② 脱脱等:《宋史》卷一六四《职官志四》,中华书局 1985 年版,第 3871 页。
③ 参见脱脱等:《辽史》卷四七《百官志三》,中华书局 1974 年版,第 780 页。

诸道刑狱使、采访使等名目,大致是"官不常设,有诏,则选材望官为之"①。

金在中央设置御史台,其组织结构大体如唐宋之制。值得注意的是,由于监察御史责任重大,有官员建议监察御史需要全用进士出身者②。同时,为了更好地发挥监察机构的职能,金朝加强了对监察御史的考核管理。如金世宗时曾规定"纠弹之官,知有犯法而不举者,减犯人罪一等科之",又要求"自今监察御史职事修举,然后迁除。不举职者,大则降罚,小则决责,仍不得去职"。③金宣宗贞祐年间又颁定监察御史黜陟格:御史察大事五件、小事十件为称职,不及此数为"庸常"。

在地方则设按察司,长官为按察使,专门负责"审察刑狱、照刷案牍、纠察滥官污吏豪猾之人"等事务。此外设都转运司,长官为都转运使,除了掌税赋钱谷、仓库出纳之外,对辖内州县官亦有监察之责④。

元朝监察制度的变化,主要表现为监察组织比宋朝健全,监察机构的地位也比宋朝有所提高。其最高监察机构为御史台,设御史大夫、御史中丞二员,侍御史、治书侍御史各二员。御史台与中书省、枢密院并列为中央最高一级国家机关,御史大夫也由唐朝的正三品升为从一品,中丞由正四品升为正二品,品级和地位大大提高。御史台仍和唐宋一样,为台、院两级组织结构,但元朝御史台下只分为殿院、察院,其职掌与前代同。

为了便于对地方官的监督,元朝又设了江南和陕西两个行御史台,简称行台,作为中央御史台的派出机构,其设官也与中央相仿,只是行台下面仅有察院一院。行台之外,又分全国为二十二道监察区,设肃政廉访使(初为提刑接察使)、副使等官,各道分属于御史台与行台。御史台管辖山东等八道,江南行台辖江南十道,陕西行台辖川、陕、云南等四道。每到年终,御史台和行台要根据各道弹劾、揭发案件的多少,对各道廉访使考核,而各道则监督、纠弹所属地方行政机构,形成了一个严密的监察网。

元朝御史大夫向来是非蒙古人不授,御史有"卧虎"之称。虽有严密的监察体系,但元朝的政治腐败也是在历史上出了名的。成宗时遣使巡视天下,一次罢黜贪官1.8万余人,顺帝时廉访使苏天爵巡察京畿,罢黜940余人,就说明了这点。

(六) 明清时期

明朝监察系统主要分为都察院系统和六科系统。

明朝初期,沿袭元朝设御史台为最高监察机关。到洪武十五年(1382),伴随着明初机构

---

① 脱脱等:《辽史》卷四八《百官志四》,中华书局1974年版,第821页。
② 参见脱脱等:《金史》卷七三《完颜守贞传》,中华书局1975年版,第1688页。
③ 脱脱等:《金史》卷七三《完颜守能传》,中华书局1975年版,第1691—1692页。
④ 脱脱等:《金史》卷五七《百官志三》,中华书局1975年版,第1308页。

的大调整,改御史台为都察院,设左右都御史(正二品)、左右副都御史(正三品)、左右佥都御史(正四品)等职,负责"纠劾百司,辩明冤枉,提督各道",不仅负有弹劾不法官员,提督地方各道的职责,还要会同吏部黜陟官员,会同刑部和大理寺审理重大案件。其下辖经历司、司务厅、照磨所和司狱司。

都察院设十三道(初为十二道,后减去北平,加上云、贵),监察御史共110员,对内察看两京官方文书,复查案件,监临乡、会试及武举,巡视京营、光禄、仓场、内库、皇城、五城,轮值登闻鼓;在外巡按地方,清理军务,提督学校,巡视盐务、茶马、漕运、关防,督办运粮、军马、屯田、审录罪囚、检察冤狱等事。监察御史巡按地方是代表天子巡守,有权举劾藩王大臣、府州县地方,大事奏请中央,小事可以当机立断。除此之外,这些御史还可以作为"言路"之官,向皇帝直言政事得失、军民利病,遇到国家大事时,可以参与廷议。其职权广泛复杂。

十三道监察御史在组织上和业务上受都御史一定的节制,如监察御史出使回京后须向都察院述职,其升黜由都察院考察,提出具体方案,呈请皇帝裁决等,但实际上又有很大的独立性。首先,十三道监察御史并没有明确为都御史属官,其名称也是单称某道监察御史,而不称都察院监察御史;其次,监察御史在行使职权时大事奏裁、小事立断,"事得专达",几乎和都御史无关。

明朝六科给事中系统被称为"科"或"科官",虽然也有谏议之责,但以监察六部为主,实际上成了都察院之外的一个监察系统,与诸道监察御史并称为"科道"。洪武六年(1373)开始分设吏、户、礼、兵、刑、工六科给事中。经过一段调整,洪武二十四年(1391)基本确定了编制。六科各设都给事中一人;左、右给事中各一人(建文时不设);给事中,吏科四人,户科八人,礼科六人,兵科十人,刑科八人,工科四人。[①]

六科给事中的主要职权,首先是封驳,就是审核皇帝的诏旨、内阁的票拟及六部的奏请,如认为不妥就可驳回;其次是注销,即督查朝廷诏旨、批文及各类法规的执行情况,凡各衙门的公文一律建立底册,交六科依册稽查落实情况;第三是充任言官,给事中作为皇帝"近侍之臣",可以就重大问题建言献策,并参与最高决策会议的"廷议";最后是监察六部,对六部分六科进行对口监察。

六科给事中之间也是相对独立的。都给事中与给事中之间并不存在明确的隶属关系,遇事都可以单独上奏,甚至也可以互相纠弹。

此外,明朝统治者还建立庞大的厂卫特务系统,负责对臣民进行秘密监视调查。另外在地方各省设立的提刑按察司,除负责一省司法之外,也负有监察辖区内官员之责。

---

① 参见张廷玉等:《明史》卷七四《职官志三》,中华书局1974年版,第1805页。

　　清朝监察制度大体沿袭明朝,但又有所调整,其中最大的变化就是科、道两个系统合而为一。

　　清朝最高检察机关也是都察院,设左都御史、左副都御史为正副长官(右都御史、右副都御史为督、抚兼职)。左都御史满汉各一,起初满员为一品,汉员为二品,康熙九年(1670)并为正二品,雍正八年(1730)升为从一品。左副都御史,正三品,满汉各两人。左都御史与六部尚书、通政使、大理寺卿并称九卿,一起参与"朝廷大议"。

　　都察院下按省设十五道监察御史,乾隆十七年(1752)定为从五品,满汉各一人。其职责和明朝大体相同。

　　六科给事中,清初自成系统,雍正初年始隶属于都察院。设掌印给事中为六科之长,满汉各一人;给事中,满汉各一人。其职责也与明朝大同小异。

　　明清时期的监察制度的主要变化,一是从明朝六科监察六部开始,直到清朝六科直接划归都察院系列,在组织上正式成为监察机构,最终完成了中国历史上的台、谏合一过程,专门的谏言机构从此不复存在;二是监察机构的职能更加广泛,监察的网络体系更加严密,几乎渗透到国家政治生活的一切方面,特别是强化了监察官员履行职权的独立性,加强了监察机构自身的互相监督机制。这些变化反映出明清时期以君主为核心的中央集权不断强化的趋势。

二、基本特征与历史地位

(一)中国古代监察制度的基本特点

中国监察制度几千年的实践与运行过程表现出以下特点:

　　第一,形成了一套纵横交错、严密复杂的监控体系。就专门的监察、肃贪机构而言,自秦汉以迄明清形成了以御史台(府)或都察院为骨干的监察系统,并且逐步形成对中央政府和地方政府两个层次的监察体系。如秦朝派侍御史监察各郡,称为监御史;汉朝在武帝以后由御史大夫、御史中丞主管中央层次的监察,设州刺史监察地方长官。唐宋两朝的中央监察机关进一步分为一台三院(御史台下分为台院、殿院、察院),特别是唐朝还形成了分察(中央各官署)与分巡(地方)体制,在地方还设专门的监察区(道)或准监察区(路),并派设按察使、采访处置使和走马承受等;元朝在中央设御史台,在地方设二十二道监察区,派设肃政廉访使;明清在中央设都察院,并设各道监察御史分察与分巡内外官署,另外地方又有提刑按察司和布政使司下设的道台,负责区内监察事务。

　　除了这些常设的、专门性的监察机构外,历代君主还会临时、随机派出一些官员作为皇帝的特使巡视、督查地方或某些特定事务,如汉武帝时期的绣衣使者,明清的特务机构和巡抚、提督,还有历代皇帝派出宦官监军等。

监察机构的职权范围也极其广泛,举凡科举考试、官员选拔考核、司法、军队事务、治安、钱粮收支、税务、国家仓储等一切官府事务,都在监察之列。

另外,中国历史上的谏官——给事中等言谏官系统也是辅助性的监察机构。特别是明清时期,以六科给事中为代表的言官系统逐渐成为另外一种监察机构。

历代还特别重视对监察官本身的立法与监控,以防"台官之害"。如汉朝对刺史规定"六条问事",就是要通过明确其职权限度,防止监察权的滥用。明朝则颁布《宪纲事类》,对监察官的地位、选用、职权范围、权威保障、监察纪律进行了具体规定,是明朝的监察法规。而清朝颁布的《钦定台规》,则被认为是中国历史上最完备的监察法典。明朝还规定,御史犯法加三等治罪。

总之,作为君主专制政治体系中极为重要的组成部分,中国古代监察制度发育非常成熟,设计非常严密。

第二,作为皇帝的"耳目",监察机构及其官员享有崇高的权威和地位。虽然在传统政治体系下,官员和官僚机构都是实现君主意志的工具,但由于监察官(也包括言官)被认为是直属于君主的"耳目风宪之官",是直接代表君主监控其他官员的,与君主有着更为特殊的关系,因而被赋予格外的权威与尊荣。史书所谓"弹纠不法,百僚震恐,官之雄峻,莫之比焉"[①],"天子之设御史府,尊其位,崇其任,不与他府并"[②] 等,都是对这种情况的反映。

为了凸显监察官的这种权威性,在其纠弹官员时要有非常隆重的仪式,出巡地方时也是"动摇山岳,震慑州县"。

第三,监察机构在组织和职权上具有较强的独立性。具体而言,首先,它不像一般采取科层制的管理组织那样实行层层节制的隶属关系,而是"事得专达",直接听命于皇帝,独立于其他官僚组织。其次,监察官和谏官的选拔任用权都由皇帝直接掌握。如唐朝对一般官员的任免,五品以上才由皇帝过问,而高宗永徽年间(650—655)以后,低品级的监察御史也"多是敕授"。监察官都要由皇帝选任[③];宋朝尤其规定宰辅不得举荐台谏官,台谏必由皇帝"中旨"任命,还被奉为"祖宗家法";明清的科、道官也是由皇帝裁决,"永著为例"。其三,监察机构并没有简单地采取行政首长制,监察御史在行使监察权时,有较强的独立性。比如,按照唐朝前期"故事"或惯例,御史台虽设御史大夫、中丞,但并不像其他官府长官那样有权约束下属,御史可以不经过他们许可独立行使纠弹权。唐中宗时一位御史大夫提出,

①　杜佑:《通典》卷二四《职官六·御史台》,中华书局1988年版,第660页。
②　石介:《徂徕石先生文集》卷一三《上孔中丞书》,中华书局1984年版,第148页。
③　参见王溥:《唐会要》卷六〇《监察御史》,中华书局1955年版,第1055—1058页。

御史纠弹时需先报告御史大夫,遭到监察御史萧至忠的抵制,认为"故事,台官无长官。御史,人君耳目,比肩事主,得自弹事。若先白大夫而许,则弹大夫者,不知白谁也"①。并说,御史奏事先禀报大夫是"台无此例"。意思是,御史和御史大夫同样"比肩事主",不存在谁是长官的问题,当然可以单独履行弹劾之职。后来,因为监察御史是否"关白"大夫的问题,背后还牵扯到监察权与君权、相权关系的深层次问题,所以往往因当时政治斗争的具体情况而定,如睿宗时期要求御史弹劾必须首先报告长官,而肃宗时期又规定无需报告,等等。虽然有这些反复和争论,但至少说明,监察机构及其官员在行使职权方面是具有特殊性和一定独立性的。而到了明朝,监察机构的这种独立性进一步得到了加强。虽然十三道监察御史在组织关系上要接受都察院的考核管理,但其名称却称某道监察御史,而不叫都察院监察御史;监察御史在行使职权时也是大事奏裁、小事立断,不必经过都御史,实际上拥有很大的独立性。

有时候,监察机构的这种独立性甚至表现出某种不受君主意志控制的倾向。如南宋御史洪君畴在批评理宗纵容宦官专权时就声称:"臣职在宪府,不惟不能奉承大臣风旨,亦不敢奉承陛下风旨。"②元朝张养浩也说,作为"风宪官"的御史就是要"入焉与天子争是非,出焉与大臣辨可否"③。这种独立性,一方面来自儒家文化给整个官僚制度提供的道义精神和自主性④,同时也与监察制度本身的独特地位和由此形成的独特廉政文化有关。

当然,监察机构毕竟是君主实现其个人意志的工具,总体上看它的职权活动不可能超出君主所许可的限度。历史上,御史因为弹劾了皇帝的宠臣,或者因为直接批评皇帝而遭到责罚乃至被杀者不计其数。比如明朝初年,监察御史韩宜可曾弹劾丞相胡惟庸等人"恃功怙宠,专权树党"等罪,孰料此时的胡惟庸正深得君宠,惹得朱元璋大怒,说:"快口御史,敢排陷大臣耶?"竟下令将韩宜可投入锦衣卫监狱。⑤然而具有讽刺意味的是,没过几年胡惟庸就很快失宠,竟被朱元璋以"谋反"的罪名杀掉。

第四,强调以卑察尊的原则,注重用低品级、浅资历的官员出任监察官员。汉朝侍御史、监察御史的职级一般只有六百石,相当于低级县令,却可以"自皇太子以下无所不纠";唐朝以后虽然监察机关的长官品级有所提高,但作为监察官基本队伍的监察御史,却一直只有七八品,属于官僚队伍中的低级官职,但上可批评皇帝、纠弹宰相,下可监察地方州县长官。同时,历代对监察、谏议官员的选拔,一般倾向于刚刚踏入仕途不久的年轻官员,即所谓"少

①　马端临:《文献通考》卷五三《职官考七》,中华书局 2011 年版,第 1556—1557 页。
②　周密:《齐东野语》,中华书局 1983 年版,第 120 页。
③　《张养浩集》卷二六《进风宪忠告》,吉林文史出版社 2008 年版,第 231 页。
④　参见张星久:《中国古代官僚制度的自主性分析》,《政治学研究》1997 年第 4 期。
⑤　张廷玉等:《明史》卷一三九《韩宜可传》,中华书局 1974 年版,第 3983 页。

年新进"。这样安排的好处,一是由于他们直接代表皇帝,所以其品级虽低,不会降低其权威;二是台谏官资历浅、入仕做官时间短,不会沾染太多官场恶习,有强烈的积极进取精神和出人头地心理,查办起案件更有勇气和锐气,更能不畏强权,所谓"位卑则人情激昂,禄薄则爱惜身家之念轻";三是用低品级、资历浅的官员去查处、监控比自己位尊权重的官员,不容易导致喧宾夺主,扰乱一般行政机关的正常运转秩序,兼顾监察绩效与行政效率。

第五,重视"德操"要求,严格监察官的选拔标准。由于监察官是治官之官,监察官本身的素质,会直接影响监察机构功能的发挥,也会直接影响君主政治意图的贯彻,因此,历代监察官员的选拔标准一般会高于其他官员。首先是格外重视对监察官的品德、风操方面的要求,强调监察官必须忠君爱民、清正廉洁、刚直不阿等。明太祖朱元璋就曾提出要求说,"台察之任尤清要。卿等当正己以率下,忠勤以事上",而不要"委靡因循""假公济私"[①]。再就是要学识渊博,政治上识大体,并且文辞畅达,有良好的出身等。如明成祖朱棣强调,"御史为朝廷耳目之寄,宜用有学识通达治体者",并要求选任御史"勿复用吏"[②]。所谓"政治优异""达治体",就是强调监察官不仅要有良好的道德品质和勇气,还要有较高的政治智慧和大局意识,才能较好地履行职责。另外,魏晋之前,监察官一般由察举选拔,唐宋以后一般要选自出身科举正途者,而非其他杂流如吏员出身。最后,监察官一般还要有一定的从政经历和实际行政经验。如唐朝规定,没有担任州县官的经历,不能进入御史台,即所谓"不历州县不拟台省"[③];宋孝宗也明确提出:"自今非曾经两任县令,不得除监察御史。"[④]

最后,历代还比较重视对监察官的职权保障。为更有利于监察官员行使职权,至少在魏晋南北朝时期就形成一种制度或惯例,就是允许监察官可以"风闻言事"或"风闻弹奏",以保护检举人免遭打击报复。另外,为了使监察官能够大胆行使职权,有的朝代还专门规定,这些官员在履行职责时即使言论不当,也不获罪。

(二) 历史作用与局限

中国古代的监察制度历经几千年的历史发展,在体系、组织结构上日渐完备严密,在职能上日益齐全,成为中国传统政治制度中十分重要的组成部分,在历史上发挥了重要而积极的影响。

首先,监察制度实现了对官员行为的约束、调控,较好地维护了以君主为核心的中央政府权威和政令畅通,进而维护了基本的政治秩序。

---

① 张廷玉等:《明史》卷七三《职官志二》,中华书局1974年版,第1771—1772页。
② 龙文彬:《明会要》卷三三《职官五》,中华书局1956年版,第559页。
③ 欧阳修、宋祁等:《新唐书》卷四五《选举志下》,中华书局1975年版,第1176页。
④ 脱脱等:《宋史》卷一六四《职官志四》,中华书局1985年版,第3872页。

其次，它提供了较好的制度环境和土壤，使得每个王朝都涌现出一批刚正不阿、不畏强暴、敢与腐恶势力搏斗的"铁面御史"，在很大程度上发挥了激浊扬清、弘扬正气的作用，抑制和延缓了官场腐败的速度，使得传统政治统治中能够保持一定的政治清明。

最后，这种监察制度还为监察官提供了某种制度支撑和道义力量，使之不避生死冒犯"龙鳞"，敢"与天子争是非"，面对君主的不当决策与行为敢于说"不"，敢于提出批评建议，从而在一定程度上形成了对最高权力的调节制约机制。元顺帝时，御史大夫亦怜真班等反复劾奏中书右丞相别儿怯不花，触犯顺帝旨意，被外放为官，于是御史中丞以下诸监察官集体辞职以示抗议，别儿怯不花又被顺帝加太保衔；于是两个行御史台和各道的监察官又接着抗议，即所谓"两台各道言章交至"，最终别儿怯不花被贬官流放，"谪居渤海县"。① 明武宗时刘瑾等宦官专权，遭到科、道官的不断弹劾，前后数十人被免官、下狱乃至杖杀，仍不屈不挠。御史蒋钦弹劾刘瑾，第一次下诏狱廷杖为民；三天后再上书诛刘瑾，杖三十关进大牢，然后再上书称"不杀此贼，当先杀臣"，又被杖三十，最后死在狱中。但正是通过他们这种前赴后继的抗争，刘瑾宦官集团才最终被铲除。

但是也要看到，这种监察制度也存在不可克服的局限。最大的问题是，监察机构的运行往往受君主个人喜好或政治需要所左右，监察官从根本上只能在君主所许可的范围和限度内活动。因为，对于专制制度下的君主来说，廉政监察制度不过是实现君主意志和利益的工具，监察官也不过是人主控制官员的"耳目""鹰犬"。从历史上看，监察机构怎么行使反腐肃贪的权力，监察官对谁提出弹劾，提出弹劾之后最终如何处置，乃至对什么才是"贪腐"、什么才是"奸恶"之类的认定，最终还是要服务于当时的政治利益、政治斗争的需要，还是要由君主说了算。有些情况下，君主出于政治的需要和个人好恶，甚至放任腐败，包庇纵容贪腐集团。比如汉初名相萧何，大概是较廉洁奉公而"得百姓心"，于是引起刘邦的猜忌而被逮捕下狱，后萧何采取自污的办法，故意贱买、强买"民田宅数千万"，惹得民众纷纷上书控告，这样反倒讨得刘邦"大悦"，萧何因此躲过一场大祸。② 前面提到的明朝宰相胡惟庸，在他受宠时，弹劾他的御史会遭到朱元璋治罪；而当朱元璋因为政治斗争的需要而抛弃他时，则指控他的罪名就不断翻新加码，一会说他结党营私，一会说他企图谋反，甚至说他勾结倭寇，直至被杀，并使成千上万的人受到株连。还有像明朝曾经气焰熏天的宦官刘瑾、清朝的大贪官和珅，也无一不是寄生在明武宗、清乾隆这些皇帝的卵翼下养成坐大之势的，在某种程度上，正是这些君主的纵容包庇才造就了这些巨奸大恶。在这样一种政治格局下，如果不能揣摩准君主的意图，监察官们非但不能发挥纠弹贪官、惩治腐恶的作用，甚至本人还会招来杀身之

① 宋濂等：《元史》卷一四〇《别儿怯不花传》，中华书局1976年版，第3367页。
② 司马迁：《史记》卷五三《萧相国世家》，中华书局1959年版，第2018页。

祸。中国历史上每一个王朝都有那么多御史被杀被罚,就很说明问题。所以说,专制政体下的君主一方面是这种监察制度的创造者和维护者,一方面又给这种制度的实施和运行带来很大的随意性、不彻底性,在某种意义上成为它的破坏者和干扰者。

第二节 谏 议 制 度

如果说监察制度主要解决传统政治制度中君主对臣下的监控问题,那么谏议制度的设计则重在解决臣下对君主提出规劝、建议乃至批评的机制问题,体现了对君主自身可能犯错的警惕与防范意识。谏议制度作为帝制中国政治体系的重要组成部分,在两千多年的历史长河中历经各种变化,最终随着君主专制的强化与监察制度合而为一。

一、谏议制度的产生与功能

所谓谏议制度,主要指中国历史上臣下对君主的决策和行为提出批评、劝告和建议的一种制度。

关于这种谏议的活动或官职设置,很早就已见诸记载。据说"尧有欲谏之鼓,舜有诽谤之木,汤有司过之士"(《吕氏春秋·自知篇》);西周时期有司谏一职,"掌纠万民之德以劝之",还设一种叫"保氏"的官职"掌谏王恶",专门负责批评纠正王的过错(《周礼·地官》)。春秋战国时期,大致各国都设立了负责批评谏议的官职,如齐国设大谏,晋国设中大夫,赵国设左、右司过等。总之,这样一种专门向君主提出批评建议的官职和制度,在中国具有源远流长的历史。

是什么样的原因或生成逻辑,导致这种以君主为主要对象的谏议制度产生? 首先,从先秦典籍对尧、舜等"圣王"虚心纳谏的记载看,谏议制度最初可能来自初民社会原始民主的记忆与遗留,是对历史路径的依赖。其次,从这种制度的"设计原理"或观念原型看,它又和中国思想传统中的君主观念有很大关系。在中国的思想传统,特别是儒家思想中,虽然认为在制度规范的应然逻辑上,君主作为社会政治结构中的关键,他理应作为天道与民心在人间的最高代表,扮演内圣外王、至圣至明的圣王角色,但是儒家也承认,现实中担任君主者毕竟是人不是神,毕竟也和普通人一样,人性中也存在着堕落、放纵、愚昧和犯错误的可能性,甚至出现像桀、纣、周厉王那样的暴君、昏君。所以儒家经典才会告诫统治者要知道"人心惟危,道心惟微"(《尚书·大禹谟》),要"战战兢兢,如临深渊,如履薄冰"(《诗经·小雅·小旻》)。正是基于对现实中君主在道德和理性方面局限性的认识,中国思想传统中才形成纳谏和进谏的传统,要求君主要"谋及卿士,谋及庶人"(《尚书·洪范》),一个明君要"从谏如顺流"[①];臣下要努力"格君心之非"(《孟子·离娄下》),遇到"君有大过则谏"(《孟子·万章下》),以弥补君主个人独裁的局限,避免造成重大的决策失误。

通过谏议制度的产生,并结合它在历史上的实践情况,不难看出这种谏议制度有以下两个基本功能:

第一,针对君主已经或正在发生的不当言行提出批评、劝阻,发挥拾遗补阙、纠正补救作用,形成一定的纠错机制,以避免造成更大的恶果,出现更大的失误。

第二,它可以提供一个相对制度化的建言献策与信息沟通渠道,在君主或朝廷决策中发挥建议、咨询作用。和任何决策一样,君主和朝廷为了对政治局势做出准确判断,进而形成比较科学合理的决策,也必须掌握足够的情报和信息。但是君主又是以一人之身而独治天下,光靠个人自然无法全知全能。正像宋太宗所说,"为君之道,要在广闻外事,分别善恶",但是国家"封疆万里,深居九重,人情未能尽达",如果不能听取各方面的意见,"则官吏能否,生民利病,何从而知"。[②] 因此,君主就需要掌握更多的信息,也需要得到臣下的咨询和建议,以降低决策失误和风险,作出更加具有前瞻性、全局性和合理性的决策。因此,在君主"独制天下"的时代,进谏与纳谏就成了一种重要的补救办法。

二、谏议制度的历史演变

中国古代负责言谏议论的官职和机构,在秦汉时期主要是设在郎中令(后改为光禄勋)之下的谏议大夫、给事中等;魏晋南北朝时期,主要是设在门下省的侍中、给事黄门侍郎以及散骑省(后为集书省)的散骑常侍、散骑侍郎、给事中等;隋唐时期,主要是门下省的侍中、黄门侍郎、给事中、左散骑常侍、左谏议大夫、起居郎、左补阙、左拾遗,以及设于中书省的右散骑常侍、右谏议大夫、右补阙、右拾遗等;两宋时期,起初是专设的谏院,元丰改制时撤销,大体恢复唐朝的组织框架;南宋初一度恢复谏院,很快又撤销,谏官重新分属中书和门下二省;到元朝时期基本上取消了谏议机构;明朝则对应六部设六科给事中,但是已经兼有监察机构的职能。最后,清朝将六科给事中归属都察院,不再设置相对独立的言谏机构。

---

　　① 班固:《汉书》卷一〇〇上《叙传上》,中华书局 1962 年版,第 4211 页。
　　② 李焘:《续资治通鉴长编》卷二五,中华书局 2004 年版,第 580 页。

（一）秦汉时期

秦朝并没有设立独立的谏议机构，但是在负责宫门警卫事务的郎中令下设置有各种大夫，如太中大夫、中大夫、谏大夫，职责为论议政事，没有固定员额。

汉承秦制，又有所损益，汉武帝时将郎中令更名为光禄勋，下设太中大夫、光禄大夫、谏大夫（东汉改为谏议大夫）等职，职掌与秦大体相同，也是就朝政提出建议，发表议论。先后担任谏大夫一职者如贡禹、王吉、匡衡、何武、夏侯胜等，多为一时名臣。如东汉时张湛担任光禄勋，一次见光武帝刘秀上朝听政时"或有惰容，（张）湛辄谏其失"。因为张湛常常骑着一匹白马，后来光武帝每次见到他过来就说，"白马生且复谏矣"，意思说那位骑白马的年轻人又要来批评我了。①

在比较专职的言谏系统中，秦汉还有一种叫"给事中"的加官，一般大夫、博士、议郎带上"给事中"职衔，就可以"掌顾问应对""日上朝谒"，随时在皇帝身边提供咨询或建议，大体上也是履行言谏职能。因供职于殿中，即所谓"以有事殿中，故曰给事中"②。如韦贤为博士、给事中，给汉昭帝讲授《诗经》。汉哀帝时期，廷尉弹劾大司空师丹犯有大不敬之罪，给事中、博士申咸等为之诉冤。进入东汉，不再设给事中。

除了谏议大夫、给事中之外，两汉时皇帝还经常通过"策问"的方式，下诏让大臣推举贤良方正、"直言极谏"之士，不定期地向社会有识之士征求意见和建议。如汉文帝二年（前178）、十五年（前165）分别下诏让大臣推荐贤良方正、能直言极谏者，此后汉武帝、宣帝、元帝、章帝、和帝、安帝、顺帝、桓帝等都曾下诏让大臣推举能直言极谏之士。

另外，西汉时遇到重大问题，皇帝还常常下旨召集公卿、大夫等文武百官会议进行讨论议决，虽然有时候也会成为政治斗争的手段，但毕竟也增加了听取不同意见的渠道，一定程度上强化了咨询建议机制。③

最后，汉朝人对于言谏官的选拔也提出了一定的标准和要求，如认为"谏议之职，应用公直之士，通才謇正，有补益于朝者"④。

---

① 杜佑：《通典》卷二五《职官七》，中华书局1988年版，第698页。
② 杜佑：《通典》卷二一《职官三》，中华书局1988年版，第551页。
③ 如元帝光永四年，就是否废除郡国庙之事下诏"将军、列侯、中二千石、二千石、诸大夫、议郎议"（《汉书·韦玄成传》）；成帝元延元年七月，因"有星孛于东井"，下诏令公卿、大夫、博士、议郎等提出应对（《汉书·成帝纪》）；成帝时，京兆尹王尊遭弹劾被罢免，湖县三老公乘上书为他辩诬，并提请成帝"下公卿、大夫、博士、议郎"议定处理办法（《汉书·王尊传》）；哀帝欲封董贤为侯，丞相王嘉和御史大夫贾延认为不妥，请哀帝"延问公卿、大夫、博士、议郎，考合古今，明正其义"；后来哀帝再次因董贤事受到王嘉的抵制，也下令"票骑将军、御史大夫、中二千石、二千石、诸大夫、博士、议郎"议定其罪（《汉书·王嘉传》）。此外平帝时，因金日钦言袭封立庙事有悖朝廷法度，王莽上告太皇太后王政君，"下四辅、公卿、大夫、博士、议郎"议定其罪（《汉书·金日磾传》）。
④ 杜佑：《通典》卷二一《职官三》，中华书局1988年版，第554页。

总之,秦汉特别是两汉时期,虽然没有设立独立的谏议机构,但负责言谏职责的官员却不在少数,而且也有不少向皇帝提出批评建言的渠道和形式。

(二) 魏晋南北朝时期

魏晋南北朝时期由于政权更迭频繁,谏官的机构设置和隶属关系也在不断变化,甚至言谏的职能也分散在多个组织系统中。大体上说,这个时期承担言谏官职能的主要是各种散骑官(常侍、通值、侍郎等)、给事中和谏议大夫等,它们先后隶属于门下省和集书省(南朝刘宋以后);另外门下省的侍中、给事黄门侍郎,因为负责封驳审核诏令与奏章,以及“尽规献纳,纠正违阙”,因此也在一定程度上发挥了言谏官的作用。

散骑在汉朝是一种加官,带这个头衔就可以随侍皇帝,没有固定的职责。曹魏将散骑、中常侍合并,称散骑常侍,定员四人。[①]其下有散骑侍郎、员外散骑常侍等,还恢复了东汉废除的给事中,也作为散骑常侍的属官,出任者或为名儒,或为国亲。以散骑常侍为首,这些官职大体组成了一个散骑官系统,与侍中、侍郎等共同组成了门下的两大系统。因为亲近皇帝,散骑官系统的职责除随时议论规谏外,也常与侍中系统“共同平尚书奏事”,协助皇帝审阅、处理从尚书台奏报上来的军国事务。此外,还负责整理档案文书方面的事务。[②]

西晋在散骑官系统的基础上组成了散骑省,挂靠门下省,实际上是一个独立机构,所谓“虽隶门下,而别为一省”[③]。西晋到东晋,散骑省大致设有散骑常侍(4人)、通直散骑常侍(2人)、员外散骑常侍(2—4人)、散骑侍郎、通直散骑侍郎、员外散骑侍郎,再就是给事中等官职。和曹魏一样,西晋散骑官地位非常显赫荣耀,其中常侍与门下侍中地位无异,一起随侍皇帝左右,“以谏诤为职”,因此晋武帝曾要求必须“择其能正色弼违匡救不逮者”担任此职。[④]不过,“从容侍从、承答顾问”,负责谏诤和咨询顾问只是散骑常侍的主要职责,有时候还兼整理档案文书、参与拟制诏令的事务。[⑤]东晋以后,散骑省地位逐渐衰落。

南朝刘宋时期,散骑省改为集书省,设置常侍、侍郎、通直、员外等“六散骑”,此外还设给事中等职,其职能大体上仍是“侍从左右,献纳得失,省诸奏闻文书,意异者,随事为驳”[⑥]。此后的齐、梁、陈等朝,也大体沿袭了刘宋集书省的机构和职权。只是由于其职能宽泛不稳定,

① 参见杜佑:《通典》卷二一《职官三》,中华书局 1988 年版,第 551—552 页。

② 参见白钢主编,黄惠贤著:《中国政治制度通史》第四卷,人民出版社 1996 年版,第 101、103—104 页。

③ 杜佑:《通典》卷二一《职官三》,中华书局 1988 年版,第 552 页。

④ 房玄龄等:《晋书》卷三《武帝纪》,中华书局 1974 年版,第 53 页。

⑤ 参见白钢主编,黄惠贤著:《中国政治制度通史》第四卷,人民出版社 1996 年版,第 106—107 页。

⑥ 魏征、令狐德棻:《隋书》卷二六《百官志上》,中华书局 1973 年版,第 722 页。

加上机构人员比较杂,逐渐变得"职任闲散,用人渐轻"①,以至于有人做了三十年常侍而未升转。

至于北朝的北魏、北齐也仿照南朝刘宋设集书省,主要负责"讽议左右,从容献纳"②。所不同的是其内部官职有定员,如北齐设散骑常侍、通直散骑常侍各6人,员外散骑常侍20人,散骑侍郎、通直散骑侍郎各6人,员外散骑侍郎120人,给事中6人。另外设谏议大夫7人。

如上所述,门下省侍中、侍郎等也担负了一定的谏诤职能。

门下省的前身是曹魏时的侍中寺,西晋设立门下省,其成员和曹魏一样,设侍中四人为其长官,给事黄门侍郎四人为副。其后南朝各个政权也基本沿袭晋制,设置门下省。侍中、侍郎除协助皇帝处理来自行政部门——尚书省的政务,也承担一定的言谏与咨询顾问职能。特别是侍中,因为每天侍从皇帝身边"备切问近对,拾遗补阙"③,地位崇高,多为掌权的真宰相的兼职。北魏、北齐也仿照南朝,设门下省,有侍中、给事黄门侍郎各六人,其职责也大体相同。

总体来看,这个时期承担言谏职能的主要是以散骑常侍为代表的散骑官系列,同时门下侍中、侍郎也发挥了一定的言谏功能,他们侍从于皇帝左右,随时提供咨询建议和批评,地位显赫,但是机构比较松散,职能也不专一确定。

(三) 隋唐时期

隋朝初期不再设集书省,将主要承担谏官职能的散骑常侍等官职直接归属于门下省。隋炀帝时,废散骑常侍、通直散骑常侍、谏议大夫、散骑侍郎等常员。④《隋书·炀帝纪》称隋炀帝的这种行为是"除谏官以掩其过"。

唐朝吸取隋朝灭亡的教训,对于批评建议、广开言论十分重视。唐太宗认为隋文帝不信任群臣,"事皆自决",以至于群臣"不敢直言",文帝对于隋朝的灭亡也难辞其咎;至于隋炀帝护短拒谏,使臣下钳口,"卒令不闻其过"⑤,更是导致隋朝灭亡的主要原因。正是在这一背景下,唐朝谏议制度发展得更加完备、成熟。

首先,唐朝的谏官系统在组织机构上更加整齐,在职责方面也更加明确具体。

唐朝前期,谏官系统也经历过一些微调,中期后逐渐稳定,包括:左右散骑常侍各二人(从三品),左右谏议大夫各四人(正四品下),左右补阙各二人(从七品上),左右拾遗各二人(从

---

① 沈约:《宋书》卷八四《孔觊传》,中华书局 1974 年版,第 2154 页。
② 杜佑:《通典》卷二一《职官三》,中华书局 1988 年版,第 553 页。
③ 杜佑:《通典》卷二一《职官三》,中华书局 1988 年版,第 547 页。
④ 参见魏征、令狐德棻:《隋书》卷二八《百官志下》,中华书局 1973 年版,第 795 页。
⑤ 吴兢撰,谢保成集校:《贞观政要集校》,中华书局 2009 年版,第 83 页。

八品上），另于门下设给事中四人（正五品上）。此外还有随时记录君主言行的起居郎（或称左史，属门下）和起居舍人（或称右史，属中书，从六品上），左史属门下省，右史属中书省。这些谏官的职责大同小异，基本都是负责侍从顾问、建议规劝、匡正失误等。① 其中值得注意的是，唐朝谏官中增加了补阙、拾遗这两种官职，正如其名称一样，其设置目的在于"国家有过阙而补正之"，以及"国家有遗事，拾而论之"②。

其次，强化了谏官履行批评建议职责的制度与措施，谏官履职活动的程序化、制度化水平有了很大提高。主要表现为：第一，除了在朝廷上当面向皇帝和宰相提出批评建议之外，谏官还可以通过更加通畅、更加常规化的密奏渠道，随时"上封事"。所谓封事，就是经过密封而直达皇帝的奏章。③ 在唐朝，经过皇帝特别允许的、一定级别范围内的官员都有这种"上封事"的权力。但和其他官员不同的是，不仅包括七八品补阙、拾遗在内的所有谏官都享有这种权力，而且还提出了具体的上奏数量和奖惩要求。如肃宗、代宗时曾先后提出，两省谏官必须每十日或每月上一次封事，"指陈时政得失""无所回避"，要根据上封事的质和量分出等级"殿最"，如果失职"不举职事"，就会给予批评和"处分"。④ 还给谏官按月发放谏纸，要求按月进呈谏疏，否则就是失职，故白居易有"月惭谏纸二百张"之诗。另外代宗时还规定，谏官所上封事，"不限早晚，任进状来"，有关"门司"传达机构"不得辄有停滞"。⑤ 第二，为了保证谏官有知情权和独立的批评建议权，防止来自宰相等大臣的干扰，规定凡宰相进入内廷议决大事，必须有谏官随入，以便随时论谏；而且谏官可以随时提出批评议论，"不须令宰相先知"，即无需事先告知宰相。另外按照惯例，父为宰相，儿子也不能担任谏官。宰相杜佑之子杜从郁就是因此被从补阙改任他官。⑥ 到唐文宗时期，鉴于谏官分属于两省，没有独立印信，奏事时需要向本司"请印"，容易泄密受到宰相的打击报复，于是还特别"创造谏院印一面，以谏院之印为文"⑦。

最后，谏官在唐朝政治生活中非常活跃，发挥着重要的作用。其中谏议大夫为正四品高官，"秩峻任重"，一般选自名望很高的"老成之人"或"道德章明""材行卓异"者。⑧ 唐初名臣王珪、褚遂良、魏征担任此职，对成就唐太宗"贞观之治"发挥了重要作用。补阙、拾遗虽是比较低级的谏官，担任者也不乏一时名臣，如王维、杜甫、张九龄都曾担任此职。他们"掌供

---

①　参见杜佑：《通典》卷二一《职官三》，中华书局 1988 年版，第 544—545 页。

②　李林甫等：《唐六典》卷八《门下省》，中华书局 1992 年版，第 247 页。

③　据《汉书·宣帝纪》地节二年记载：汉代百官上奏机密政事，用皂囊封缄进呈，故称封事或封章。

④　参见王溥：《唐会要》卷五五《谏议大夫》、卷五六《左右补阙拾遗》，中华书局 1955 年版，第 948—955、965—975 页；宋敏求编：《唐大诏令集》卷四《去上元年号赦》、卷九《广德元年册尊号赦》，中华书局 2008 年版，第 22—24、57—58 页。

⑤　宋敏求编：《唐大诏令集》卷一〇五《令百官言事诏》，中华书局 2008 年版，第 536 页。

⑥　参见刘昫等：《旧唐书》卷一四七《杜从郁传》，中华书局 1975 年版，第 3986 页。

⑦　王钦若等：《册府元龟》卷一〇三《帝王部·招谏二》，凤凰出版社 2006 年版，第 1125 页。

⑧　王溥：《唐会要》卷五五《谏议大夫》，中华书局 1955 年版，第 952、955 页。

奉讽谏,大事廷议,小则上封事"①。给事中虽然品位在谏议大夫之下,但权力却很大,有权对各部门的公文奏报、皇帝的命令进行审核,"驳正违失",然后副署签字。发现皇帝的诏书"有不便者",也可以拒绝署名,封还诏书。此外还有权审核重大司法案件,对处理不当的案件可以退回重审,即所谓"凡国之大狱,三司详决,若刑名不当,轻重或失,则援法例退而裁之"②。起居郎(舍人)虽然主要是记录皇帝言行以备修史档案,但属于皇帝近臣,"号为清美"之官,也有"悉心规谏"的职能。在唐朝历史上,起居郎、舍人参与谏诤、就重大政事提出批评建议者也不乏其人。③

此外武则天统治时期,设置了四枚铜匦,类似今天的意见箱,"所以申天下之冤滞,达万人之情状,盖古善旌、诽谤木之意也"④。由侍御史、正谏大夫(由谏议大夫改)主持,接受官民就朝政得失、百姓冤屈方面的投诉。

(四) 宋、辽、金时期

相对于唐朝而言,北宋的谏议制度又有较大的调整与演变。

首先,从组织机构方面看,最突出的变化是演变出了相对独立的谏议机构——谏院,以及出现了专门受理臣民申诉的登闻鼓院和登闻检院。

宋朝初年,基本继承唐朝的谏官机构,除了设有左右散骑常侍、左右谏议大夫等职之外,又于宋太宗端拱元年(988),将唐朝的左、右补阙改为左、右司谏,左、右拾遗为左、右正言。但因为时值宋朝开国之初,以统一天下、巩固统治为当务之急,太祖、太宗对于建立言谏制度尚不太留意,加上整个官僚组织延续唐朝旧习,故谏议大夫、补阙(司谏)、拾遗(正言)主要也是用来确定官阶俸禄,多兼领他职,而"不专言责",而真正的谏官皆须"降敕",即由皇帝特降诏敕方可。⑤

到宋真宗时期开始重视谏议制度建设,于天禧元年(1017)下诏单独设置谏院,以左右谏议大夫、左右司谏、左右正言为谏官。后逐渐形成独立的谏院机构,以司谏、正言担任知院官,或以他官兼领,称知谏院,如欧阳修、包拯、司马光等都做过知谏院。

宋神宗时期实行官制改革("元丰改制"),朝廷各机构基本上恢复唐朝的组织架构,设左右散骑常侍、左右谏议大夫、左右司谏、左右正言各一员,左属门下省,右属中书省,由这些官职专司言责,"同掌规谏讽谕。凡朝政阙失,大臣至百官任非其人,三省至百司事有违失,皆

①　欧阳修、宋祁:《新唐书》卷四七《百官二》,中华书局 1975 年版,第 1207 页。
②　刘昫等:《旧唐书》卷四三《职官二》,中华书局 1975 年版,第 1843 页。
③　参见王溥:《唐会要》卷五六《起居郎起居舍人》,中华书局 1955 年版,第 961—965 页。
④　刘昫等:《旧唐书》卷四三《职官志二》,中华书局 1975 年版,第 1853 页。
⑤　李焘:《续资治通鉴长编》卷一〇〇,中华书局 2004 年版,第 2321、2326 页;参见虞云国:《宋代台谏制度研究》,上海书店出版社 2009 年版,第 2—3 页。

得谏正"①。由于左右散骑常侍"未尝除人",左、右谏议大夫就成为谏垣之长,专掌"言责"。②到南宋高宗初年,又规定谏院从中书、门下省独立出来,单独"置局"③,谏院再度独立成为一个单独的谏议机构。

此外,宋太宗时又将唐朝的匦院改为登闻院,真宗时期又将登闻院改为登闻检院,隶属于谏议大夫,并于景德四年(1007)设立登闻鼓院。两院的职责都是接受文武官员和士民的投诉,凡涉及有关朝政得失、公私利害、军务机密、诉求恩赏、申请雪冤、贡献奇方异术、改换文资等事项,又没有其他途径申诉的,首先通过登闻鼓院投诉,如果遭到登闻鼓院留难,则前往登闻检院呈递。④如果仍然得不到处理,还可向御史台申诉。登闻鼓院、检院这两个机构的设置,为皇帝了解下情、获得政治信息提供了重要的渠道。

其次,两宋时期谏议机构在职能上的一个重要变化,就是与监察机构有合流的趋势,即所谓"台谏合流"。这主要表现在以下几个方面:第一,谏官虽然仍然主要针对皇帝进行谏言,但也可以纠弹官员。当时人就有这样的说法:"台谏所以纠大臣之越法者。"⑤如吕夷简为宰相,因赞同仁宗废黜郭皇后,遭到右司谏范仲淹与御史中丞孔道辅等人的弹奏,范仲淹、孔道辅最后被贬到外地,欧阳修写信谴责身为知谏院的高若讷"为谏官不能辨,犹以面目见士大夫,出入朝廷,是不复知人间有羞耻事耶"⑥。又如仁宗时包拯知谏院,"数论斥大臣权倖"⑦;而哲宗元祐初年宰相蔡确,更是在谏议大夫孙觉、右司谏苏辙、左司谏王岩叟与御史中丞刘挚等台、谏官交章弹奏下被罢免的。⑧南宋宁宗时期也曾规定,各官署处理公文如有拖延者,由谏院负责稽查,根据情节轻重弹劾论奏,实行处罚,谏官已开始对百官行使监察权。第二,监察官虽然仍以监察百官为主,但也负有言责,可以劝谏皇帝,议论国家大事。宋真宗还曾设言事御史,专门议论朝政,此后或废或置,但总体来看,监察官(台官)言事的情况已经屡见不鲜。如宋神宗熙宁年间,刘挚为监察御史里行时,就在奏章中说:"臣待罪言责,采士民之说以闻于上,职也。"⑨宋徽宗时期,胡舜陟为监察御史,上奏说御史以言为职,议论时事,但是到崇宁年间权臣为了私利就不再让御史言事,希望徽宗在国家处于危难时刻能够恢复御史言事的旧制。第三,谏官可以兼任监察官,即所谓"给、谏权御史中丞"⑩。如太宗时王化基以

① 脱脱等:《宋史》卷一六一《职官一》,中华书局1985年版,第3778页。
② 马端临:《文献通考》卷五〇《职官考四》,中华书局2011年版,第1435、1437页。
③ 李心传:《建炎以来系年要录》卷二五"建炎三年七月辛卯",中华书局1988年版,第511页。
④ 参见脱脱等:《宋史》卷一六一《职官一》,中华书局1985年版,第3782页。
⑤ 脱脱等:《宋史》卷一六〇《选举六》,中华书局1985年版,第3748页。
⑥ 脱脱等:《宋史》卷二八八《高若讷传》,中华书局1985年版,第9684—9685页。
⑦ 李焘:《续资治通鉴长编》卷一七二,中华书局2004年版,第4133页。
⑧ 参见李焘:《续资治通鉴长编》卷三六六、三六七、三六八、三七〇,中华书局2004年版,第8777—8969页。
⑨ 脱脱等:《宋史》卷三四〇《刘挚传》,中华书局1985年版,第10851页。
⑩ 脱脱等:《宋史》卷一六八《职官八》,中华书局1985年版,第3999—4000页。

右谏议大夫权御史中丞，侯陟以左谏议大夫权御史中丞；真宗时张知白、李虚己、薛奎以右谏议大夫权御史中丞；仁宗时范讽、王臻、孔道辅、孙抃、贾昌朝、高若讷、鱼周询、程琳、王畴、杨察以右谏议大夫权御史中丞，包拯以谏议大夫权御史中丞；英宗时，贾黯以给事中权御史中丞，等等。最后，台谏合流还表现为，谏官也和监察官一样由皇帝亲自选拔，从而强化了君主对于谏官的垂直控制。庆历年间，宋仁宗下诏除授谏官不得用在任辅臣所荐之人。靖康元年(1126)，宋钦宗下诏宰执不得荐举台谏，为台谏官者须由皇帝亲自提拔，并确立为定制。不过虽然规定如此，但在实际的政治运作中，由于皇帝本人的昏庸无能等因素，还是常常出现谏官被权臣、权相所控制的情况。如宋仁宗时期叶清臣指出："台谏官为天子耳目，今则不然，尽为宰相肘腋。宰相所恶，则掎以微瑕，公行击搏；宰相所善，则从而唱和，为之先容。"[1] 南宋以后，像贾似道一类的权相，就曾利用台谏排除异己、巩固权势。

由于宋朝的谏官也和监察官一样，以"检查两府(宰相机构与枢密院)之过"为职任，因此宋朝也实行了一些保障谏官独立行使职能的措施，如宰执大臣亲属不得担任谏官的回避制。

宋朝台谏合流趋势的出现，一方面是因为监察官、谏官在职能上存在交叉重叠关系，无论是监察官(台官)还是谏官，他们在履行职能时都离不开言论批评，而更主要的还是君权的扩张、君主对谏官的控制加强的结果。正是因为君主的支持，台谏官才敢于以卑微之官职，"持宰执之短长，以鸷击为风采"[2]。

辽和金代谏议制度基本上沿袭唐宋旧制，但谏官在政治上已经不如在唐宋时期那么活跃。

(五) 元、明、清时期

进入元、明、清时期，基本上不再设置单独的谏议机构，甚至连传统意义上的谏官之职如谏议大夫也不再设置，批评建议之职主要分散转移到监察系统。

元朝已不再设单独的谏院，虽然一度设有给事中、左右补阙等官，但逐渐转为兼修起居注等史官之职。[3]

明朝曾一度设立谏院，但很快就废掉，而设六科给事中，在监察六部和百官之外，兼任言官之职。同时，各道监察御史在行使监察权的同时，也兼有言论之责。清朝大体沿袭明制，只是在雍正时期开始将六科归属于都察院，从宋朝开始的台、谏合一过程至此大体完成。

明清时期台、谏合流的完成，使历来以谏诤君主为主要职能的谏议机关到明清时期正式取消，原因固然不止一端，但君主权力的不断强化与扩展，无疑是一个十分重要的原因。谏

①　脱脱等：《宋史》卷二九五《叶清臣传》，中华书局 1985 年版，第 9852 页。
②　王夫之：《宋论》卷四《仁宗七》，中华书局 1964 年版，第 92 页。
③　参见宋濂等：《元史》卷八八《百官志四》，中华书局 1976 年版，第 2225 页。

议机构被正式取消,标志着在君主专制的政治体系之中,对君权的内部调节、制约机制的不断弱化。

总结与讨论

一、主要内容回顾

首先,本章梳理了中国历史上监察机构和体制的演变,分析了其特点、历史影响及局限性。通过几千年的演变可以看出,我国古代的监察制度形成了一套纵横交错、严密复杂的监控体系,作为皇帝的"耳目",监察机构及其官员享有崇高的权威和地位,在组织和职权上具有较强的独立性;同时在监察官的选配上,注意贯彻以卑察尊的原则,用低品级、浅资历的官员出任监察官员,并重视"德操"要求,严格监察官的选拔标准。通过这种监察制度,一定程度上实现了对官员行为的约束、调控,较好地维护了以君主为核心的中央政府权威和基本的政治秩序,提供了较好的制度环境和土壤,抑制和延缓了官场腐败的速度,并在一定程度形成了对最高权力的调节制约机制,使得传统政治统治中能够保持一定的政治清明与开放性。但是这种监察制度不可克服的局限是,监察机构的运行往往受君主个人喜好或政治斗争需要所左右,监察官从根本上只能在君主许可的范围和限度内活动。专制政体下的君主既是这种监察制度的创造者和维护者,在某种意义上又是它的破坏者和干扰者。

接下来,本章介绍梳理了谏议制度的大致演变历史,通过这一演变过程不难看出,谏议制度和监察制度既有差异,也有共同之处。二者的差异主要在于:一个偏重于对上(君主)的批评建议,带有对最高权力监督的意味,一个偏重于对下(臣下,尤其是宰相)的监察;同时,伴随着君主专制制度的发展演变,一方面是监察系统日趋严密,监察的功能越来越强化,另一方面则是谏议制度从汉、唐、两宋时期机构复杂、谏官人数众多、影响较大,到后来则逐渐萎缩乃至明清时被取消,谏议、批评的职能被转移到监察机构,批评、制约君主的功能越来越弱化。

除此之外,谏议制度与监察制度又有很多相同或相似之处,比如:在组织上和行使职权方面都被赋予很大的独立性,都强调要由国家的最高权力中心(君主)垂直控制,监察、谏议官员的选拔尽量由最高统治者掌握,对其直接负责,不受其他机构和官员的干扰,以保障其职权的发挥;在官员的选拔上都贯彻以卑察尊的精神,以便既能发挥监察与批评谏议功能,又不至于干扰国家机器的正常运转。

二、进一步讨论的问题

以上,是我们回顾中国几千年的监察、谏议制度之后,所获得的基本知识。现在我们要进一步思考和讨论的是,通过这些具体制度,我们是否会对中国的传统政治制度,特别是其中最根本的制度——君主专制制度有一些新的认识? 这些制度中还有哪些因素在今天仍有借鉴价值,或者说,我们今天还能从中获得哪些启示?

首先需要注意的是,在中国传统政治体系中,至少存在或曾经存在过两种监督、制约权力的制度和力量,即对下的监督制约——监察制度,以及对上的批评监督——谏议制度,特别是后面一种,对于君主的批评监督制度的发育、成长,对于中国传统政治制度无疑具有深远的影响,同时对于我们重新审视什么是"君主专制政体"也有重大意义。因为,在君主专制政体之内,在号称君主是"至圣至明"、可以"乾纲独断"的时代,竟能发育形成专门对君主这一最高统治者批评、谏言的制度,甚至有的朝代(唐宋)还对谏官提出了考核要求,规定每个月必须提出多少批评建议,这是非常难得的。这就最大限度地突破了这种专制和人治体制的封闭性、垄断性,使得传统政治能够保持一定的政治清明,具有一定的开放性和包容性,也使得中国君主专制这种"简单政体"(与现代民主制相比)能最大限度地彰显出复杂性和质感。这似乎可以再一次改变我们对于君主专制政体的认识:不能一看到"专制",就以为它是铁板一块,就是所有的皇帝在所有情况下都能乾纲独断、随心所欲,不受"任何限制";当然,也不能一看到这种制度下如此"开放""开明",还允许设立专门的机构去批评、监督皇帝,就说它不是专制的政治体系了,甚至就断言它已经是"民主"的了。正像我们看到的,宋朝已经开始"台谏合流",谏官的职能已经开始异化,到明清干脆取消了独立的谏议机构,这又说明,君主专制政体对这种谏议制度的容忍是有限的。可见,"专制"政体有不同的"面孔",我们不能只看它一时的、一个方面的面孔,而忽视了它在其他时候的另一面孔。

从今天的角度看,尽管中国古代的监察、谏议制度存在诸多局限,但是也存在一些值得肯定和借鉴的成分。

其次,在制度安排上,它既注意对下的监督制约,也注意到对上的监督制约机制,至少体现出这样一种有关权力监督制约的原则:权力不能处在"失监"状态,任何权力必须接受一定的监督制约,否则必然产生权力的腐败和滥用。

进一步说,在这两种制度设计背后,都预设了某种对人性的警觉意识或者"幽暗意识"。

从监察制度方面说,一方面,官员有其不可根除的私心,很容易以权谋私或者进行"权力寻租";另一方面,官员当然有理性上的局限,也会作出错误决策,因而需要设计出监察制度加以防范纠正。从谏议制度方面看,现实中的君主也并不是理想中的圣君,而是有私心私欲的,也要设谏议制度以"格君心之非"。同时历代对监察、谏议官员的选拔,一般也倾向于选拔资历较浅、比较年轻的官员,即所谓"少年新进",也有对人性的现实考虑:台谏官资历浅,入仕做官时间短,不会沾染太多官场恶习,有强烈的积极进取精神和出人头地心理,查办起案件更有勇气和锐气,更能不畏强权,即古人所谓"位卑则人情激昂,禄薄则爱惜身家之念轻"。这至少给我们这样的启示或借鉴:在设计肃贪防腐的监察制度时,乃至在其他制度设计的"工程学"中,必须从人性的现实状况,而非从人性的理想状况出发,必须充分考虑人性面对权力时的弱点。

另外,在监察、谏议制度的技术设计上,中国古代也有值得今人借鉴之处,如注重由国家最高权力中心(君主)对监察、谏议机构进行垂直控制,强调监察、谏议官员的选拔尽量由最高统治者掌握,对其直接负责。这也是为了从组织和职能上保持监察、谏议机构的独立性,以防其他机构和官员干扰其职权的发挥。从现代行政监察的角度看,这也在一定程度上体现了异体监督、独立行使监督权的精神。再比如,在官员的选拔上贯彻以卑察尊的精神,这样既能发挥监察与批评谏议功能,又不至于干扰国家机器的正常运转。类似这方面的情况,都是中国传统智慧的体现。

当然,这种监察、谏议制度存在的缺陷、历史局限也是显而易见的。比如,这些制度的实际运行状况往往受君主个人喜好或政治需要所左右,台、谏官从根本上只能在君主许可的范围和限度内活动,甚至成为争权夺利、排斥异己等政治斗争的工具,历史上台谏官因触犯君主和权臣而遭到迫害,乃至招致杀身之祸的事例屡见不鲜。这些,也给后人留下了深刻的教训和警示。

参考文献:

1. 邱永明:《中国古代监察制度史》,上海人民出版社 2006 年版。

2. 白钢主编,黄惠贤著:《中国政治制度通史》第四卷,人民出版社 1996 年版。

3. 陈仲安、王素:《汉唐职官制度研究》,中华书局 1993 年版。

4. 虞云国:《宋代台谏制度研究》,上海书店出版社 2009 年版。

5. 关文发、颜广文:《明代政治制度研究》,中国社会科学出版社 1995 年版。

6. 张星久:《从价值预设看帝制中国廉政监察制度的历史困境与现代意义》,《广州大学学报(社会科学版)》2009 年第 2 期。

思考题：

1. 监察制度的运行呈现哪些基本特征?

2. 监察制度的历史作用有哪些?

3. 概述谏议制度的功能。

4. 概述谏议制度的历史地位。

5. 概述谏议制度的历史局限。

第七章／军事与法律制度

军队是国家强制力的直接来源与手段,是支撑政治权力的重要暴力要素,因而军事制度是国家政治制度系统中的重要组成部分。

正如古人所说,"兵者,国之大事,死生之地,存亡之道",军队及军事问题直接关系到国家政权的兴亡,所谓"若制得其宜则治安,失其宜则乱危",① 因此军事制度就成为中国古代政治制度的重要组成部分。其中,军队的指挥统帅制度,即有关"兵权"掌控、使用方面的制度,直接关系到国家政治统治职能的实现,特别是直接影响到古代君权的实现问题;兵役制度也直接影响到国家的军事实力和对社会的动员能力,直接体现着专制国家对社会成员的控制、压迫关系,因此与传统国家的政治制度的关系更为紧密。这些都是本节重点介绍的内容。

法律制度在整个国家政治制度体系中的地位也与军事制度大体相近。法律也是国家意志和国家强制力的直接体现,又是实现国家意志和强制力的基本手段之一。因此,有关中国古代法律方面的基本制度,如立法制度、法律的基本内容与构成、司法制度等,也构成了中国古代政治制度的重要组成部分。详尽、系统介绍中国历史上的法律制度沿革,属于专门的中国法制史学科的任务,这里主要从政治制度沿革的角度加以介绍分析。

第一节　军　事　制　度

考察秦汉以后两千多年的军事制度,首先需要注意它的这样几个特点:

第一,军权是专制国家和君主权力最直接的体现,同时也是后者最重要的保障,因此历代王朝的统治者都格外重视军权的控制,君主独揽军权,不容假手他人,这是历代王朝奉行不易的基本原则。

第二,军队的平时管理权与战时的指挥、统帅权相分离,军队的日常管理、组织编制是一个系统,战时则采取另外一套组织与指挥统帅系统,是其军事指挥体制上的一大特点。

第三,由于科举考试等因素影响,加上统治者对武将的猜忌防范等因素,唐宋以后,特别

---

① 杜佑:《通典》卷一四八《兵一》,中华书局 1988 年版,第 3779、3784 页。

是宋以后，以文制武、重文轻武的倾向日益强化，即在文臣与武将的关系上，最高统治者一般会用文官节制、统领武将，在社会地位和政治待遇上，文官整体上比武将要高，不是科举出身的武将升迁渠道较窄，社会地位也相对较低。

第四，在兵役制度方面，秦汉以后主要采取了三种征兵方式——普遍征兵制（如汉朝前期的征兵制和唐朝的府兵制）、世兵制（少数民族的部族兵制度和魏晋的士家制、明朝的军户制）和募兵制（历代皆有），而各个王朝比较普遍的演变趋势是随着国家对社会的控制力不断递减，募兵日益成为集兵的主要手段。

第五，士兵的待遇和社会地位极为低下，兵役直接体现为专制国家对社会成员（农民为主体）的强制控制乃至奴役关系，表现在官方思想和一般社会观念中，就是士兵的社会身份和角色始终暧昧不明，不像对士、农、工、商等阶层那样，具有"四民分业"那样明确的界定和承认，甚至流行"好人不当兵"的歧视性观念，从而使传统国家一方面高度依赖军队，一方面又歧视、奴役士兵，这是其军事制度中一个非常深刻的矛盾。

一、秦汉时期的军事制度

（一）兵役制度

秦汉征集动员军队的兵役制度以征兵制和募兵制为主，兼有谪发兵、刑徒兵、少数民族兵等多种形式。大致上说，秦至西汉前期以征兵为主；汉武帝以后，征兵、募兵并用；东汉则以募兵为主。

征兵制是一种普遍的、兵农合一的兵役制度，除了贱民群体，如罪吏、囚徒、商贾及贫弱之民以外，男子达到一定年龄后就要登记注册，即"傅籍"。达到服役年龄，称为"傅"或"始傅"；停止服役年龄，称为"免"或"免老"。服役年龄在不同时期有不同规定，秦时男子十七岁"始傅"；[①] 至汉景帝二年（前155），"令天下男子年二十始傅"[②]；汉昭帝时"宽力役之政"，改为"二十三始傅"[③]。停止服役年龄在秦时是有爵者五十六岁，无爵者六十岁；汉昭帝时免老年龄统一为五十六岁。从始傅到免老之间，民众都有随时应征服兵役的义务。服役的时间通常是两年，正式的兵役称"正卒"，正卒在当地郡县服兵役，接受军事训练一年，相当于一种预备役。做过一年正卒后，复员归农，如再征调番上，赴京师戍卫者称"卫士"，属中央军队

---

① 也有的文献认为是23岁。新近的研究依据"云梦秦简"的记载，认为秦代男子傅籍年龄为17岁。参见李恒全：《论秦汉"傅籍"的兵役性质》，《史学集刊》，2013年第4期。

② 班固：《汉书》卷五《景帝纪》，中华书局1962年版，第141页。

③ 桓宽撰集，王利器校注：《盐铁论校注》，中华书局1992年版，第192页。

系统；赴边郡戍卫者称"戍卒"，属边防兵系统。"卫士"和"戍卒"的服役年限都是一年，服役期满，复员归农，如遇战事再随时征调。

　　但实际上，上述这些规定的方式和期限并没有真正实行。如秦朝在镇压六国反抗势力的过程中，需要大量的兵力，而且秦朝兵役兼有徭役性质，故军队数量相当大，仅北筑长城、南戍五岭，修骊山墓、阿房宫几项即用兵 230 余万，如果加上郡县的地方军和京师的警卫部队，数量会更大。因而实际上征兵的范围已远远突破了原有的限制，不仅商贾及贫弱之民等被征发，还征及刑徒，因此汉朝人批评这种征兵制是"乱政"。

　　汉武帝时期，征兵制渐渐向募兵制发展。征兵制本质是一种以大量个体小农为基础的、兵民合一的兵役制度。汉武帝以后，一方面国家对外战争频仍，需要动员大量的兵员；另一方面由于土地兼并严重，个体小农大量破产，沦为流民或奴婢，使正常的征兵制已很难运转。建立技术装备精良的常备军乃势所必然，于是在征兵之外广泛招募职业兵。如汉武帝时期增设八校尉之兵，以加强京城守卫力量，其所属士兵就是来自招募。此外，还征用刑徒（罪犯）、奴隶、少数民族为兵。自西汉末年到东汉初年开始，国家的兵源已经主要以招募为主，只是在战时才有临时性的征兵。这样就破坏了原来兵、民合一的普遍征兵制。募兵制取代征兵制，使职业兵制代替了义务兵役制。

　　另外，秦汉时期军队的主要兵种包括材士（又称材官）、骑士、楼船士、轻车等。材士是在山地或少马的地区所安置的步兵；骑士是在平原或多马的地区设置的骑兵，又称"车骑"；楼船士是在近水地区建置的水军；轻车是指驾驶战车冲突于战场的车兵。

（二）军队的部署与统帅体制

　　在军队的部署方面，秦汉都是以皇帝及其居住的京城为防御重心，在京城周围保持优势的兵力，形成中央对地方的居重驭轻、强干弱枝之势。秦朝"尽征其材士五万人为屯卫咸阳"[①]。汉朝京师设有"南北军之屯"[②]，南军属于皇帝的警卫部队，负责皇宫与皇帝的警卫，分别由卫尉和郎中令（后光禄勋）统帅；北军负责京城地区的防卫，属于首都卫戍部队，由中尉统帅。南军、北军的士兵也征自不同的地区，以达到互相牵制的目的。汉武帝时增设高级侍卫队，即"期门"军和"羽林"军，还增设"八校尉"以扩充北军。[③] 东汉时期，虽然南军的名称不复存在，但其皇宫和京城警卫基本还是沿袭了西汉的格局：其宫廷警卫部队也是分为两部分，最贴近皇帝的侍从部队由光禄勋统帅，负责宫门警卫的部队由卫尉统帅；其京城卫戍部队也叫北军。

---

① 司马迁：《史记》卷六《秦始皇本纪》，中华书局 1982 年版，第 269 页。
② 班固：《汉书》卷二三《刑法志》，中华书局 1962 年版，第 1090 页。
③ 参见班固：《汉书》卷一九上《百官公卿表上》，中华书局 1962 年版，第 738 页。

总的来看,秦汉时期的驻守京城的中央军作为天子的近卫军,由皇帝的亲信大臣统率,士兵待遇优厚,训练有素,兵力强大,一旦某地出现叛乱,朝廷会以绝对优势兵力迅速出击,对稳定政局起着重要作用。

在京师地区之外的一些军事要地,特别是在边境地区,也是秦汉时期军队重点部署地区,以防范外部入侵。另外各地郡、县还拥有一定地方军队,其任务一是维持地方治安,二是充当中央军队的兵源。

秦朝的军队最高指挥权由皇帝掌握,从高级将领的选拔任免,到战争的发动与中止,再到军队的调度与兵员的征集等,都出自皇帝的意志。在皇帝之下,虽然设有国尉这一最高级别的武官,但未见其具体的活动。军队的真正指挥系统是,遇到战事或需要调动军队时,由皇帝颁发符、节,授命将军或尉去统帅军队。此外,无论是守卫京师的部队,还是戍守边疆或守卫地方的部队,都要接受直属于皇帝的监察人员的监督,如郡的军事活动受郡监(设于郡的监御史)监察,而大将出征或守边又有监军监督其活动(如秦始皇长子扶苏即被派为大将蒙恬的监军)。

两汉时期同样由皇帝掌握绝对的军事指挥权,各类将军及其幕僚均由皇帝依据军事需要直接任命。全国武装部队的最高军事首脑为三公之一的太尉(一度改为大司马),但实际只管军事行政,最高指挥权仍归皇帝。皇帝掌握着所有的军队调动与指挥权力。皇帝授权调动、指挥军队的主要凭证也是颁发"符""节"。这方面有个著名的例子:吕后去世,其侄子吕禄、吕产等"诸吕"控制朝政,吕禄、吕产更分别控制了南、北军,与刘姓宗亲及元老功臣集团的矛盾一触即发,太尉周勃急于控制住北军,又因为没有发兵的符节而"不得入",正巧掌管皇帝符节的官员纪通倒向了周勃一方,使得周勃可以"持节"假借天子之命掌握北军,与其他大臣一起铲除吕氏的势力。① 而在战时如果需要调动军队,皇帝则会根据战斗规模的大小,任命某人担任大将军或将军,统帅若干部队作战。将军下面设部,部有校尉与军司马;部下有曲,设军侯;曲下有屯,设屯长。

秦朝地方军队由郡尉和县尉负责平时管理,地方军队的调动也必须持有皇帝的发兵的符、节。西汉时期,地方军队分布于郡(国)县,由郡太守、都尉(由秦的郡尉改)、县令(长)和县尉指挥管理,战时也是由皇帝下令调动出兵。

东汉光武帝刘秀重新统一全国,希望减轻兵备,与民休息,因此下令罢免各郡都尉官,并其职于太守,并裁减了一部分地方军队;而且,随着刺史逐渐独立为一级地方行政长官,刺史也兼有一州军政大权。这样,就逐渐形成了地方郡守、州刺史独掌兵权的局面。而募兵制的兴起也导致了世袭的职业常备军对刺史、太守的依附关系。到了东汉后期,这些地方军队逐

---

① 　参见班固:《汉书》卷三《高后纪》,中华书局1962年版,第102页。

渐演变成刺史、太守的私人武装,成为导致东汉后期地方割据分裂的重要因素。

二、魏晋南北朝时期的军事制度

在魏晋南北朝时期,受当时政权分裂、皇权衰弱、政局动荡不安等大环境影响,军事制度方面最突出的变化,一是在兵役制度方面出现世兵制和士家制度,二是出现了某种程度的军队地方化乃至私人化。

(一) 兵役制度

魏晋南北朝时期各政权下的兵役制虽有不同,但占主导地位的是身份世袭的世兵制。这种世兵制又有两种形式:在魏晋南朝、特别是在魏晋政权下主要采取的是士家制;在北魏等北方少数民族政权下,主要采取的是具有少数民族特点的部族兵制。士家制与部族兵制具有上述世兵制的共同点,而它们之间的主要区别在于,士家制是以社会成员中的一部分人为兵户(士家),部族兵制则是以全体部族成员为兵户;士家制下的兵户地位卑下,而部族兵制下,大致在前期从军是统治民族身份的体现,从军者地位较一般平民要高,后期沦为"军户"者,地位和魏晋南朝的士家一样。

除了士家制度和部族兵制之外,各个政权为了征集和控制更多的兵员,也在一定程度上采取了募兵、征兵等形式。

1. 魏晋南朝的兵役制度

从魏晋到南朝时期,兵员的征集方式大致经历了两个发展阶段:曹魏和两晋时期,主要是世袭为兵的士家制度或兵户制度;进入南朝,募兵制逐渐成为主要的兵员征集方式。

东汉末年到曹魏时期,由于连年战乱,需要大量的兵员充实军队,募兵制已无法保障充足的兵员。同时,大量的编户齐民因为破产而沦为地方大族、豪强的依附民,成为他们的部曲、私兵,为他们控制某些百姓世代为兵提供了条件,于是一种世袭为兵的士家便应时而生。曹魏政权为了稳定地控制兵源,开始把通过招募来的军队、收编的豪强武装和黄巾军降部,以及从编户齐民征发的士兵等,仿照地方豪族对待家兵部曲的办法,不仅控制士兵本人,还直接控制他们的家属,从而形成了士家制度。这种制度形成后,就逐渐成为三国、西晋和东晋王朝的主要集兵方式,甚至在北魏也一定程度上存在。其特点主要有四个。一是兵、民分离,对士家(军户)编入专门的户籍"兵籍",不由郡县而由军府营等专门机构加以管理。二是士家子孙世代为兵,父死子继或兄终弟及,士家子弟除非立下特大功勋,不得脱离军籍,形成典型的世兵制。三是采取"妻子营居"的方式,对士兵家属集中管理,士兵如果逃亡,家属或贬为奴婢或杀头。四是军户的地位卑贱,近似奴仆,不仅男丁服役,女子也要负责转运或屯田;军户不准读书、做官、转业,不能与其他民户通婚,婚配由政府主持;士兵死后,妻女由官府配嫁,甚至可以把士家作为礼物赐给功臣。

士家制度形成的原因是多方面的。就士家的来源来看,自西汉武帝以来,即不断地通过各种渠道将罪人补入军队,或者以招抚的手段降服少数民族的首领,而将其部族兵变为国家的士兵,或者将社会上的流民、逃户招募为兵,这些社会地位低下的人口进入军队后,势必会影响整个军队的社会地位。尤其是东汉以后,随着土地兼并愈演愈烈,大量的编户农民被排挤出土地,除了一部分成为流民之外,大部分成了地主豪强控制下的依附民(即田客、宾客和部曲家兵)。东汉灭亡以后,这些豪族依拥有家兵部曲的多少而成为大大小小的割据者,而三国鼎立的局面形成以后,这些农奴化的部曲、田客、私兵就成了国家军队的骨干,士兵实际上是穿着军装的依附民,其地位自然也就比其他民户要低。另外一个原因是,由于战乱频繁,最大限度地控制军队成了大大小小割据者存在和发展的前提。为了控制军队,势必要控制士兵的家属,为了保证有可靠的兵员供应,也势必要使兵役世袭化,使其对国家的依附关系强化,也就使士兵之家成了不同于"良人"的士家。

士家制度在两晋时期达到极盛之时,也开始走向衰落。由于政局动荡(如晋八王之乱、永嘉之乱),兵士的战亡、逃亡等原因,使得官府控制的士家数量不断减少。而且,由于兵户社会地位低落,战斗力低下。在兵源日益减少、战斗力不断下降的情况下,募兵制开始兴起。实际上,在两晋之际就已经开始用招募的方式补充兵源,东晋由谢玄指挥、在淝水之战大败前秦的北府军,就是由招募的士兵组成。在这种背景下,到南朝刘宋以后,虽然还存在专门的兵户,但军队已经主要来源于招募。招募的士兵战斗力强,社会地位也略高,这是士家制度被取代的主要原因。

2. 北魏以部族兵制为主的兵役制度

在北方十六国的少数民族政权下,由于本族人数不多,其士兵的来源主要依靠兵、牧合一的部族兵制,青壮年男子都是士兵。这实际上是一种具有北方游牧民族特色的世兵制。同时统治者也开始设立军镇、堡壁,用俘掠、强制迁徙的手段把一些民众编为军户、营户或镇户,为他们提供稳定的劳动力和兵源。这样就形成北方少数民族政权下世兵制的两种基本形式:一种是部族兵制,即以本民族成员为主,组成禁军或中央军主力;一种是依托于军镇、城堡,表现为镇户、营户等形式的兵户制。

在北魏前期,其兵制基本上也是上述两种形式的世兵制。

在北魏兴起之初,其兵源主要来自鲜卑族,再加上一些其他被征服的少数民族。遇有战事,本族成年男子全部从征打仗,采取兵、民合一的部族兵制。后来征服区域不断扩大,特别是其开国者道武帝拓跋珪进入中原之后,其基本军事力量逐步分成禁卫军(中军)和驻守军镇的镇戍军两大部分。其中禁卫军系列包括宿卫京师的中央禁卫军、配给出征将领的远征军与边防军以及驻守某地的地方军,特别是皇室宗亲组成的"宗子军"等,构成北魏政权的军队主力。这些禁卫军主要为拓跋族本部子弟和被降服的少数民族成员,其兵役制度实际延续了早期的部族兵制,即全体部族男子都有从军作战义务,且世代为兵。但是他们作为兵户和作为统治民族的身份是联系在一起的,兵户代表的是一种特权,因此其社会地位很高。

而镇戍军最早则是来自驻守各军镇的"镇户"(或称"营户""兵户""府户")。早在北魏拓跋珪时期,就曾在北部边地设置军镇和镇将,并选拔鲜卑族中的"亲贤"和"高门子弟"与家属一起来此防守,他们隶属于军镇,世代从军,成为最早的镇户或营户。除了鲜卑族之外,军镇建立初期还迁徙了一些被征服的少数民族。由于这个时期的镇户或营户之类主要由鲜卑人组成,因此地位较高,受到人们的羡慕而"忻慕为之"。

北魏中后期,其兵役制开始出现较大的变化。

首先,北地镇户地位日益下降,最终导致兵户制度瓦解。随着鲜卑族本身的阶级分化及汉化,一些将领、军官逐渐上升为统治者,特别是那些从行洛阳的鲜卑人,与留在北地的普通鲜卑人差距更加悬殊;再加上北魏统治区域的扩大和战事的持续,需要征集更多的兵员,于是把大量的俘虏、罪犯、流民调集到各镇,使之充当镇户,造成所有镇户在地位上整体下降,他们贱如奴隶,"自非得罪当世,莫肯与之为伍"[①],被编入单独的户籍,子孙世代为兵,不得擅自离开,其地位逐渐沦为同东晋士家一样。这样,到孝明帝(孝文帝的继任者)时期,这种尖锐的社会矛盾终于酿成了六镇军民的大规模反叛,即"六镇之乱"。事件平息之后,北魏统治者才开始调整政策,于正光五年(524)八月宣布"诸州镇军贯,元非犯配者,悉免为民,镇改为州"[②],就是除了原来的罪犯之外,所有镇户的军籍("军贯")一律解除为民,归属州县管理。这样,以镇户为依托的兵户制度基本瓦解。

其次,伴随着世袭兵户制度的瓦解,募兵制、征兵制逐渐兴起。本来,在北魏逐渐将统治区域向中原扩展的过程中,已经开始出现招募民户出兵的情况。而到北魏将各地镇户的军籍悉数免除后,募兵制就成为补充兵员的重要方式。同时在被征服的南方各州,通过实行征兵制,征发汉人轮番充当州镇戍兵的情况也日益普遍。

总之,北魏后期通过招募职业兵和征发汉人轮番充当戍兵的方式,逐步取代原来的世袭兵户制。而在北魏之后的东魏、西魏、北齐、北周政权,其兵役制度也基本上沿袭了北魏。[③]

(二) 军队的部署与统帅体制

魏晋南北朝时期长期处于战乱状态,军队及军权的控制直接影响着政权的兴衰。各个

---

① 魏收:《魏书》卷一八《拓跋渊列传》,中华书局 1974 年版,第 430 页。
② 魏收:《魏书》卷九《肃宗纪》,中华书局 1974 年版,第 237 页。
③ 以上关于北魏兵制的情况,主要参见高敏:《魏晋南北朝兵制研究》,大象出版社 1998 年版。

政权下的军队大致可以分为直属于中央控制的中央军(又分为驻守京城地区的"中军"、京城以外的"外军")和地方州郡控制的州郡兵。从制度上,这些军队的统帅与指挥权都掌握在君主手中,一般情况下,君主又会设立"都督中外诸军事"一职作为全国最高军事统帅,通常由皇帝的亲信或当权者控制这一关键职务;对于驻守在各地的中央军,则由中央委派将帅,带上"都督某地军事"(简称"都督")头衔加以统帅。州郡兵则由当地州刺史、郡太守统帅。当然,由于这个时期长达几百年,先后出现很多政权,因此不同时期、不同政权下的具体情况又会有所不同。

三国时期,曹魏政权可以作为这方面的典型。其军队大致分为中军、外军和州郡兵。屯驻于京城及其周围地区的中央军称为中军,是曹魏军队的精锐力量,平时作为宿卫军,负责保护皇帝和京城的安全,又作为战略机动部队,外出执行重大军事任务。驻屯于京城地区之外的中央军称为外军,既随时支援地方,又作为地区性战役机动部队;州郡兵是由地方行政长官统率的地方军。东汉末年地方州郡长官开始拥有军队之后,三国时期沿袭这种情况,各州郡逐渐领有军队,但兵力多少不等,它的任务是维持本地区的秩序,有时也配合中央军作战。

曹魏统御全国军政的最高机构为尚书、中书二省,具体的军事行政由尚书台的五兵曹掌管,在皇帝之下,实际上的最高军事统帅是带"大都督"或"都督中外军事"称号的大将军。在地方上则设置军事辖区,委派将军为都督(全称"都督某地军事"),作为指挥该地区中央军(外军)的最高军事统帅,如曹仁就在魏文帝曹丕时期担任"都督荆、扬、益州诸军事"。有的都督还兼任州刺史,如夏侯尚在魏文帝即位后担任"征南将军、领荆州刺史、假节都督南方诸军事"。都督驻守地方,但其身份仍是中央官员,并受中央的严格控制和监督,未经同意,不得擅自出兵和募兵,而出征时家属作为人质留在京城。州郡兵则是从汉末私人部曲基础上发展起来的,由当地州刺史(汉末改为州牧)和太守统帅。

西晋基本沿袭曹魏,也是任命都督中外诸军事,代表皇帝统率与指挥全国军队,在地方军事要地设置军事区,委派都督统帅驻外军队。但因为西晋是通过篡夺曹魏政权而建立起来的,为防止他人故伎重演,在军队统帅控制体制上也做了较大变革。首先是在全国统一后,为了"偃武修文"、防止地方割据势力抬头,下令"州郡悉去兵",裁撤州郡地方长官所拥有的州郡兵武装,把军权与地方行政权分开,从而使他们专管地方行政。其次是恢复分封制,大封同姓王,这些封国按照规模大小可以拥有5000人、3000人或1500人的军队。再就是利用宗室诸王出任各地都督,掌控外军,宗王往往被委以都督数州军事的重任,形成宗王出镇的体制,以使军权牢牢掌握在司马氏手中。但是宗王既掌握数州军权,又管民事,也是酿成"八王之乱"的重要原因。

东晋政权是在各地将领和世家大族支持下建立起来的,皇权比较软弱,朝廷军政大权把持在以王、庾、桓、谢为首的门阀大族手中,以至于有"王与马,共天下"之说[1];军队虽然名义上属于国家,但并不绝对服从皇帝指挥。在京城内外军事力量的对比上,首先是中、外军的区分不太明显,京城内既有皇帝直接控制的宿卫军(原中军的一部分),又驻屯扬州都督所属的军队,由皇帝直接控制、警卫京城和皇宫的禁军大大削弱。其次,分散在各地的外军,尤其长江上游以荆州为代表的方镇之兵十分强大,王敦、庾亮、桓温等实力派先后控制上游兵权,以至于多次出现举兵反抗中央的事件。淝水之战后,镇守北方、隶属于徐州都督(驻地京口称"北府")的北府兵日益强大,成为东晋精锐部队,是各派政治势力竞相控制的对象,政局的运转渐渐以长江下游诸镇为重心。

东晋末年,北府军旧将刘裕在平定桓玄(桓温之子)之变后控制了朝政,最后建立刘宋政权,此后齐、梁、陈等南朝政权的建立者也都是武将出身,对控制军权极为重视,造成这些政权军事控制体制与东晋有所不同。首先,这些政权虽然也设大将军兼都督中外诸军事为最高军事统帅,但往往空缺此职,由皇帝自己亲掌兵权,有关军队将领的任免、军队的调动、募集和战争等"动民兴军"之事,都要"仰听成命",直接听从皇帝的诏令。其次,提拔重用那些出身寒微、便于控制的"寒人"担任将帅,削弱世家大族在军队中的影响。再次,加强中央对地方军镇的控制权(如刘宋特别重视对荆州、江州两镇的控制),仿照西晋宗王出镇之制,派宗王持节出任地方都督。同时为监控这些拥有重兵的宗王、将帅,又采取典签制度,由皇帝派出亲信到各镇担任典签官,并让他们成为地方实际上的最高统帅,号称"签帅"。那些宗王在签帅的控制下几乎寸步难行,实际上难以起到拱卫朝廷的作用。[2]

北朝在北魏孝文帝改革后基本上承袭了魏晋的军事统帅体制。北朝的军队组成主要包括中军、镇戍兵、州郡兵,还包括豪强大族所拥有的部曲兵。中军包括中央宿卫兵和对外出征作战的机动部队,其主要成分为鲜卑部落兵。驻屯于镇的军队即镇戍兵,主要由鲜卑和其他少数民族人组成;分散于各州郡的军队称为州郡兵,主要任务是维持本地统治秩序,有时也要出征,配合主力部队作战。各地豪强大族也拥有自己的部曲兵,是国家武装力量的补充。

三、隋唐时期的府兵制

(一)隋朝的府兵制变革

府兵制的前身是西魏时期的军府制度。北魏后来分为东、西魏。西魏的权臣宇文泰为

---

[1]　房玄龄等:《晋书》卷九八《王敦传》,中华书局1974年版,第2554页。
[2]　参见童超:《魏晋南北朝军事领导体制的历史特点》,《中国史研究》2000年第2期。

了与东魏相抗衡,于大统年间(535—551)把流入关中的六镇军人和原在关中的鲜卑诸部人编为六军。以后几年不断收编扩充兵员,逐渐建立起八柱国(大将军)、十二大将军、二十四开府(又称二十四军),开府下分若干团的组织系统,作为中央禁卫军,宇文泰实际上是全军最高统帅。军府的士兵有单独的军籍,实行兵、农分离,不用承担赋税,半个月执行警卫与巡逻任务,半个月接受作战训练。这样做,实际上是要通过一定程度上恢复北魏的鲜卑部族兵制,来保证稳定的兵源。后来因为需要大量补充兵力,又把府兵的征集范围扩大到汉人中有"材力"的富豪之家。大致从西魏到北周,这种府兵制逐渐突破原来以鲜卑人为主的范围,开始向一种普遍征兵制过渡。

隋朝沿用了北朝的府兵制度,又经过一系列改革,形成了比较完备的、兵役制度意义上的府兵制,即一种以土地均田制为基础、寓兵于农的编户征兵制。其中主要的调整与变化有两方面。首先,对府兵的组织系统进行了调整。隋文帝时期,将全国军队分别编入 12 军府,合为 12 军,设立大将军、骠骑将军、车骑将军、大都督等各级指挥官。其次,由兵民分离到"垦田籍帐,一同编户",所有百姓编入统一的户籍,由各地州府管辖,并按国家颁布的均田令获得一定数量的田地,兵役义务就由这些获得土地的均田民户承担。18 岁(开皇三年改为 21岁开始)到 60 岁的成年男子须每年服兵役一个月,衣粮装备由个人负责,服役期间,免除其赋役负担。这样,自魏晋以来实行的世兵制,到隋朝总体上宣告结束。

在军队的指挥控制方面,由皇帝集中掌握全国军队的军事指挥权,尚书省兵部负责军事行政事务,全国设十二卫府(军府),各府设大将军,在皇帝的直接控制下,分别统辖京城禁卫军和各地军府。战时则由皇帝委派行军元帅作为最高指挥官。

(二)唐朝前期的府兵制

唐朝府兵制在隋朝的基础上又有所调整。唐太宗时,对全国府兵进行整顿,全国共设折冲府(军府)634 处 [①],分为上中下三等,上府 1200 人,中府 1000 人,下府 800 人。军府长官称折冲都尉,府下设团,每团 200 人,长官为校尉;团下设旅,每旅 100 人,由旅帅统领;每旅辖两队,队设队正;每队分 5 火,每火 10 人,由火长统率。全国的军府又分属于 16 卫和东宫六率府(警卫太子)统辖,每卫设上将军 1 人,大将军 1 人,将军 2 人;每率府设率 1 人、副率 2 人。各卫大将军、各率府之率直接听命于皇帝。

府兵从军府所在州县壮丁中挑选,20 岁入伍,60 岁免役,府兵平时在家生产,农闲训练,战时由朝廷派将帅统领出征,战后仍回本府。另外府兵每年还要轮番去京师服役——"番上",即轮番服役的次数视离京师远近而定,每次一个月;部分府兵还要远离本府去戍边,若

---

① 按唐朝设置军府的总数,史书有不同记载,此处采用了《新唐书·兵志》的数字。

千年一换。士兵的来源为均田制下的农民,被选为府兵者免除租庸调负担,但要自备武器、衣粮,而且家里的其他成员仍有租庸调负担。

府兵是按照"内重外轻"的原则配置的,全国 630 余军府中,有 261 个设于关内,以便使京师一带保持强大的武装力量,造成能攻能守的局面。另外折冲府有内外之分,内府布置于京畿皇城重地,负责宫廷宿卫,内府府兵称为"三卫",分别是"亲卫""勋卫""翊卫";内府之外的折冲府均为外府,分布于全国各个道,外府府兵统称为"卫士"。

府兵之外,唐初还有所谓"元从禁军",是由跟随唐高祖李渊父子从太原起兵,统一后又愿意留为宿卫的士兵组成的,共 3 万余人,屯于皇宫的北门(玄武门),专任宿卫,年代久了,便从他们的子弟中简补,故又称"父子军"。此外,为了军事需要,唐初也曾实行募兵,如太宗即曾募兵 10 万征高丽。

(三)唐朝中期以后府兵制的破坏

府兵制相对于魏晋时的士家制度,有两方面的优势。一方面,折冲府作为府兵的基本组织单位,只是征兵、训练和管理单位,不是作战单位。每有战事,从各折冲府抽调府兵,组成战斗部队,由将帅统领作战,"事解辄罢,兵散于府,将归于朝"[①]。这样,将帅不能长期握有重兵,难以拥兵自重。另一方面,府兵制建立在均田制基础上,士兵亦兵亦农,既是战士,又能顾及农业生产。兵士服役时,需要自备粮食和武器装备,可为国家节省军费开支。因此,府兵制是以均田制为基础的。

到了唐朝中期以后,随着均田制的破坏,加上管理中存在的问题,府兵制最终走向瓦解。

首先,府兵制给均田农民带来了沉重的负担。府兵轮番服役时,虽然免除个人赋税,但这些远远不能补偿其服役带来的损失。虽然唐朝规定府兵立功可以授勋,但这只是荣誉称号,并不改变府兵"民"的身份。加上唐朝中期以后,土地兼并日益严重,均田制不断遭到破坏,农民丧失了土地或只占有少量土地,无力自备衣粮器甲去充当府兵,府兵制赖以建立的经济基础开始动摇,势必造成农民千方百计地逃避这种兵役,府兵制就很难维持下去。

其次,府兵制的瓦解也与其本身的局限性有关。一方面,府兵制必须实行定期轮番服役和短期出征,涉及地方政府和军府之间、农民从家乡启程到中途管理、再到军府交接等方方面面的协调,需要非常严密、精确又强大的组织动员能力,才能既兼顾农民有时间进行农业生产,又能保证轮番应役的府兵制正常运转;而另一方面,唐朝自建国以来对外战争和防守任务就非常繁重,特别是战事一旦发生,往往难以预料,很容易打乱府兵制下那种轮番应役的秩序,再加上战争造成士兵大量减员,府兵出征或出戍之后往往番代无期,甚至终生不返,

---

[①]　欧阳修、宋祁:《新唐书》卷五○《兵志》,中华书局 1975 年版,第 1328 页。

也会造成士兵逃亡和百姓逃避兵役的问题。

最后,府兵地位的下降也是府兵制被破坏的重要原因。府兵中有一部分须到京师值守,担任皇宫及诸王府、官府的卫士,被称为天子身边的"侍官",但后来他们常常被军官们借给外戚等权势之家充当仆役,于是府兵逐渐被人视为贱役,以至于京城人把"侍官"当成互相辱骂的话,社会上以"军名"为耻,人们甚至故意自残手足以逃避兵役。[①]

到了唐玄宗天宝八年(749),终于因府兵制"无兵可交",下令折冲府停止活动。

府兵制崩溃之后,募兵制逐渐成为唐朝中后期兵员征集的主要方式。唐中后期军事活动频繁,对兵源的需求越来越大,因而不得不大量招募士兵以满足作战需要。特别在平定安史之乱过程中,朝廷准许各地藩镇的节度使自行负责军队的招募、管理和训练,形成藩镇之兵。这些将帅由先前府兵制下的"事解辄罢"发展为长期领兵,形成军队实力对比上的内轻外重、藩镇尾大不掉的格局,成为唐后期长期藩镇割据的重要原因。

(四)唐朝的军事统帅体制

和隋朝一样,唐朝也是由皇帝亲自掌握军事指挥权,由兵部处理军事行政事务。在唐朝初期,遇到战事委任诸亲王为征战统帅,同时在全国军事要地设置总管府,以总管作为总管府的军事长官,负责地方军队的统御。不久,改总管府为都督府,总管改称都督。在唐太宗整顿府兵制之后,中央设立十六卫与东宫率府作为最高军事执行机构,统帅这些卫、府的将领名位很高,但军队的指挥调度权十分有限,战时仍由皇帝临时选派的元帅指挥府兵。这样,府兵尽管驻地分散,实际上仍是皇帝直辖的中央军队,而不是地方军,而且地方长官、卫府将军相互制约,都无法利用府兵形成割据势力。为了加强皇帝对军队的控制,除了十六卫,中央另设禁军系统及左、右御林军。

唐朝后期,随着府兵制度没落,中央禁军改为招募,其中的精锐部分——神策军又被宦官控制,成为宦官专权的重要工具。同时,地方军队也由各地的节度使就地召集组建,中央逐渐失去了对地方军队的控制,并最终导致了唐王朝的灭亡。

四、宋朝的军事制度

(一)募兵制及其影响

如前所述,募兵制在唐朝已经取代了府兵制,到了宋朝,可以说最后完成了这一兵、农分

[①] 参见岑仲勉:《府兵制度研究》,上海人民出版社1957年版,第69—71页。

离过程,全面实现了募兵制。对于募兵,宋朝统治者不仅看到了它的直接军事功能,而且进一步看到了它的政治统治效益。宋太祖认为,"吾家之事,唯养兵可为百代之利"[1]。北宋名相韩琦更进一步阐述宋募兵制的益处,说它既可以把"强悍无赖之徒"召集起来加以控制,又可使"良民"终生"保骨肉相聚之乐"[2],认为它可以消除各种潜在的不稳定因素,造成比较安定的社会环境。所以宋人在采取募兵制时十分自觉积极,不仅在军队缺员或临战之前募兵,而且在荒年招募饥民为兵,以便消除饥民铤而走险、发动起义的可能,荒年募兵成为宋朝的一项传统国策。

在募兵制下,兵与民是判然有别的,它使一部分人成了职业军人,而大部分直接生产者免去征伐之苦,专心从事生产劳动。但它带来的最大问题是,军队数量过多,使国家财政因养兵而背上了沉重的包袱(宋朝军队由建国初的20万,到仁宗时增为120余万),"冗兵"以及由此产生的"冗费"成为北宋中后期统治集团上下忧虑的问题。王安石变法时,曾试图通过推行保甲法部分地缓解这一问题,但没有成功。这样,本来是加强中央集权工具的军队,反而又成了宋朝积弱不振的一个重要原因。另外,从募兵的构成上来看,募兵除了饥民和破产农民之外,罪犯囚徒也是军队的一个来源,他们在禁军中充当"杂役卒",地位十分低下。而且,宋朝的募兵又称为"招刺",即为了防止士兵逃跑而在其面部等身体部位刺字。在当时的社会中,刺字充军带有耻辱的含义,这往往是某些罪犯才有的待遇。这些由饥民和罪犯混编的军队,其社会地位和自我认知都相当低下,对军队士气和战斗力形成不利影响。

北宋的军队基本分禁军和厢军两大类。禁军是国家的正规军;厢军是镇守各州的非正规军队,很少训练,主要是担负各种工程,供衙门差使,其中强壮者常被选拔到禁军中去。此外,在边地还有乡兵、番兵。乡兵是由征集或招募而来的守土武装,其衣粮由官府供给;番兵则是由归顺的边疆部落组成的武装,他们平时由首领率领在宋朝分给的土地上生产,战时则协同宋军作战。

(二) 军队控制与指挥体制

1. 宋初加强军队控制的措施

自唐末五代以来,骄兵悍将成为左右政局的强大势力,他们"父子相袭,亲党胶固","变易主帅,有同儿戏"[3],"兵骄则逐帅,帅强则叛上"[4],成了当时常见的现象。五代政权的更迭,大部分是军事政变的结果。宋朝开国皇帝赵匡胤也是以后周高级将领的身份发动政变而取

---

[1]　邵博:《邵氏闻见后录》卷一,中华书局1983年版,第1页。
[2]　罗大经:《鹤林玉露》卷四《养兵》,中华书局1983年版,第180页。
[3]　刘昫等:《旧唐书》卷一八一《罗威传》,中华书局1975年版,第4692页。
[4]　欧阳修、宋祁:《新唐书》卷五〇《兵志》,中华书局1975年版,第1329页。

得政权的,他对这种武人干政的情况感触尤深。因此,在建国后不久的一次宴会上,他以委婉的口气示意手下的禁军高级将领石守信等人交出兵权,并许以优厚的物质待遇,由此解除了这些人的军职。接着,又取消了殿前都点检等禁军的高级职位,另设殿前都指挥使、侍卫亲军马军都指挥使和侍卫亲军步军都指挥使,这就是所谓的"三帅"。三帅分统禁军,由资历较浅、易于驾驭的将领出任此职。这就是历史上有名的"杯酒释兵权"。经过这番人事调整,军权被牢牢控制在皇帝的手中。

为了防止武将势力的抬头,取消任何武人干政的可能,宋朝的开国者们传下了重文轻武、以文制武的"祖宗之法",企望通过抬高文人、压抑武人和利用文人抑制武人,来实现对军队将士的控制。如以文人知州,以文人担任安抚使、制置使等军事长官,以文人出任枢密使这一最高军政职务,而武将只能做具体的统兵官,受文臣的节制,即使武将高至三帅,他们遇见文人大臣也要"执梃趋庭,肃揖而退"①,如果武将稍有不恭,就会引起文臣的弹劾。除此之外,北宋统治者还有意造成一种重文轻武的社会风气,如提高科举入仕的文臣的地位,扩大取士名额,给进士出身的文臣非常优厚的待遇。而一般人认为,即使大将统兵百万,收复幽燕之地,得胜还朝,也不如状元及第荣耀。至于一般士卒的地位就更为低下了。②北宋灭亡之后,南宋在草创的过程中,曾一度放松了对将领的控制,武人的地位在南宋有很大提高。后来随着南宋与金朝签订绍兴和议,偏安政权得到稳定,便解除了岳飞、韩世忠等大将的兵权,又罗织罪名杀了岳飞,把各大将所统的军队肢解分散,直接听命于朝廷,恢复了北宋以文制武的体制。这种政策对于消除兵变、稳定社会秩序等确实起到了积极作用,但也由此减弱了宋朝的军事力量,使宋朝在对外战争中一直处于被动挨打的地位。

2.军事指挥体制

北宋实行枢密院掌军政、军令,"三衙"统兵的军事统御体制。北宋枢密院为最高军事行政机关,与宰相机关的"中书"并称二府。枢密院长官为枢密使、枢密副使或称知枢密院事、同知枢密院事等。枢密使基本上由文臣担任,虽然不直接统率军队,但可"佐天子执兵政",参与重大军事决策。而统兵的武将们虽然统兵作战,却无权参与军机大计,这体现了重文轻武、以文制武的制度原则。枢密院之下,负责统管禁军的机构有三:殿前司、侍卫马军司、侍卫步军司,合称"三衙"或"三司",各设都指挥使为最高统帅。枢密院掌发兵及其他军政,而"三衙"则有统兵之权而无发兵权,二者相互制约,即所谓"天下之兵,本于枢密,有发兵之权,而无握兵之重,京师之兵,总于三帅。有握兵之重,而无发兵之权;上下相维,不得专制、此所

---

① 汪藻:《浮溪集》卷一,《行在越州条具时政疏》,景印文渊阁四库全书本,台湾商务印书馆版,第1128册,第8页下栏。

② 宋朝有"作人莫作兵,作铁莫作钉"的谚语,正是这种现实的反映。

以百三十余年无兵变也"①。这种发兵权与统兵权的严格分割,确保了君主的军事集权,对于避免兵变和战乱起到了一定积极效果,但也造成了军队作战能力低下的严重弊端。

在"三帅"之下,禁军的基本编制是厢、军、营(又称指挥)、都,其中百人为都,设都头、副都头(步军)或军使、副兵马使(马军);五都为营(指挥),设指挥使和副指挥使,指挥是北宋最普遍的基本军事单位,各番号禁军兵力都以指挥为计算单位,也是军队在屯戍和调动时的基本单位;五营为一军,设军都指挥使一员,都虞候一员为副;十军为厢,厢设都指挥使。中期以后厢渐渐废弃,厢级军职成了荣誉衔。

北宋的禁军在两宋之际大部分溃散。南宋小朝廷赖以支持局面的是由各大将统帅的、以江防地带为活动中心的"屯驻大军"。除此之外,南宋还有厢军、乡兵的名目。"屯驻大军"是南宋的正规军队,其编制起初不稳定,诸军多以主帅姓名称呼(如岳家军、韩家军),实际控制权握在主帅手里。到宋高宗收夺大将兵权、整编军队之后,这些军队统一改叫"御前"某军,并以所屯地区相区别。此外还依照北宋的殿前司、侍卫马军司、侍卫步军司的名称,逐渐组建了"三衙"军,作为皇宫和临安(杭州)附近地区的警卫部队,与北宋不同的是,三衙军只是保卫皇帝的三支近卫部队,对外地军队并无统帅权。三衙军在孝宗时兵力曾达到12万余人,是战斗力很强的精锐之师。这些属于中央的正规部队基本采取军、将两级编制。军一级设统制、同统制、副统制、统领、副统领等官(有时军一级也设都统制)。将一级设正将、副将、准备将为主要军事长官,其下面又细分为部将、队将等。军、将两级为基本的编制,往往又根据战役、战略上的需要,将若干军编组在一起,设立都统司,以都统制和副都统制为最高统兵官。宋金议和之后,南宋沿长江防线设立十个都统司,实际是把自上游四川到下游镇江一带划为10个大的军区,设立10个驻防大军。故就指挥体系来看,南宋军队实际上分为都统司、军、将、部、队几级。至于地方的厢军和乡兵等,则有的是按将为单位编制,有的按指挥为单位编制。

北宋枢密院与宰相府对掌文武二柄,互不统属,南宋因军情紧急,往往由宰相兼任枢密院长官,自宋宁宗开禧年间始,宰相兼枢密院长官成为常制,结束了二府分立之局。

3. 宋朝军队的屯戍与部署

宋朝在兵力部署方面,基本原则是以皇帝所在的京师作为防御重心,并使皇帝可以牢牢掌握一支随时可以调动的精锐部队。在具体的做法上,就是要尽量保持京师地区在兵力上的优势,甚至把一半的兵力部署在京师地区,以便对任何一个地方形成绝对优势兵力,一半部署在各地,使各地的总兵力加起来可以与京师地区兵力相平衡。史称宋太祖赵匡胤"养兵

---

①　范祖禹:《论曹诵劄子》,曾枣庄、刘琳主编:《全宋文》(第九八册)卷二一四一,上海辞书出版社、安徽教育出版社2006年版,第196页。

止二十二万,京师十万余,诸道十万余。使京师之兵足以制诸道,则无外乱;合诸道之兵足以当京师,则无内变。内外相制,无偏重之患"[①]。此后宋朝的历代皇帝,大多秉持这一原则。南宋也是把京师驻军和外地驻军均匀部署,把三衙军的十余万精锐部队部署在杭州地区及其附近的建康一带。这样,一旦京师有事可调地方之军勤王,地方有事则可用中央军队平定。

为防止禁军官兵结党作乱,北宋前期还规定禁军实行"更戍法",除少数军队常驻京师外,其余则采取"更戍法",不断更换屯驻地点,既是为了使军士"知艰难,识战斗,习山川",更是为了达到"兵不识将,将不识兵"和"将不专兵"的目的。但频繁调防也会削弱军队的战斗力,故到宋神宗时废止了更戍法。

五、辽、金、元的军事制度

(一) 辽的军事制度

辽的军队大致由部族兵、御帐亲军、宫卫骑军组成。契丹人实行兵农合一制,凡15岁以上、50岁以下皆有服兵役的义务, "有备而战",兵粮自理,遇有军事行动,由本部族首领带领参战。除属于部族的军队之外,辽皇帝还直接控制了一支中央常备军,即称御帐亲军。其核心是辽太祖组建的皮室军,由各部选出的精兵组成。宫卫骑军又称斡鲁朵军,是警卫皇帝宫帐的宿卫军。辽太祖阿保机为了加强中央的实力,将一部分州县和部民、奴隶划归自己私有。这种地区称为"斡鲁朵"(意即"宫帐"),实为皇帝私人领地。其中丁壮者从军,老弱居守,组成皇帝的私兵,即为宫卫骑军。此军平时守卫在御帐左右,皇帝出行则护从,皇帝死后则守陵。辽代九个皇帝,加上两个当权的皇后、一个皇太弟,共有12宫,均设有自己的宫卫骑军,遇有战事,可从12宫调发10余万骑军,成为实力强大的一支军队。所以到后期,这支军队除了警卫皇帝之外,还承担了防御战略要地等野战机动部队职能。

为了加强皇帝的军事控制权,辽建立了枢密院制度。在北方契丹人的传统统治区域设立北枢密院,掌握军机大事和训练兵马事项。枢密院设枢密使、副使、都承旨等官职,皆由契丹贵族出任。同时,又在征服区域的汉人土地上,设立南枢密院(汉人枢密院)统领汉人兵马,枢密使从汉人或契丹人中拣选。辽的战时指挥体制,一般以皇子、皇弟为天下兵马大元帅,总领诸军出征作战。如有大规模军事行动,还会临时设立行枢密院,负责军队的指挥调度和布置作战任务。战争中直接指挥作战的军事统帅称行军都统,有副都统和都监等官员辅佐督战。

[①]　李焘:《续资治通鉴长编》卷三二七,中华书局2004年版,第7883页。

（二）金的军事制度

金代在女真本部和其他北方少数民族中实行部族兵制。他们平时从事渔猎耕牧,战时壮者皆兵。女真各部族首领称孛堇(勃极烈),战时视其所部士卒多寡而称猛安或谋克。至太祖阿骨打立国的第三年,开始规定以三百户为一谋克(或译称百夫长),十谋克为一猛安(千夫长),其长官也称猛安、谋克。猛安谋克既是女真人的社会组织,又是军事组织。灭北宋以后,女真猛安谋克户大批南迁,与汉人杂居,以监视汉人,镇守占领区。女真统治者把搜刮来的土地分配给他们耕种,故名屯田军。但他们对农业不善经营,只有把土地出租,成了国家的职业军队。后来因长期不劳而获,生活腐化,战斗力极低,加上与汉族通婚等因素,遂日趋瓦解。

猛安谋克为女真基本的军事编制,其更上一级的统帅体制前后有些变化。金建国前后,以勃极烈会议兼领军事与政事,遇有战事,各勃极烈往往就是统领一方军队的主将。至太宗吴乞买时,因对宋用兵,开始设都元帅府,其官员有都元帅一员,左右副元帅各一员,左右都监各一员,主要由各勃极烈或少数女真贵族充任。其下又有万户一级官员,统领猛安谋克;在地方则设路兵马都总管府、州镇节度使、边州防御史等管军事。以上万户、猛安、谋克官初为世袭,后海陵王完颜亮时罢去万户一职,同时又废都元帅府,设枢密院,受尚书节制,后来又改为行兵时称元帅府,罢兵时为枢密院。

至于汉人军队,则是来源于强制征发性的"签军"。一遇战事,则下令签军,一家若丁男都强壮,就"尽取无遗"。其组织形式则与宋代军队相仿。

（三）元的军事制度

元朝的军队,就民族成分或士兵来源而言,大致可以分为蒙古军、探马赤军、汉军、新附军四种。蒙古军自然是由蒙古族士兵组成;探马赤军则以蒙古士兵为基础,同时挑选其他民族士兵组成;汉军则是由原金朝统治下的汉人、契丹、女真等族组成;新附军是由原南宋的俘、降军队组成的。

如果按照军队担负的职能和防御地区而言,则大概可以分为宿卫军和镇戍军。宿卫军是保卫皇帝和防卫京师(大都和上都)的军队,其中又分怯薛军和侍卫亲军两部分。怯薛军(怯薛即轮番宿卫之意)来自蒙古族各部,主要负责皇帝的安全保卫,是皇帝的近卫部队。它主要从蒙古贵族与平民子弟中选拔精壮者组成,共1万多人。忽必烈建立元朝后,除怯薛军外,又置侍卫亲军,分左、右、中、前、后五卫亲军,后陆续增加到三十余卫,成为拱卫京师和朝廷的中央常备精锐部队。其兵员除来自蒙古、色目人之外,也挑选自探马赤军、汉军、新附军中的精锐士兵。从指挥系统上看,怯薛军由怯薛长统帅,直接听命皇帝;侍卫亲军各卫由亲军都指挥使统领,隶属于枢密院。

镇戍军则是镇守地方各要塞之地的军队。元朝统治的"腹心"地区,即邻近京师的河、洛、山东等地区用蒙古军或探马赤军镇守(大都和上都等核心地区由侍卫亲军戍守),江淮以南则用汉军、新附军驻守,间或以蒙古军镇守。镇戍诸军中,有的直属于枢密院,有的则隶属于行枢密院,但凡重大军事活动仍要最后听命于中央枢密院。

元朝征兵办法比较复杂,在统一中国之前,对蒙古族和其他北方诸部族实行兵民合一制,凡 15 岁以上、70 岁以下"尽签为兵。……上马则备战斗,下马则屯聚牧养"[①]。后来随着战争规模的扩大,政府开始在汉人中签发军队,被签军的家庭就成为军户。而在灭掉南宋、统一中国的过程中,那些中原汉地与江南的蒙古军、探马赤军,也包括从南宋投降来的新附军,他们的家属都是随军而居,于是逐渐形成单独的军籍和相应的军户。因此,尽管存在不同类型的军户,但都具有军户制度的共同特点,即国家强制性地把一部分百姓列入军籍,成为与一般民户分开的军户,世代承担兵役义务,身份不能改变。

军户的负担及待遇情况比较复杂,其中较有特色的是在汉军军户中实行的正军户、贴军户制。其一般以军户中两三户或三五户合出军一名,出军者多是丁力较强之家,出军户即为正军户,又称军头;不出军的军户要出钱相助,称贴军户。如正军户无丁可出,则由贴军户出兵,正军户贴钱,一旦正军户中有了合适的人丁,便要继续出军,恢复原来的正、贴户关系。军人如果在出征或出戍时逃亡,就到原籍勾取他的兄弟子侄来顶替。军户可免纳科差和各项杂泛差役与和雇、和买,免交四顷地的税粮。而其他的军户则没有正、贴户之分。其中蒙古、探马赤军户虽然也不负担其他税粮和差役,但出征时要自备衣粮装备;新附军人则由政府提供装备和一定的口粮,少数有地的新附军户则和江南百姓一样,要按亩纳税,并承担各种差役。

军户制实行兵、民分离,既可以保证稳定的兵源,又可由军户直接承担军费负担,总体上降低了养兵的成本,使元朝能维持足够数量的军队而不致军费过重。在蒙古国的建国和元朝的统一战争中,军户制发挥了重要的作用。但军户在这种制度下负担非常沉重,再加上军官的盘剥奴役,造成元朝中后期以后,军户大量破产逃亡,军户制逐渐名存实亡。

在军队组织方面,成吉思汗建立蒙古国之初,把所属人民按万户、千户、百户、十户为单位编组。设万户、千户、百户、十户之长来统率他们,战时即率部从征。后来军队的编制也采用这种制度,以十人为牌,设牌头,牌以上有百户、千户、万户。万户府是地方最高军事单位,各级军官都是世袭职务。

---

① 宋濂等:《元史》卷九八《兵志一》,中华书局 1976 年版,第 2508 页。

六、明朝的军事制度

(一) 从军户制到募兵制

明朝兵役制度主要是采取世兵制的军户制度,即军队主要从固定的军户中补充兵员。但在制度的实行中,前期和后期又有所不同。大体上说,前期以世代出军的军户制度为基础,同时也有一定的军队来自招募,可谓募兵制为补充;中后期以后,军户制度逐渐被破坏,逐渐以招募为主。

在明朝前期的军户制下,军户主要来自以下途径:一是把元朝在籍军户继续登记为明朝军户,也就是军户以"抄籍为定";二是跟随朱元璋打天下的"从征"士兵及其家属;三是从元朝"归附"、投降过来的士兵及其家属;四是将因罪充军的吏民"谪发"为兵,其家属也为军户;五是"垛集",即朝廷强制性地把一部分民户征签为军。大致来说,在明朝建立之前,从征和元朝军队的归附是其军户的主要来源,在明朝建立之后,军户则主要因谪发充军和垛集抽军而来。[①] 由于军户的来源渠道复杂,军户也就有了不同的类型和情况,如有学者将其分为郡县军户、卫所军户,有的将其分为原籍军户、卫所军户、寄籍军户等。[②] 加上不同地区之间的差异,造成各地、各种军户出丁应役的具体方式也有很大不同。

最典型的是"垛集制",原则上以三户为一"垛"凑为一个出兵单位(丁多的家庭也可以一家为一个出兵单位),其中丁多的家庭为首选出兵的正军户,由该户出一丁男赴卫所作正军,可免除一定的差役;其余为贴户,负责为出兵者提供军费。正军以外的子弟称作余丁或军余,除一个正军到卫所之外,至少还要再出一名余丁随行,以给养其生活,同时也为了在正军逃跑或死亡后随时替补。正军死亡,先从其兄弟子孙中轮替,如果绝户则从贴户丁中补充当兵。后来到明成祖时期改为正、贴户轮流出军,但是其军户身份以及出军名额并无改变。当然,这些规定都只是原则性的,对于明朝的统治者而言,他们只关心如何通过国家的强制力确保在圈定的人户中获得稳定的兵员,对于军户轮流出军中的许多问题,如正户与贴户之间具体如何轮流,不出军户对出军户如何补偿,甚至随着人口的繁衍和家族的扩大,同一正军户内兄弟、子孙之间如何轮流,如何补偿等复杂问题,则交由军户自行处理。这样,军户在承担繁重的兵役负担之外,还要因此而承担政府转嫁而来的家族之间、家族内部利益冲突的

---

① 参见李龙潜:《明代军户制度浅论》,《北京师范学院学报(社会科学版)》1982 年第 1 期。

② 参见张金奎:《二十年来明代军制研究回顾》,《中国史研究动态》2002 年第 10 期。

协调成本。^①但无论哪种情况，作为兵役制度的军户制，其共同的特点是，一旦士兵入伍，全家列为军户以备应役，军户身份世袭，不得改籍，军队的兵员从这些固定的军户中补充，如果拒不从军，就会遭到逮捕。

为了解决军费问题和军队家属的生计问题，明朝采取了将军队戍守和屯田相结合的办法，对在营的军户的正军分给一定的土地，令其屯田；对于在营军户的余丁，也分给或者令其自行开垦土地，他们都要缴纳一定的租税。

为了保证稳定充足的兵源，明朝对军户在法律上设置了许多限制：军户要有五丁以上方可担任吏，民户则只要有二丁即可；军户丁男只许一人考取生员，民户则不限；军户不准分户，军丁也不许过房、入赘，另入别籍。不仅如此，军户出军带来的经济负担、人身奴役也很繁重。兵丁征戍远方，军装盘费数目很大。一丁出征，一家以至一伍、一里都要受累。若一家金两三丁，分当两三处军役，则更属重役。军丁到了卫所，其粮饷主要由屯田收入支给。由于粮饷极低，又多为军官层层克扣，名下的屯田也常常被军官、权贵侵蚀，加上士兵常被强迫为军官及其他官僚服劳役。因此，军户的生活苦不堪言，逃亡与避役的现象不断增加。^②

明英宗时，卫所的士兵已流失很多，只好越来越多地招募士兵，募兵的粮饷由朝廷通过"加派""加赋"等名目，转嫁到农民头上。募兵制盛行于嘉靖年间，当时东南沿海的抗倭力量，如戚家军、振武营、俞家军等，都由募兵组成。北方的边军也渐渐用募兵来代替和补充不断流失的军户兵，甚至连京军也要用募兵来维持。万历皇帝以后，为镇压农民起义，募兵的规模更大，卫所军户制终于为募兵制彻底取代。募兵的决定权在朝廷，经费由中央统一给付，招募兵士的数量也由中央决定并授权，地方官员不得擅自招募，否则将被治以重罪。

（二）军队指挥系统与兵力部署

卫、所是明朝军队的两级基本建制。凡京师和地方均设卫所，大体一府设所，数府设卫。5600人为一卫，1120人为一千户所，112人为一百户所；百户所设两个总旗（50人为一总旗），十个小旗（10人一小旗）。全国的军队均按此制编入卫所，由小旗、总旗、百户、千户、卫指挥使率领。各卫所分统于各省的都指挥使司（简称"都司"），最后全国卫所军队统由中央的五军都督府（前、后、中、左、右）管辖。但卫所与都督府、都司只管军队的兵籍、训练等，军官的

---

① 关于明朝垛集军户轮充军役的方式，详情参见于志嘉：《论明代垛集军户的军役更代——兼论明代军户制度中户名不动代役的现象》，邱澎生、陈熙远编：《明清法律运作中的权力与文化》，广西师范大学出版社2017年版；[加]宋怡明：《被统治的艺术》，[新]钟逸明译，中国华侨出版社2019年版。特别是后者，对明朝军户在这种强制性的国家制度下采取的各种因应策略，进行了非常生动有趣而又深入、具体的描述。
② 参见李龙潜：《明代军户制度浅论》，《北京师范学院学报（社会科学版）》1982年第1期。

任免和军队的调遣则归兵部掌管。遇有战事,则又要由皇帝任命将领为总兵官、副总兵官,统率卫所军出征,并受文臣监督。总兵官起初是一种临时差遣性职衔,没有品级和定员,战时佩将印出征,事毕交还将印,军士返回卫所。但后来渐渐成为常驻地方的军事长官,而且又因出现了权力更大的巡抚、经略、总督等官,总兵又成其下级。所以明朝的兵权实际被分成三个部分,最后总握于皇帝之手,体现了封建社会后期君主专制制度的高度发展。

明朝军队的部署与防御重心,一是皇帝和朝廷所在的京师,二是北部长城一线。

明朝军队最盛时总数超过 200 万,按照驻扎地域不同分为外卫和内卫(京军)。京军又分京营军和亲军。京营军是驻扎于京师的机动精锐部队,太祖时有 48 卫,成组时增为 72 卫,分属于五军、三千、神机三大营;再加上每年抽调中部(凤阳)、山东、河南、大宁等各都司 16 万人轮番到京师操练和戍守的"班军",最多时兵力达 70 余万人,成为明朝前期军事主力。英宗时期因为"土木之变",三大营丧失殆尽,主持京城防务的兵部侍郎于谦在各营中选精兵 15 万,分成十营集中团练,称为团营。后世宗嘉靖时虽然恢复三大营旧规,并改三千营为神枢营,却是以募兵代替卫所兵,已与过去不同。

以上是由五军都督府所管辖的京营军队,在这之外,皇帝还直接控制着一支部队——亲军。亲军是皇帝的警卫部队,太祖时 12 卫,成祖时增为 22 卫,宣宗时为 26 卫。亲军中有一支负有特殊使命的卫队,即锦衣卫,它是由皇帝的仪仗队"仪鸾司"改设的,全称锦衣卫亲军指挥使司,兼管皇帝交办的"诏狱"及侦缉搜捕事宜。它的设立,开了明朝厂卫特务组织的先声。

京军之外,则有驻扎各地的军队,其中的防御重心是北方的所谓"九边"。明朝为了防御东北、北方、西北各少数民族的进攻,在东起鸭绿江、西至嘉峪关的防线上,先后设立辽东、宣府、大同、延绥(榆林)、宁夏、甘肃、太原、固原、蓟州九个军事重镇,合称为九边。

七、清朝的军事制度

(一) 清朝的军队与兵役

清朝军队的主力是八旗兵和绿营兵。八旗兵主要采取的是以部族为基础的世兵制度,即军、民合一,全体满族成年男子[15 岁(或 16 岁、18 岁)至 60 岁]"人尽为兵",都有当兵的义务。绿营兵主要来自汉人,但其集兵方式比较复杂,大致上起初主要来自招募,后来逐渐演变为世兵制。[①]

---

① 关于绿营兵究竟属于世兵制还是募兵制,学术界尚存在争议。参见白钢主编,郭松义等著:《中国政治制度通史》第十卷,人民出版社 1996 年版,第 398—399 页。

八旗制度是清朝重要的军事制度,也是入关之前满族的一种重要社会组织形式。早期的八旗体制在以满族氏族首领为核心的牛录制基础上发展而来。当时,凡出兵或狩猎都按家族村寨组织队伍,每十人选一首领,称牛录额真。至明万历二十九年(1601),努尔哈赤在此组织的基础上初建黄、白、红、蓝四旗,以组织所属部民。此后又增设镶红、镶黄、镶白、镶蓝四旗,共为八旗。每旗(满语称固山)设固山额真一人,梅勒额真二人为副,管理一旗的户口、生产、训练等事务;每旗下辖五甲喇(或译为札兰),各级甲喇中额真为首领;每甲喇下设五牛录,每牛录设牛录额真,统辖300人。所有满族成员分居八旗之下的各牛录,成丁的八旗子弟平时生产,战时出征,大大强化了处于扩张期的满洲社会的整体性和军事化程度。到了努尔哈赤的儿子皇太极时,又先后增设八旗蒙古和八旗汉军,分别由归降的蒙古人和汉人组成,其组织与满洲八旗相同,但兵力却少于满洲八旗。

入关以后,清朝的八旗兵制一方面继续保持着军、民合一的特点,如实行八旗内部的世袭制,凡15岁以上的八旗子弟都有当兵的义务;八旗的各级衙署与州县系统并存,具有专门治理"旗人"的行政功能等。另一方面,由于统一全国后所面临的新形势,又不得不对八旗制度进行调整,从而使八旗兵在性质上也产生了某种变化。

首先,为加强皇帝对八旗兵的控制,入关后特设京师八旗都统衙门,统一管理八旗事务,在地方上则根据防地范围与军事意义的大小设将军、都统、城守尉等官来统率八旗兵,他们都由皇帝随时调动。

其次,为了扩大八旗兵力,适应统治广大汉族地区的需要,一方面在旗内厉行"比丁",规定旗人年满15岁编入丁册,准备应兵役,各旗三年比丁一次,禁止隐瞒逃漏;一方面大力招收东北少数民族各部入旗,故八旗兵在入关前共约10万人,入关后则常在20余万人。

最后,八旗兵制下的兵与民逐渐分离,八旗制度的生产意义逐渐缩小。入关前,八旗兵户要负担国家的赋税杂役,入关之后,为了使旗人的生活得到保障,清政府曾在北京附近圈占了大量的土地,作为八旗旗丁的份地,并免除他们的赋税。另外又建立了兵饷制度,兵丁所得的饷银甚至超过七、八品官的俸禄;而旗丁所分得的份地,也是由一般民户租种,旗丁坐收其租。这样,八旗兵就成了脱离生产劳动的职业世袭军人。然而由于八旗人口的不断增长,八旗供养问题逐渐演变成清朝政府的巨大负担,于是,政府先是以是否承担战争任务对旗人区分对待,仅对披甲旗人给予饷银,其后又逐步削减对八旗汉军的国家供给。旗人初期因国家供给而生活奢靡,但他们不善于生产与经营,又往往走向贫穷破落,最后不得不千方百计地冲破清朝政府的禁令,将份地典卖出去,由此导致生活更无着落。加上缺乏训练,战斗力逐渐减退,清中叶以后,八旗兵已腐败不堪。

绿营兵是入关后招募汉人或收编汉人地主武装而组成的,以绿旗为标志,以营为基本建制,故称绿营兵或绿旗兵。绿营本来实行招募制度,但承平日久,兵皆土著,家属随营而居,慢慢演变为父子兄弟世代相承的世兵制模式。清中叶后,因为饷银微薄,士兵的来源成分复杂,加上军官克扣饷银等军政腐败原因,战斗力已经很弱。故太平天国运动爆发后,曾国藩等人招募的乡兵组成的团练军成为主力。

(二) 军队的统帅系统与兵力布署

皇帝是清朝军队的最高统帅,拥有对军队的绝对指挥控制权。但在皇帝年幼时,则一般会由摄政王代理,或者由太后垂帘听政。在皇帝下面,协助其执掌兵权的主要机构有议政王大臣会议、兵部及雍正以后的军机处。

八旗兵按防地、任务的不同,分为驻防八旗与禁旅八旗两大类。禁旅八旗驻守京城及其周围。其中负责保卫皇宫的亲军叫郎卫,由正黄、镶黄、正白上三旗官兵中材武出众者选充,以领侍卫内大臣统辖。另一部分为守卫京城各城门、各衙署及京师附近的部队,称为兵卫,分为护军营、步军营、骁骑营、前锋营、火器营、神机营、健锐营,设总理大臣或管理大臣等统领(其中骁骑营由八旗都统直接统率)。总计京营兵额 10 余万人。驻防八旗则是驻扎于全国各地的军队,分别设将军或都统、副都统、城守尉或防守尉等官进行统领。

绿营兵在咸丰以前有 60 多万人,除少数驻在京师(归步军都统管辖)外,大部分驻在各地。其编制的层级分为标、协、营、汛几级,标为绿营兵最高一级编制,或由总督、巡抚统领,或由提督、将军等统率。标下设协,由副将统领,营则有参将、都司、游击、守备等官职。营下有汛,由千总、把总等分统。绿营兵装备、待遇都不及八旗兵,重要官职都由满族人担任,且受八旗兵的监视。

第二节　法　律　制　度

进入秦汉以后,中国的法律制度进入了成文法全面确立的古代法制阶段,并逐渐形成了以儒家思想为基础、礼法结合的伦理型中华法系。其中,西汉中期以后伴随着"独尊儒术"的统治思想的确立,儒家思想开始逐渐融入其法律制度、特别是其司法审判的实践中,开始了法律的儒家化过程。魏晋南北朝时期,儒家伦理规范开始正式进入国家的基本法典,法律的儒家化在这一时期总体上已经完成。隋唐在继承魏晋南北朝法制的基础上,在法律形式、法律体系、法律内容各方面逐步完善,成为中国传统法制乃至中华法系的定型时期。宋元明清时期,一方面继承了隋唐、特别是唐朝法制的基本精神和结构,一方面又服务于专制制度不断强化的总体趋势,君主的意志、命令对法律制度的影响不断加强,罪名和刑罚也呈现出不断偏严偏重的趋势。

一、秦汉时期的法律制度

(一) 秦朝的立法与法律

秦朝的法律制度主要是以法家为理论基础,在立法的指导思想方面奉行重法思想,强调以严刑峻法来治理国家;在立法原则方面,主要是坚持"以法为本",并强调"法令由一统",法自君出、法自君断的原则,由君主掌握国家的最高立法权。

基于这种指导思想和原则,秦代的法律一向以繁苛复杂而著称。其法律形式主要包括律、令、式、法律答问、法律文告等形式。"律"是由朝廷正式颁布的法律;"令"是皇帝针对某事下达的命令,具体形式分为"制"和"诏",其法律效力高于律;"式"即"标准""规范"之意,是朝廷有关官吏审理案件的准则和法律文书程式等方面的规定;"法律答问"是朝廷和地方主管法律的官员对律令的条文、术语所做的权威性解释,具有与法律条文一样的约束力;"法律文告"是各级官吏在其职权范围内发布的具有法律效力的文告。

从法律内容上看,秦朝法律除了刑法之外,还包括民事、经济、行政、诉讼和军事等各个法律部门,内容涉及农业、手工业、商业、财政货币、徭役赋税、军爵赏赐、官吏任免、什伍组织等社会生活的各个领域,主要体现出以下几个特点:

第一,以刑法为主体,法律的主要功能偏重于制裁、镇压。秦朝法律虽然也有许多涉及民事方面的内容,但是总体上看,这些民事内容主要体现在刑法中,还没有现代意义上的民法,甚至没有专门的民事法规。

第二,以维护皇权和专制国家利益为首要任务。秦法的罪名体系很复杂,其中,维护君主的权力、地位和尊严是法律的首要任务,凡属于危害皇权一类的行为都被视为严重犯罪。因此,有关这方面的罪名就有很多种,主要包括:谋反;操国事不道(主要指操纵国家政务大权、发动政变及其他谋反行为);泄露皇帝行踪、住所、言语机密;偶语诗书、以古非今;诽谤、妖言;诅咒、妄言;非所宜言;投书(投寄匿名信);不行君令等。另外,秦律中还区分了"公室告"与"非公室告",所谓"公室告"就是伤害他人人身、盗窃他人财产等侵犯国家和伤害公共利益的犯罪,任何人都有权有义务提出告诉;而对于父母控告子女盗窃自己的财产、子女控告父母、奴婢控告主人等则属于"非公室告",这种家庭范围内的侵害行为不会对国家利益构成重大威胁,因此不得相互为告。可见其法律制度的重点在于维护国家利益。

　　第三,制定颁布繁杂严苛的法律,全面维护专制国家的政治、经济与社会秩序。这方面的主要罪名有侵犯财产和人身罪、妨害社会管理秩序罪、破坏婚姻家庭秩序及渎职罪等方面的罪名。侵犯财产方面的罪名主要是"盗",盗窃在当时被列为重罪,按盗窃数额量刑。除了一般意义上的盗,还有共盗、群盗,群盗是指聚众反抗政治统治,属于危害皇权的重大政治犯罪。侵犯人身方面的罪名主要是贼杀人、贼伤人,即杀死、伤害好人。妨害社会管理秩序方面的罪名,主要有违令卖酒罪、逃避徭役罪及逃避赋税罪。破坏婚姻家庭秩序的罪名中,一类是关于婚姻关系的,包括夫殴妻、夫通奸、妻私逃等;另一类是关于家庭秩序的,包括擅杀子、子不孝、子女控告父母、卑幼殴尊长、乱伦等,婚姻家庭关系方面的法律,其重点也在于维护社会的尊卑贵贱、长幼亲疏的等级秩序。

　　第四,在重刑思想的指导下,规定了残酷的刑罚。秦朝有死刑、肉刑、徒刑、籍没刑、迁刑几种主要刑罚。死刑有多种;肉刑主要有宫、劓、黥、刖(或称膑)、笞等几种,以造成受刑人肢体、肌肤残疾;徒刑是一种强制罪犯服劳役的刑罚,大多是筑城,常与肉刑并用;籍没刑或称收、收录,即收取犯人妻子充宫为奴婢;迁刑是把犯罪人及其家属迁到一定地区加以控制。此外还有去掉头发的髡刑及罚金等。

(二)《汉律》的主要内容及特点

　　两汉法律的形式主要有令、律、科、比几种。"令"是皇帝的诏令,具有最高的法律效力。"律"是法律的基本形式,它的制定程序比较复杂慎重,相对来说较稳定。汉初,刘邦为了建立起统治秩序,令萧何收集秦法,制成著名的《九章律》。此后两汉各代又陆续增订了一些法律,而以《九章律》为基本组成部分。"科"是在律、令没有明确规定的情况下,对某些事类进行的专门规定。"比"是比照断案的判例,凡"律"无正条,比附以为罪。

　　在法律制度的指导思想方面,西汉前期和后期有一定变化。西汉初期,统治者鉴于秦王朝"专任刑罚""用刑太暴"而导致迅速灭亡,确立了黄老学派的无为而治、"与民休息"的指导思想,其法律制度的基本精神是"约法省刑""轻徭薄赋"。到汉武帝"独尊儒术",儒家思想开始融入其法律制度,特别是在司法实践方面,引经决狱,用儒家经典指导判案的倾向日益突出。因此,汉朝法律制度在继承秦朝某些内容的同时,又表现出自己的特点。

　　首先,在立法方面总体上崇尚宽简,尽量删繁就简、去重从轻。如惠帝时废除了秦朝以来的《挟书律》,并规定:可以买爵 30 级免死罪,百姓 70 岁以上、10 岁以下犯罪当用刑者,可以免刑;吕后时废除三族罪、妖言令;文帝时废除挈相坐律令、诽谤妖言罪,并下令废黜肉刑,以服劳役代替黥刑,以笞三百代替劓刑,笞五百代替刖刑。景帝时又将笞五百减至二百,笞三百减至一百。肉刑的废除,是法律文明的一大进步。到汉武帝时期,为了加强中央集权的统治,陆续修订旧律并颁布了一些新律,甚至制定了"腹非之法"①,即虽然嘴上不说,心怀不满也要治罪,因此法禁逐渐繁密。东汉自刘秀时起,历代皇帝也颁布过多次弛刑诏书。

其次,汉律在有关维护君主神圣不可侵犯及其绝对权威方面,有了更加明确的规定。如凡犯"大逆不道"罪,本人腰斩,"父母妻子同产皆弃市"②;又定犯讳、犯跸、阑入宫门和皇家园囿、违忠欺上、矫制矫诏、诬罔、诋欺、"左道"、废格(使天子文法不行)、非议诏书、诋毁先帝等罪为"不敬"或"大不敬罪",重者也要腰斩或弃市。

再就是"援礼入法",将儒家的纲常伦理原则贯彻到法律中。如汉朝关于朝会礼制方面的法律,即是以维护君主"至尊至圣"地位为出发点的。又如前面提到的"不敬"罪,也是体现"尊尊"原则的。除此之外,对于不孝罪也要处以重刑:不但杀父母要以大逆论,殴父母也要处死,甚至父母死不服三年丧也要受处罚。兄弟姐妹之间,由于长幼有别,同样犯罪处罚也不同。而在夫妻关系方面,则强调男尊女卑与夫为妻纲,如丈夫犯了罪妻子要连坐,丈夫对妻子有"七出"的权利等③。

(三)秦汉的司法组织及其活动

秦汉时期中央最高司法长官是廷尉,属官有左右正、左右监、左右平,其主要任务是办理皇帝指令审理的"诏狱",审理地方移送审判或复审的重大疑难案件。汉成帝时,在尚书台又设三公曹,也主断狱,尤其是东汉尚书台成了事实上的最高行政机关,中央司法行政的一部分权力更为尚书台分割。此外,遇有重大案件,还吸收其他有关高级官员参与审判,称为"杂治"。

在地方,司法机关与行政机关是同一的,地方长官同时就是当地最高司法官。郡一级设决曹掾,县设县丞,辅佐郡守县令管司法。郡县对一般案件均可自行审判,甚至可以判处死刑。此外东汉开始实行一种"录囚"制度,即由皇帝自己或派专使对已经成狱的案件进行复查,发现问题,随即解决。

在汉朝司法审判中,一般情况下还是遵循依法论罪的原则,但值得注意的是,汉朝在司法实践中还有一种"引经决狱"的做法。"引经决狱"又称《春秋》决狱,是指在审判案件时,如果法律无明文规定,则以儒家的经义作为定罪量刑的依据。其首倡者为董仲舒,他在《春秋繁露·精华》中对这一审判原则解释说:"春秋之听狱也,必本其事而原其志。志邪者不

---

① 《汉书·食货志下》载,武帝时大司农颜异对当时币制不满,仅因对人"微反唇"便被以"不入言而腹非"论死,是"腹非"法的判例。

② 班固:《汉书》卷五《景帝纪》,中华书局1962年版,第142页。

③ "七出"又称"七去""七弃",中国古代休弃妻子的七种理由。《大戴礼记·本命》:"妇有七去:不顺父母去,无子去,淫去,妒去,有恶疾去,多言去,窃盗去。"

待成,首恶者罪特重,本直者其论轻。"①意思是审判时固然要看案情事实,但更重要的是要考虑和追究行为人的动机:动机邪恶者即使犯罪未遂也不免刑责;首恶者从重惩治;主观上无恶念者从轻处理。后来桓宽在《盐铁论·刑德》中又进一步把这种做法概括为"论心定罪",即所谓"志善而违于法者免,志恶而合于法者诛"②。

总之,秦汉时期的法律制度,奠定了后来专制国家法制的基本模式,虽然历朝都有增减,但基本内容、基本原则却没有太多变化。

二、魏晋南北朝时期的法律制度

魏晋时期的法律制度,一方面在总体上继承了秦汉的框架,同时又呈现出进一步儒家化的趋势,礼与法进一步融合,同时,法律进一步规范,具体来说:

第一,更加注重"峻礼教之防",注重维护等级特权,儒家的纲常伦理进一步融入法律。如以"八议"之法、"官当"之制入律,并按照传统礼法中的"服制"原则量刑。"八议"之法正式入律最早见于曹魏的《新律》,就是规定对亲(皇亲)、故(皇帝故旧)、贤(被认为有大德的贤人)、能(有卓越才能者)、功(对国家有大功者)、贵(有一定官爵者)、勤(特别勤劳国事者)、宾(前朝皇帝及其后裔)八种人犯罪,不适应普通诉讼审判程序,必须直接奏请皇帝,依照其具体身份减轻处罚。如东晋成帝时,一个叫羊聃的庐陵太守滥杀无辜 190 人,竟因为是皇后的亲戚而被"议亲"免死。③"官当"就是以爵位、官职抵罪。在《晋律》中已经有"除名,比三岁刑""免官比三岁刑"的规定,即削官为民、免除官职可以抵三年刑罚④,成为官当的滥觞;《北魏律》正式规定了什么等级的爵位、官职可以抵多少等级的刑罚,南朝的《陈律》则正式有了"官当"之名,此后到隋、唐时期更加完备。

第二,北齐律第一次把"重罪十条"(即后来的十恶不赦罪)写进了法律,规定犯有反逆、大逆、叛、降、恶逆、不道、不敬、不孝、不义、内乱等十罪者,不在八议论赎之限,不仅本人腰斩,而且夷三族或夷五族,甚至株连同籍。"重罪十条"对后来的法律制度影响很大。

第三,重视刑律的规范性。三国魏明帝时,改革了刑律体制,首次把刑名篇放在律文之首。这一时期鞭、杖等体刑和徒、流等奴役刑逐渐法定化,用来替代包括宫刑在内的肉刑。北魏开始出现了死刑复奏制度,即由皇帝亲自过问死刑案件,以表示慎重用刑的态度。北齐天统五年(569)又下诏废除了宫刑,中国法律中此后就不再有宫刑这一条目。

①　董仲舒著,苏舆注:《春秋繁露义证》卷三《精华》,中华书局 1992 年版,第 92 页。
②　桓宽撰集,王利器校注:《盐铁论校注》卷十《刑德》,中华书局 1992 年版,第 567 页。
③　参见房玄龄等:《晋书》卷四九《羊聃传》,中华书局 1974 年版,第 1383—1384 页。
④　李昉:《太平御览》第六卷,河北教育出版社 1994 年版,第 116、117 页。

第四,在司法机构方面,北齐时开始将廷尉改为大理寺,下设卿、少卿、正、监、平等官,其属员和属司也都扩大。从此以后,大理寺成为最高司法机关,御史台是中央的检察机关。魏晋时期地方州县长官同时也负责案件的审判。

三、隋唐时期的法律制度

(一)隋朝法律制度

隋统一之后,十分重视法律的制定。隋文帝即位之初,命人酌取魏晋齐梁各朝法规,制定《新律》,不久又命苏威、牛弘进行修订,经皇帝批准后公布施行,这就是有名的《开皇律》。此后隋炀帝时又修改《开皇律》,制成《大业律》,与《开皇律》的基本内容相同。

隋律,特别是其中的《开皇律》,上承汉律的源流,下开唐律的先河,以"刑网简要,疏而不失"[①],刑法更加简明宽平是其突出特点,在法制史上占有很重要的地位。具体而言,隋律值得注意的有这样几点:第一,废除了车裂、枭首等酷刑,死刑仅保留斩、绞两种,并规定除了犯谋叛以上罪之外,一律不用灭族刑;第二,废除了前代宫刑、鞭刑等,改以笞、杖、徒、流、死等五刑为基本刑罚;第三,删简了法律条款,共删去死罪 81 条,流罪 154 条,徒、杖等罪 1000多条,最终确定律文 500 条,12 篇,使刑律趋于简要,为唐宋以后各朝相沿用;第四,保留并完善了"八议"和"官当"之法,使得保障官员特权方面的法律规定更加具体明确,并把北齐创立的"重罪十条"发展为"十恶"大罪条款,把危害专制国家政治统治和违反伦常秩序的人作为严惩对象。

隋朝以大理寺为最高审判机关,以刑部掌司法行政,并兼徒刑、流刑案件的复核,以御史台掌纠弹,监察审核大理寺、刑部的司法活动。地方州、郡、县长官仍兼理狱讼,州郡长官下面各设有专职司法官吏——法曹参军。为了加强皇帝对司法权的控制,隋朝取消了州长官的死刑处决权,需要申报大理寺复查,再送尚书省奏请皇帝裁决,并规定死罪执行前要经过三复奏的手续。

(二)唐朝法律制度

唐初高祖、太宗时期即开始了大规模的法律制定工作,在立法宽简、保持法律稳定性、明法慎刑等思想指导下,唐代先后制定了《武德律》(高祖时期)、《贞观律》(太宗时期)、《永徽律》(高宗时期)。高宗时为了便于了解《永徽律》,又命长孙无忌对此律逐条加以解释,叫

做《律疏》,附于律文的后面,与律文有同等效力。律与疏统称为《永徽律疏》,后世称为《唐律疏议》。玄宗时还制定了我国最早的一部行政法典《唐六典》。

现存《唐律疏议》是我国君主专制时代保存下来的最早的一部完备的法典。它总结了历代法律,特别是隋律的经验,反映了专制国家强盛阶段的政治、经济特点;在体制上,文字简练明确,注疏确切,所列条文规范详备,成为以后各个王朝法律的楷模。

除了律以外,初唐各代皇帝还陆续制定了一些令、格、式。令是关于全国政治法律制度的诏令,格是国家机关的行政法规,式是国家机关的公文程式和活动细则,也都属于法律范畴。

唐律的基本精神仍是维护专制主义的封建统治,维护地主阶级的特权和纲常名教。它沿用"十恶"罪名镇压人民,用"八议""官当"之法,以及"请""减""赎"等形式,维护官僚地主的特权,减轻其罪罚,对隐匿户口、虚报年龄、私度为道士、不按期交纳租调、不按期服徭役的人,都规定了轻重不同的刑罚,以保证地主阶级对农民的压迫和剥削。但唐律对一些犯罪的解释较前朝更为明确规范,虽然沿用隋朝笞、杖、徒、流、死五种刑名,但实际量刑定罪比前代有所减轻,还规定了对老幼残废人的减刑办法;尤其是唐朝初年,因为隋朝立法毁法的前鉴不远,执法还是相当严明的,这对唐朝在政治、经济、文化各方面的强盛繁荣,无疑起了很大的作用。

唐朝的司法体制也较前代更加完善。大理寺是中央最高审判机关,设卿、少卿、正、丞、司直、评事等官,及官吏二百多人,负责审理中央百官犯罪与京师徒刑以上的案件和地方移送的死刑疑案。刑部为中央司法行政机关,负责审核大理寺及州县审判的案件。如发现可疑,徒、流刑以下案件驳令原机关重审或径行复判;死刑案则移交大理寺重审,上报皇帝批准。御史台为中央最高监察机关,除了监督刑部、大理寺的司法活动之外,也参与某些案件的审理。凡特别重大的案件,须由大理寺卿会同刑部尚书、御史台中丞共同审理,称为"三司推事"。对地方移交中央的重大案件,则派监察御史、刑部员外郎、大理寺评事充当"三司使",前往审判,有时又由门下省给事中、中书省中书舍人和御史台御史共同组成特别法庭——小三司,负责审理冤案。此外有关行政诉讼案件也由御史台审理。地方司法机关仍与行政机关合一,与隋朝大体相同。

四、两宋时期的法律制度

宋朝是君主专制制度高度发展的朝代,加强中央集权,建立和巩固政治统治秩序,防止唐末五代以来的动乱,是整个宋朝政治制度的基本原则,也是宋朝法律制度的基本精神和指导思想。故在立法活动、法律的内容、司法制度方面都有不同于其他朝代的特点。

从立法方面看,北宋建国之初,宋太祖就命窦仪主持编定《宋刑统》,共30卷12篇,502

条,与唐律的内容、框架基本相仿。但与前朝不同的是,皇帝的诏敕在宋朝法律体系中的地位日益突出,甚至出现以敕代律的情况。敕令原本是皇帝针对一时、一事下达的指令,为了把皇帝的敕令上升为法律加以施行,宋朝太祖以后,每个皇帝即位或改元都要开展"编敕"活动,即把大量的敕进行分类整理,删去其中重复矛盾的敕令,使其具有普遍法律效力,所以编敕就成了宋朝最经常、最重要的立法活动。但在神宗以前,还属于律、敕并行的阶段。神宗时,更因"律不足以周事情,凡律所不载者一断以敕"[①],把传统的"律、令、格、式"体系更名为"敕、令、格、式",用"敕"取代了"律"的名称,君主的意志直接体现为法律。

在法律内容方面,其刑罚总体来看比五代要轻,比唐朝重。如对于谋反、谋大逆者除了处以腰斩、弃市惩处之外,还采用了五代时期的凌迟处死之刑。此外,除了沿用过去的笞、杖、徒、流、死五刑之外,南宋又增加了"刺配"之法,刺面实际是古代肉刑之一的黥刑的复活。再就是,在普通刑法之外又有"重法地"立法,即在特别地区加重刑罚的立法,如仁宗嘉祐七年(1092)将开封府所属三县定为"重法地",重点惩治"盗贼"窝藏犯,后"重法地"范围逐渐扩大至附近的曹、濮、澶、滑等四州。神宗熙宁四年(1071)又制定了《盗贼重法》,重法地范围又不断扩大。而这些刑罚都是以广大劳动人民为主要惩治对象的,对于官僚士大夫却相当宽容,宋朝京朝官除叛逆、谋反等大罪外,一般只贬为地方官,俸禄依旧,罪大者也只是"远恶军州"安置,像岳飞那样的高级官员被处以死刑,在宋朝是不多见的。

在司法体制方面,宋初也是在中央设刑部和大理寺分掌司法。宋太宗时为集中司法权,又设审刑院直属皇帝,凡重大案件经大理寺审判、刑部复核后,要送审刑院"详议",再呈皇帝批准。真宗时又规定,审刑院奏报的案件要先送中书省"看详",再由皇帝最后批准。审刑院在神宗时被撤销,恢复了刑部与大理寺分掌司法的旧体制。在地方司法体制方面,地方司法机关虽然仍与各级行政机关为同一机构,但为了加强中央对地方司法机关的控制,于各路设固定的提点刑狱公事,由朝廷直接领导,主管审查各州县判决的案件。这些案件每十日一上报,提点刑狱公事发现疑狱,即亲往审核,提点刑狱公事平时也主动巡察所属州县。除上述各点之外,宋朝法律制度大体与唐朝相同。

五、辽、金、元时期的法律制度

(一) 辽、金的法律制度

辽起初对契丹人等游牧民族主要采用习惯法,而对从事定居农业又早已进入封建时代

---

① 脱脱等:《宋史》卷一九九《刑法志》,中华书局1985年版,第4963页。

的汉人则沿用唐律。至辽圣宗即位后,开始根据汉族政权的法典建立法制,逐渐实行汉人与契丹人犯罪一体同科的办法。在兴宗、道宗时还制定了两部比较完备的法典,即《重熙新定条制》和《咸雍重修条制》,适用于各民族,但后来又明令废除。在司法方面,初以夷离毕院掌刑狱,圣宗时,北、南枢密院的枢密使自理狱讼。

金初没有成文法,熙宗时编定出《皇统新制》,内容大体仿宋律。世宗时又编《大定重修制条》12 卷,章宗时又编定《泰和律义》12 篇,篇目与唐律相同,附有注疏,是全国最有代表性的法典。大致到章宗时,金代的法制已基本汉化了。

(二)元朝的法律制度

蒙古人在统一中国前,习惯法起着主导作用。元世祖统一中国后,在各方面努力"遵用汉法",开始了立法活动,此后经过历朝的增改,逐渐形成了元朝的一代之法。元朝较重要的法典有世宗时颁定的《至元新格》,英宗时汇集历朝条格、诏令、判例而颁行的《大元通制》,以及同时由地方政府编辑的《大元圣政国朝典章》(简称《元典章》)。其中《至元新格》偏重于行政法规,《大元通制》是元朝第一部较为系统的法典,《元典章》虽然不是中央政府颁布的法典,却比较全面地反映了元朝典章制度的面貌,是研究元朝法律的重要资料。

元朝法律的突出特点是,规定了各民族的不平等地位,具有明显的民族歧视和民族压迫倾向。如规定蒙古人殴打汉人,后者不许还手,只许其"诉于有司",蒙古人"因争及乘醉殴死汉人",只断罚出征、缴纳烧埋银[①];同样犯窃盗、强盗罪,汉人、南人除了依罪行轻重判处本罪(杖、徒、流)之外还要刺字,蒙古人、色目人则"不在刺字之条"[②]。此外,汉民还被禁止拥有兵器、聚众结社、迎神赛会等。此外在法律形式上,元朝法律不再使用以往的律、令、格、式体系,而是随事立名,称"新格""条格""通制"等。

在司法体系方面,元朝不设大理寺,而是由刑部与大宗正府共同担任最高审判机构。大宗正府设蒙古断事官,起初负责审理蒙古人、色目人所犯案件,同时审理汉人奸、盗、诈伪、诱掠、逃驱等罪,到至元九年(1272)以后,改为大宗正府只审理蒙古人、色目人犯罪。刑部除了掌司法行政事务之外,也兼掌审判,部分承担了原来大理寺的职能。另外,还设立宣政院,审理僧侣的奸盗、诈伪、致伤人命等重大刑事案件。其地方司法体制则大体延续前代。

---

① 宋濂等:《元史》卷一百五《刑法志四》,中华书局 1976 年版,第 2673、2675 页。

② 《大元圣政国朝典章》刑部卷一一《强窃盗贼通例》,中国广播电视出版社 1998 年影印本,第 1776 页。

六、明清时期的法律制度

(一) 明朝的法律制度

明朝立法的指导思想,总体上是贯彻"重典治国"原则,以维护明王朝的极端专制主义统治。

明朝的主要法律有《大明律》《大诰》《问刑条例》和《大明会典》等。其中《大明律》是在朱元璋主持下,经过三十多年的反复修改完成的,朱元璋又曾严禁后人"变乱祖制",故《大明律》颁行后,后代不再修改,成为明朝最主要的法典。后任皇帝为了解决司法实践中法不变而事多变的矛盾,只有广泛援用判例断案。与前朝相比,《大明律》一是更加简明扼要,全律共七篇 30 卷 460 条;二是在编纂体例上,它不是按照传统的法典分类编目,而是按照吏部、户部、礼部、兵部、刑部、工部等六部国家机关的职能分工来编目,反映出废除宰相以后,强化君主专制集权的倾向。明《大诰》是朱元璋以君主诏令名义颁布的特别刑事法规或判例法,主要由案例、峻法和训导组成。朱元璋为从重惩治犯罪,特别是官吏犯罪,汇辑了洪武年间法外用刑的一些重大判例,并结合案件提出了一些新的重刑法令,同时又掺杂了一些对臣民的训诫,这是其重典治国的极端表现。它曾被要求家家收藏、人人诵读。因其极其残忍,倡导的是对人的极度蔑视和法外用刑、无节制的滥杀精神,朱元璋死后不久就被其继承者所抛弃。《问刑条例》是在法律实践中对《大明律》的补充和变通。由于《大明律》不可更改,在实践中又常常遇到法无明文规定的情况,朝廷便会临时颁布法令作为审判的条例,条例积累多了,就需要整理和修订。于是在弘治十三年(1500)整理修订了 297 条条例,颁行天下,这就是《问刑条例》。其后,嘉靖、万历年间都对其进行过调整。《大明会典》是官方修纂的明朝典章制度、行政法规汇编。始纂于弘治十年(1497),后经正德、嘉靖、万历时修订,总共 228 卷。

从内容上看,明律与前朝相比总的变化是刑法更严,处罚更重,特别是重罪加重,甚至法外用刑,表现为:

第一,增加了新罪名,如"奸党"罪等。明朝鉴于唐宋两朝臣下结党,削弱皇权的教训,在《大明律》中专设"奸党"罪。官员交结朋党、紊乱朝政者,本人处斩,妻子为奴,家产入官,为结党者上书请求免死者亦斩;凡上书为大臣歌功颂德、凡大臣专擅选任官,都是结党行为,也要处斩。至于与内官(宦官)及近侍人员相交结从事不法活动者,更要处以死刑。此外《大诰》还规定了"寰中士夫不为君用"之法,甚至规定医生、卜者"不得远游",否则连乡邻都要追究。

第二,加强对思想、言论罪的惩治。"凡奸邪进谗言"、造"妖书、妖言,及传用惑众"、收藏禁书与私习天文、借上书"希求进用"者,都判处杖刑以至死刑,又规定禁止生员议论政事。^①除了这些法律规定的条款之外,明初还有很多因文字冒犯忌讳而致死的文字狱案例。

第三,五刑之外又增新刑。明律在传统的笞、杖、徒、流、死五种之外,又增加了充军、枷号刑,并恢复古代的凌迟处死之刑。充军刑虽然宋元时期已经存在,明朝则成为正式刑律。最远四千里,最近一千里,如犯罪者本人死亡,子孙亲属仍要继续充军,直到"勾尽补绝"。此外还有许多名目的法外之刑,如凌迟处死、挑筋、断脊、枭首、剥皮等。

第四,对于直接危及其统治的行为,实行重罪加重的办法。如对于谋反、谋大逆罪,不分首犯从犯皆凌迟处死,而且祖父、父、子、孙、兄、弟、伯叔、侄,凡年满16岁者,不限是否同籍,不论有无残疾,一律处斩;凡异姓同居的如外祖父、妻父、女婿、奴仆也要一同处斩。而唐律犯此罪者,其祖、孙、兄、弟、伯叔、侄及有残废者,可以不死。又唐律对于"口陈欲反之言,心无真实之计"者,只处流刑二千里,明律则无视这种区别,等等。

在司法体制方面,明朝中央司法机关虽然仍为大理寺、刑部和都察院,但以刑部为审判机关,受理地方上诉案件、重案及中央百官的案件,死刑案件必须由皇帝裁决;大理寺则主要负责案件复核,凡刑部、都察院审判的案件,大理寺有权驳令重审或请旨发落;都察院则作为监察机关监督大理寺、刑部的司法活动,也握有一定审判权。凡大狱重囚,要由大理寺、刑部、都察院组成联合法庭(称"三法司")进行审理,即所谓"三司会审"。有时又令三法司与六部尚书、通政使共同审理,称为"圆审"。地方司法体制大体仍旧。

此外,皇帝直接控制的特务组织锦衣卫与东西厂等,虽非正式司法机关,但也参与司法审判,专门掌理"诏狱",审讯重大案犯,充分反映了君主专制制度的高度强化。

还要说明的是,明朝法律规定往往与法律实施有很大距离,如法律严禁结党、严禁宦官专政、严禁上书为大臣歌功颂德,而实际上党争程度并不亚于唐宋,宦官专政更达到了无以复加的地步。这都是专制君主制极端发展的必然结果。另外,在民间日常纠纷案件的处理方面,虽然宋、元时期已经有"父老"等乡村长老式权威人物的参与,但是明朝却正式实行了老人制,规定每一里选择若干年长且"公正可任事者"为老人,乡民凡遇到诸如婚姻、土地、斗殴等日常纠纷的"小事",首先必须由里长、老人理断,不得越级直接向官府提诉,大致形成了民间调停与官府审理案件相结合的机制。^②

(二) 清朝法律制度

清军入关之前刑法比较简单,入关之后于顺治三年(1646)制定了《大清律集解附例》,根

---

① 万表编:《皇明经济文录》卷一一《总论编务》、卷一四《讼刘概罪状》,辽海出版社2009年版,第252、332页。
② 参见[日]中岛乐章:《明代乡村纠纷与秩序——以徽州文书为中心》,江苏人民出版社2012年版。

据顺治皇帝亲自撰写的序文,清朝立法的指导思想是"详译明律,参以国制,增损剂量,期于平允"①,就是在认真研究借鉴《大明律》的基础上,以《大明律》为蓝本,适当参考本朝已有典章制度。但由于修律者多为明朝旧臣,清律实际上成为明律的翻版,中经康熙、雍正两朝增订、重订,直到乾隆时,最后完成了《大清律例》,简称《大清律》。此外,康熙时仿照《大明会典》编定《大清会典》,其后雍正、乾隆、嘉庆、光绪朝又有续修,故又称《五朝会典》,合计3000多卷,成为古代中国最完备的行政法典。

清朝在立法的严密残酷方面,都与明律相仿,对谋反、大逆罪的处罚不仅十分严酷,而且扩大了谋反、大逆罪的范围,如:把奏疏不当或犯圣讳者经常加以"丧心病狂""妄议朝政"的罪名,按大逆罪惩治;对于异姓订盟、结拜兄弟者,照谋叛未行治罪,为首者绞监候,若聚众达20人,为首绞决,从者充军。另外,清律还存在着明显的民族压迫倾向,如满人犯法不归一般司法机关审理,如果判刑则有各种"减等"优待办法,特别是满族八旗官兵犯徒、流罪,可以免于监禁与发遣,只处以鞭责而已。再就是清朝法律虽无惩治文字罪的条款,但实际上清朝惩治异端思想,以文字治罪却达到了最高峰。

清朝中央司法体制与明朝相同,刑部审判中央官吏的案件,及审核地方重案,大理寺掌复核,都察院掌监督,大案仍由三个部门组成"三法司"会审,有时也由六部尚书、都御史、通政使、大理寺卿组成"九卿会审",是为中央最高审级,但判决仍由皇帝核准。地方上以州县为第一审级,府为第二审级,省刑按察使为第三审级,总督、巡抚为第四审级,但地方督抚也只能决定徒刑以下的案件,流刑以上移送刑部。一般司法机关无权审理满人案件。宗室贵族由宗人府审理;京师普通满人,归步军统领衙门审理;外省满人由满洲将军或副都统审理。

总结与讨论

一、主要内容回顾

本章主要介绍分析了中国传统政治制度中的两大问题:军事制度和法律制度。关于这两方面的制度,各有专门的军事史、军事制度史和法制史学科详细研究它们。如何从整个政治制度的角度介绍分析这两方面的制度,也即在把它们当作政治制度组成部分加以分析介

---

① 赵尔巽:《清史稿》卷一四二《刑法志一》,中华书局1977年版,第4183页。

绍时,如何把握好其中的"分寸",如何把它与各种专门史相区别,这是政治制度史的著作者通常会面临的一个麻烦的问题。基于学术界对政治权力的一般理解,本书把军队、法律等暴力要素理解为国家政治统治权力的重要组成部分,进而把军事制度、法律制度理解为实现国家权力(强制力)的手段和形式。由此出发,本书尝试着着重从兵役制和兵权的掌控与使用方式、运行机制方面,分析介绍了古代国家的军事制度,从立法制度、法律的基本内容与构成、司法制度等方面解释分析了中国古代的法律制度。

在军事制度方面,本章重点介绍了兵役制度。综观中国历史上的兵役制度,主要有普遍征兵制(如汉前期的征兵制和唐朝的府兵制)、世兵制(其中又可分为少数民族的部族兵制度、魏晋的士家制、明朝的军户制)和募兵制(历代皆有)。而其演变的一般趋势是:每到一个王朝的中后期,原来的兵役制度(征兵制、府兵制乃至世兵制)往往走向瓦解,而最终被募兵制所替代。另外,本章还重点关注了军权的控制与运用机制问题。军队作为国家这种有组织的暴力机器的重要组成部分,一方面是维护君权的最重要、最直接的手段,同时"兵"又被传统社会认为是"凶器也",军队的向背又直接关乎君主统治的安危。因此,控制军队、特别是控制军队的高级将领,是专制君主面临的极其重要的统治课题。[①]

在法律制度方面,本章则特别注重对传统中国法律制度特点的介绍。

二、进一步讨论的问题

总结回顾中国古代军事制度的历史,首先需要进一步思考的是:为什么几乎每个王朝中后期都会走向募兵制?

首先,一种解释是,征兵制与府兵制本质上是一种以大量个体小农为基础的、兵农合一的兵役制度,一旦这个基础动摇,兵役制度就会改变。在每个王朝统治的前期,社会安定,土地、户籍制度能够正常运转,征兵制就可以维持。但到了王朝统治的中后期,随着土地制度和户籍制度松懈,征兵制就成为无源之水,于是募兵制就成为主要的兵役制度。如汉朝至武帝以后由于土地兼并严重,个体小农大量破产流亡,兵员短缺使正常的征兵制已很难运转,募兵逐渐代替了征兵。再如唐朝中期以后,土地兼并日益严重,均田制不断遭到破坏,府兵制的兵源就彻底丧失,便逐渐被募兵制所取代。

另外,募兵制取代原来的兵役制度恐怕还有一个原因,这就是它与一个王朝的组织动员能力衰减直接有关。无论是征兵制、府兵制还是明朝的军户制,都需要一种非常复杂严密、

[①]　根据塔洛克(Tullock, Gordon)的分析,对独裁统治者威胁最大的是高级官员特别是军队高级将领,虽然军队越强大越容易控制权力,但被推翻的机会也就越大。参见沈友军:《公共选择理论的新方向——独裁政治的经济学理论述评》,《江苏行政学院学报》2003 年第 1 期。

运行高效的组织与动员体制,它涉及这个庞大帝国从朝廷到地方州县、基层社会的方方面面,任何一个环节出了问题都可能导致整个系统瘫痪。而这样严密高效的组织动员体制,其最终的"压力"或"第一推动力"又主要来自端居于京城的皇帝,又取决于皇帝对该制度的注意力及相应的实行能力和决心。然而在君主专制政体下,除了每个王朝的少量开创者之外,大部分守成的皇帝昏庸无能,自然无法持续保持强大的压力和控制力,于是各级官僚、军官趁机贪腐牟利,底层百姓采取各种策略进行"弱者"的反抗,原来的兵役制度遂不断瓦解。在这种情况下,利用实质上的雇佣手段来招募士兵,反而成了最简单容易的军队征集方式,而在一个人口众多的农业国度,经常存在的大量饥民、流民又为招募制提供了充足的兵源。在这个意义上看,一个王朝从征兵制(或世兵制)向募兵制的转变,实际上是专制国家控制力减弱的表现。

当然,募兵制也会带来新的问题。最大的问题是它直接增加了政府的军费支出和财政负担。比如宋朝一开始就有意识地采取募兵制,但沉重的养兵之费又造成了宋朝上下头疼的"冗费"问题,王安石变法中就有保甲法之类的内容,其目的就是想部分地恢复"寓兵于农",节省国家的军费开支。专制国家在兵役制度上的进退两难,恰恰反映出其政治制度方面的深刻矛盾。

其次,如何概括和总结中国历代兵权的控制与运行机制问题?

为了确保君主对军队的绝对控制,中国古代形成了一系列以君权为中心的军队统帅体制和军权掌控机制,我们认为它主要包括以下方面:

第一,"居重驭轻""强干弱枝"是历代军队统帅与军权掌控的基本方针,即通过建立一支强大的中央军,使中央对地方在军事力量上保持绝对优势,进而实现对整个国家的控制。

第二,按照"内外相维"的原则部署军队,把京师驻军和外地驻军均匀部署,京师有事可调地方之军勤王,地方有事则可用中央军队平定。

第三,实行军事管理权和作战指挥权的分离。如唐朝府兵平时的管理、训练权在十六卫和各地军府,战时则由皇帝选派的行军元帅指挥,因而各地府兵实际上仍是由皇帝直接控制的中央军队。

第四,建立错综复杂的军队系统,使他们互相牵制,如唐朝,除了十六卫,中央另设禁军系统及左右御林军。

第五,确立重文轻武的体制,防止武将势力坐大。如宋朝,为了防止武将势力的抬头,取消武人干政的可能,宋朝的开国者们传下了重文轻武、以文制武的基本国策,利用文人抑制武人,来实现对军队将士的控制。

第六,军事目标服务于政治目标。君主为了实现牢牢掌控兵权、维护自身安全的政治目标,有时甚至不惜牺牲军队的战斗力。典型的例子,如宋朝在荒年募兵,同时为了防止武将专权,有意造成"兵无常帅,帅无常师""兵不识将,将不识兵"的军队管理机制,虽然也能收到防止武夫割据的一时之效,但也因此造成指挥混乱、战斗力低下。明朝的卫所制度也同样如此。

在回顾秦汉以后中国法律制度的演变历史时,则需要重点关注以下特点:

第一,法律制度体现君主的意志,君主掌握着国家的最高立法权与司法权。君主有权组织大臣制定、修改法律,有权将自己的命令上升为法律,并有权任命最高司法官,裁决疑难案件、重要案件和死刑案件,有权变通旧制、法外用刑,有权赦免罪犯等,甚至直接下达诏令以凌驾于法律之上。

第二,重视刑事立法,以刑法为主体的公法体系相对发达,而以民事为主体的私法则相对落后;法律的价值取向上更重视义务,重视家族、宗族、国家等团体利益,而不大注重权利,特别是个人权利。

第三,法律制度以儒家为指导思想和理论基础,援礼入法,全面贯彻儒家的纲常伦理原则,许多"礼"的内容都直接表现为法律规范。而"礼"本身就是规定社会身份等级的规范,所以援礼入法使得中华法系从总体上属于肯定等级尊卑的身份法,这对于维护中国以君(父)权为核心的身份社会无疑产生了深远的影响。

第四,司法与行政合一,虽然中央设立了专门的司法机构,但辅佐君主的重臣或某些行政机构的长官亦可参与或干预司法,而地方各级行政长官更是当然的司法长官。

参考文献:

1. 白钢主编:《中国政治制度史》,天津人民出版社 1991 年版。

2. 张星久、祝马鑫:《新编中国政治制度史》,武汉大学出版社 1993 年版。

3. 钱穆:《中国历代政治得失》,生活·读书·新知三联书店 2001 年版。

4. 黄今言:《秦汉军制史论》,江西人民出版社 1993 年版。

5. 高敏:《魏晋南北朝兵制研究》,大象出版社 1998 年版。

6. 岑仲勉:《府兵制度研究》,上海人民出版社 1957 年版。

7. [加]宋怡明:《被统治的艺术》,[新]钟逸明译,中国华侨出版社 2019 年版。

8. 张金奎:《明代卫所军户研究》,线装书局 2007 年版。

9. 邱澎生、陈熙远主编:《明清法律运作中的权力与文化》,广西师范大学出版社 2017 年版。

10. 曾宪义主编:《中国法制史》,北京大学出版社、高等教育出版社 2000 年版。

11. 瞿同祖:《中国法律与中国社会》,中华书局 1981 年版。

12. 张晋藩总主编:《中国法制通史》,法律出版社 1999 年版。

13. 张中秋:《中西法律文化比较研究》,南京大学出版社 1999 年版。

思考题:

1. 简述中国古代各个时期兵役制度的变化。
2. 征兵制与募兵制相比,各有什么特点?
3. 历代王朝统治者为了加强对军队的控制,采取了哪些措施?
4. 为什么中国古代的法律体系以刑法为核心? 古代刑罚制度经历了哪些演变?
5. 简述中国古代司法组织与司法体制的演变过程。

第八章／财政制度的演变

　　财政是实现国家各项职能的重要保障,财政制度是国家政治制度的重要组成部分。秦朝统一后,就建立了以个体小农("编户齐民")为基础的、与专制帝国相适应的中央集权式的财政制度,此后一直到明清时期,虽然各个朝代的具体情况有所不同,但基本上都是采取了这种中央集权式的财政制度。这种财政制度首先涉及两个基本方面,一是国家通过何种制度和方式征收赋税,二是通过何种制度和方式把征收的赋税加以分配,以满足皇家及官僚队伍、军队的消费,保障国家各项政治职能的实现。同时,为了征税和分配,又需要相应的财政收支规则(财政政策),以及财政管理机构与体制。因此,本章主要内容也大体沿着这一框架展开,重点考察历代财政管理机构、管理体制、财政收入与支出制度。由于"财政管理体制"本身就是既包括组织机构的设置,又包括机构之间的职权划分、隶属关系,因此本章将"机构"和"体制"方面的内容,一并放在"财政管理体制"中加以介绍。

第一节　财政管理体制的演变

　　本节所介绍的财政管理体制,主要涉及国家财政管理的机构设置及其权、责关系,其中最核心的内容是中央与地方政府之间的财权划分关系。与传统国家的中央集权体制相适应,历代王朝的财政体制的基本模式也是中央集权型的。这一中央集权型财政体制具体表现为以下几个主要特点:第一,君主在原则上"富有四海",以君主为代表的中央政府(朝廷)总揽国家财政的决策和管理大权,全国财物由朝廷统收统支,地方政府完全听命于朝廷;第二,为了集中掌控财政权,历代王朝一般设立司农司、户部(宋代一度设三司)等机构,具体管理全国的经常性收支(所谓"经费"),除此之外,有些朝代还另外建立起具有"天子私藏"性质的皇室财政或皇帝财政系统,如西汉的少府之财、宋朝的天子内库系统、元朝的宣徽院所管皇帝之财;第三,在朝廷对地方政府的财政监控方面,主要是建立对地方政府收支的审核、奏销制度,同时向地方政府派设专门的监察官,严密监控地方政府的财政收支活动。

一、秦汉中央集权型财政体制的确立

随着秦汉帝国的建立,在财政方面也逐步确立起了以君主为核心的中央集权型财政体制。

秦朝统一后,中央政府设立治粟内史和少府,分管国家财政和皇室财政。治粟内史,位列九卿之一,是国家的最高财税机关,掌管全国租税、赋役、收入和支出,同时也兼管农桑水利等经济事务。治粟内史之下设太仓,太仓是国库机构,纳储天下租税。少府掌管皇室的财政收支。在地方,则由郡、县政府作为中央政府的代表,负责辖区内的财政事务,在郡、县政府之内,相应的属吏具体管理辖区内的赋役事务。

在这一套财政管理组织体系之上,是拥有最高财政管理与决策权的君主。在秦朝的君主专制体制下,皇帝独揽了一切国家最高权力,"丞相诸大臣皆受成事,倚办于上"①。这样,只要皇帝愿意,他随时可以过问并就财政事务做出最终决策。另外,皇帝还通过少府这一皇室财政管理机构,直接控制全国的山海地泽之税,据东汉桓谭对汉朝的情况的记述:"汉宣以来,百姓赋敛一岁为四十余万万,吏俸用其半,余二十万万藏于都内为禁钱。少府所领园地作务之八十三万,以给宫室供养诸赏赐。"②可以推想,秦朝皇帝也会经过少府这一机构,直接控制巨额的国家财政收入,以强化君主在财政事务方面的控制力。

在中央与地方的财政关系方面,则确立了中央集权的财政体制,实行统收统支的财政集权模式。中央政府统一管理、监督全国的赋税、国库和支出安排等重要事项。全国范围内的一切财物,都由中央统一支配。地方政府的收入,逐级全部上交中央后,中央以拨款的方式向地方下拨,用于规定范围内的开支。这样,地方各级政府并非真正的财政权力主体,而是中央的代理人。储存在地方政府的钱粮,地方政府只是代替中央政府保管而已。

为了维护这种以君权为中心的财政集权模式,除了常规的行政组织控制之外,朝廷利用以御史大夫为首的监察系统,对中央到地方的财政的运行情况进行监控,并通过垂直的上计制度(详见汉朝部分),掌握全国的财政收支状况。

汉朝在基本沿袭秦制的同时,也先后进行了一些机构调整。一是汉景帝时期把治粟内史改为大司农,与少府分掌国家财政和皇室财政,"司农领天下钱谷,以供国之常用;少府管池泽之税及关市之资,以供天子"。③也就是大司农总管国家的收入与支出,少府管理皇室开支。大司农的属官较多,其中最重要的是大司农丞和大司农中丞,辅佐大司农处理

---

① 秦朝国家权力以高度君主集权为特征,财政大计也出自君主。"天下之事无大小皆决于上","丞相诸大臣皆受成事,倚办于上"(司马迁:《史记》卷六《秦始皇本纪》,中华书局1982年版,第258页)。

② 桓谭:《新辑本桓谭新论》卷十一《杂事篇》,中华书局2009年版,第49页。

③ 史游:《急就篇》卷四,颜师古注,景印文渊阁四库全书本,台湾商务印书馆版,第223册,第54页下栏。

天下郡国重要的财政事务。① 再就是,汉武帝时期增设水衡都尉,分管了少府的一些事务,如皇室公田、苑囿、园林、山泽及各种官营产业的收入,同时监管铸造货币。第三,东汉光武帝时期裁撤水衡都尉,并连同少府所管理的皇室收入事务一起,全部划归大司农统一掌管,国家财政与皇家财政合二为一,形成了大司农"掌诸钱谷金帛诸货币"② 的财政收支管理体系。

在中央与地方财政关系方面,汉朝也是沿袭秦朝,采取统收统支的中央集权型财政体制。但情况稍有不同的是,汉朝前期实行郡县与封国并存的制度,在分封的王国内部,诸侯具有一定的财政自主权,存在着一定程度上的财政分权现象。汉武帝之后,随着封国的名存实亡,诸侯王"唯得衣食租税,不与政事"③,重新确立了统一的中央集权型体制。

为了实现财政管理方面的中央集权,确保地方政府的财政行为符合中央政府的意愿,汉朝也和秦朝一样,还采取上计制度和财政监察制度加强对地方的监管、督查。所谓上计,就是规定各级地方政府在本年度终了之时,须对辖区人口、土地、赋税收入、财政收支的增减变动情况汇总编制成册,逐级汇报到朝廷,以便朝廷对地方政府监督考核。由于上计关系到国家岁入,因而往往由皇帝亲自主持。除了皇帝之外,经常主持上计的还有丞相和御史大夫。

上计制度的功能是多方面的。首先,上计具有地方官员向上级政府述职的性质,朝廷据此评定地方行政长官的政绩,并作为实施赏罚的依据。其次,上计既是一个自下而上的汇报过程,也是自上而下的审计和监督的过程,更是一个强化中央集权的仪式,因而对于维护中央集权体制的运转发挥了重要作用。④ 然而,上计制度的弊端也是显著的。郡守县令为避免考课时被弹劾,往往与计吏沆瀣一气,制作伪证,欺骗中央政府。"郡国恐伏其诛,则择便巧史书习于计簿,能欺上府者,以为右职;……欺漫而善书者尊于朝"⑤,上计制度的这种缺陷,使得其在东汉之后财政管理活动中的重要性日渐式微了⑥。

秦汉时期确立的以君权为中心的中央集权型财政体制对后世产生了深远的影响。虽然秦汉以后历代王朝的具体情况各有不同,但是这种财政集权模式基本上沿袭下来。

———————————

　　① 此外,如太仓中设有太仓令、丞,负责管理谷物的收储;国家钱库设有都内令、丞,负责国库银钱的出纳。此外,还设有负责调剂转运天下钱粮的均输令、丞,负责平抑市场物价等事项的平准令、丞等。到东汉时,大司农府中计有员吏164人。

　　② 范晔:《后汉书》志二六《百官志三》,中华书局1965年版,第3590页。

　　③ 班固:《汉书》卷三八《燕灵王刘建传》,中华书局1962年版,第2002页。

　　④ 参见范晔:《后汉书》卷八〇《赵壹传》,中华书局1965年版,第2632页。

　　⑤ 班固:《汉书》卷七二《贡禹传》,中华书局1962年版,第3077页。

　　⑥ 参见徐心希:《"上计制度"的历史考察》,《福建师范大学学报(哲学社会科学版)》1992年第4期;宫长为:《云梦秦简所见财政管理——读〈睡虎地秦墓竹简〉札记》,《史学集刊》1996年第3期。

二、魏晋南北朝时期的财政管理体制

曹魏时期,中央政府机构逐渐由三省六部制取代三公九卿制,尚书台成为国家政务的中枢机构。尚书台中的度支尚书是管理国家财政的最高机关,其下设有度支、金部、库部、农部、水部、食部诸郎分管专门的财政事项。[①] 虽然还保留秦汉时的少府与大司农二职,但已不再是国家与皇室财政的主管机构,而是受度支尚书调度的具体业务部门,分别负责布帛和粮谷的库藏出纳等具体事务。地方的财政管理机构方面,州一级以刺史为长官,下设主管财税的西曹、户曹、金曹、租曹及仓督等。在县一层级,也是在县令或县长之下,设相应的曹具体管理财税事宜。

两晋时基本沿袭曹魏制度,以度支尚书作为国家的最高财政管理机构。只是度支尚书所领郎曹较曹魏时期更多,有度支、金部、库部、仓部、左民、右民、运曹、起部等。[②] 大司农的职能基本不变,而少府的财政管理职能则在东晋以后逐渐淡化,主要负责为皇帝提供和保管生活用品、器物宝玩制造与收藏,以及掌管皇帝财库和皇室作坊等。这样,到东晋以后,大体形成了以度支尚书主管国家财政、大司农具体负责粮谷和钱帛的库藏出纳的基本格局。

在中央与地方财政关系方面,这一时期总的情况是出现了某种内轻外重、中央集权体制有所削弱的倾向。主要原因是政局动荡,门阀大族势力发展,造成以君主为核心的中央政府调控能力削弱,地方势力增强,从而大大分割、截留了中央政府的财源,使这些财源"不为国家用",所谓中央与地方"虽有君臣之迹,亦相羁縻而已,八州士众资调,殆不为国家用"。[③] 东晋以后,为了扭转这一局面,达到"衰而复振"的目的,采取了宗王出镇的措施,即派遣亲王或宗室成员为都督,镇守重要州郡,以加强对地方的控制。同时,为了防止这些都督和宗王拥兵自重,又选派皇帝亲信到他们身边担任典签官,名为典领文书,实则监视其行动,因其权力甚大,乃至有"签帅"之称。另外,南北朝时期还通过不定期地派遣使者巡查地方,以加强对地方政府的监控。

三、隋唐时期财政管理体制的演变

从组织机构的角度看,以中唐为界,隋唐时期的财政管理机构的演变大致分为前后两个阶段。隋朝到唐朝前期,由于确立了三省六部制为基础的中央政府体制,以户部(隋初度支部、民部)作为国家最高财政管理机关;中唐以后,财政权力分散到各种受皇帝差遣的使职手

---

① 参见房玄龄等:《晋书》卷三七《安平献王孚传》,中华书局 1974 年版,第 1082 页。
② 起部并非常设机构,而是因事而设的临时机构,主要负责营建及工匠方面的财政事项。
③ 房玄龄等:《晋书》卷九八《桓温传》,中华书局 1974 年版,第 2569 页。

中,形成以户部使司、度支使司、盐铁转运使司三司为主干分散、多变的财政管理组织体系。

隋朝尚书省的度支部是最高财政管理部门。开皇三年(583)度支部改名为民部,内设度支(主管会计核算)、户部(人口户籍、土地、赋税等统计)、金部(度量衡及钱帛储藏方面的政令)和仓部(粮食储藏等政令)四司,并下辖司农府、太府寺作为国家仓库的管理机构。

此外,在刑部下设比部司,主管对全国财政的勾检(审计)事务。

唐朝基本沿袭了隋朝制度,只是在财政管理机构的职责分工方面更加明确、专一。唐初主管国家财政的最高机构仍称民部,高宗时因为避太宗李世民之讳,改民部为户部,“掌天下田户、均输、钱谷之政令”[①]。内部也设户部、度支、金部和仓部四司。其中户部郎中、员外郎掌管户口、土地和赋役等方面的要务,以及婚姻、继嗣、园宅等事务;度支郎中、员外郎主要掌管财政支出,并管理全国租税的转运、征敛、送纳、和籴、和市等;金部郎中、员外郎主要负责全国钱帛的保管和出纳政令;仓部郎中、员外郎主要负责米谷的保管和出纳政令。户部之外,仍然以司农寺和太府寺负责国库管理,分别掌管粮谷和钱帛的保管出纳,以刑部的比部负责财政审核事务。

唐朝中期以后,财政管理体系的最大的变化是逐渐分散化、多元化,并逐渐蜕变为户部使、度支使、盐铁使三个使司系统。

中唐以后,由于均田制下的农民为躲避赋役负担而大量逃亡、隐匿,国家掌握的户口大量减少,造成税源严重流失。于是从唐玄宗时期开始,撇开户部,直接差遣专门的使者,到各地区检括户口,核查田亩,催征赋税。特别到安史之乱以后,由于连年战争,筹集钱粮、供应军需成为朝廷压倒一切的大事,更经常性地派遣各种临时性的差遣官职(也称“使职”),如户部使、租庸使、劝农使、度支使,去协调、处理某一方面的财政事务,逐渐侵夺了户部作为财政主管机构的职权,以至于正式财政机构“职事久废,无复纲纪,徒收其名”[②]。后来,国家的财政管理职能大致集中到户部使、度支使、盐铁使这三个机构。其中户部使司主管两税籍账和除度支、盐铁转运使所管事务以外的经费,以供在京官员的薪俸等开支;全国大致划分为东、西两个财税区,由盐铁转运使、度支使分管。这三个机构互不统属,往往由宰相“各判一司”,直接对皇帝负责。而原来的户部的尚书、侍郎等官职则演变为一种只表示官员职级而无实职的官衔。

另外,和前代一样,隋唐时期在地方政府各层级中也没有专设独立的财政机构,而是融合于各地方政府之中。

在中央与地方纵向财政关系方面,主要分为中央、州、县三个层级,国家所有的赋税收入

---

① 刘昫等:《旧唐书》卷四三《职官志二》,中华书局 1975 年版,第 1824 页。

② 王钦若等:《册府元龟》卷四八三《邦计部·总序》,凤凰出版社 2006 年版,第 5470 页。

统一上缴中央,然后由中央财政机关统一安排各级政府的支出。地方政府没有预算权限,只是中央政府的财政执行机构,遵照中央的命令完成税收征缴,并代理中央政府实施财政支出项目。地方不得擅自增加税收科目,也不得自主增减支出项目。安史之乱爆发后,统收统支的集权模式难以维持。为了因应紧迫的战争需要,中央将一些财政权力下放到地方藩镇和州府。安史之乱结束后,朝廷于建中元年(780)颁布了两税法,将国家的全部税收分成上供(中央)、送使(节度使)和留州三部分,一方面在事实上承认了地方财政分权的状况,同时也是以此来实现财政集权的一种策略。两税法实行后,中央政府通过各种方式,不断减少地方的税收份额,对地方财政进行限制和削弱。①

总之,唐朝中期以后虽然存在财政管理机构的多元化、分散化情况,并在局部范围内出现中央向地方藩镇下放财权的迹象,但这只是当时的一种变通形式,甚至是实现集权的一种特殊形式,并没有改变财政集权的总体格局。

四、宋、辽、金、元时期的财政管理体制

1. 宋朝财政管理机构的演变

宋朝的机构演变以神宗元丰改制为界,大致分为前后两个阶段:元丰以前,其财政管理中枢机构为三司,元丰以后则基本以户部为财政主管部门,但其地位则不及唐朝前期的户部。

如前所说,唐朝后期已有"三司"之名,指的是户部使司、度支使司、盐铁转运使司三个机构。后唐明宗为统一事权,在三司之上专设一个三司使,作为统一的三司机构的长官,从此三司合为一个机构。②

宋朝继承五代之制,在中央政府中设三司,总理全国财政。三司又称为"计省",三司使号称"计相","位亚执政",其地位仅次于参知政事、枢密使这些执政大臣,下设盐铁、度支、户部三个部。其下又设有二十多个职能部门,称之为"案",分别负责全国财政的某一方面。此外还设若干直属三司的子司。总体而言,宋朝三司作为中央财政中枢机构,其职权范围比唐朝的户部扩大了许多,凡是与财政有关的所有事项几乎全由三司负责,逐渐形成了宰相主政、枢密主兵、三司主财的局面。

三司理财虽然有利于中央财政大权的集中,但三司内部机构庞大,权力宽泛,事务繁杂,效率低下,加之北宋中期国家财政遭遇危机,使得三司理财体制饱受诟病。于是在宋神宗元

---

① 参见江晓敏:《唐宋时期的中央与地方财政关系》,《南开学报(哲学社会科学版)》2003 年第 5 期。
② 参见司马光:《资治通鉴》卷二七七,唐明宗长兴元年八月乙未,中华书局 1956 年版,第 9043 页。

丰四年(1081)的官制改革中,废除了三司,效法唐朝,以户部作为国家的财政中枢机构,元丰改制后,户部下设户部左曹、户部右曹、金部司、仓部司、度支五司,但其中户部右曹管理的财利,属"朝廷之财",不归户部尚书管理,而是设户部右曹侍郎直接对宰相负责。另外,国家财政收入的一大部分还直接进入皇帝掌握的内藏库系统,即所谓"天子之财"。这样,宋朝中央财政管理就此分成户部之财、朝廷(宰相)之财和皇帝之财这三大财政系统,户部的职权和地位受到很大削弱。

南宋时期中央财政管理机构的最大变化是,改变了尚书左右曹分属于不同财政管理体系的局面,统一归户部尚书管理。同时,在南宋的战时体制下,钱粮的调度供给直接关系到军国大计,往往由宰相、执政大臣如枢密院长官等带上"措置户部财用""兼制国用使"等衔[1],统管户部事务。另外,为了便于调配财力供应前线军需,又先后设立了淮西、淮东、鄂州、四川几个总领所,作为户部的派出机构,拥有较大的自主权,实际上也分割了户部的权力。

宋朝财政体制有两个相互联系的突出特点,一是中央集权制下的财政分权体制,二是具有浓厚的"军事财政"色彩。[2]

宋初,统治者为从根本上解决唐末五代以来"君弱臣强""战斗不息"问题,曾经采取各种措施"强干弱枝",加强中央集权,其中一个十分重要的方面就是对于地方政府和臣下"制其钱谷",实行高度集权的财政体制,由君主牢牢掌控财政大权,地方财政由中央政府统收统支,把大部分地方收入列为"上供"部分解送中央,仅留很小部分"留州",用作最基本的经费。在横向的财政管理权方面,一方面设置三司作为"计省",削弱宰相的财权,强化君主对国家财政管理机构的直接控制;一方面另设"天子别藏",建立起规模巨大的"封桩库""内藏库"系统,由皇帝亲自掌管,而且数额巨大,对外保密,以强化君主在财政上的绝对控制力。[3]这样,就使国家财政演化为户部(三司)之财、朝廷之财、皇帝之财(内藏库系统)三个系统,并因此形成中央集权制下的财政分权体制。

所谓"军事财政"是指,宋朝的财政收支、供需及财政管理体制基本上是围绕军事需要乃至战时需要而展开的,其军费开支在整个国家财政支出中占有很大比例,以至于养兵之费成为造成国家财政困难的重要原因。有几个显而易见的原因造成了这种"军事财政"。首先,

---

　　① 脱脱等:《宋史》卷二四《高宗本纪》、卷三四《孝宗本纪》,中华书局1985年版,第446、642页。

　　② 参见黄纯艳:《宋代财政史》,云南大学出版社2013年版,第2页。

　　③ 据当代学者的相关研究,"仅神宗一朝就出内库财物一亿三千余万! 其中一次就支出五千万缗,几与当时国家总收入相等"。(程民生:《论北宋财政的特点与积贫的假象》,《中国史研究》1984年第3期。)据说宋太宗为了更好地控制内藏库中的财富,即所谓"太宗时内藏库库,每千计用一牙钱记之。凡名物不同,所用钱色亦异,他人莫能晓,匣而置之御阁,以参验帐籍中定数"。此"钱匣子"实际上就是账本,由皇帝一人掌管,并且传给下一任皇帝,宋太宗晚年传给宋真宗时就说:"善保此足矣。"(脱脱等:《宋史》卷一七九《食货志下一》,中华书局1985年版,第4371页。)

如前所述,宋朝主要实行募兵制,并因为军事乃至政治稳定的原因(如荒年募兵)大量招兵,宋太祖还曾颇为得意地称之为"吾家之事唯养兵可为百代之利",在这一指导思想下,北宋军队最高峰时曾经达到140余万人之多[1],庞大的军费开支势必给朝廷带来沉重的财政负担。其次,如上所述,宋朝财政分为户部之财、朝廷之财、皇帝之财三大系统,到南宋时期又在军事前线地区设立了淮西等四大总领所,形成所谓"总领所钱物"。这种财政管理体制上的分散化,也与当时的军事需要直接相关。其中的所谓天子之财,就发端于宋太祖为了准备统一北方的军费而专门设立的封桩库,其后任几位君主纷纷仿效,建立属于天子亲自掌控的"别藏",形成内藏库系统,其财政支出也是以军费为主。[2]

2. 元朝的财政管理体制

元朝总体上实行高度中央集权的财政体制。然而,元朝的版图辽阔,包括了不同的区域,其财政体制和政治制度一样,也是融合了游牧民族与中原汉地中两种政治文化因素,从而具有复杂性与多变性特征。

元朝以户部作为中央最高财政管理机构,隶属于中书省,"掌天下户口、钱粮、田土之政令。凡贡赋出纳之经,金币转通之法,府藏委积之实,物货贵贱之直,敛散准驳之宜,悉以任之"[3]。户部下面,也设有各种分司机构。

户部虽然总领全国的财政事务,但是,由于元朝中央、地方行政体制的复杂性,导致从中央到地方的财政管理主体也具有高度分散的特征。比如户部之外,礼、吏、兵、工、刑部也各有一定的财政管理权;又以大司农司负责农桑、水利、学校、饥荒等事务;宣政院主管西藏等处的供赋征纳。另外,在国家财政之外,还存着复杂的皇室财库系统,如属于皇帝系统的宣徽院,属于太子系统的储政院等。此外,财务收支的审计工作主要是内御史台和廉访司负责。这些众多的机构共同构成了元朝复杂的财政管理体系。

在中央和地方财政关系方面,元朝也是采取高度的中央财政集权制。与前代类似,元朝财政体制属于中央政府统收统支,收入分成中央占绝对主导地位。[4] 行省作为中央政府的派出机构,在分配国家收入过程中具有关键作用,而地方路、府、州、县各政府层级,只能严格执行中央的财政决定,并无自身的处置权力。在收入方面,路及直隶州(府)需要把所征集的财赋先送往行省,并由行省储藏或转运上供朝廷。中央政府严禁路、府、州、县私自保留财政留余,地方政府经费通常由中央确定和分拨。支出方面,地方各级的经费都受到严格的定额管制。

① 参见程明生:《宋代军队数量考》,《社会科学战线》2009年第5期。
② 参见黄纯艳:《宋代财政史》,云南大学出版社2013年版,第4页。
③ 宋濂等:《元史》卷八五《百官志一》,中华书局1976年版,第2126页。
④ 参见李治安:《元代中央与地方财政关系述略》,《南开学报(哲学社会科学版)》1994年第2期。

五、明清时期的财政管理体制

1. 明朝高度中央集权型财政体制的变异

明朝的最高财政机关是户部。在朱元璋废除宰相之后,户部和其他各部一样也是直接对皇帝负责。户部的长官是尚书,另设左右侍郎各一人加以协助,负责全国的户口、田赋收支等事务。与前代不同的是,明朝户部内设机构不是直接按照业务设司,而是先按照分管地区设了十三个清吏司,对口管理各地方的财政事务[①],然后每个清吏司之下又分设民部、度支部、金部、仓部四科,形成部 – 司 – 科的层级。

明朝负责地方财政管理的机构是各级地方政府,如各省承宣布政使司、各级府县政府负责辖区内的户口、田赋、差役等事项。

明朝虽然以户部作为最高财政机构,然而在君主集权空前加强的大背景下,户部尚书并无独立的决策权,事无巨细均需禀奏皇帝,完全由皇帝裁决。在整个明朝,户部很少作为一个财政政策的制定部门而发挥作用,职能也模糊不清。[②]由于缺乏类似宰相那样的总协调机构,各政府部门、层级之间互相牵扯,户部总是处于无所作为的状态。如军饷问题会牵扯到兵部,甚至变更税课司、撤销一个地方仓库管理员这样的财政事务皆需禀奏皇帝。但是,一旦财政的运转出现了问题,皇帝又会迁怒于户部。因而,户部尚书在明朝是一个令人望而生畏的职位,而且相当多的尚书的结局都不好。[③]

君主虽拥有全权,但毕竟精力、智识和体能都有限,无法亲自裁断所有国家政务。况且,也不是所有的后世君主都同样地勤勉而恋权。至明英宗正统年间,君主独裁决策体制逐渐演变为由皇帝、司礼监、内阁和六部共同议决的中央决策体制。在这种新体制之下,户部以"部议"的方式逐渐取得了一定的财政决策权,户部在财政政策制定中开始发挥越来越大的作用。[④]

在中央与地方财政关系方面,明朝财政收入形式上通过"起运""存留"的方式在中央与地方之间进行分配,但课税所得,"起运"集中于京师者多,"存留"在地方者少,而且存留部分主要用于支付内地军费、藩禄、官俸及教育经费等固定项目,地方政府无权自主支配。但与元朝和清朝前期相比,明朝中央政府对地方的财政管控略微宽松,主要体现在允许地方

---

① 即浙江、江西、湖广、陕西、广东、山东、福建、河南、山西、四川、广西、贵州、云南等十三司。

② 有学者认为户部连一个执行部门也算不上,而只是一个会计管理部门。参见黄仁宇:《十六世纪明代中国之财政与税收》,阿风等译,生活·读书·新知三联书店 2001 年版,第 14 页。也有学者认为它而更像是一个负责调度事务的职能部门,其具体的业务是把分散于全国各地的赋税征收上来,然后再根据具体需要把它调度再分配。参见黄阿明:《明代户部尚书任职情况分析》,《史林》2006 年第 4 期。

③ 参见黄阿明:《明代户部尚书任职情况分析》,《史林》2006 年第 4 期。

④ 参见刘利平:《明代户部财政决策权新探》,《史学月刊》2009 年第 7 期。

财政存在一定的"羡余",用于地方办公、招待之用。而且,在实际的财政运行中,中央对地方财政的严密监控实际上流于表面和形式。"一方面中央对出自正项钱粮的一小部分收支状况进行锱铢必较的审计,另一方面县官对地方劳役、杂费却可以随意科敛,任意中饱。"[1]

2. 清朝的财政管理机构

清朝由户部(后改为度支部)总管国家财政,内务府统管皇室财政。户部作为国家中央财政机构,掌管全国户籍土地钱谷之政,并掌握平衡支出、转移支付事项。户部设立满汉尚书各一人。尚书之下,设立左右侍郎满汉各一人,作为辅佐。户部下设十四清吏司[2],所设司务也分满汉各一人。户部下又有三库,一是银库,存储全国之财富;二是缎疋库,统管各地输送到京师的绸缎;三是颜料库,集中管理各种用于染色的原料。此外,还设有宝泉局、井田科、俸禄处、现审处、饭银处、减平处、捐纳房等机构。清朝晚期,于1906年改户部为度支部,设度支大臣、副大臣各一人。下设十司,分管田赋、漕仓、课税、通埠、库藏及会计等事务。

清朝财政体制的重要特点是国家财政与皇室财政的划分比较明确,户部掌管国家财政,内务府管理皇室财政。"国家定制,既设户部,筹备军国之度支,复设内务府,办理内廷之供应。原以示内府外库各有职掌,不相牵混之意。"[3]清朝前期,国家财政权集中于户部。户部通过制定收支科目和收支标堆,确保从中央到地方的一切财政收支的控制。这一时期,内务府的建制较为简单,经费支出的规模也不大。内务府的支出对户部财政有着较强的依赖性。乾隆朝后期开始,内务府收入不断扩大,因而出现了户部需要借助内务府的划拨的现象。自咸丰朝始,内务府财源枯竭,故不得不借拨户部银两,且其数额不断扩大。清朝后期,战争赔款及后宫的奢靡无度,导致国家财政拮据,内务府向户部的借拨无度,极大地影响了户部财政的运行。清朝后期户部与内务府的矛盾不断,成为这一时期财政体制中的核心问题。[4]清朝的实践表明,在君主集权的帝制时期,皇室财政与国家财政不可能做到完全独立,国家财政体制也很难依照公、私区分的原则来运转。清光绪三十二年(1906),户部更名为度支部,综理全国财政。

清朝的地方财政管理机构大体和明朝相似,由各省承宣布政使司、各级府县政府负责辖区内的户口、田赋、差役等事项。

清朝前期中央和地方财政关系的演变与唐、宋类似,前期为高度中央集权的财政体制,后期因应战争需要,中央被迫赋予地方政府一定的财政自主权,形成了事实上的财政分权体制。鸦片战争前,清朝中央政府在财政关系中占据主导地位,中央在财政收支、奏销、行政等

---

① 何朝晖:《明代县政研究》,北京大学出版社2006年版,第207页。
② 十四清吏司,涵盖江南、江西、浙江、湖广、福建、山东、山西、河南、陕西、四川、广东、广西、云南、贵州十四省。
③ 《清内务府档案文献汇编》第1册,全国图书馆文献缩微复制中心2004年版,第253页。
④ 关于户部与内务府的关系演变,参见滕德永:《清代户部与内务府财政关系探析》,《史学月刊》2014年第9期。

方面都占有绝对优势,地方政府处于从属地位。如乾隆初年各省公费章程规定,除专项支出外,各项地方零星用款也需定额报部备案,每年支出总数不可超出范围,也不准另设其他增添项,常例之外,若有必需用度,需要随时奏明,中央不仅掌握财政收入,而且集财权、事权于一身,国家财政的监督和控制为前代所不能比拟。因而,清朝中期以前并不存在地方财政,地方仅仅是中央财政收支决策的执行部门。至咸丰初年,高度中央集权型财政体制发生了变化。为了镇压各地农民起义,清政府军费开支急剧膨胀,中央财政无力应对,只得下放财权,任由地方政府"经营筹画,自求生理",各地督抚自此拥有了越来越大的财政权,而户部的财政地位逐渐削弱。这种情况一直延续至清朝崩溃。

第二节　财政收入制度

国家的财政体制的运转,最终要体现到政府的收入和支出两个方面。在秦汉至明清时期,田赋和人口税是最重要的两项收入来源。单就实物税收而言,传统中国的赋税收入种类大致包括地税、口赋(人头税)、工商杂税和专卖收入(官府垄断资源而获得的销售收入);就征收对象和形态而言,越到后期越以土地为主要对象,人头税的比重越小,而且逐渐由征收实物转为征收货币为主。不过就传统国家施加于人民的总体财政负担而言,还要考虑孟子所列举的"力役之征"问题[①],即国家对百姓征发的各种劳役,它们实际上是国家强制性地直接控制劳动者而获得收益的一种特殊的赋税形式,这在传统国家发展的前期如秦汉时期更为突出。所以,在考察这个时期的税收负担时,必须结合当时的力役负担加以综合考虑。当然,随着后来"力役之征"逐渐演变为纳钱代役制,这部分劳役之征便可以直接纳入国家财政收入部分了。

一、秦汉时期的赋税政策与财政收入

秦汉时期,国家赋税征收的基本趋势是轻租(税)重赋,即针对土地田亩征收的税额较轻,而针对人口征收的各种赋(口赋)较重;同时,国家对百姓直接征发劳役的负担总体较重。不过,由于汉朝统治者采取"与民休息"的政策,其赋税徭役总体上又比秦朝轻,主要表现为以土地为对象的"田租"(税)和各种"力役之征"较秦朝为轻。

---

① 《孟子·尽心下》曾概括当时国家对百姓有"三征":"有布缕之征,有粟米之征,有力役之征。"

秦朝的赋税主要有田租、口赋和工商税收等。

田租（赋）即土地税。秦始皇在公元前 216 年颁布了"黔首自实田"改革，土地所有者自己向官府呈报实际占有土地的数量，作为国家征收田赋的依据。这是财政史上的一次较大的改革，既增强了国家财力，也确认了农民相对的土地所有权。关于秦朝私有土地的税率，由于相关的文献记载比较零散且不统一，一般认为至少高于汉初的十五税一，即每亩收入的 1/15。除田租这种正税之外，还按亩征收一定土地附加税，即刍（饲草）和稿（秸秆）。[①]

除征收田租之外，秦朝还有口赋之征，是一种人头税性质的税收。据推算，这部分收入应不少于汉朝算赋（口赋）的每人 120 钱，即一个五口之家每年要缴纳 600 钱的口赋。此外，还对工商业征税，其中最主要的是"盐铁之利"。

除了赋税之外，秦朝百姓最重的负担还是各种徭役。如一个成年男子一生要担任正卒一年、屯戍一年，还要每年有一个月充任更卒。这还只是法定的徭役，实际上会远远重于这些规定。[②] 按照一般估计，秦统一之后每年无偿强征不下 300 万人，相当于全国约 2000 万总人口的 15% 以上。如果除去老幼，则占劳动人口的 1/3。这是秦朝被人认为横征暴敛的重要原因。

汉时国家征收的实物形态赋税即财政收入主要包括田租（税）、算赋、口赋、更赋、盐铁等专卖收入、工商杂税收入。

田租方面，汉初实行十五税一，文帝时减半为三十税一，直至东汉，虽偶有调整，基本上是三十税一。所以两汉田租的征收是很轻的。

算赋、口赋、更赋都是以人口为对象的税种，即所谓人头税。其中针对成年人（15—56 岁）的征税叫算赋，每人每年 120 钱为一算；针对 7—14 岁儿童（汉武帝一度扩大到 3 岁起征）征税叫口赋，每人每年 23 钱。而更赋，则原本是向应服而未服劳役者征收的代役钱，后演变为新开征的人头税。故汉时有人批评本朝"更赋至重"[③]。

除了上述税、赋之外，国家还开征一些关市税、山泽等工商杂税。到汉武帝时期，为弥补征讨匈奴、连年作战带来的国库亏空，又对盐、铁、酒等百姓生活日用品实施国家垄断经营（当时叫"榷"），官产官卖，严禁民间生产销售，[④] 一直延续到西汉末年，东汉则自和帝"罢盐铁之禁，纵民煮铁"之后，基本上停止了这种专卖制度。另外，汉武帝还强制向富人和工商业者

---

① 参见郑学檬主编：《中国赋役制度史》，厦门大学出版社 1994 年版，第 26—27 页。

② 根据秦简《编年纪》中一个叫"喜"的男子的记载，他曾在始皇三年、四年、十三年三次参军。

③ 参见范晔：《后汉书》卷八六《南蛮传》，中华书局 1965 年版，第 2843 页。

④ 《史记·平准书》记载："敢私铸铁器煮盐者，钛左趾，没入其器物。"（司马迁：《史记》卷三〇《平准书》，中华书局 1982 年版，第 1429 页。）

征收"算缗钱",实际上是对工商业主征课的一种临时性财产税收。[①]

另外,汉朝徭役负担也是很重的。与秦朝类似,汉朝每个成年男子一生要担任正卒、屯戍、更卒等徭役。

二、魏晋南北朝时期的财政收入制度

这一时期各个政权的赋税制度的基本情况是,在存在大量荒地和空闲土地的情况下,政权通过各种政策授予或允许百姓占有一定土地,在此前提下,国家主要通过实行租调制获得财政收入,租就是田租或对土地的征税,调就是户调,即按户征收布帛之类纺织品。但是与秦汉不同的是,田租由此前的比例税率改为固定税额(如曹魏亩收四升);其次,田租虽然以民户占田若干亩为基数,但已逐渐转化为按户征收,出现了户税化倾向。

东汉末年到曹魏时期,由于连年战乱,土地荒芜,所以从建安到曹魏时期,屯田一直是政府的重要财政来源。屯田之外,曹魏对普通百姓采取租调制征收赋税,根据建安九年(204)曹操颁布的《收田租令》,规定田租每年亩纳四升,同时每户每年征收(即"调")绢二匹、绵二斤,这是租调制的发端。[②]

西晋时期的赋税制度,一般根据晋武帝太康元年(280)颁布的占田课田令,认为其方法是每个丁男可占田 70 亩,缴纳 50 亩土地的田租;丁女可以占田 30 亩,交 20 亩的田租,每亩田租八升。也就是说,占亩数是国家准许农民占有田地的数量,课田是国家征收田租亩数。[③]田租之外还有户调,即按户缴纳的绢、帛。男丁为户主的,每年缴绢三匹、绵三斤。妇女或次丁男为户主的减半。边缘郡县只交 2/3 或 1/3。

东晋至南朝时期时基本沿袭西晋的税制,所不同的是,东晋、刘宋时期,田租由西晋时的按户征收改为按人头征收,即"税人不税田",按照丁口征税。如刘宋时规定:每丁从 16 周岁便开始缴纳田租,每丁 60 斛,13 至 15 周岁的丁口缴纳 30 斛,每户不论有丁多少,一律按此标准缴纳田租。这就是所谓的"丁租制"。在这种按人头征税的制度下,民户无论多么穷苦都要纳税,造成人口大量逃亡或卖身于豪族。于是到齐梁时期又恢复按户课税的户调制。陈代又恢复"问田求赋",回归到依据田亩征税的制度。

北方在西晋灭亡后陷于混乱局面,人口大量流失,北魏道武帝拓跋珪为了获得稳定的税

---

① 武帝元狩四年(前 119)的算缗令规定"诸贾人末作贳贷卖买,居邑贮积诸物,及商以取利者,虽无市籍,各以其物自占,率缗钱二千而算一,诸作有租及铸,率缗钱四千一算"(班固:《汉书》卷二四《食货志下》,中华书局 1962 年版第 1166 页)。此外,商贾的轺车、船只得加倍出算。

② 参见陈寿:《三国志》卷一《武帝纪》,裴松之注引《魏书》,中华书局 1982 年版,第 26 页。

③ 由于西晋的占田课田制的史料仅见于《晋书·食货志》,而且记载模糊容易引起歧义,故学术界对其土地制度及其相关的田税制度一直存在很大的争论,这里只是按照通常的解释聊备一说。

收,利用国家掌握的大量荒闲土地实行均田制,主要内容为:(1)授予 15 岁以上男女"露田",种植粮食,男 40 亩,女 20 亩,并为了轮耕各加一倍(实即男 80 亩、女 40 亩),不准买卖,年老身死还田给官府;(2)授予男子"桑田"20 亩,限种桑树果树,在不宜种桑的地区,男子每人授麻田 10 亩,女子 5 亩,永为世业;(3)按官职高低,授予地方官吏职分田,刺史十五顷,太守十顷,治中、别驾各八顷,县令、郡丞六顷。离任时交后任官,不许出卖。

北魏在此基础上实施了新的赋税制度,大致赋税征调额是一夫一妇出帛一匹、绵八两(或麻十五斤)、粟二石。[①]另外根据百姓的具体人口、婚姻、劳动力情况适当调整。租调制度实施后,原来正税之外的各种"横调""杂调"大大减少,总体上降低了农民的负担,促进了社会经济的复苏与发展,增加了政府的税源。

除了田租户税以外,由于战乱不断,南北朝各个政权下还有各种不同名目的徭役征发,关津之征(商旅关卡税),市租(市场税),盐、铁、酒的专卖税等,以满足政府的巨额开支。

三、隋唐时期的租庸调制与两税法

1. 均田制下的租庸调制

隋唐时期,均田制下的租调是主要的财政来源。

根据隋朝的均田制,一夫一妇之家(一床)授口分田 120 亩(男 80 亩,女 40 亩),永业田 20 亩,共受田 140 亩。口分田不得买卖,永业田可以买卖,以此为基础征收租、调。田租则一床(一夫一妇)征粟三石。户调则一床征绢绵一匹,加绵三两;或者布一端,麻三斤。"单丁及仆隶各半之。未受地者皆不课。有品爵及孝子顺孙义夫节妇,并免课役。"[②]开皇三年(583)及十年(590),又进一步降低租调标准。同时规定,年满 50 岁的百姓,可以通过纳绢免除徭役,称为"庸"。

唐朝实行与隋朝稍有不同的均田制:18 岁以上的中男和丁男,各给田 100 亩,其中永业田 20 亩,口分田 80 亩。老男、残疾者给口分田 40 亩,寡妻妾给口分田 30 亩。这些人如果是户主的情况下,各给永业田 20 亩。在此基础上实行租庸调制,即成年男子(丁男)需负担租、庸、调三种赋税。根据唐武德二年(619)规定,租的征收标准是给田的成年男子每年纳粟米两石;庸是针对不愿或不能服役的男丁(按规定每一男丁每年服役 20 天),可以按每天纳绢 3 尺来代替服役;调,每一男丁每年纳绢 2 丈、绵 3 两,后来又规定,可根据当地的产出,在绢或绫、绵中择一纳 2 丈、绵 3 两,或交布匹 2 丈 5 尺,同时交麻 3 斤。[③]又规定,如因国家需要,

①　参见郑学檬主编:《中国赋役制度史》,厦门大学出版社 1994 年版,第 92 页。

②　魏征、令狐德棻:《隋书》卷二四《食货志》,中华书局 1973 年版,第 680—681 页。

③　参见郑学檬主编:《中国赋役制度史》,厦门大学出版社 1994 年版,第 194—195 页。

服役超过 15 天者免调，超过 30 日者租调皆免。租庸调制度把劳动力、土地和赋役紧紧结合，以丁定赋，客观上鼓励了开垦，在发展经济的基础上扩大了税源。

唐朝还对民众征收户税和地税。户税是一种财产税，按民众资产分等级征收。地税是以设置义仓赈济、救荒为名义，依照土地征收，每亩纳粟米、麦或稻 2 升。户税和地税本是租庸调制之外的一项辅助性税收，然而，随着均田制的瓦解，租庸调制无法维持，户税和地税竟达到甚或超过正税的额度。天宝年间，仅地税粮食收入就达到全国粮食收入的一半。所以所谓的两税法改革，实际上是政府顺应现实情势的一种选择而已。

2. 唐中期以后的两税法

在唐朝初期，租庸调制之所以实行得比较好，关键在于均田制为其提供了坚实的基础。唐朝中叶以后均田制逐渐瓦解，租庸调制也就无法维持，政府不得不依靠名目繁多的杂税收入来维持财政运转，这又引起了深刻的社会矛盾。这就是宰相杨炎推行两税法的社会背景。[①]

两税法的总体原则是财政的"量出制入"，即先计算每年政府所支出的数额，然后把这一数额分配到各州县进行征收。其主要内容包括五部分。(1)简化税制。两税法以地税、户税为基础，将各种杂税合为一体，分夏、秋两次征收。原租庸调和一切杂徭、杂税全部废除，减少了征税成本和百姓负担。(2)纳税对象不分主户和客户，而是以现在居住的人户为对象，以财产多少为依据，即实行所谓"以资产为宗""户无主、客，以居者为簿"[②]。即便是不定居的商贾游贩，也要向其所在的州县纳税，大大拓宽了征税对象。(3)课税标准。两税法具有财产税的属性，所有成年男性都要依据其拥有土地和财产的多少来纳税。(4)纳税物品。租庸调法是以实物交纳，两税则分实物和税钱两种，按照户等纳钱，依田亩纳米粟，田亩税以大历十四年(779)的垦田数为准，均平征收。在实施过程中，也可以根据当地情况折纳。(5)采取"两税三分"原则进行财政分配，即把某地税收定额划分成上缴国库(上供)、节度使留用(送使)、州财政留用(留州)，保证了各级政府的财政收入。

两税法的实施，简化了税种，降低了征收成本；依据财产多少确定税额，更好地体现了公平原则，增强了国家财政收支预算的计划性，较好地满足了各方面的财政需求，一定程度上缓和了社会矛盾，加强了中央政府的财政能力。

---

① 关于两税法的具体含义，学术界仍有争论。如认为两税法是指赋税分夏秋两季征收，称为两税；也有人认为两税即指地税和户税；还有学者认为两税单指地税；等等。参见陈明光：《20 世纪唐代两税法研究评述》，《中国史研究动态》2000 年第 10 期。

② 欧阳修、宋祁：《新唐书》卷五二《食货志二》，中华书局 1975 年版，第 1351、1354 页。

四、宋、辽、金、元时期的财政收入制度

1. 宋朝的税收制度

宋朝的财政收入主要来自田赋、盐铁专卖和工商税。

宋朝田赋制度基本上沿袭了唐朝的两税法。但与唐朝不同的是,唐朝的两税法是按资财多少征税的,而宋朝则是按土地面积、优劣等级定额征税的。宋朝的两税也能分夏秋两次征收,夏税以收钱为主,秋税也叫"秋苗",在秋熟后按亩征收粮食。因南北地域差异和出产不同,大致北方每亩中等土地收获一石,须纳秋税一斗,江南各地则产量较高,每亩纳税三斗;夏税税额也是按土地等级缴纳,各地差异很大,且可以折纳绸、绢、绵、布等。

按亩征税还只是征税的基本标准,实际征收时,还有所谓"支移""折变"的计算。"支移"就是在征收秋税时,农民不愿意把税粮运至指定地点,就要多交一笔"支移"作为"脚力钱"。"折变"就是在征收夏税时,钱物辗转折变。这样,在两税的征收过程中就提高了实际交税额。

另外,宋初田籍混乱,政府"不立田制",而两税额则大致沿袭五代以来的定额分摊到各地,使得土地的实际占有状况与税额负担严重脱节,所谓"租税减耗,赋役不均,上下相蒙,积习成弊"[1],造成严重的赋役不均,也影响了国家的财政收入。这样,到王安石变法时就开始在部分地区推行方田均税法,办法是每年九月由州县长官依法进行本地的土地丈量,并按田地的肥瘠定为五等,并以确定的田籍为依据制定赋税定额,以便平均赋税。变法失败后,遭到废止,又恢复宋初旧制。

正税之外,宋朝还继承了唐末五代各种名目的苛捐杂税,如:对 20 岁至 60 岁男丁征收身丁税;包含各种名目的"杂变之税",如农器税、牛革税、蚕盐税、鞋钱、军租等;此外还有和籴、和买,本来是政府向百姓购买粮米和布帛的行为,如官府春天预支给农户资金,相当于贷款,夏天则由农户如数交给官府纺织品,后来则变为"官不给钱而白取之",成为一种强制性摊派。

总体来看,宋朝无论两税征收额还是各种附加、杂税均明显高于唐朝。

除了以上来自农业的各种税收之外,宋朝财政的另一大宗收入是工商税和各种专卖收入。宋朝是商品经济高度繁荣发展的朝代,手工业和贸易的发达程度远甚于前代,工商业方面的税收构成了政府收入的重要部分。其商税包括各种市场交易税、矿冶税、市舶税(海上贸易)等。另外,政府对茶、盐、酒等专卖收入,也构成了政府财政收入的很大部分。根据有的学者估计,北宋仅商税的收入就一度占了全国财政收入的一半以上。[2]

---

① 脱脱等:《宋史》卷一七三《食货志上一》,中华书局 1985 年版,第 4159 页。

② 参见漆侠:《宋代经济史(下)》,上海人民出版社 1988 年版,第 1009 页。

最后在财政收入的分配方面,宋朝取消了唐末五代以来的"送使"和"留州"部分,地方的经费由中央划拨,统称为"系省"。

2. 辽、金的赋税收入

辽朝于圣宗统和十二年(994)"诏定均税法",统一了全国的税制。土地税作为最重要的收入来源,依据土地性质分三种形式进行征收。第一种是公田制。辽在边境地区设有公营屯田,土地产出专供军需,耕种屯田的军士则不用缴纳税赋。第二种是在官闲田制。政府招募百姓租种官府闲田。第三种是私田制。百姓耕种自有土地的按田亩数量缴纳田赋。头下军州的"二税户",除了给主人交租之外,还要向官府纳税;寺院的"二税户",其赋税一半纳于官府,一半交给寺院。另外,在种植桑麻的地区,丝蚕户仅纳丝蚕,而无田赋。辽国境内食盐资源丰富,因而盐税和盐专卖也是一项重要收入来源。政府对冶铁和酿酒也进行征税,即所谓的"铁课""酒课"。此外,还有商税、关税和来自宋朝的"岁币"收入。总体上,辽朝民众的税收负担较沉重,所谓"虏政苛刻,幽蓟苦之,围桑税亩,数倍于中国,水旱虫蝗之灾,无蠲减焉"[①]。

金朝受辽、宋政治制度影响,建立了较为系统的财政收入制度。金朝同样以土地税及盐税等科目,作为财政收入的主体。其田制分为官田和私田,官田输租,私田输税。官田包括屯田、职田和赐田。屯田由军士或由政府募人耕种,缴纳"牛头税"或租;职田是朝廷颁给官员的土地,用其田租来补给俸禄;赐田是皇帝或朝廷用来赏赐的田地。私田与宋、辽相同,依据田亩数量纳税。国家对重要的商品,如盐、酒、茶、脂、香、锡、铁等,实行官府专卖,其中盐专卖收入在整体专卖收入中所占比重最大。此外,金朝每年还可以从南宋得到丰厚的岁币。

3. 元朝南北各异的赋税制度

元朝因为征服南、北各地的时间不同,加上民族成分、社会等级划分十分复杂,因此其赋税制度也非常复杂。其最大的特点是对南方和北方采取了不同的赋税制度。大体上说,北方的正税主要是征收税粮、科差,南方则主要征收夏、秋两税,同时也有科差。

先看北方的税粮与科差。

北方征收的税粮分为地税和丁税两种。地税起初是旱地每亩征三升,水田每亩五升。至元十七年(1280)后一律改为每亩征收三升。丁税则每丁二石。在具体征收过程中,则是根据户等、户口种类的不同,令其交纳地税、丁税中的一种。大体情况是,一般民户、官吏、商贾交纳丁税,列入特殊户籍者交纳地税。

科差是元朝独有的以户为征收对象的税种。在北方(江北)地区又分丝料、包银。丝料的征收开始于窝阔台汗灭金后,蒙古统治者在1236年将北方原金统治区居民分封给诸王、

_____

① 脱脱等:《辽史补注》卷一四,中华书局2018年版,第557页。

贵族和功臣,规定居民每二户出丝一斤输于官府,每五户出丝一斤输于"本位"("投下"),即所属贵族功臣。元世祖忽必烈即位后,改为每二户出丝二斤输于官,每五户出丝二斤输于本投下,合计每户每年出丝料一斤六两四钱(按一斤十六两计算),称为二五户丝,其中交给各投下的称为五户丝。凡不曾分拨给各投下的居民,也要交一斤六两四钱丝,全数归官府收受。

包银的征收,最初开始于真定路,后来随着蒙古平定北方而推行于各路,开始每户征收包银六两,后因民力不支,改为四两,并许一半折输他物。元世祖忽必烈时又改为以钞(纸币)输纳,每户钞四两。当时发行的中统钞二两(贯)同白银一两,所以实际上比原额减低了一半。此外,包银还派生出了另一项税收,即俸钞。蒙古政权下的官吏原无俸禄,只以克剥掠夺百姓为生。忽必烈即位后,于至元四年(1267),令缴纳包银的民户每四两增纳中统钞一两,称为俸钞,用作官俸开支。

元朝北方赋税制类似于唐朝的租庸调制,税粮相当于租,科差(包银、丝料)相当于庸调。

在江南地区,则以土地为对象,征收夏、秋两税。

秋税征收的是粮食,但各地税额很不一致,同一地区也因土地肥瘠而有差别,彼此之间相差数倍乃至数十倍。总体来看,江南秋税征收额普遍高于北方每亩三升的地税额。夏税情况更复杂。首先,夏税不像秋税征粮,而是主要缴纳丝、绢、布或折钞。再就是夏税不像秋税那样普遍征收:最初在元灭掉南宋后,只在江东、浙西两地征收夏税,其他地区则只征秋税;元成宗元贞二年(1296),"始定征江南夏税之制"[①],将夏税的征收地区扩大到浙东、福建、湖广,而在原南宋江西、两广地区,则要么因秋税数额已较宋为重(江西),要么因战乱(两广)等原因,仍然免征夏税。

两税之外,元朝在江南地区也征收户钞与包银等科差。

值得注意的是,元朝在北方地区正税(税粮)中开征了具有人头税性质的丁税,对唐宋以来以土地、财产为基本对象的征税趋势而言,是一个逆转。

除了以上正税,元朝财政收入中还有一大部分来自官田和盐、酒、茶的专卖收入,以及矿产、商税、外贸等工商税收。

五、明清时期的财政收入

1. 从两税法到一条鞭法

明朝的赋役征收主要以黄册和鱼鳞册为依据。为了准确掌握全国的人口和土地情况,明朝初期开展了大规模土地和人口清查。清查人口后建立的户籍档案叫黄册,因上交户部

---

① 宋濂等:《元史》卷九三《食货志一》,中华书局1976年版,第2359页。

的一份为黄色封面而得名;鱼鳞册则是对全国土地进行丈量后绘制的图册,上面标注着每家每户的土地位置、大小、形状等,由于田图状似鱼鳞而得名。

以此为依据,明朝前期基本上沿用唐宋以来的两税法,分夏、秋两次按亩征收,以征收米、麦等为"正色",同时允许各地根据物产折纳丝、绢、银、钞等"折色"。根据《明史·食货志》的记载,一般的情况下民田每亩税额为三升三合五勺,与元朝末年相比是很低的。但是在实际征收时,不仅很多地区都高出这个标准,而且各地差别很大。有的地方高出上述标准十几倍,江南的苏州、松江、嘉兴、湖州、常州甚至亩征二三石,高出数十倍。[①]

明朝中期,随着土地兼并的日益严重,大量土地集中到皇室、外戚、官员和士大夫家族,他们或合法地享有免税权,或者利用权势伪造土地、人口信息,规避转嫁赋役负担,使贫苦农民地少而税重,又促使人口大量逃亡隐匿,使国家掌握的税田和人口急剧下降。如洪武二十六年(1393)全国税田总额为850万余顷,到明孝宗弘治十五年(1502)竟减至422万余顷;洪武初年全国户口总数1065万,到弘治四年(1491)降为911万,经过百余年人口繁衍,国家登记的户口反而减少近150多万户。[②]税田的减少,人口的逃亡,造成明朝财政状况的极度恶化,原有的赋役制度无法延续。神宗万历九年(1581),内阁首辅张居正在各地方政府税制改革探索的基础上,并经过再一次大规模的土地清丈,终于在全国实行了税收"一条鞭法"的改革,其主要内容包括:(一)赋、役合一,将田赋和各种徭役合并为"一条",计亩征收;(二)赋役征银,除少数(苏、松、杭、嘉)地区仍征实物外,其余地区赋役一律以银折收,简称"条鞭银";(三)力役改为雇役,即各种力役由官府另外出钱雇人应役,不得摊派于民。

一条鞭法的实行,减缓了农民的负担,使明朝的财政状况有所好转,它的实行也标志着古代中国的赋役制向税收制的转化,在中国财政史上具有重大的意义。但由于统治集团的挥霍无度、贪污腐败,以及官僚地主集团对农民的压迫剥削等,国家财政困难不仅没有根本解决,而且随着后期统治危机的加剧使明朝陷入更加严重的财政危机。明朝又不得不在条鞭银之外层层地加征苛捐杂税,从而使其走向税外加税的恶性循环,直至灭亡。

除了前期的两税和中后期的条鞭银之外,明朝财政收入的另外一大部分也来自食盐的专卖收入和商税、矿税收入。后期由于军费紧张,这些方面的税收额也不断加大。特别是神宗万历年间之后,皇帝频频派出矿使、税使到各地搜刮财税,引起朝野强烈不满。

2. 清朝的摊丁入亩改革

清朝前期基本沿袭了明朝的一条鞭法,同时又将明末名目繁多的加征税目加以简化,其正税基本分成地税和丁银两种。其中地税是按照"万历年间则例征收"[③],也就是按照万历年

①　参见郑学檬主编:《中国赋役制度史》,厦门大学出版社1994年版,第504—506页。

②　参见郑学檬主编:《中国赋役制度史》,厦门大学出版社1994年版,第531—533页。

③　佚名:《清史列传》卷五《范文程传》,中华书局1987年版,第259页。

间的税额征收,具体的税率又依土地的肥瘠,分为上、中、下三等,每等又分为三则,即有三等九则的区别。地税除一部分征收粮食外,大部分征收银钱。丁银是一种代役金性质的人头税,主要以货币形式征收。但由于清朝初期赋役册籍残缺,加上贵族豪强势力的转嫁负担等,百姓的丁银负担非常沉重,造成人口大批逃亡隐漏,使丁银难以征收。于是从康熙五十一年(1712)到雍正时期,开始进行税制改革。康熙时期的主要改革是,以康熙五十年(1711)的丁册为准,确定丁银的征收定额,并规定从今以后,"滋生人丁,永不加赋"[1],以确保国家的丁银征收额,随后又在部分地区实行了"摊丁入亩"的改革。到雍正时期,逐渐在全国推广"地丁合一""摊丁入亩"的办法,即把康熙五十年(1711)固定的丁银(人丁二千四百六十二万余、丁银三百三十五万余两)平均摊入各地田赋银中一体征收,地赋和丁役完全合一,废除了以前的"人头税",使无地的农民和其他劳动者摆脱了千百年来的丁役负担,自然有利于社会进步。

清朝后期,对内需要平息农民起义,对外需要负担战争赔款,因而政府的财政需求越来越大。加上吏治腐败,官吏中饱私囊,导致徭役摊派繁多,农民的赋税负担沉重。商税方面,在原有的盐税基础上,又新增了厘金,实际是一种在商品产、运、销三个环节同时征收的商业税。此外,到了清朝末年,关税逐渐演变为重要财政收入来源。在咸丰、同治时期,清政府开始向外国商行举债。到了光绪、宣统年间,外债规模越来越大,以此来弥补巨额的政府财政赤字。

第三节　传统国家的财政支出

与赋税政策和赋税种类的多样性不同,历代王朝的支出结构具有整体上的趋同性,最大的财政支出往往是军费支出和皇室支出两项,其他的支出还包括官僚俸禄、公共工程、教育、赈济等支出。

一、军费支出

在整个帝制时期,军费支出一直居于国家财政支出中最重要的地位,它主要包括日常养兵费用和战争费用。日常养兵的费用支出主要包括军队军官的俸禄和军队的后勤消耗。历朝历代都要维持一支庞大的常备军,这样,整个军队所需的饷银和后勤物资的规模非常大。我们可以从汉、唐、宋、明几个朝代的数据来了解这方面的情况。

---

[1]　赵尔巽:《清史稿》卷一二〇《食货志一》,中华书局1977年版,第3479页。

根据学者推算,西汉仅边防军队(以 30 万计)一年经费支出的口粮就占全国田租收入的14.5%,费用支出约占全国赋敛收入的34.7%。如果以全国总兵力 100 万左右计,则经常性的军费开支显然会超过财政总收入的一半。[①]

唐朝的总兵力一般也维持在 60 万到 100 万,前期由于采取府兵制,减轻了国家军费负担;中期以后府兵制瓦解,军队改为招募,至元和(宪宗年号,806—820)、长庆(穆宗年号,821—824)年间,仅仅日常兵饷开支即达 700 万—1200 万石,也占全国田赋收入的一半[②]。

宋朝采取募兵制,且又经常面临外敌入侵的压力,军费开支更大,几乎占去国家总收入的大半。如仁宗时期的蔡襄所说:"真宗与北虏通和以后,近六十年……约一岁总计,天下之入不过缗钱六千余万,而养兵费约及五千。是天下六分之物,五分养兵,一分给郊庙之奉,国家之费。"[③]神宗时期的陈襄也有类似的说法:"臣观治平二年天下所入财用大数,都约缗钱六千余万,养兵之费约五千万。"[④]南宋朱熹也明确指出,宋朝养兵之费约占财政支出的80%:"财用不足,皆起于养兵。十分,八分是养兵,其他用度,止在二分之中。古者刻剥之法,本朝皆备。"[⑤]几项数据都说明,宋朝军费超过了总支出的80%,可见比例之高。

明朝前期实行军户制,军费开支的压力不太突出。到中后期特别是世宗嘉靖(1522—1566)年间以后,随着军户制的瓦解而改行募兵制,加上边地战事频发,军费开支浩大。据武宗时期任户部尚书的王琼说,当时已是"计天下田租之入,太半供军"[⑥]。

可见,平时军队的经费支出已占国家财政总收入的一半,宋朝甚至远远超过一半。一旦遇到战争,往往会陷入巨大的财政危机,为应对危机,又会巧立名目,增加税收。如汉武帝时期远征匈奴,"暴师曾未一年,兵出不逾千里,费四十余万万,大司农钱尽,乃以少府禁钱续之"[⑦]。就是说,出兵不到一年,就耗尽了大司农的经费,还需要动用少府掌管的皇帝禁钱。三次远征匈奴,当然财政亏空更大,于是出台盐铁官营等一系列增税措施。唐肃宗时期因平定安史之乱,造成"天下用度不足",只好通过出卖空名"告身"(官职委任状)、科举"出身"(相当于文凭)、勋位,乃至出卖道士、僧、尼度牒等筹措经费,后来又不断增设赋敛名目"凡数百

　　① 参见黄今言、陈晓鸣:《汉朝边防军的规模及其养兵费用之探讨》,《中国经济史研究》1997 年第 1 期。汉代军队总数参见上官绪智:《秦汉时期军费开支、筹措与管理问题研究》,《南都学坛》2005 年第 6 期。

　　② 参见项怀诚主编,孙翊刚著:《中国财政通史·隋唐卷》,中国财政经济出版社 2006 年版,第 125 页。

　　③ 蔡襄:《强兵》,曾枣庄、刘琳主编:《全宋文》(第四六册)卷一○○三,上海辞书出版社、安徽教育出版社 2006 年版,第 375 页。

　　④ 陈襄:《论冗兵劄子》,曾枣庄、刘琳主编:《全宋文》(第五○册)卷一○八一,上海辞书出版社、安徽教育出版社 2006 年版,第 53 页。

　　⑤ 黎靖德编:《朱子语类》卷一一○《论兵》,中华书局 1986 年版,第 2708 页。

　　⑥ 王琼:《计处民壮事》,万表编:《皇明经济文录》卷一二,辽海出版社 2009 年版,第 293 页。

　　⑦ 司马光:《资治通鉴》卷二十八,汉元帝初元二年"臣光曰",中华书局 1956 年版,第 905 页。

名""新旧仍积,不知其涯",造成"百姓竭膏血,鬻亲爱",穷苦至极。[1] 再比如明世宗嘉靖末年,因为蒙古俺答汗等外敌的侵扰,造成明朝用于京畿和北部边防的"京边岁用"剧增,每年多者过五百万,少者三百余万,嘉靖三十年(1551)支出"京边岁用"甚至高达五百九十五万,超出太仓岁入额二百万,只好在南、浙江等地加征赋税。到了明末,各种"加派"征银高达一千六百万两以上[2],远远超过正赋收入,成为加速明朝灭亡的重要原因。

总之,历代王朝因为必须拥有数量庞大的军队,平时的军费支出已经占经费收入的一半以上甚至更多,一旦发生战争则耗费更大,造成严重的财政危机。

二、皇室支出

皇室支出在帝制时期国家财政支出中占有非常重要的地位。从理论上来说,帝制时期整个国家的财富都可以由皇帝支配。因而,对皇室支出的管理要形成较为完备的制度非常困难。虽然大部分王朝也存在皇室财政与国家财政的区分,但是二者的边界一直是模糊的,一直到清朝,皇室经费才有较具体的规定。

皇室支出主要包括其奢侈的生活费用和祭祀费用、宫殿寝陵修建费用等。 其中,生活费用主要是指维持皇室机构与人员日常生活的费用。

追求皇家生活的豪华奢侈,不仅可以满足其穷奢极欲的生活与享乐享受,而且具有彰显皇权尊严、展示皇家气派的政治象征功能,因此皇室日常的生活费用都十分巨大。唐玄宗时期一次进献水陆珍奇食品千盘,一盘要费中人 10 家之产;宫中为其宠妃杨贵妃织锦刺绣的工匠就有 700 人,为她雕镂器物的又有数百人。[3] 元朝文宗天历二年(1329),皇后日用所需,钞十万锭、布五万匹、绵五千斤。[4] 还有的皇帝喜好纵情游宴,出行时仪仗浩大,当然就要耗费巨资。如隋炀帝于大业六年(610)正月十五"于端门街盛陈百戏,戏场周围五千步,执丝竹者万八千人,声闻数十里,自昏至旦,灯火光烛天地;终月而罢,所费巨万。自是岁以为常"[5]。而元朝的皇帝则在每年二月十五这一天,要游历皇城,执役人数过万,队伍有 30 余里长,规模宏大,耗费不计其数。

修建宫殿、寝陵、园林等巨大工程,也是历代皇室支出的一项重要内容。从秦朝的阿房宫到清朝的圆明园,历朝历代君主都会大兴土木,耗费巨大。秦始皇骊山陵墓是世界上最大

---

① 马端临:《文献通考》卷二三《国用考一》,中华书局 2011 年版,第 685—686 页。

② 参见王廷元:《"三饷加派"考实》,《安徽师大学报(哲学社会科学版)》1983 年第 1 期。

③ 参见付志宇:《中国财政史》,对外经济贸易大学出版社 2011 年版,第 211 页。

④ 参见宋濂等:《元史》卷三三《文宗纪二》,中华书局 1976 年版,第 729 页。

⑤ 司马光:《资治通鉴》卷一八一,隋炀帝大业六年正月丁丑,中华书局 1956 年版,第 5649 页。

的地下皇陵,其修建时间之长、投入之巨大,都是世所罕见的。李白曾写诗描述工程的浩大:"刑徒七十万,起土骊山隈。"又如隋炀帝喜好营建宫室,每次外出游幸就索览天下图籍,了解何处胜地可以建置宫苑。宋徽宗则建造巨大的皇家园林——艮岳(也叫万岁山等),遍搜天下奇石,将这些"花石"每十船编为一纲起运往汴京,名为"花石纲",官府为应对花石纲,闹得民怨沸腾,国力困竭。明武宗仅修建乾清宫就用银二千万两,明神宗为自己修建寿宫(即定陵),耗资八百万两。同时,万历朝修建三殿工程,"采楠杉诸木于湖广、四川、贵州,费银九百三十余万两"[①]。而这时太仓每年收入的中央财政经费才三百七十多万两。

祭祀费主要用于祭拜天地祖宗,特别是三年一次的郊祀天地"大礼",往往耗费巨大,而其中最大的开支是按惯例给后宫、宗室、文武百官、军队的赏赐,即当时人所谓"郊赉"。比如在宋朝,从仁宗到神宗时期历次郊祀的"郊赉"支出,基本上都在七八百万贯,最高时甚至达到一千二百万贯。[②]北宋中期以后,郊祀赏赐费已经成为一项沉重的财政负担,如当时人曾巩就说,国家之所以财用"疲敝",除了养兵等费用之外,郊赉支出是其中一个重要原因。[③]同时代的苏洵也批评说:"靡散帑廪,以赏无用冗杂之兵,一经大礼,费以万亿。赋敛之不轻,民之不聊生,皆此之故也。"[④]又如明嘉靖皇帝(世宗)即位之后,迷信道家方术,大兴土木修建斋宫、秘殿,也成为国家沉重的财政负担。史书说他"营建最繁,十五年以前,名为汰省,而经费已六七百万,其后增十数倍。斋宫、秘殿并时而兴……岁费二三百万",以至"经费不敷,乃令臣民献助;献助不已,复行开纳";又说"世宗中年,边供费繁,加以土木、祷祀,月无虚日,帑藏匮竭"。[⑤]可见,"祷祀"费用与土木修建、边地军费供应一起,成为造成明朝后期民怨沸腾、财政危机的重要原因。

三、官员与宗室俸禄

虽然相关资料很少,但官吏的俸禄无疑也是传统国家财政支出的重要部分。如唐德宗时期的官员沈既济就曾指出:"臣计天下财赋耗斁大者唯二事:一兵资,二官俸。自它费十不当二者一。所以黎人重困,杼轴犹空。"[⑥]认为耗费天下财赋最多的是军费,其次就是官俸,这两项支出是造成百姓"重困"的主要原因。宋朝为了贯彻以文制武的国策,十分优待文臣士大夫,除俸钱禄米外,又有职钱和职田等,以至于被人批评为:"恩逮于百官者惟恐其不足;财

①　张廷玉等:《明史》卷八二《食货志六》,中华书局1974年版,第1996页。

②　参见[韩]曹福铉:《宋代对官员的郊祀赏赐》,《宋史研究论丛》第6辑,河北大学出版社2005年版,第67页。

③　参见马端临:《文献通考》卷二四《国用考二》,中华书局2011年版,第704页。

④　苏洵:《上皇帝书》,《全宋文》(第四三册)卷九一八,上海辞书出版社、安徽教育出版社2006年版,第9页。

⑤　张廷玉等:《明史》卷七八《食货志二》,中华书局1974年版,第1901、1907页。

⑥　欧阳修、宋祁:《新唐书》卷一三二《沈既济传》,中华书局1975年版,第4540页。

取于万民者不留其有余。"[①]而且随着科举考试录取人数的扩大,再加上官僚机构的不断膨胀,官俸支出也日益成为宋朝积贫积弱、财政危机的一个重要原因。如宋徽宗时张克公奉命研究解决财政困难问题,他认为"官冗""俸厚"是主要原因,认为徽宗朝官员比哲宗时"已多十倍,国用安得不乏"[②]。关于官俸支出究竟在财政总支出中占多大比例,南宋庆元(1195—1200)时的官员姚愈有一个大概的估计,说天下之财"月支不下百二十万,大略官俸居十之一,吏禄居十之二,兵廪居十之七"[③]。也就是说,官吏的俸禄支出占总支出的30%左右。

再以清朝为例,大致也是随着机构的膨胀,官员人数不断增加,到乾隆三十一年(1766)时,各项官俸支出总额已达五百四十三万两,约占国家全年财政支出的18%。[④]

官吏俸禄之外,传统国家还有一项支出,那就是供养皇家宗室子弟的俸禄。虽然每个朝代都对宗室子弟给予优渥待遇,以显示其天潢贵胄的身份,从而带来一笔不小的财政支出,但在明朝,这个问题尤其显得突出。原因是明朝皇族子弟本来就人数众多,他们按亲疏被封为亲王、郡王、将军、中尉和公主、郡主、县主、郡君、县君、乡君等之后,就代代相传,身份世袭,享受十分丰厚的待遇。根据洪武二十八年(1395)规定的宗室岁禄,亲王到郡王,再到低级的乡君,一岁给禄米10000石、2000石到200石不等。这样越到后期,其人数繁衍越多。据统计,到万历四十二年(1614),宗室在籍人数已经达到163800余,到崇祯十七年(1644)增至约332855。宗室人口激增必然带来财政支出的膨胀,如洪武年间,山西晋王府岁支禄米1万石,到嘉靖时宗室人口增加到1851人,拥有各种封爵者总共岁支禄米872306石,岁支禄米翻了80多倍;河南周王府始封时岁支禄米1万石,嘉靖时宗室人口增加到1444人,岁支禄米69025石,岁支禄米也翻了约70倍。就总支出比重来看,嘉靖三十二年(1553)支出宗室禄米853万石,而同时期全国田赋收入为2285万石,用去了国家田赋收入的37.3%。[⑤]而在有的省份如山西、河南,嘉靖年间一年存留地方的粮食分别为152万石和84.3万石,而需要支出的宗禄则分别是312万石和192万石,"二省之粮,借令全输,不足供禄米之半",以至于当时人惊叹,"天下之事,极弊而大可虑者,莫甚于宗藩"。[⑥]

另外,在经常性支出中,还有一部分是用于官办学校的经费支出。如大部分王朝都在京城设立太学,地方各级政府也都设立官学,且配备各类教官和教授。但从前面所介绍的情况看,很多王朝的财政收入仅仅供养兵、皇室消费、俸禄开支就已经难以支撑,用于教育的经费支出当不会很多。

① 赵翼著,王树民校证:《廿二史札记校证》卷二五,中华书局1984年版,第534页。
② 脱脱等:《宋史》卷一七九《食货志下一》,中华书局1985年版,第4359页。
③ 曾枣庄、刘琳主编:《全宋文》卷四九八,上海辞书出版社、安徽教育出版社2006年版,第200页。
④ 参见赵尔巽等:《清史稿》卷一二五《食货志六》,中华书局1977年版,第3703页。
⑤ 参见张德信:《明宗室人口俸禄及其对社会经济的影响》,《东岳论丛》1988年第1期。
⑥ 张廷玉等:《明史》卷八二《食货志六》,中华书局1974年版,第2001页。

以上是常规的财政支出情况。值得注意的是,历代王朝还有一些非常规的支出,即大型工程支出和救灾、赈济支出。秦朝修筑长城、建设驰道、开凿灵渠等都是著名的例子。而在各种工程中,水利工程耗费人力物力最大。如隋朝开凿大运河,元朝开凿会通河、通惠河、广济渠,以及治理黄河、修建堤坝等水利工程建设,都耗费了巨大的财力。特别是开凿全长164里的通惠河,耗时两年之久,用工285万、楮币152万锭、粮38700石,木石耗费更是不计其数。[①] 明朝黄河决口不下五六年一次,治理黄河也耗费巨大。同时,中国古代以小农经济为基础,容易受到自然灾害的影响,出现饥荒现象,处置不当就会引起社会动乱,所以历代都比较重视赈灾问题。在宋朝,就设立了常平仓、广惠仓、义仓等,在灾荒年份发放救济粮。如太宗太平兴国八年(983),同州发生饥荒,朝廷发放米粟40万石赈济;真宗大中祥符五年(1012),"令江、淮南发运司留上供米二百万斛,以备赈粜"[②]。因此,古代用于救灾的财政支出也是相当可观的。不过,比起前述几项经常性而且数额巨大的支出,这部分支出的比例也不会很大。

总体来看,同现代国家相比,传统中国的财政支出具有几个显著的特点:

(一) 虽然自秦朝开始国家财政与皇室财政就已经有所区分,但在实际的财政支出过程中,二者并没有严格的边界。在很多朝代,皇室财政机构都是君主加强政治集权的工具。

(二) 国家财政支出的主体部分是军费支出。原因在于,帝制国家不像现代国家那样,生存在一个基本上互相承认主权的国际环境中,而是始终存在着外部入侵危险;同时,它也不如现代国家那样具有较强的政治合法性基础,因而国家政权最重要的生存基础就是暴力资源,造成军费支出在整体财政支出中具有绝对的优先性。其次,皇室消费用于满足皇帝及其家族豪华奢侈的消费,这是他们掌握国家政权的最原始的动机,同时他们又可以通过这种奢侈乃至浪费本身来展示、炫耀其崇高的地位与权力,而各类官俸也是维持其家天下统治的必要支出,故这两项支出就成为仅次于军费的大宗支出。

(三) 传统国家的财政从性质上说还是家产式国家财政或皇家财政,并不是现代意义上的公共财政。财政支出中虽然也存在一部分公共性支出,如水利工程、教育、赈灾等,但一则这部分支出的比例总体上很小,二则这些支出整体上取决于君主的意志及当时的国家财力情况,或者说,除非是政治统治的需要,君主对于真正的公共事业支出并无内在冲动和兴趣,从而造成公共支出具有较大的弹性。

(四)在传统中国,往往出现周期性财政危机,成为导致很多朝代崩溃的重要原因。造成这种周期性的财政危机的原因,除了外部入侵、内部统治合法性基础较弱,需要高昂的军费

---

① 参见脱脱等:《元史》卷六四《河渠志一》,中华书局1976年版,第1589页。

② 李焘:《续资治通鉴长编》卷七七,中华书局2004年版,第1766页。

掌握暴力资源之外,专制制度下缺乏一种刚性的力量去约束君主追求豪华、奢侈乃至"宏大事业"的野心与欲望,而且还放纵其攫取、挥霍社会财富的"贪婪之手",如隋炀帝、宋徽宗和明世宗之类,这也是其中一个重要原因。

总结与讨论

一、主要内容回顾

本讲主要介绍梳理了历代政府的财政管理机构与职官设置、中央与地方间的财政关系与体制、赋税政策和财政支出政策等,重点内容包括:

第一,帝制时期财政管理机构的变革,始终围绕着一条主线而展开,即如何在实现中央集权、君主集权的同时,使财政机构的运作更有效率。效率导向使得财政机构总体上趋于分化,管理人员越来越专职化,财政管理的规则和程序也趋于具体化。集权导向则强调在财政管理机构内部和外部施加有力的控制。效率导向与集权导向有时候是协同的,但有时候又是冲突的。

第二,帝制时期的财政管理体制中,两个层面的权力关系尤其重要。其一是皇权与中枢财政管理机构的关系,其二是中央与地方的财政关系。历代君主总是存在垄断财政大权的意图,但君主自身的无限权力与其有限能力的矛盾,使他不得不将具体的财政管理过程委托给从中央到地方庞大的官僚机构来行使。帝制时期的财政管理体制的演变是围绕着集权与放权这一对矛盾而展开的。

第三,赋税政策的演变以土地占有和社会结构的变化为背景,集中反映了不同时期的国家和社会关系。如秦朝土地租税制度确立的背景是井田制的废弃,唐朝租庸调制运行的基础是均田制,明朝一条鞭法改革的背景是大规模的土地兼并所造成的财政压力。

第四,帝制时期的财政支出结构中,军费支出和皇室支出是最重要的两个组成部分。这是由帝制国家的性质决定的,一方面由于缺乏现代国家的主权观念与国际法机制,国家的生存势必依赖强大的军事力量。另一方面,由于缺乏对君主权力的有效制约,无法约束皇室的支出行为。这两个问题构成了帝制时期周期性的财政危机的主要原因。

二、需要进一步讨论的问题

财政制度作为政治制度的一部分,是用来调节政治生活中的权力关系的。在帝制时期,财政制度的演变是紧紧围绕君主集权制这一中心线索而展开的。君主集权制是指由君主垄断国家的政治权力,各种政府机构及官僚的权力是由君主权力派生的,它们受君主的委托,并对君主负责。在君主集权制下,各种政府机构与制度设计的核心目标是维护君主的统治权力。历代财政支出中反映出的问题,如皇室财政与国家财政的关系、周期性财政危机以及中国古代为何不能实行历史学家黄仁宇提出的"数目字管理"的问题,似乎都可以围绕君主集权这个核心现象去理解。

(一)关于皇室财政与国家财政的分野问题。从秦朝开始,皇室财政和国家财政就有了区分,分别由两套财政管理机构来履行职能。然而,纵观财政史,两者的关系又是不确定的,有时候相对清晰,有时候模糊。有的时候国家财政涵盖了皇室财政,有的时候国家财政又寓于皇室财政之中。对于这个问题,君主集权制的视角能够提供较有说服力的回答。历史上当君主权力牢固的时候,往往会侧重于财政运作的效率,倾向于把皇室财政和国家财政分开运行,两套财政机构的职掌往往有明确的划分,收入和支出各有渠道,会计核算也分别执行。由于君权的牢固,皇帝会有意让两套机构互相制约,从而更牢固地控制财权。这种情形下的国家财政与皇室财政表面上看互相分开,但实质上都是皇帝绝对控制下的机构而已。皇帝可以根据需要在两套机构之间进行财政资源的拨转。如秦朝的治粟内史和少府就是皇帝统领下的互不隶属的两套平行系统。西汉的两套财政机构也基本上平行运转,尤其是汉武帝时候,两套财政机构都具有较高的运作效能。这两个时期君主的权力都非常集中而稳固。

然而,当君主权力不稳固的时候,集权的逻辑就会占据上风,君主往往会试图利用内廷去控制外朝,这样,国家财政就会寓于皇室财政之中。如东汉时期,由于光武帝的兴起是建立在地方豪族支持的基础上,这削弱了皇权的集中。皇帝对国家财政的控制力远远不能与西汉相比,皇室财政也不断萎缩。于是皇帝利用内宫机构加强对国家财政的直接控制,具体做法是加强原先少府系统中尚书的职权。东汉中后期,尚书的财政职权跃居大司农之上,国家财政机构转变为皇室财政机构的执行机关,同时,拥有财政监察权的御史也被并入少府系统,由此实现了皇室财政统领国家财政的体制。魏晋南北朝时期,由于世族大户不但在地方上形成割据一方,也占据中央政府的高官显位,严重威胁皇权的集中。在这种情况下,皇帝只能强化东汉时的做法,进一步扩大尚书的财政权力,直接把国家财政和皇室财政合二为一,整个国家的财政活动集中到皇帝的近侍机构,以皇室财政替代了国家财政。隋唐时期,强有力的皇权可以确保君主对财政的控制,因而无须再如魏晋南北朝那样利用宫廷机构直接掌握财权。隋唐统治者将皇室财政与国家财政重新划分开,设置新的皇室财政机构——内侍省,皇室财政机构的活动基本上收缩到宫廷内部,国家的财政管理大权则集中到中央行政机构——户部。

(二)关于周期性财政危机的问题。帝制时期的国家政治中存在一个重要的财政现象,几乎所有的朝代在统治的中后期,都不可避免地会遭遇财政危机,而财政危机又会促发王朝统治的整体性危机。这种周期性发生的财政危机,也可以通过君主集权制的视角来加以解释。

君主集权制国家的财政汲取能力与其不可控的财政支出之间存在难以克服的矛盾。在现代财政政治学的理论看来,统治者为了拓展自身的权力,天然地具有扩张财政收入的倾向。但是,财政收入的汲取能力取决于统治者在多大程度上能够创造一种“准自愿服从”的机制。[1] 所谓的准自愿服从,就是暴力和怀柔相结合而形成的一种准合法性形态,它取决于统治者对暴力资源的掌控,也取决于统治者能够提供的公共产品的数量。在准自愿服从机制下,民众能够服从、配合国家的财政汲取活动,从而降低征税的成本(交易费用),扩展统治者的财政资源。与现代国家相比,帝制时期的合法性形态决定其“准自愿服从”机制力量是有限的,因而其财政汲取能力也是非常有限的。然而国家的支出却是难以控制的,往往会超过汲取能力的这个边界。这是周期性财政危机的主要原因。

军事费用、皇室支出和官僚俸禄是帝制时期财政支出的最主要部分,在君主集权制下,这三个方面的支出都很难有刚性的约束机制。第一,古代国家缺乏现代国家的主权观念,其生死存亡往往取决于国家的战争能力。集权的君主更好大喜功,企图开疆拓土,使国家背负沉重的财政负担。反侵略战争不断发生,对内部要镇压各地的民众起义,都会造成军事费用庞大。第二,由于缺乏对君主权力的有效约束,导致皇室支出也无节制扩张。如皇室生活的奢侈腐化、君主的滥行赏赐,是导致许多朝代财政困难的直接原因。第三,君主集权制维持的途径之一,是由国家垄断社会中的大部分资源,从而实现各种利益的制度性调配。在君主集权之下,社会个体通过科举做官,是维持家族社会、经济地位的最重要的途径。整个社会的精英阶层,不是通过农业生产或商业活动,而是通过加入政权来实现分利,整个社会就演变为所谓的“分利性社会”。历代王朝的中后期,官僚的规模越来越大,臃肿的机构和冗员几乎是通行的弊病,这会带来财政规模的膨胀。没有约束边界的支出与有限的财政提取能力之间的矛盾,是帝制时期周期性财政危机的根本原因。

财政压力会带来财政制度的变革。但高度集权的君主制度又限定了统治者制度变革的范围和程度,即只能在赋税政策方面修修补补,却始终寻找不到有效的途径来拓展财政汲取

---

[1] 参见[美]玛格利特·利瓦伊:《统治与岁入》,周军华译,格致出版社、上海人民出版社 2010 年版。

的合法性边界,也不能有效地对财政支出施加刚性的约束机制。因而,也就无法解决周期性的财政危机困境。

(三)历史学家黄仁宇曾提出一个重要的命题,即认为中国近代以来相对于西方的落后,主要在于不能实现国家治理的"数目字管理"。所谓的数目字管理,是指在确立明确的产权制度、商品交换的基础上,实现人与人之间关系的契约化和法制化。就财政制度而言,数目字管理意味着国家财政的统一征收、计算和调配。数目字管理不等同于技术性治理,技术性治理是数目字管理的表象,但技术背后的产权制度、商品交换才是数目字管理的内在基础。

中国高度君主集权的政治制度长期维持,是诸多支持性因素共同作用的结果,其中之一是君主垄断社会最重要的资源——土地。君主是国家最大的地主,是全国土地的最终产权所有人,借助于土地,可以获得稳定的财政资源。因而,古代中国始终没有发展出完全的私人土地产权制度,在特殊情形下,国家可以采取均田或授田的形式对土地实施再分配。同时,为了保证小农经济形态基础上的税收来源,需要将人口与土地捆绑起来,因而政府倾向于限制工商业的发展,进而限制人口的流动。宋、明之后,对于工商业日渐发展带来的人口流动,统治者不但没有因势利导,从工商税收中去寻找财政突破的出路,而是相反,通过基层的保甲制度限制人口流动,严重阻碍了中国商品经济的发展进程。缺乏严格的产权制度,工商业不能充分发展,整个国家就没有办法实现基于交换和契约的"数目字管理"。

当然,即便无法在整体上实现"数目字管理"的国家治理形态,我们仍然可以找到很多论据来证明,帝制时期的财政活动中也包含了许多技术性的因素,如秦朝就统一了货币和度量衡,汉朝前期所实行的严密的上计制度,魏晋之后随着财政管理专职化,统计、会计制度也日渐发展起来,据说唐朝甚至有了传统意义上的国家预算,等等。然而,这些具体的技术性治理因素,只是影响国家财政整体运作效能的一个次级因素。任何技术性管理一定是镶嵌在某个更大的制度空间之中,技术可能会影响制度的运转,但没有办法决定更大制度环境所确定的大方向。如唐朝,以户部为中心的国家财政管理机构发展得相当完备,但在很多情况下,皇帝会通过使职绕过户部去执行重大的财政事务,以至于唐朝中后期的户部基本上处于虚设的状态。又如,北宋为了解决财政危机,王安石变法中采用许多财政、金融方面的技术性手段。然而,它不可能触及宋朝财政的一个大问题——皇帝亲自掌管的"小金库"的财力竟然超过了国家财政的规模,以至于有学者认为宋朝的财政危机根本就是一个虚假问题。再如元朝、明朝皇帝对皇室宗亲的赏赐耗费大量国家岁入,成了国家财政危机的最重要的根源。在君主集权制之下,皇帝的一个临时起意决定,就会打乱整个财政管理机构耗时费力运用技术性手段所制定的财政规划。因此,帝制时期财政运作中最大的问题,主要不是什么财政制度本身或技术性问题,而是由宏观方面的君主集权制度所导致的。

当然,强调君主集权的视角是理解古代财政制度的关键,但这并不意味着财政制度会沦为君主可以随意操控的工具。在君主集权制度下,某一历史时期特定的财政制度安排同时会受到诸多因素的制约,且不断与这些因素发挥交互作用。这些因素包括:第一,财政制度作为国家的"上层建筑"是受到经济基础的制约的,如土地制度、小农经济形态及建立在两者之上的社会结构等因素。第二,财政体制与财政政策的改革受到统治者观念的影响,包括统治者的意识形态和知识储备。如儒家的理想政治形态影响着土地制度、赋税政策和经济形态(重农轻商)。第三,财政体制的变革受到官僚惰性和既得利益者的制约。如王安石变法中某些很好的改革措施,在反对变法的官僚群体的阻挠下无法得到推行。第四,特殊事件及其非预期结果对制度变迁的影响,使财政制度的变迁呈现出路径依赖现象。如安史之乱造成唐朝后期中央与地方财政关系的变化,又如太平天国起义所造成的清朝地方财政的变化,等等。

参考文献:

1. 陈光焱等编著:《中国财政史》,中国财政经济出版社 2001 年版。

2. 孙翊刚主编:《中国赋税史》,中国税务出版社 2003 年版。

3. 刘守刚编著:《中国财政史十六讲——基于财政政治学的历史重撰》,复旦大学出版社 2017 年版。

4. 郑学檬主编:《中国赋役制度史》,厦门大学出版社 1994 年版。

5. 黄仁宇:《十六世纪明代中国之财政与税收》,生活·读书·新知三联书店 2001 年版。

思考题:

1. 简述从秦汉到明清时期国家财政管理机构的演变过程。

2. 试述我国历代中央与地方财政关系的主要特征。

3. 以唐朝、宋朝的赋税制度改革为例,谈谈赋税制度与土地占有制度之间的关系。

4. 结合财政收入和支出两个方面,分析为什么古代国家会出现周期性的财政危机?

下编 向现代国家过渡时期的政治制度(1840—1949)

本编将要分析和介绍的是中国向现代国家过渡时期(1840—1949)的政治制度。起初，由于内部的演变以及外力的介入，作为"天朝上国"的中国逐渐进入列强环伺、竞争激烈的世界体系，维系帝制中国运作的传统制度体系难以继续，政治制度被迫发生改变。后来，清政府为了自救，消弭国内的不满，开始进行政治体制改革，并尝试与国际接轨，建立现代国家制度，但是由于各种原因，最后还是失败了。民国肇建，南京临时政府虽然存在时间很短，但还是建立了现代国家政治制度的框架。此后，在世界动荡不已、外敌入侵加剧的国际背景下，以及国内秩序瓦解、各种势力竞相追逐的国内环境下，北洋政府和南京国民政府虽然先后建立了带有现代政治价值追求的政治制度框架，但是由于不能有效实现国家统一和政治整合，遭遇了一系列合法性危机。与此同时，中国共产党作为新兴力量，开始探究中国革命的前途和中国政治制度的未来走向，最终在历经苏维埃政权时期、抗日民主政权时期、人民民主政权时期之后，创建了中华人民共和国。

第一章／晚清政治制度的蜕变与瓦解

在近代未曾遭遇西方入侵之前,帝制中国相对处于一个封闭的世界中,大致在传统国家体制中循环,并随着朝代更替而有损益。1840 年,英国发动了侵略中国的鸦片战争。中国与以英国为首的西方世界首次发生正面冲突,号称"天朝上国"的中国战败,被迫签订《江宁条约》(也称《南京条约》)。然而,条约的签订和英法等外国势力的渗透,并未惊醒睡梦中的统治集团。直到咸丰帝晚期,清政府面临内忧外患交相逼迫,英法联军侵入北京,咸丰帝仓皇出逃,统治集团才如梦初醒一般,打算在某些领域与西方交往。也就是说,两次鸦片战争之间的二十年时间,中国的政治制度、政府机构、治理模式、治理能力、政治文化等基本保持原样[①],中国的现代化始终没有起步。在太平天国农民起义和第二次鸦片战争的双重打击下,清王朝统治岌岌可危,清政府部分官员为了"自强""求富",开始效仿西方,兴办"洋务"。同时,第二次鸦片战争后,清政府被迫签订了不平等条约,其中部分内容也在客观上推动了清政府某些政策的调整。此后,随着列强对中国侵略的加剧和中国对外开放的扩大、中西交往的深入、西方文化的传入,特别是《马关条约》签订以后,清朝的政治制度发生了重大变化,并最终走向瓦解。

第一节　鸦片战争到"新政"之前的政治制度变化

第二次鸦片战争爆发后,随着 1860 年英法联军侵入北京和《北京条约》签订,加上太平天国运动的沉重打击,清政府开始在政治制度方面进行某些调整与变革,中国的传统政治制度也开始出现一些新变化和新内容。

一、中央层面的政治制度变革

清政府既要与帝国主义列强周旋,又要与太平天国对抗,在集权体制下,政治制度变革最终只能来自中央的授权,只能源自中央的认可。中央层面政治制度的变革,主要体现在总

---

① 参见蒋廷黻:《中国近代史》,商务印书馆 1938 年版,第 20—59 页。

理各国事务衙门的成立、中外公使的相互派驻、通商大臣的设置，以及海关总税务司署的设立等方面。

（一）总理各国事务衙门的成立

1860 年发生的一系列事件，使清政府中以恭亲王奕䜣为代表的集团对西方的认识产生了重要变化，他们开始认识到，中国需要学会与西方平等共处，同时也天真乐观地以为，"只要中国信守条约义务，以善意和开明的态度对待洋人，不给他们以任何抱怨的理由，就能保持和平"[1]。在此认识下，1861 年 1 月，奕䜣和文祥联合上奏《请设总理衙门等事酌拟章程六条折》，要求设立一个新机构来管理涉外事务。此后不久，总理各国事务衙门（简称"总理衙门"，或称"总署""译署"）成立，这是中国外交现代化的重要标志。

在此之前，中国在与外国打交道时主要采取朝贡体系下的交往方式。当时，清朝处理对外关系主要有理藩院、礼部两个机构。理藩院除了负责处理清政府与内外藩蒙古、回部及诸番部的关系外，还负责处理与俄罗斯及其他西北陆路属国的关系。礼部主要负责与朝鲜、越南、缅甸、暹罗、琉球、苏禄等海路属国的关系。此外，与西方国家的贸易事务则归属两广总督管辖。西方国家要"朝贡"，必须先进广州拜会两广总督后，才能按既定的路线从内陆进京。到乾隆五十八年（1793）英国马戛尔尼使团来访，由于"贡品繁重，由广东水陆路程到京纡远，恐有损坏"，乾隆帝才允许使团由海路自天津入京。[2] 然而马戛尔尼使团访华却依然被乾隆帝视为传统的朝贡，并最终以觐见礼仪的不可协调而不欢而散。此后一直到第二次鸦片战争时期，清政府依旧以"天朝上国"的姿态，将西方国家视为"夷狄"，拒绝以平等的外交礼仪与其对等交往。而总理衙门的设立，标志着清朝终于接受西方人所要求的国际惯例，设立专门的机构处理国与国之间的外交事务，西方人从此不再被认为是"纳贡的夷人"[3]。

起初，总理衙门是作为一个临时性机构设立的，由亲王大臣领衔，并由其他各部院大臣协助。总理衙门作为办事机构，没有编制，也没有级别，不仅处理外交事务，还负责推进与实现富强有关的新式学堂、现代科学、工业和交通等现代化事业。它的机构设置仿照军机处，领导成员有总理大臣、总理大臣上行走、总理大臣上学习行走、办事大臣等名目，其中总理大臣由亲王、郡王等宗室成员和军机大臣充任，总理大臣上行走、总理大臣上学习行走等在内阁大学士和部院大臣中简选。总理大臣起初有恭亲王奕䜣、大学士桂良和户部左侍郎文祥三人，后来增至十人左右。1898年底，光绪帝下令命封疆大吏均兼总理各国事务大臣衔。其下司员统称章京，满汉各有八人。1862 年，增置额外章京，满汉各二人。1863 年，各增六人。总理衙门起初采取分署治事制，其中户

---

① 徐中约：《中国近代史》下册，香港中文大学出版社 2002 年版，第 266 页。
② ［法］佩雷菲特：《停滞的帝国：两个世界的撞击》，王国卿等译，生活·读书·新知三联书店 2013 年版，第 42 页。
③ ［法］佩雷菲特：《停滞的帝国：两个世界的撞击》，王国卿等译，生活·读书·新知三联书店 2013 年版，第 461 页。

部司员负责核实关税,理藩院司员负责文移,兵部司员负责台站驿递事务,内阁人员负责机密事宜。后实行分股办事制,1877 年设英、法、俄、美四股。1883 年,增设海防股。后改设俄、德、英、法、日本五股。此外,还有司务厅和清档房。另有附属机构海关总税务司和同文馆。[①] 创议设立总理衙门之时,奕䜣等人认为"俟军务肃清,外国事务较简,即行裁撤,仍归军机处办理,以符旧制",并未设想其会长期存在。[②] 直到 1901 年总理衙门改为外务部,位在各部之上。

（二）中外公使的相互派驻

在原来的朝贡体系之下,清政府只接受他国派人入京"朝觐天子",而不允许相互派驻外交使节进行平等外交。然而清政府所面对的是来自西方的"新夷狄",他们以先进的洋枪洋炮为后盾,一步步突破了这种朝贡体制。

1854 年,英国人已明确提出要"遣官驻京……中外官平礼接见";1858 年,英法又提出"遣官驻京"。《天津条约》签订以后,英法获得了在北京派驻公使的权利。然而,咸丰皇帝内心对外国派驻公使入京一事是十分恐惧和悔恨的,认为和约的条订是因为迫不得已。在这种情况下,他接受臣下的建议,希望通过答应对进口货物免征税收以笼络外国,以换取其放弃公使驻京等条款。[③] 因此,到 1860 年英法联军攻陷天津后,英国公使额尔金曾提出各国公使带兵入京换约,即遭到咸丰帝严词拒绝。此后签订的《北京条约》,进一步确认了《天津条约》的有效性,于是在 1861 年,英国公使卜鲁士开始进驻北京。1869 年,英国公使阿礼国想趁着中英换约之机朝觐同治帝,但遭到拒绝。1873 年,同治帝亲政,各国公使要求觐见,但在觐见礼这一问题上未能取得一致,英国公使态度尤为坚决,争论数月后才达成一致——"以鞠躬代拜跪,惟易三鞠躬为五,号为加礼"[④]。西方人在中国皇帝面前免去了朝觐意义上的跪拜礼,中国的皇帝也在无奈之中接受了近代的外交礼节。

外国派驻使节入京不易,中国派驻使节于外国更是波折。1865 年,海关总税务司赫德向总理衙门投递《局外旁观论》,认为中国应在国外建立使馆,说"派遣驻外使节一事至关重要……是中国保持自由和独立的最无可反对的方式……它将构成使中国与西方紧密联系在一起的纽带,并使中国义无反顾地从事改进事业"[⑤]。1866 年,英国驻华公使馆参赞威妥玛通

---

① 参见赵尔巽等:《清史稿》卷一一九《职官志六》,中华书局 1977 年版,第 3447—3448 页。

② 奕䜣等:《请设总理衙门等事酌拟章程六条折》,中共中央党校文史教研室中国近代史组编:《中国近代政治思想论著选辑》上,中华书局 1986 年版,第 484 页。

③ 赵尔巽等:《清史稿》卷三八八《桂良传》,中华书局 1977 年版,第 11709 页。

④ 赵尔巽等:《清史稿》卷一五四《邦交志二》,中华书局 1977 年版,第 4528 页。

⑤ Robert Hart, "Notes on Chinese Matters", in Frederick W. Williams, *Anson Burlingame and the First Chinese Mission to Foreign Powers* (New York, 1912), p. 285. 转引自徐中约:《中国近代史》下册,香港中文大学出版社 2002 年版,第 303 页。

过公使阿礼国,向总理衙门进呈《新议略论》,其中也提到,中国应该向国外派驻外交代表。在此背景下,清政府于 1866 年派遣了一个非正式的外交使团前往欧洲。由于惧怕西方使中国加快西化,也担心清政府在 1868 年换约中失去更多权益,清政府于 1868 年派遣以美国前驻华公使蒲安臣为正使的外交使团前往欧美。1875 年,英国翻译官马嘉理因从事非法"探路"活动并杀害中国边民而被云南景颇族义军所杀,中英外交冲突骤起,清廷迫于英国武力威胁决定选派官员前往英国道歉。但是缺乏外交人才,清廷只好下诏求贤,一方面要求"南北洋大臣及各省督抚等各举所知堪备使才者恭候简用",另一方面要求"在京王大臣等如真知有熟悉洋务,洞澈边防兼胜出使之任者,具疏保荐"。[1] 在此背景下,清政府于光绪元年(1875)正式确立派驻使节制度,《清史稿·职官志六》记载如下:"光绪元年,定出使制,命侍郎郭嵩焘使英,翰林院侍讲何如璋使日本,京卿陈兰彬使美、日[2]、秘国,俱置副使。别设秘、日分馆,置金山、嘉里约、古巴各总领事。后为自主国,改遣公使。"

1876 年 12 月,郭嵩焘携副使刘锡鸿等人前往英国,开设使馆,成为中国设立驻外使馆的开端。此后,清政府又相继向德国、法国、西班牙、秘鲁、美国等派遣了公使。

这样,在总理衙门这一外交机构设立十余年之后,清政府终于开始在其他国家派驻使节、设立驻外使馆。这虽然是清政府被迫开放的结果,但也是中国走向国际舞台的重要一步。

(三)通商大臣的设置

鸦片战争以后,西方国家通过多个不平等条约,从中国获得了"通商自由"的权利。1842 年后,中国被迫开放广州、福州、厦门、宁波和上海五个通商口岸,清政府设立了钦差大臣专管此事。此后,五口钦差大臣先后由两广总督和两江总督兼任。第二次鸦片战争后,中国又被迫开放北方之牛庄、天津、登州和南方潮州、琼州、台南、淡水、镇江、九江、汉口等多个口岸,奕䜣等人担心,如果这些口岸仍由五口钦差大臣管辖,既不能实现良好管理又不被外国接受,所以奏请南北口岸分设大臣。在北方之牛庄、天津、登州三口设立办理通商大臣,驻扎天津,颁发"办理三口通商大臣关防",不加"钦差"字样。首任三口通商大臣为崇厚。由于南方新增口岸多,而时任两江总督的曾国藩又事务繁多,奕䜣等人就建议改由时任江苏巡抚薛焕兼办上海等处通商事务。1866 年,两江总督加五口通商事务,授为南洋通商大臣,驻南京;1870 年,直隶总督加三口通商事务,授为北洋通商大臣,驻天津,冬季寒冷封河,还驻保定。[3]

---

① 刘锦藻:《清政府续文献通考》,转引自余冬林:《晚清使臣"议会书写"研究》,华中科技大学出版社 2014 年版,第 91 页。

② 即西班牙,因其又译为"日斯巴尼亚"而简称"日"。参见赵尔巽等:《清史稿》卷一五九《邦交志七》,中华书局 1977 年版,第 4657 页。

③ 参见赵尔巽等:《清史稿》卷一一六《职官志三》,中华书局 1977 年版,第 3338—3339 页。

最初创议设立南北口岸通商大臣时，奕䜣等人曾认为，如果以后时间长了贸易并不兴旺，外商必然会撤离，"拟仍临时酌量情形，或将通商大臣裁撤，以省冗员"[①]。然而，南北洋通商大臣在此后的几十年间一直存在着，并且因依托于两江总督和直隶总督这两个中国当时最重要的地方官，而在中国的现代化过程中发挥了一定作用。当然也可以说，两江总督和直隶总督后来权势的增长及其在封疆大吏中的重要地位，很大程度上也是因为兼任着通商大臣的职务。尽管晚清地方督抚有些也开始兴办洋务，但由于两江总督和直隶总督有着南北洋通商大臣的兼职便利，所以在处理涉外关系、发展洋务事业等方面就有"制度上的优势"。

（四）海关总税务司署的设立

由于对外贸易的发展，鸦片战争以后，清朝海关收入在清政府税收总收入中所占的比例日益提高，成为一个有保障的征收成本较低的税种。清政府和列强都看中了这块"蛋糕"，但在外国势力的逼迫和条约的束缚之下，清政府逐渐失去了对海关的直接控制权。

鸦片战争以前，清政府曾在东南沿海各省设置海关，海关设有监督。鸦片战争以后，由于允许五口通商，所以在所设口岸处设洋税关。1853年，英、法、美三国领事趁镇压上海小刀会起义之际，夺取了上海海关的控制权。此后，经过授权，上海道台吴健彰与英、法、美三国领事签订协定，同意由三国各派一人为税务司，组成海关税务管理委员会掌管海关事务。因为当时的另外两位税务司都不懂汉语和海关程序，这项工作后来实际上由英国人威妥玛一人承担，不久由李泰国接替了威妥玛。1858年，中国与英、法、美三国分别签订《通商章程善后条约》，其中规定中国请外国人统一办理海关税收。此后，列强攫取了按照上海海关管理模式管理其他各处海关的权利。1859年，海关总税务司署在上海成立，李泰国被时任两江总督的何桂清任命为首任总税务司。1861年，恭亲王奕䜣代表总理衙门确认了这项任命，对其做出了以下要求：

> "总理稽查各口洋商完税事宜，帮同各口监督委员，务将出口、入口各货分晰清楚，勿得牵混，且约束各口税务司及各项办公外国人等秉公尽力。"[②]

这是清廷对之前实行的海关运行模式在制度上的确认，影响了此后晚清半个世纪的海关制度。李泰国对此任命态度暧昧，以健康为由回国，并委任两名英国人代理其职，其中之一即为赫德。1863年，赫德正式成为总税务司。1865年，总税务司署自上海迁至北京。总税务司署虽隶属于总理衙门，但具有极强的独立性。赫德在晚清总税务司署的运作中发挥着至关重要的作用，任职总税务司长达半个世纪，并多次参与中国的涉外事务。

---

① 奕䜣等：《请设总理衙门等事酌拟章程六条折》，中共中央党校文史教研室中国近代史组编：《中国近代政治思想论著选辑》上，中华书局1986年版，第485页。

② 徐中约：《中国近代史》上册，香港中文大学出版社2001年版，第270—271页。

总税务司署有总税务司和副总税务司各一人,税务司四人,副税务司六人,下设五科三处,分别为总务科、机要科、统计科、汉文科、铨叙科,设于上海的造册处、设于伦敦的驻外办事处、设于北京的内债基金处。这些内部机构均设主任一人、副主任若干人,任职者全部为外国人。据《清会典·总理各国事务衙门》记载,总税务司一人,"掌各海关征收税课之事""其各口税务司以详员代充"[①]。《清史稿·职官志六》也说,"凡海关俱置税务司、副税务司,后沿江各埠,及内地陆路增开口岸,并属海关"[②]。晚清时期中国有海关几十处,著名的如江海关、粤海关、江汉关、闽海关、浙海关等。海关总税务司、副总税务司、税务司、副税务司及各关税务司由外国人担任。最后需要指出的是,"晚清的海关由海关监督和税务司两个系统共同组成,海关监督在整个晚清五十余年中依旧履行着自己的职能"[③]。

二、地方政治制度的变革

大致而言,在中央政治制度变革的同时,地方政治制度的变革也开始了,甚至还可以说,在中央政治制度变革之前,地方政治制度的变革已经发生了,而这主要是为了镇压太平天国。随着清政府与列强关系趋于平稳和镇压太平天国任务的完成,地方政治制度的变革并未结束,而是在之前形成的格局基础上走向深化,而且其重心也转变为如何发展洋务增加实力,进而增强清政府统治能力。就整个过程和趋势而言,清末"新政"以前,地方政治制度变革主要体现在央地关系的调整、督抚权力的增长、满汉督抚比重的改变等方面。

(一)央地关系的调整

帝制中国时期,中国奉行中央集权的央地关系模式。只有到中央力量薄弱、地方力量强大之时,中央集权模式才会遭遇严重挑战,如汉初郡国并行制实行时、中晚唐藩镇力量强大时。清朝的统治自然也是采取了中央集权方式。然而,到清中叶,清朝所依赖的八旗军队已无法完成镇压白莲教起义的任务,到太平天国起兵时,绿营兵已经不堪重任。为此,清政府开始允许地方广办团练,即组织训练乡勇民兵,以保卫家园,捍卫秩序。从后来的历史进程来看,央地关系调整的标志性事件,就是曾国藩任团练大臣回乡举办团练。对此,《清史稿·兵志三》有这样的叙述:

> 咸丰二年,命曾国藩治湖南练勇,定湘军营哨之制,为防军营制所昉。迨国藩奉命东征,湘勇外益以淮勇,多至二百营。左宗棠平西陲,所部楚军亦百数十营。军事甫定,

---

① 《清会典》卷一〇〇《总理各国事务衙门》,中华书局 1991 年版,第 910 页。
② 赵尔巽等:《清史稿》卷一一九《职官志六》,中华书局 1977 年版,第 3450 页。
③ 任智勇:《晚清海关再研究:以二元体制为中心》,中国人民大学出版社 2012 年版,第 19 页。

各省险要,悉以勇营留防,旧日绿营,遂同虚设。绿营兵月饷不及防勇四分之一,升擢拥滞,咸辞兵就勇。粤、捻既平,左宗棠诸臣建议,防营诚为劲旅,有事则兵不如勇,无事则分汛巡守,宜以制兵为练兵,而于直隶、江、淮南北扼要之处,留勇营屯驻,遂有防军之称。[①]

可见,团练乡勇本是事平即撤的临时性招募队伍,后来逐渐成为常设的正规军,而且由地方总督、巡抚实际统率,这无疑会强化督、抚这些地方官员的权力。造成这种权力逐渐下移的直接原因,主要是当时清朝政府面临的内外交困的局面。"与西方列强相对抗的清朝的军事力量和行政能力在内乱激烈的时期渐趋崩溃,内乱的确引起了外患"[②]。面对严峻的局势,清政府首先要解决太平天国及后来出现的捻军这些"心腹之患";其次,为了防御列强和兴办洋务,清政府也需要发挥省级地方的主动性和能动性,于是开始了放权让利的过程。以地方督抚为代表的地方实力派趁机坐大,中央政府逐渐虚弱,中央做出的许多决策需要寻求地方的支持,国家的运转更离不开地方的财政支持。当然需要指出的是,清朝中央的衰弱是自嘉庆帝以来就出现的趋势。咸丰帝以后的内忧外患只是加重了这一趋势,而且使得这一趋势难以逆转,并最终影响了晚清民国的政局。

总之,团练制的推行及其正规化,将地方力量吸纳和深度卷入国家体制中,在较大程度上既有利于国家秩序的恢复,又有利于地方督抚权力的增长和地方社会的流动。当然,团练的大规模出现和普遍发展,也在一定程度上加剧了中国社会的军事化进程,增强了地方权力,使得在中央集权体制下本就存在的省级地方自主权逐渐扩大,最终重塑了晚清时期的中央地方关系。

（二）督抚权力的增长

在清朝原有的政治制度中,地方总督、巡抚是联结中央与地方的重要环节,在国家政治生活中起着不可取代的作用。大体上,对于三藩平定以后的清朝而言,像唐末宋初时那种中央对地方势力的恐惧已基本上不复存在,中央基本上不会过多考虑如何削弱地方督抚的权力,而会更多地考虑如何让这些地方督抚尽职尽责。然而随着中央权力自嘉庆帝时开始式微,地方督抚的权力也在逐渐膨胀,其中最重要的变化就是督抚逐渐掌握了兵权。以湘军、淮军为例,从兵员的招募、军饷的筹集、军队的训练、军官的任命,到军队的指挥调动,全部听命于督抚,这些军队各尊其长,各护其长,私谊至上,乃至呈现出私人化倾向。[③] 而发生于

---

①　赵尔巽:《清史稿》卷一三二《兵志三》,中华书局1977年版,第3929—3930页。

②　［美］费正清编:《剑桥中国晚清史1800—1911》上卷,中国社会科学院历史研究所编译室译,中国社会科学出版社1985年版,第282页。

③　参见朱东安:《曾国藩集团与晚清政局》,辽宁人民出版社2017年版,第351—358页。

1900 年的"东南互保"事件,最能反映这些地方督抚权势增大的趋势。在这一年,八国联军因为义和团运动而发动侵华战争,以慈禧太后为代表的清政府向各国"宣战",并下令利用义和团参战,而两广总督李鸿章、两江总督刘坤一、湖广总督张之洞却联合多位督抚,绕过清廷与各参战国签订"东南互保"协定,拒不执行清廷利用义和团与各国开战的所谓"乱命",使清政府颜面扫地。

不过,得益于央地关系结构性调整以后地方督抚权力的增长,特别是强势的地方督抚对辖区的苦心经营,清朝才能在严重的内外交困危机中,维持了几十年时间,如《清史稿·职官志一》所说:

> 厥后海疆衅起,经略才望稍爽,权力渐微。粤难纠纷,首相督师,屡偾厥事。朝廷间用督抚董戎,多不辱命,犹复不制以文法,故能需施魄力,自是权又移于督抚。同治中兴,光绪还都,皆其力也。[①]

(三) 满汉督抚比重的改变

清朝以少数民族统治中国,一方面固然需要通过宣传和在某种程度上践行满汉一家的原则,以增强其统治正统性与合法性,另一方面也曾采取各种防范汉族官员、确保满族官员政治优势的措施,其中一个重要的内容就是,在任命督抚这些"封疆大吏"时,尽量确保满族人占据多数地方督抚职位。

然而进入清朝中后期,特别是进入咸丰年间,一方面是作为征服者的满族贵族日益腐败无能,另一方面是清朝遭遇历史上最为严重的内忧外患,为了解决这些迫在眉睫的问题,清政府不得不开始倚重汉族官员。咸丰以后出现的所谓"同治中兴",很大程度上就得力于汉官曾国藩、左宗棠、李鸿章、张之洞等所谓"中兴四大名臣"。对于满汉官员在政治功能上的前后变化,《清史稿·职官志一》有这样的记述:

> 初制内外群僚,满、汉参用,蒙古、汉军,次第分布。康、雍两朝,西北督抚,权定满缺,领队、办事大臣,专任满员,累朝膺阃外重寄者,满臣为多。逮文宗兼用汉人,勋业遂著。大抵中叶以前,开疆拓宇,功多成于满人。中叶以后,拨剧整乱,功多成于汉人。[②]

大致在清朝前期,满臣担任地方大员者居多,中叶以后,汉人督抚逐渐增多。造成这一变化的最主要原因是,汉族士大夫领导的武装在挽救清朝统治危机方面起到了至关重要的作用。如曾国藩不仅自创湘军,还推动李鸿章创办淮军,最后击溃太平天国并因此而封侯,成为清朝有史以来的文臣第一人。《清史稿·曾国藩传》称其"至功成名立,汲汲以荐举人才

---

① 赵尔巽等:《清史稿》卷一一四《职官志一》,中华书局 1977 年版,第 3264 页。
② 赵尔巽等:《清史稿》卷一一四《职官志一》,中华书局 1977 年版,第 3264 页。

为己任,疆臣阃帅,几遍海内”①。

满汉督抚比重的倒置,自然会引起满族统治集团的担忧。特别是八国联军侵华之时,汉族督抚竟然倡议东南互保而不听诏令,清廷对汉族士大夫尤其是掌握权力的汉族督抚的猜忌日益加强。所以清末实行“新政”之时,清政府曾有意重用满族亲贵官员,排挤强势的汉族督抚。比如采取“明升暗降”的办法,把张之洞、袁世凯这两个当时强势的督抚调进中央,就是出于这种考虑。然而正如魏斐德所说:“满洲人效仿普鲁士进行的贵族化进程,只会加剧汉人的种族忧虑与种族仇恨。亲王们用德国军服代替儒家长袍,希望借此复兴其军事贵族的身份。但到头来,这只会让他们失去汉人臣民的文化忠诚,让朝廷蒙上了重满轻汉的污点。”② 面临这种满、汉权力关系的变化,清政府不仅不可能在短期内“拨乱反正”,还会加深满、汉之间的嫌隙。特别是在革命党人“排满革命”思想迅速传播的情况下,清政府的“排汉”或“限汉”政策更在一定程度上起到了为渊驱鱼的效果,即便不能直接将这些被排斥或被限制的汉人官僚推向革命者的怀抱,至少可以使其在危机到来之时消极观望、袖手旁观,或在各方势力之间纵横捭阖、左右逢源。③ 可以说,这又是地方督抚权力关系变化的连锁反应。

第二节　从“新政”到“预备立宪”的制度变革

“同治中兴”及洋务运动,并未挽救清朝的危机。1894—1895 年的甲午战争,泱泱大国竟被昔日自己视为“蕞尔小邦”的日本打败,其所造成的心理冲击是前所未有的。④ 在此背景下,康有为领导和推动的戊戌变法应运而生。在戊戌变法时期,以光绪帝为核心的清政府在短时间内提出了让人应接不暇的改革方案,总体来说主要涉及政治制度的变革。然而,变法很快夭折,改革方案也被搁置。此后义和团运动兴起,重新垂帘听政的慈禧太后希望借此痛击列强,没想到引起八国联军侵华,自己被迫带着光绪帝出逃。1901 年 1 月,《辛丑条约》签订以前,清政府迫于各方压力以及挽救危机的需要,对外宣布进行变法,推行新政。1905

---

① 赵尔巽等:《清史稿》卷四〇五《曾国藩传》,中华书局 1977 年版,第 11918 页。

② ［美］魏斐德:《中华帝国的衰落》,梅静译,民主与建设出版社 2017 年版,第 236 页。

③ 关于晚清满汉矛盾与政局的变动,参见薛伟强:《晚清满汉矛盾与国政朝局(1884—1912):以统治阶级上层为中心的考察》,中国社会科学出版社 2017 年版。

④ 魏斐德曾指出:“被文明与中国迥异的欧洲国家打败已经够糟了,但眼见昔日模仿中国文化的‘倭寇’击败大清帝国,无疑重重地打击了这个国家的自尊。因为 1894 年至 1895 年间的这场中日战争带来的心理冲击如此巨大,所以相比其他任何迫使中国人审视自身实力和弱点的危机,它都是最有影响力的一次。”参见魏斐德:《中华帝国的衰落》,民主与建设出版社 2017 年版,第 198 页。

年7月决议派大臣赴国外考察政治,1906年9月对外宣称要"预备立宪",又拉开了立宪改革的序幕。因此,从1901开始推行新政到1911年清政府覆亡,其政治制度的演变又可分为两个阶段:"新政"阶段和"预备立宪"阶段。

一、"新政"阶段的政治制度变革

1901年1月29日,清政府以光绪帝的名义发布谕旨,表达了通过变法"渐图富强"的意愿。4月,光绪帝下诏成立督办政务处,作为推动改革的设计机构,由奕劻、李鸿章、荣禄、昆冈、王文韶、鹿传霖等为督办政务大臣,两江总督刘坤一、湖广总督张之洞遥为参预。该机构的成立,标志着新政改革的正式开始,直到1906年9月清廷宣布"预备立宪"为止,新政改革主要表现在官制改革、科举制和教育制度改革、法律制度改革、军事制度改革等方面。

(一) 官制改革

官制改革主要分为两类:一是裁汰原有机构及其人员,废除原有制度;二是在原有机构之上改设新机构或增设此前所未有的新机构。

就第一类而言,裁汰的原有机构主要有詹事府、通政使司、漕运总督,还有督抚同城的湖北、云南、广东的巡抚;此外还裁减湖南、陕西、广东粮道,裁并内务府司员,裁盛京户、礼、兵、刑、工五部侍郎,裁减奉天府尹、府丞。废除的原有制度主要有:废除捐官制度,废止各种捐官名目;取消书吏,简化各官署的公文形式,防止胥吏蒙蔽官员和徇私舞弊;废除御史巡视五城及街道厅的制度。

就第二类而言,变动较大,也使清政府有了一些现代政府的色彩,所谓"继改专部,商、警、学部接踵而设,并省府、寺,乃分十部"[①]。主要改革有:

设政务处,以军机大臣领督办事,参与大臣无定员,提调、帮提调、总办、帮总办,俱各二人,章京八人,并以本处员司兼充。

改总理衙门为外务部,位次在各部之上,置总理亲王,会办尚书,兼会办左右侍郎,各一人,改总办为左右丞,左右参议各一人。

设商部,将铁路矿务总局并入,置尚书、左右侍郎、左右丞、左右参议各一人,司务所司务二人。

设巡警部,置尚书、左右侍郎、左右丞、左右参议各一人,下辖警政、警法、警保、警学、警务五司。

---

① 赵尔巽等:《清史稿》卷一一九《职官志六》,中华书局1977年版,第3445页。

设学部，置尚书、侍郎、左右丞、左右参议各一人，设总务、专门、普通、实业、会计五司。此外，在教育制度方面，还裁各省学政，改置提学使。

设练兵处，置总理亲王一人，会办、襄办、提调各一人，军政、军令、军学三司正、副使各一人。

设财政处，负责筹划全国财政，统一币制，由亲王总理，大臣会办，在和户部一起奏报财政事宜时，衔列户部之上。

设税务处，督办税务大臣、帮办大臣各一人，以大学士、尚书、侍郎充任，负责征收关税和监督海关官吏。

（二）科举制和教育制度改革

自洋务运动开始，适应时务的人才匮乏就是一个突出的问题，改革科举制和教育制度的呼声始终存在。戊戌变法曾提出这方面的改革方案，但随着戊戌变法的失败而被废弃，唯有京师大学堂得以保存下来。1902 年初，清廷发布上谕，认为"兴学育才，实为当今急务"，并任命张百熙为管学大臣，令其裁定章程之后上奏。[①]

1902 年 8 月，管学大臣张百熙拟定的学堂章程得到朝廷允准，以《钦定学堂章程》的名义正式颁布。该章程采取"上溯古制，参考列邦"的原则，一方面恢复"周以前选举、学校合而为一"的做法，一方面"参考列邦"的教育制度，建立从蒙学、小学到中学、高等学再到大学的一套教育系统，以及学科门类齐全的现代知识体系，最后给予这些学校毕业的学生相应等级的功名，即"小学卒业，奖给附生；中学卒业，奖给贡生；高等学卒业，奖给举人；大学分科卒业，奖给进士"[②]。这一次的改革史称"壬寅学制"，虽然它因为制定得比较仓促，存在很多不足，未及实施就被废止，但它却是中国建立新型教育体制的开端。

1904 年初，张百熙、荣庆、张之洞三人在"壬寅学制"的基础上，主要以日本教育制度为蓝本，重订了各类学堂章程，基本建立了涵盖幼儿教育（蒙养院）到小学、初等小学、高等小学、中学，再到大学高等教育的现代学校教育体系；在教育内容上，它虽然也强调"忠孝为本"的指导原则，但基本上是按照现代知识分类标准，构建起了一套相对完备的现代知识结构培养体系，因为这一年是旧历癸卯年，故称"癸卯学制"。它也是中国近代历史上第一套付诸实施的新型教育制度。

新学制的实施，意味着科举制度走到了历史尽头。清廷最初考虑的是渐进到位的方案，决定从下届丙午科开始，每科录取名额递减 1/3，到第三届壬子科时减尽。然而张之洞等人

---

① 赵尔巽等：《清史稿》卷一〇七《选举志二》，中华书局 1977 年版，第 3128 页。
② 赵尔巽等：《清史稿》卷一〇七《选举志二》，中华书局 1977 年版，第 3132 页。

在推行新学制过程中发现，"科举一日不停，士人有侥幸得第之心，以分其砥砺实修之志。民间相率观望，私立学堂绝少。如再迟十年甫停科举，学堂有迁延之势"①。于是他在 1905 年与袁世凯联合上疏，请求立即废除科举。 清廷批准了这一建议，决定从第二年（1906）即原定的丙午科开始，停止各个层级的科举考试。② 至此，延续了 1300 年的科举制遂宣告废除。

科举制度作为帝制中国政治制度的重要组成部分，曾经产生过深远的历史影响。它的终结在很大程度上推动了新学堂和新式教育事业的发展，推动了中国的现代化转型，但也将大多数毫无准备的体制内的读书人一下子推到体制外，启动了知识分子的边缘化进程，很可能使本来支持现存体制的人变成反体制的人。③ 正如市古宙三所言："清政府开始办学堂教育是很勉强的，是受外界压力的结果，它的目的并非培养宪政时代的一代新人或者能使国家臻于富强的人民，而是培养一种热爱清王朝和始终忠于清帝的人。"④科举制的废除和教育制度的改革，最后不但未能挽救清政府，反而加剧了它的崩溃。

（三）法律制度改革

1900 年八国联军入侵北京以后，"忧时之士，咸谓非取法欧美，不足以图强，于是条陈时事者，颇稍稍议及刑律"，开始提出改良刑律的议题⑤。1901 年，在与列强谈判过程中，清政府试图要求列强放弃领事裁判权，但列强借口中国法制不完善而加以拒绝。⑥ 在此背景下，清政府在推行新政初期就着手修订法律制度。1902 年，直隶总督袁世凯、两江总督刘坤一、湖广总督张之洞会同刑部左侍郎沈家本、出使美国大臣伍廷芳建议兼取中西之长，修订法律，得到清廷批准，并命沈家本、伍廷芳参订现行法律，随后又设立了修订法律馆。自此到 1911 年清朝崩溃前夕，清政府一直持续进行着法律制度的改革，这种改革调整主要包括两大方面：一是法律体系渐趋完备，二是司法机构与司法体制不断改革。

在法律体系方面，主要是颁布了《大清新刑律》（1910），其虽因清政府垮台而未及实施，却是中国第一部专门的刑法典；编成《大清民律草案》（1911）和《大清商律草案》（1908）等；制定第一部独立的诉讼法典——《大清刑事民事诉讼法》（1906），编成《大清刑事诉讼法律草案》（1910）和《大清民事诉讼法律草案》（1910），它们虽然也都没有颁行，却是中国进行诉讼立法的开端。此外，还颁布了《大理院审判编制法》（1906）、《法院编制法》（1910）等相关

①　张之洞：《"中体西用"思想与教育论著选读》，中国环境科学出版社 2006 年版，第 166 页。
②　赵尔巽等：《清史稿》卷一〇七《选举志二》，中华书局 1977 年版，第 3135 页。
③　参见［美］余英时：《中国文化的重建》，中信出版社 2011 年版，第 32—45 页。
④　［美］费正清编：《剑桥中国晚清史 1800—1911》下卷，中国社会科学院历史研究所编译室译，中国社会科学出版社 1985 年版，第 443 页。
⑤　赵尔巽等：《清史稿》卷一四二《刑法志一》，中华书局 1977 年版，第 4187 页。
⑥　赵尔巽等：《清史稿》卷一四四《刑法志三》，中华书局 1977 年版，第 4216 页。

组织法。总之，从专门的部门法到程序法，再到司法机关的组织法的起草制定，表明中国已开始了现代法律体系建设。

在机构与职权划分方面，主要表现为司法行政、司法审判、司法检察、司法监督等机构和权力的相对分离。1906 年，仿照西方司法与行政分立的原则，改刑部为法部，负责全国司法行政工作，不再参与现审，但仍负责秋审和朝审。改大理寺为大理院，为最高审判机关，同时也审核各省审判的法律案件。此外，大理院附设总检察厅，"掌综司大理民、刑案内检察事务，监督各级检察厅，调度司法警察官吏"[①]。原来的三法司制度、九卿科道会审制度至此废止。在地方司法机构改革方面，京师和各省设置相应的审判机关和检察机关，分为高等、地方和初级三个层级，又改各省按察司为提法使司，置提法使一人，负责全省的司法行政工作，并监督各级审判厅、检察厅及监狱。

清朝的法律修订尽管是在外部压力之下进行的，有的法律未能实施，有的还停留在草案阶段，却标志着中国法律制度开始走向现代化。

（四）军事制度改革

清朝自中后期以后，特别是太平天国运动以后，军事制度就开始发生重要变化。其中最为明显的变化是，原来的八旗军、绿营兵已经腐败不堪，总体上失去战斗力，而在乡兵基础上发展起来的自募、自练的团练军（勇营），如湘军、淮军等，成为支撑清朝统治的主要武装力量，并由此造成清朝统治集团内部权力格局的变化：汉人督、抚军权增大，他们手握重兵，对晚清的政治局势日益发挥举足轻重的影响。

不过，清朝军事制度更为深刻的变化，则发生在甲午战争之后，特别是实行新政时期。其最大的变化是清朝开始从传统旧军制转向新军制。

在甲午战争期间，洋务派苦心经营、号称亚洲第一的海军，惨败于东邻日本海军，使清廷意识到国力强盛不仅靠技术、装备，更要靠制度优势，于是开始仿照"西法"组建、训练新式军队。1894 年底，清廷接受李鸿章军事顾问汉纳根的建议，派广西按察使胡燏棻在天津小站训练新式陆军，起初招募兵丁四千七百余人，名为"定武军"。次年 12 月，由袁世凯接管"定武军"，添募两千多人，仿德国军制，聘请德国军官进行训练，名为"新建陆军"。1895 年底，两江总督的张之洞也奏准聘请德国人训练新军，名为"江南自强军"。这些举措，揭开了清末编练新军的序幕。

庚子事变[②]以后，清廷于 1901 年初颁布新政"上谕"，军事制度改革就是"新政"中的重要部分。而新军制改革的核心内容，则是统一整顿全国各类军队，将其裁汰、精选之后，组建

---

① 赵尔巽等：《清史稿》卷一一九《职官志六》，中华书局 1977 年版，第 3464 页。

② 指发生于 1900 年（庚子年）的义和团运动以及紧接着发生的八国联军入侵事件，亦称"庚子国变"等。

新式军队。按照清政府 1904 年制定的计划，全国将建成新军三十六镇。但是到 1911 年清朝灭亡前夕，实际只建成了二十六镇。

与八旗、绿营兵为代表的传统军制相比，新军制最大的特点是，它基本以西方现代军事学理论为指导，进行军队的招募、训练、编组和管理，并基本采用了新式的武器装备。主要表现为：

第一，按照西方军制招募军队，对入伍士兵在年龄、身体、文化程度、家庭出身等条件均有规定；特别是，其军官一般都要求出自武备学堂等现代军事院校。

第二，由单一兵种变成多兵种合成的军队。鸦片战争之前，清朝军队一般只有骑兵和步兵，而且往往是各自独立的。甲午战争后逐渐实行新军制，开始将步兵、骑兵、炮兵、工程兵、辎重兵统一编为一镇（相当于后来的师），以便发挥多兵种协同作战的优势。

第三，建立了严密有序、科层制的新军队编制。清朝原来的军队虽然也以营为基本建制，但是营的官兵人数规模却不太固定，新军制采用了西方军队的一整套编组方法，采用镇（师）— 协（旅）— 标（团）— 营 — 队（连）— 排 — 棚（班）的建制，每镇的人数、建制单位都比较固定。

第四，在军队的武器装备上，虽然清朝统治者接触洋枪洋炮之类"热兵器"的时间并不晚，但只是到新军制实行、新式军队组建之后，清朝的军队才基本装备了现代武器，洋枪洋炮才成为主要武器装备。

新式军队作为清末最重要的军事力量，是当时中国最富效率、最具现代性的科层制组织。但在清政府统治已经陷入总体危机的大格局下，新军并没有起到挽救清政权的目的，反而成了清政权的掘墓人。正所谓"练军、陆军又相继以起，扰攘数年，卒酿新军之变。以兵兴者，终以兵败"[1]。

二、"预备立宪"时期的政治制度变革

清政府于 1906 年宣布"预备立宪"，首先是由于列强侵略加剧和革命党人影响扩大，清政府的合法性严重丧失，开展"预备立宪"的工作一方面可以向列强示好，另一方面也可以使革命党人无的放矢。其次，也是由于结束于 1905 年的日俄战争的直接刺激。在这场以中国为主战场、日俄双方争夺中国东北和朝鲜半岛控制权的战争中，实行立宪制的小国日本，竟能一举打败沙俄帝国，很容易使一些中国人产生立宪制胜于专制的认识，从而助长了君主立宪思想的传播。在此背景下，清廷于 1905 年 7 月发布上谕，派遣大臣出洋考察各国政治。1906 年夏，由载泽、戴鸿慈、端方、尚其亨、李盛铎等五大臣组成的出洋考察团回国，在考察报

---

[1]　赵尔巽等：《清史稿》卷一三〇《兵志一》，中华书局 1977 年版，第 3859 页。

告中力主实行君主立宪。载泽并上《奏请宣布立宪密折》，不仅认为"君主立宪大意在于尊崇国体、巩固君权"，还指出立宪有"皇位永固""外患渐轻""内乱可弥"三大益处。[①]9月1日，清廷发布上谕，决定实施预备立宪，晚清由此进入"预备立宪"时期。在随后的几年中，为了给后面实施宪政做准备，清朝政府对政治制度进行了一系列较大的调整与改革，如实行官制改革，颁布了《钦定宪法大纲》，成立资政院与各省谘议局，组成了"皇族内阁"等。

（一）官制改革

根据1906年9月1日发布的"预备仿行宪政"上谕，由于"规制未备，民智未开"，预备立宪"必从官制入手"。为此，清政府以官制改革为开端，启动了预备立宪过程。

为此次官制改革，清政府以载泽等十余人为编纂官制大臣，组成阵容庞大的改革机构，并派庆亲王奕劻、孙家鼐、瞿鸿禨负责核定新官制。编纂官制大臣参照君主立宪国家的做法，以三权分立为指导思想进行新官制的设计，但因议院短时间难以成立，故先从行政和司法改革开始。[②]经过两个多月的艰难筹备，清廷于11月6日正式公布了新官制。

与1901年新政时期的官制改革不同，这次官制改革的定位是为预备立宪做准备。它对中央政府机构的改革调整主要有四个方面的内容：

首先，保留了一些重要机构，如内阁、军机处、外务部、吏部、礼部、学部、宗人府、翰林院。

其次，改革调整了一些机构及人员，如改巡警部为民政部，改户部为度支部，改兵部为陆军部，改刑部为法部，改理藩院为理藩部，各部设尚书一人，侍郎二人，不分满汉；都察院设都御史一人，副都御史二人；改六科给事中为给事中，改大理寺为大理院。

再次，增设了邮传部、海军部、军咨府、资政院、审计院。

最后，合并组建了一些新机构，如将工部并入商部，改为农工商部，将太常寺、光禄寺、鸿胪寺合并到礼部，将太仆寺、练兵处合并到陆军部，将财政处合并到度支部。

此后不久，还对地方官制进行了改革，主要有：改按察司为提法使司，设提法使一人，"掌司法行政，督监各级审判厅，调度检察事务"；改学政为提学使，"掌教育行政，稽覈学校规程，征考艺文师范"；增设巡警、劝业两道；关外满洲故地改设行省，设奉天、吉林和黑龙江三省，置总督一人、每省巡抚一人。[③]

总之，这次官制改革作为实行宪政的准备，确实对清朝原有的体制调整改变很大，清朝统治集团在总体上也接受了三权分立的原则，却回避了实施宪政中的一些重大问题，如召开

---

① 中共中央党校文史教研室中国近代史组编：《中国近代政治思想论著选辑》下，中华书局1986年版，第822—825页。

② 参见侯宜杰：《二十世纪初中国政治改革风潮：清末立宪运动史》，中国人民大学出版社2011年版，第56页。

③ 赵尔巽等：《清史稿》卷一一九《职官志六》，中华书局1977年版，第3472—3473页。

国会、成立责任内阁、限制皇权等。

(二)《钦定宪法大纲》的颁布

清廷虽然在 1906 年 9 月 1 日宣布进入"预备立宪",但并未明确究竟要"预备"到什么时候,因此引起立宪派等许多政治势力的不满。迫于压力,清廷于 1908 年 8 月 27 日发布上谕,公布了《钦定宪法大纲》和九年筹备宪政的规划。

根据规划,预备立宪期自光绪三十四年(1908)起,分九年筹备完成:第一年各省筹办谘议局;第二年各省举行谘议局选举,一律成立谘议局,颁布资政院章程,举行资政院选举;第三年召集资政院议员举行开院;第九年宣布宪法,颁布议院法及上下议院议员选举法,并举行上下议院议员选举。[①]

同时发布的宪法性文件《钦定宪法大纲》(以下简称《大纲》),总共二十三条,主要借鉴了 1889 年日本颁布的《大日本帝国宪法》。其中规定"君上大权"十四条,"臣民权利义务"九条。《大纲》首先赋予了皇帝至高无上的权力和地位。除了第一条规定"大清皇帝统治大清帝国,万世一系,承永尊戴",第二条规定"君上神圣尊严,不可侵犯"之外,其余十二条"君上大权"还具体规定了君主的以下权力:钦定颁行法律及发交议案之权,法律虽经议院通过但未经皇帝同意批准颁布就不能实施;召集、开闭、停展及解散议院之权;设官制禄及黜陟百司之权,用人议院不得干预;统率陆海军及编定军制之权,一切与军事相关的事项议院不得干预;宣战、讲和、订立条约及派遣使臣与认受使臣之权,外交事务由皇帝亲自决定,不用交由议院议决;宣告戒严之权,当遇到紧急状态时,皇帝可以通过诏令限制臣民原来享有的自由;爵赏及恩赦之权,臣下不得擅专;总揽司法权;发命令及使发命令之权,法律为君上实行司法权之用,命令为君上实行行政权之用,两权分立;在议院闭会时,遇有紧急之事,有权发布替代法律之诏令,并有权以诏令来筹措必需的财政用度;制定皇室经费的常额,议院不得干预;督率皇族及特派大臣议定皇室大典,议院不得干预。总之,正如《大纲》序言所说,"君上有统治国家之大权,凡立法、行政、司法皆归总揽"。

《大纲》在"臣民权利义务"部分规定了臣民享有一些重要权利和自由,如:只要合于法律命令所定之资格,可以成为文武官吏及议员;在法律范围内享有言论、著作、出版及集会、结社自由;不受非法逮捕、监禁、处罚;请求法官审判其呈诉的案件;只受法律所定的审判机关的审判;财产及居住不受无故侵扰等。这对于一向重视义务、轻权利的传统中国而言,是一个重要的进步。

不过,尽管《大纲》赋予了臣民一些权利和自由,但更赋予了君主广泛而又不受限制的

---

① 　赵尔巽等:《清史稿》卷一一三《选举志八》,中华书局 1977 年版,第 3250 页。

权力,并将专制君权以宪法的形式予以确认,自然不能缓解各方面要求实行宪政的压力,反而暴露了清皇室假立宪、真专制的本质。

(三) 资政院与谘议局的成立

按照预备立宪的设想,清廷于 1907 年 9 月 20 日发布上谕,宣布筹设资政院,作为将来议院的准备,如该上谕所说:

> 立宪政体,取决公论。上下议院,实为行政之本。中国上下议院未能成立,亟宜设资政院以立议院基础。著派溥伦、孙家鼐充该院总裁。所有详细院章,由该总裁会同军机大臣妥慎拟订,请旨施行。[①]

与国家层面筹建资政院相配合,同年 10 月 19 日,清廷又发布上谕,要求各省筹设谘议局,作为地方议会的过渡形式。1908 年 7 月,清政府颁布《各省谘议局章程及议员选举章程》。至 1909 年 9 月,全国除新疆外各省都设立了谘议局,并于 10 月 14 日同时召开第一次常年会,标志着各省谘议局正式运转。

在谘议局的组成与议员产生方面,根据相关章程,各省谘议局由选举产生的议员若干人组成,设议长一人,副议长两人。各省谘议局议员的名额不等,少则如吉林、黑龙江、新疆只有 30 名,多则如山东 100 名、四川 105 名、浙江 114 名。议员通过复选方式选举产生,即拥有本省籍贯的年满 25 岁以上的符合一定条件的男子作为选举人,选出若干选举议员人,再由选举议员人投票选出议员。被选举成为议员者必须是具有本省籍贯或寄居本省满 10 年以上的年满 30 岁以上的符合一定条件的男子。议员任期三年,期满改选,最多连任一次。

在谘议局的性质和职权方面,根据历次上谕和有关章程规定,一方面谘议局作为一种地方议会的过渡形式,已经具有一定的立法权和监督行政权,如:能够议决本省应改兴革的事项,议决本省财政预算、决算及公债,制定、修改本省单行法规和章程,接受本省民众的建议和陈情,对本省行政机构实施有限的监察权。但另一方面,清廷又把谘议局定性为各省“采取舆论之所”,并规定谘议局行使上述职权时,需受本省督抚的监督控制,督抚对谘议局决定的议案有裁夺施行之权,无须必然执行;而且督抚还有权勒令谘议局停会,有权奏请解散谘议局。就后一点来看,谘议局又往往被人视为地方督抚的咨询机构。[②]

在各省谘议局成立前后,清廷又相继颁布了《资政院章程》(1909 年)和《资政院议员选举章程》(1910 年)。1910 年 9 月 23 日,资政院第一次召集,为开院做准备。1910 年 10 月 3 日,资政院第一次会议正式召开,因宣统年幼,由监国的摄政王载沣到会并发表讲话:

[①] 朱寿朋:《光绪朝东华录》,中华书局 1960 年版,第 5934—5935 页。
[②] 赵尔巽等:《清史稿》卷一一三《选举志八》,中华书局 1977 年版,第 3248 页。另外,学术界关于谘议局的性质存在不同看法,这里主要参考耿云志:《论谘议局的性质与作用》,《近代史研究》1982 年第 2 期。

方今世际大同文明竞进,举凡立国之要,端在政治通达,法度修明,尤在上下一心,和衷共济。资政院为代表舆论之地,各议员皆朝廷所信任,民庶所推崇,必能殚竭忠诚,共襄大计,扩立宪之功用,树议院之楷模。岂惟中国前此未有之盛举,亦实于国家前途,有无穷之厚望者也。[1]

这就意味着,筹备几年的资政院正式开始运行。资政院设总裁、副总裁、秘书厅秘书长各一人,下有一、二、三等秘书官各四人。总裁由皇帝从王公大臣内特简,副总裁则从三品以上大臣内简充。依据清廷发布的有关上谕及相关章程规定,资政院的定位是"准议院"或议院的过渡形式,是"预备立宪"时期"代表舆论"的机构。则资政院就不具备立宪国家中议院所享有的立法权,只具有建议权,涉及的具体事项有:每年财政收支状况,国家法典朝廷典章,公债税率及其他皇帝交付咨询议论的事项。这些事项经资政院议员议决之后,资政院总裁会同国务大臣一起上奏,由皇帝作出最后裁决。[2]

因资政院兼有国外议会上院和下院色彩,资政院议员分为钦选和民选两部分。只有符合规定条件的一定群体范围内年满 30 岁者才可以当选议员,任期三年,期满后一律改选。钦选议员由皇帝从符合资格的群体中选择充任,全国总共 100 人,其中宗室王公世爵 16 人,满汉世爵 12 人,外藩王公世爵 14 人,宗室觉罗 6 人,各部院官 32 人,硕学通儒、纳税额多者各 10 人。这些议员的钦选情况又各有不同,宗室王公世爵、满汉世爵及外藩王公世爵因人数少就直接由皇帝钦选,宗室觉罗、各部院官及纳税额多者因符合条件的人数太多,则在互选之后再进行钦选,硕学通儒因资格难以确定且人数不易查清,互选难以进行,就改由学部选择之后再进行钦选。民选部分针对的是由各省谘议局互选产生的议员,因各省谘议局议员由各省合格绅民复选而产生,则由各省谘议局互选产生进入资政院的议员,无异于人民间接选举产生。这部分资政院议员,每省拥有名额自二人到七人不等,全国总共 100 人。[3]

资政院的设立确实是晚清政治中的大事件。一方面,资政院的人员构成经过严密筛选,基本都是旧体制的既得利益者,是清政府的支持者,就这方面看,资政院的设立仍然是清朝统治集团应对日益高涨的改革和革命压力的手段,实质是想用新机构来维护旧制度。另一方面,资政院作为"预备立宪"的一部分,它毕竟与宪政精神中的伸张民权、限制君权的理念密切相关,特别是它作为一个将来会享有"立法权"的机构,必然产生一定的独立性和自主性,会与旧体制产生深刻的冲突,不断突破清政府的控制。面对这种情况,清政府又试图采用各种手段,削弱资政院的权力和地位,而这又引起立宪派的极大不满,进一步损害了清政府的合法性。

---

[1]　史宝安编著:《大清宣统政纪》卷二五,凤凰出版社 2013 年版。
[2]　参见赵尔巽等:《清史稿》卷一一九《职官志六》,中华书局 1977 年版,第 3470 页。
[3]　参见赵尔巽等:《清史稿》卷一一三《选举志八》,中华书局 1977 年版,第 3250—3251 页。

（四）皇族内阁的成立与《十九信条》的出台

1909 年以后，因为有了资政院、谘议局这样的正式机构作为依托，又有清廷"预备立宪"的诏谕作后盾，更有与革命党人争取时间的激烈竞争，立宪运动风起云涌。"预备立宪"之初被暂时搁置的责任内阁制问题此时被提了出来，进入议事日程，成为舆论的焦点和政治斗争的主要议题。

1910 年 11 月，鉴于各省谘议局及各省人民代表到京请愿，要求速开国会，多省督抚也上疏请求早日颁布宪法、组织内阁、开设议院，清廷于是发布缩短预备立宪时间、厘定官制、成立责任内阁的上谕，说"今者人民代表，吁恳既出于至诚；内外臣工，强半皆主张急进"[①]，清政府迫不得已只好采取折中办法，既不过早推行也不执拗原意，而是将原定的预备期由九年缩短为六年，并且规定在第六年开设议院之前先行厘定官制，组织内阁。同年 12 月 18 日，资政院认为军机大臣责任不明，难以起到辅政作用，奏请设立责任内阁。清廷予以驳斥，认为此事自有朝廷决断，非资政院大臣所得擅自干预。此后在 12 月 21 日、24 日，清廷又两次下谕，驳回了顺直谘议局、东三省国会请愿代表关于呈请明年开国会的要求，但还是在第二天下诏，令宪政编查馆尽快拟订筹备立宪事宜的清单及内阁官制。

1911 年 5 月 8 日，清廷终于下诏改立责任内阁，颁布内阁官制。新官制废除了旧内阁、军机处、吏部及会议政务处，新增海军部、弼德院，改军咨处为军咨府，改礼部为典礼院，改盐政处为盐政院。因担忧内阁权力过重，又设弼德院以相牵制，并用资政院监督其行政。

新一届内阁成员共十三人，由一个总理大臣、两个协理大臣和十部大臣组成，即奕劻（庆亲王、乾隆皇帝曾孙）为内阁总理大臣，大学士那桐（满·镶黄旗人）、徐世昌（汉）为协理大臣，梁敦彦（汉）为外务大臣，善耆（满·镶白旗人、肃亲王、太宗皇帝十世孙）为民政大臣，载泽（满·镶白旗人、加贝子衔镇国公、雍正皇帝曾孙）为度支大臣，唐景崇（汉）为学务大臣，荫昌（满·正白旗人）为陆军大臣，载洵（满·镶白旗人、加郡王衔贝勒、道光皇帝孙）为海军大臣，绍昌（满·正白旗人、觉罗）为司法大臣，溥伦（满·镶红旗人、加贝勒衔贝子、道光皇帝曾孙）为农工商大臣，盛宣怀（汉）为邮传大臣，寿耆（满·正蓝旗人、宗室）为理藩大臣。在这十三人中，汉人仅四位，满族亲贵有九位，且多为皇族成员，所以这届内阁也被称为"皇族内阁"[②]。而在清朝原来的政治架构中，为了表示"满汉一家"，各主要政府机构的长官的设置实行满、汉平衡制，如内阁大学士满汉各二人，协办大学士满汉各一人，吏、户、礼、兵、刑、工六部尚书满汉各一人，而"皇族内阁"中汉人竟然缩减大半，可谓历史的倒退。

---

① 史宝安编著：《大清宣统政纪》卷二六，凤凰出版社 2013 年版。
② 关于清末"皇族内阁"成员的构成，存在多种不同的说法，这里主要参见董丛林：《"皇族内阁"人员成分问题辨析》，《历史教学》2006 年第 9 期。

"皇族内阁"的成立充分说明,清廷仍然把国家视为一姓私产,缺乏分权于民的诚意,这立即引起立宪派和汉人官僚的强烈不满,越来越多的人开始同情并倾向革命党人,清廷陷入日益孤立的境地。同年 10 月 10 日,辛亥革命爆发。11 月 1 日,清廷被迫任命袁世凯为内阁总理大臣,组织完全内阁,"皇族内阁"宣告倒台。

11 月 3 日,在四面楚歌的情况下,清廷匆忙公布了资政院拟定的《宪法重大信条十九条》,简称《十九信条》。作为临时宪法性质的文件,《十九信条》最大的特点在于,规定君权受宪法的限制,并仿行英国的责任内阁和议会制,从而基本确立了君主立宪政体。比如在立法方面,规定"宪法由资政院起草议决"(第五条),"宪法改正提案权属于国会"(第六条),皇帝无权修正宪法;在国会与责任内阁组成方面,规定议员由国民公选(第七条),并按照责任内阁的相关程序组成内阁,内阁成员不由皇帝决定(第八条);在外交方面,规定"国际条约非经国会议决,不得缔结;但媾和、宣战不在国会期中,由国会追认"(第十二条),则皇帝对外宣战媾和签订条约的权力受到限制;在财政方面,第十四条规定"本年度预算未经国会议决者,不得照前年度预算开支。又预算案内既定之岁出预算案外,不得为非常财政之处分",则强化了国会的预算权,限制了皇帝财政权。除此之外,还规定"国务裁判机关由两院组织之",则皇帝无权组织国务裁判机关(第十七条);规定"国会议决事项由皇帝颁布之",则皇帝对国会议决的事项只能颁布,而不得干预其议决活动(第十八条);规定"总理大臣受国会弹劾时,非国会解散即内阁总理辞职;但一次内阁不得为两次国会之解散"(第九条),则是现代议会内阁制的通例。

然而,就在《十九信条》公布的时候,要求彻底推翻清朝统治、结束专制帝制的"革命"已演变为燎原之势,历史已经不再给清廷留下体制内变革的机会。武昌起义刚一个多月,南方各省就纷纷独立,袁世凯则趁机掌握了朝廷大权。1912 年 1 月 1 日,中华民国在南京宣告成立。在大势已去的情况下,清帝于 1912 年 2 月 12 日正式下诏退位,延续两千多年的君主专制政体就此宣告结束。

总结与讨论

一、主要内容回顾

本章主要介绍从鸦片战争到辛亥革命时期,以君主为核心的传统政治制度开始解体并向现代艰难转型的过程。鸦片战争是晚清走向现代转型的起点,也是中国政治和政治制度现代化的起点。在鸦片战争爆发之前,对于长期自居为"天朝上国"的清朝而言,很难想象除了中国之外还有另外一种"文明",更不会想到"天下"竟然还有比自己更"先进"更"强大"的"文明"。因此,即便在两次鸦片战争中颜面尽失,清政府及绝大多数士大夫仍然认为,洋人所长只是技术上的,甚至只是"奇技淫巧",中国的文化仍然是"先进的",政治制度仍然是"优越的"。为了与来自海上的"洋夷"周旋,也为了能镇压太平天国运动,清政府一方面"师夷之长技",通过兴办"洋务"引进了一些西方的机器、枪炮制造技术,一方面在政治制度方面进行了微调。然而其结果却是,先败于曾被视为蕞尔小邦的日本,再败于八国联军,割地赔款,京师沦陷,颜面扫地。震动羞愤之余,统治集团中一部分人方才痛苦地看到,在洋人"船坚炮利"的背后,是其制度的优势。于是开始从"言技"转变为"言政",决意实行政治体制改革方面的新政。然而在改革中又畏葸不前,逡巡不进,对既得利益不愿意切实触动,对君主大权不加实质性限制。后来虽然受到各方面压力与刺激,终于启动预备立宪,然其初心在于巩固皇权和满族贵族特权,无法有效回应体制内外的变革要求,终于丧失改革的机遇而走向崩溃。

二、进一步讨论的问题

学习回顾本章的内容之后,最需要进一步思考的是:如何认识晚清在中国政治现代化过程中的地位?

首先,尽管清政府的改革最初是出于规避甚至抗拒更大变革的目的,尽管这场始于晚清的现代化进程被认为是一种防御性现代化,但是清政府本身确实是在用自己的方式实践、传播着现代政治观念。从这个意义上看,晚清从"新政"改革到"预备立宪"时期的一系列制度变革,又构成了中国政治现代化进程的重要环节。

其次,清朝作为一个专制政权,在面临诸多内外压力的情况下,尝试着向立宪民主过渡,虽然最终政权崩溃,政治制度变革也没能实现目标,但毕竟为中国的政治转型和政治制度现代化进行了一些探索。这些改革探索尽管是出于维护统治集团利益的狭隘目的,但是这些改革所反映和呈现出的问题,比如怎样处理传统与现代、本土文化与外来文化的关系,怎样拿捏制度变革与政治稳定之间的"度",怎样基于自己的国情有效回应外部挑战等问题,则是任何政治转型期国家所面临的共同性问题。

参考文献:

1. [法]佩雷菲特:《停滞的帝国:两个世界的撞击》,王国卿等译,生活·读书·新知三联书店 2013 年版。

2.［美］费正清编:《剑桥中国晚清史》上、下卷,中国社会科学院历史研究所编译室译,中国社会科学出版社 1985 年版。

3.［美］孔飞力:《中华帝国晚期的叛乱及其敌人:1796—1864 年的军事化与社会结构》,谢亮生等译,中国社会科学出版社 1990 年版。

4.侯宜杰:《二十世纪初中国政治改革风潮:清末立宪运动史》,中国人民大学出版社 2011 年版。

思考题:

1.概述晚清时期新政以前中央层面政治制度变革的主要体现。

2.概述新政早期阶段政治制度变革的主要内容。

3.比较《钦定宪法大纲》与《十九信条》的异同。

第二章 / 南京临时政府至北洋政府时期的政治制度

1911 年爆发的辛亥革命是改变中国历史进程的重大事件,它不仅意味着清王朝统治的崩溃,也标志着在中国延续了两千多年的君主专制制度正式终结。辛亥革命后,中国开始建立共和政体,中国政治制度也开始进入一个新的历史发展阶段。不过,旧制度的破除和新制度的创设,必然不会是一帆风顺的过程。守旧势力的伺机反扑、政治权力格局的变化、外部势力的干预等,都会给新制度的创设和实施带来诸多变数。那么,辛亥革命后中国效仿西方建立西式民主共和制度又会面临怎样的局面呢? 将西方的政治制度移植到当时的中国究竟会造成怎样的影响呢? 本章将通过介绍南京临时政府至北洋政府时期各项政治制度的演变和发展情况来解答这些问题。

第一节　辛亥革命与南京临时政府对新制度的探索

南京临时政府的成立,标志着中国政治制度史上民主共和制时代的到来。从政体上说,南京临时政府采取的是总统共和制,并按照三权分立的原则组建政府。为了防止袁世凯利用总统制转向个人独裁,孙中山在交出政权之前主持制定了《中华民国临时约法》,改总统制为责任内阁制。

一、南京临时政府的成立

随着中国在鸦片战争中失利,早期先进的中国人开始了"睁眼看世界"、向西方学习的进程。1842 年,著名启蒙思想家魏源在其著作《海国图志》中提出了"师夷长技以制夷"的著名主张。从 19 世纪 60 年代开始,清统治集团内部开始出现以"中体西用"为纲领、以"自强""求富"为目标的洋务运动。但是,甲午战争清政府的惨败宣告了这场运动的失败。在这种背景下,发生了康有为、梁启超等领导的以改良当时政治制度为主题的"戊戌变法"运动,最终也以失败而告终。此后,虽然清政府迫于各种压力,在"新政""宪政"等旗帜下进行了政治改良的举措,但已经无力挽回时局,推翻清廷统治的反清革命运动已成大势。

　　孙中山是这场革命运动的最重要的领导人。1894 年,在上书李鸿章遭冷遇后,孙中山在美国檀香山创办了中国最早的革命组织兴中会,并积极筹划反清起义活动。此后,各种革命团体纷纷在海内外成立。1905 年,兴中会联合华兴会、光复会等革命团体在东京成立了同盟会。大会通过孙中山起草的《同盟会宣言》和《同盟会对外宣言》及黄兴起草的会章,推举孙中山为总理,确定了“驱除鞑虏,恢复中华,创立民国,平均地权”的十六字纲领。从 1906 年开始,同盟会在国内发动了十多次武装起义,并在各地会党乃至军队中(主要是新军)秘密发展组织;在思想上与立宪派展开大论战,积极传播反清革命思想,推动革命形势不断高涨。

　　1911 年 10 月 10 日,轰动世界的武昌起义爆发,起义军很快控制了武汉三镇,随后建立了中华民国湖北军政府,即“中华民国军政府鄂军都督府”,强推原新军第二十一混成协协统黎元洪为都督,设参谋、军令、政事、外交四部;不久,扩大为十一个部。随着武昌首义的成功,湖南、陕西、江西、山西、云南、上海、浙江、江苏、贵州、安徽、广西、福建、广东等地也相继爆发起义,成立军政府。在不到一个月的时间里,革命军已占领了全国领土的一大半。经各省通电协商,1911 年 11 月 30 日在汉口(英租界顺昌洋行)召开了“各省都督府代表联合会”。会议决议以湖北军政府为中央政府,讨论了跟清政府议和的“纲要”,通过了具有临时宪法意义的《中华民国临时政府组织大纲》(简称《组织大纲》)。但在会议举行期间,武汉的战事节节失利,武昌处于清军包围之中,而下游的南京恰好在 12 月 1 日被起义者光复。因此,会议改在南京继续举行,并决定以南京作为临时中央政府的首都。1912 年 1 月 1 日,从海外归来的孙中山在南京就任临时大总统,宣告中华民国临时政府成立。1 月 2 日,重订了《组织大纲》,增设了副总统,将原来五部增为九部。1 月 3 日,选举黎元洪为副总统,通过孙中山提出的国务员名单。1 月 28 日,临时参议院也宣告成立。

　　南京临时政府的成立,标志着亚洲第一个民主共和国的诞生,在中国政治制度发展史上具有划时代的意义。

二、南京临时政府的组织形式

　　南京临时政府从 1912 年元旦孙中山就任临时大总统到 4 月 1 日辞职,仅仅存在三个月。时间虽然很短,制度也不完备,但实行的却是中国历史上前所未有的资产阶级民主共和制度。它以《中华民国临时政府组织大纲》为依据,仿效美国的政治制度框架,采取了总统制共和制政体,并按照行政、立法、司法三权分立的原则,规定临时政府将由行政机关、立法机关、司法机关三部分构成。

（一）行政机关

设临时大总统、副总统：由各省代表选举产生，以得票满投票总数 2/3 以上当选，代表投票权为各省一票。临时大总统代表国家，既是国家对内对外最高代表，又是行政首脑，可以直接指挥行政各部。它有"统治全国""统率海陆军"、宣战、媾和、缔结条约、制定官制官规、任免文武官员等多项权力。但在行使任免国务员、外交专使、缔结条约、宣战媾和、制定官制等权力时，须得到参议院同意。

临时大总统下设总统府及参谋部等机构。

行政各部：共设内务、外交、海军、陆军、司法、财政、实业、交通、教育九个部。各部内或设局，或设司。各部设总长一人，次长一人。总长均为国务员，辅助大总统办理行政事务。

（二）立法机关

临时政府以参议院作为行使立法权的最高国家权力机构。它由各省都督府派参议员三人组成，在开会时，每省三人中只有一票表决权，议员用记名投票方式选出正副议长主持会务。

参议院的主要职权是议决暂行法律和临时政府的预算、税法、币制、公债发行，以及临时大总统交议事件，同时对临时大总统宣战媾和、缔结条约、制定官制官规、任免国务员及外交专使等有同意权。

参议院的表决方式"以到会议员半数之所决为准"，对于宣战媾和、缔结条约则"非有到会参议员三分之二之同意，不得议决"。临时参议院议决的事件，由临时大总统盖印，牵涉各部或有关部者，交各部或有关部执行。临时大总统对参议院议决的事如有异议，得于十日内声明理由，交参议院复议。对于复议事件，如参议院仍有 2/3 以上议员维持原议，则临时大总统仍照原案执行。

至于司法机关，据《组织大纲》规定，临时大总统得参议院同意，有权设立临时中央审判所。由于当时处在军事战争时期，无暇顾及此项建设，许多事情都是暂由行政机构中的司法部办理。到《临时约法》颁布后，司法权才从司法部中独立出来。

三、南京临时政府的性质

南京临时政府在形式上是一个由革命派、立宪派和旧官僚共同参加的联合政府，实际上是以资产阶级革命派为主体的政权。南京临时政府共有九个国务员（总长）席位，为了取得广泛的支持，共同对付主要敌人，孙中山提名革命派骨干黄兴、王宠惠、蔡元培分别任陆军、外交、教育总长,其余六名总长都由立宪派和旧官僚担任。但除了同盟会员担任的陆军、外交、教育总长在南京就职外,其他六部总长均未就职。另外,孙中山依据同盟会设计的"部长取名次长取实"的方案,直接任命同盟会骨干为各部次长,除海军次长汤芗铭外,其他次长都由革命派出任,因此实际部务由担任次长的革命党人负责,被称为"次长内阁"。

南京临时政府虽然存在的时间非常短,但是制定、颁布了一系列除旧布新的政策、措施,推动了社会的文明、进步、发展。比如通令各官厅焚毁旧刑具,禁止刑讯和体罚;废除等级制度,取消奴婢卖身契约和主奴名分,取消对疍户、丐户、义民(家奴)等的政治歧视和各种限制,允许他们享有各项公民权利;禁止买卖人口和蓄奴;宣布人民享有选举、参政等"公权"和居住、言论、出版、集会、信教等"私权";发展文化教育,提倡男女同校,奖励女学,废止读经。此外,还颁布一些奖励工商业发展的规章、制度,奖励举办实业,禁止各类社会陋习和丑恶现象等。

南京临时政府成立后就面临很多困难。辛亥革命虽是革命党领导的,却又是在与立宪派及袁世凯这样的清朝实力派妥协的情况下取得胜利的,革命党手中并没有多少直接控制的军队,一下子也筹措不出维持政权运转的经费,基本上是一个无兵、无钱的政府,而当时的袁世凯手握重兵,在清末的政治舞台表现出很强的影响力,不光受到立宪派、旧官僚的支持,也颇受英、美、德、日、法、俄等列强的青睐。于是在清帝溥仪下诏退位、南北议和成功之后,临时参议会于 1912 年 2 月 15 日以全票选举袁世凯为临时大总统。

为了防止袁世凯专制独裁,孙中山在交出南京政权之前,主持制定了具有宪法性质的《中华民国临时约法》(简称《临时约法》),史称"民元约法",于 3 月 11 日公布实施,取代《中华民国临时政府组织大纲》。《临时约法》最大的特色是为抑制袁世凯的野心,将原《组织大纲》中的总统制改为责任内阁制,缩小了总统的职权。不过,后来的事实证明,单凭一纸空文的约法是无法束缚住袁世凯的手脚的。

第二节　北洋政府时期政治制度的演变

1912 年 3 月 10 日,袁世凯在北京就任临时大总统,开始了北洋政府时期。除了曾经短暂的帝制复辟之外,北洋政府名义上仍属于"中华民国",形式上维持着民主共和制度,并大体保持了立法(国会)、行政(总统、内阁)、司法机关三权分立的形式。但由于它实质上是以袁世凯为代表的北洋军阀[①]控制的政府，故被称为北洋政府。其特点是政治权力集中表现为军权，军权直接左右政局发展和政治制度的运行。一旦某个大军阀控制政局后，便会极力扩张自身的权力，甚至连形式上的分权制衡原则也难以保证；而当几派军阀分掌权力时，各种勾心斗角、冲突摩擦又频繁发生，造成政局动荡。

一、袁世凯独裁背景下中央政治体制的演变

在袁世凯控制北洋政府时期，其中央政权组织形式大体经历了内阁制—总统制—帝制—内阁制的变化。

（一）内阁制及其破坏

依据《临时约法》，袁世凯在北京成立的新政府应是实行三权分立的内阁制政府，其基本部分由总统、参议院、国务院和大理院组成。

总统是国家元首。按照《临时约法》规定，临时大总统有统率陆海军、公布法律、发布命令、制定法律、制定官制官规、任免官员、军事、外交、荣赏、赦免等权力。所谓公布法律权，即临时政府制定的法律由总统公布；发布命令权，是临时大总统为执行法律或者基于法律的委任而发布命令的权力；制定法律权，是指与制定法律有关的权力，一是法律提案权，二是对议会的决议有交令复议权；制定官制官规权，指总统有权制定官制官规，但必须交参议院议决，与法律提案权性质相似；任免权，指大总统任免国务员和其他官员，但任免国务员及外交大使、公使须得参议院同意，国务员受到参议院弹劾后，临时大总统应免其职；军事权，一是军政权，由陆军部具体执行，二是军令权，即军队调遣、编制权，由法律加以限制；外交权指接受和任免使节、缔约、宣战、媾和四种权力，但总统行使外交权须得参议院同意；荣赏权是政府颁给文武官员荣誉奖赏；赦免权是总统宣告大赦、特赦等权，但也要先取得参议院的同意。

总之，大总统职权虽然相当广泛，但重要权力的行使都受到参议院的限制，而且行政权由作为内阁的国务院实际掌握，故其职权受到很大限制。

参议院行使国家立法权，职权包括议决法律、预算及决算，议决税法、币制和度量衡准则；在总统行使外交权及任免国务员权力时，行使参议院同意权；选举临时大总统、副总统，并弹劾临时大总统、副总统及国务员。另外，参议院得自行集会、开会、闭会，不受大总统支配。参议院会议一般采取公开形式，允许旁听，议员得自由发表言论。

---

① 1895 年，袁世凯奉旨在天津小站训练新建陆军，因为袁后来担任直隶总督兼北洋大臣，故这支军队被称为“北洋新军”。正是以此为基础，袁世凯和他手下的主要将领形成了强大的军事实力，进而操控清末民初的政局。因此，人们把袁世凯及其手下的北洋系将领（又有直系、皖系、奉系等）称为北洋军阀。

国务院是国家最高行政机关,它是责任内阁制的体现。国务院也就是内阁,由国务员组成。国务员包括国务院总理及各部总长,其中总理是内阁的组织者和领导人,在国务会议上担任主席,对国务院工作全面负责。总理一般由总统提名,经参议院同意后任命,其余国务员由总理提名,经参议院同意后再由总统任命。总统公布法律、发布命令时,关系到各部的由全体国务员副署,关系到一部或几部的由总理及该部总长副署,不属于各部的由总理副署,否则就没有法律效力。国务员受到参议院弹劾,总统应免其职。总之,国务院在行政上负全责,不受总统而受议会控制。

《临时约法》制定的初衷是孙中山等革命派希望借此约束、限制袁世凯的权力,有一定的"因人立法"的性质。袁世凯即位大总统之初,在表面上保持了对《临时约法》的尊重,不敢公开推翻责任内阁制,就在内阁的人事安排上做文章。他提名任命亲信唐绍仪为首届内阁总理,并安插亲信赵秉钧、陆征祥、段祺瑞、刘冠雄出任内务、外交、陆军、海军四部总长。但唐绍仪自担任总理后,以"调和南北"(指北洋政府与南方革命党人)为职志,倾向责任内阁制,对袁破坏民主共和制的行为有所抵制,袁便煽动赵秉钧、段祺瑞与之抗衡。随后,由于袁世凯本人不经过唐绍仪的副署,直接发布王芝祥的任免命令,唐绍仪被迫于6月15日辞职。这种公然违背《临时约法》的做法,引起其他同盟会员出身的阁员抗议,也一齐辞职。袁则提名陆征祥组织无党派的"超然内阁",又遭到参议院的反对,袁世凯便出动军警,以解散参议院相威胁。参议院虽然被迫同意陆征祥组阁,但对袁世凯粗暴干涉参议院不满,又提出弹劾陆征祥的议案,逼使他称病辞职。随后,袁世凯的亲信赵秉钧任总理。赵秉钧任总理后,竟将国务会议搬到总统府去开,从此,"责任内阁"便徒有虚名。

(二)"总统制"的出台

袁世凯用各种方式破坏责任内阁制的运作,但在制度上毕竟与《临时约法》相悖。为了寻求一种便于自己集中权力和独裁的政体,袁世凯又开始进一步操作,把责任内阁制变成总统制。

按照《临时约法》规定的程序,应先产生临时总统和临时政府,然后临时总统根据临时参议院制定的国会选举法和组织法,在十个月内召集和选出正式国会,由正式国会制定出宪法后,再根据宪法,最后产生正式的中华民国总统和政府。所以,袁世凯要想当上正式总统,需要建立正式国会、制定正式宪法。

革命党人对组织正式国会也很积极。他们希望取得议会多数席位进而组织政党内阁,抵制袁世凯对内阁的控制。1912年8月,以同盟会为骨干组成了国民党。1912年底到1913年初,在北京临时政府内务部的主持下,全国进行了参、众两院议员选举。结果,国民党在两院总席位870席中取得392席,遥遥领先于其他党派,成为国会中第一大党。

1913 年 4 月 8 日，首届国会开幕，随后就进入制宪阶段。经参、众两院选举，产生了 60 人组成的宪法起草委员会，其中国民党 28 名，进步党 19 名，其余为各小政团成员，国民党在宪法起草委员会中也占优势。7 月间，由于宋教仁案发生，引发了革命党人在江西、江苏发动的"二次革命"，国会中的国民党籍议员纷纷南下，宪法起草委员会常因不足法定人数而休会，宪法起草进程很慢。9 月，"二次革命"失败，袁世凯强迫国会停止起草宪法，首先选举总统。10 月 6 日，袁世凯出动军警、流氓打手胁迫国会选举他为正式大总统。

袁世凯当上总统后，便着手开始制定新的宪法。1913 年 10 月 16 日，他向国会提出了一个"增修临时约法案"，遭到国会拒绝。这期间，国会宪法起草委员会所起草的《中华民国宪法草案》（因会场在天坛，又称《天坛宪草》）已经进入三读程序，袁世凯得知该草案仍采取责任内阁制后，一面通电反对，一面在 11 月 4 日下令解散国民党，撤销国民党议员资格，使国会不足半数而无法开会。1914 年 1 月 10 日，袁世凯正式下令解散国会，并撤销各省议会，停办地方自治。

随后，为了制定符合自己意志的宪法，袁世凯又进一步授意召开"约法会议"。约法会议形式上由选举产生，实际上其议员多由袁世凯指定或各省都督保荐，经袁世凯同意方可入选。1914 年 5 月 1 日，袁世凯颁布了由约法会议炮制的《中华民国约法》，史称《民三约法》或《新约法》，终于实现了撕毁原约法的目的。

按照这部约法，国家实行总统制，设大总统及行政各部，设立法院作为国家立法机关，又设参政院作为总统咨询机关。大总统既是国家元首，又是行政首长，对"人民之全体"负责而不对立法院负责。除拥有一般国家元首享有的职权外，大总统在制定官制、宣战、媾和、缔结条约等方面无须征得国会同意，甚至可以发布与法律有同等效力的紧急命令。作为行政首长，大总统可直接领导行政各部，而取消了原来的国务院，并仿照前清军机处，在总统府内设立了政事堂，以国务卿一人协助总统处理政务，相当于历史上的宰相。

行政系统之外，立法院按规定采用一院制，但始终没有设立，而本来仅仅属于总统咨询机关的参政院，则被赋予许多超过其权限范围的特权。1914 年 6 月 29 日，袁世凯又下令在立法院未成立之前，由参政院代行立法院职权。参政院实际上是袁世凯谋求帝制的御用机关。

这样通过《新约法》，袁世凯当局将原《临时约法》规定的责任内阁制改成了总统制，实际上建立了个人独裁制。

（三）由复辟帝制到内阁制

袁世凯当上权力不受限制的总统后不久，又开始了谋求复辟"帝制"的活动。袁世凯本是帝制时代的旧官僚和旧军人，自幼受传统政治文化的浸润熏陶，虽迫于形势接受了民权、共和之类的原则,头脑里的帝王思想却根深蒂固。在各种要求"君主立宪"的舆论鼓动下,再加上其他一些因素的刺激,其称帝的野心开始膨胀。当时鼓吹君主立宪的所谓"筹安六君子"中,严复、刘师培是国学泰斗级人物,孙毓筠、李燮和、胡瑛、刘师培还曾是名噪一时的革命党,这对当时的舆论是具有很大迷惑性的。特别是在鼓吹君主立宪的人当中,还有像日本宪法学家有贺长雄、美国政治学家古德诺这两位"洋顾问",更加强化了袁世凯实行帝制的信心。1915 年 8 月,时任袁世凯政府顾问、霍布金斯大学校长的古德诺(Frank Johnson Goodnow)发表《共和与君主论》一文,认为中国教育落后,民智卑下,素习君主独裁之政治,亦无参与政治的经验与能力,勉强实行共和制容易引发祸乱,只适合于君主制。8 月 14 日,杨度在袁的示意下正式发起成立筹安会,公开进行复辟帝制活动。筹安会一面到各地鼓动,一面电请各省将军、巡按使派代表进京"讨论国体",旋即宣布"一致主张君主立宪"。与此同时,北洋系军政要人、地方大吏段芝贵等人纷纷活动,拥护袁世凯称帝。经过一番假意推辞,袁世凯于 1915 年 12 月 12 日接受了参政院拥戴他为"中华帝国皇帝"的请求,15 日改国号为"中华帝国",不久又下令从 1916 年元旦起改年号为"洪宪"。而正当他准备在元旦正式登位时,南方爆发了反对帝制的"护国战争",他被迫暂缓此事,并于 1916 年 3 月 22 日正式宣布取消帝制。

帝制复辟不仅激起了人民反对,也加深了北洋军阀内部的矛盾。还在帝制公开之前,段祺瑞就称病退居西山,拒不劝进,冯国璋则在南京消极观望。帝制公开后,冯国璋、段祺瑞又与各省联络,希图造成在南方与北方(袁)之间的第三种势力。袁世凯取消帝制后,并没有得到人民谅解,为了对南方用兵,被迫启用段祺瑞、冯国璋。袁世凯任命段祺瑞为国务卿,段祺瑞仿效袁世凯对清朝逼宫的故伎,以组织内阁为条件。袁世凯为了维持残局,不得不于 4 月 22 日宣布恢复责任内阁制,缩小总统职权,任命段祺瑞为国务卿兼陆军总长。5 月 8 日下令改政事堂为国务院,段祺瑞当上了责任内阁制下的总理。在众叛亲离的情况下,袁世凯于 6 月 6 日死去。

二、袁世凯以后北洋政权组织形式的演变

袁世凯死后,北洋军阀集团分裂为以段祺瑞为代表的皖系、以冯国璋为代表的直系和以张作霖为代表的奉系三派,此外还有盘踞一省或几省的大大小小的军阀。他们对外倚靠列强支持,对内争权夺利,成为当时中国政局动荡的主要原因。

从 1916 年 6 月袁世凯死去,到 1920 年 7 月皖系在直皖战争中被打败,北京政权控制在段祺瑞手中。从 1920 年 7 月到 1924 年 10 月北京政变,是直系军阀控制北京政权时期。此后经历了短暂的段祺瑞执政府时期,北京政权又为奉系军阀张作霖控制,直到 1928 年张作霖

退出北京，北洋军阀政权才宣告终结。

（一）皖系北洋军阀政府时期法统的演变

袁世凯死后，黎元洪以副总统身份继任大总统，仍由段祺瑞组阁，并经过一番争吵，恢复了孙中山所主持制定的旧的《临时约法》和被袁世凯解散的议会。在政体上，也继续采用责任内阁制。

然而就在旧法统恢复不久，段祺瑞的内阁就与总统黎元洪在制宪和是否参加欧战等问题上发生了冲突，从而引发了以黎元洪为代表的总统府和以段祺瑞为代表的国务院之间的"府院之争"。1917 年 5 月 23 日，黎元洪下令免去段祺瑞国务院总理兼陆军总长职务，引起支持段祺瑞的各省督军的反对。于是黎元洪电召时任长江巡阅使、安徽督军的张勋入京"调停"。张勋于 6 月 14 日到北京，7 月 1 日宣告复辟帝制。黎元洪在被迫离任时又密令段祺瑞重任国务总理，再请冯国璋代行总统职权。段祺瑞立刻趁机组织"讨逆军"赶走张勋，重新当上北京政府的总理，副总统冯国璋则代理总统。

段祺瑞于 1917 年 7 月重新掌政后，本来应该恢复原来的法统和政治格局，重新召集已被解散的国会。但段祺瑞与研究系代表人物梁启超却提出一套新"法理"，认为张勋复辟后的共和国是段祺瑞"再造"的，应同辛亥革命后的南京临时政府一样，要创造新法统来组织政府。因此，他们主张另行召集"临时参议院"，重定国会的组织法和选举法，再召集新国会，选举新总统，制定新宪法。

1917 年 11 月 10 日，由各省军阀指派代表参加的临时参议院在北京正式开会。1918 年 2 月，公布了经临时参议院修订通过的《国会组织法》《参议院议员选举法》和《众议院议员选举法》。与此同时，段祺瑞又通过其爪牙所组成的"安福俱乐部"（因设在北京安福胡同而得名）操纵国会议员选举。他们动用几百万元巨款，以每张选票 300—1000 元的高价贿买议员，终于使安福系议员在议员总数中占到四分之三以上的优势。8 月 12 日，新国会（又称"安福国会"）两院议员齐集北京，宣布国会开幕。随后，选出老官僚徐世昌为大总统，把手握重兵的冯国璋赶下台。1919 年 8 月，安福国会的宪法起草委员会又完成了一部《中华民国宪法草案》（民八宪草）。这部宪法草案对国体、国土、国民权利义务采用了西方国家宪法的一般内容，在政府的组织原则上仍然采用分权制衡原则，并坚持了责任内阁制。但由于政局不稳，民八宪草未能提交参众两院进行审议。

1920 年，皖系在战争中被直系打败，安福国会及与其相联系的"新法统"也随之流产。

（二）直系北洋军阀时期的"法统重光"与宪法的颁布

1920 年 7 月以后，北京政权先是由直系军阀和奉系军阀联合控制，段祺瑞政府时期上台的总统徐世昌虽未下台,但已成为直系曹锟、奉系张作霖的傀儡。1922 年,直奉战争爆发,奉系败退关外,直系军阀完全控制了北京政府。由于这时军阀内部矛盾重重,加上南方尚未统一,曹锟、吴佩孚便打起了"法统重光"的旗号,恢复了旧国会,并迫使徐世昌去职,拉黎元洪复位。这样,北京政府在形式上又回到了南京临时约法所确定的"法统"基础上。

直系中的曹锟不满意吴佩孚先统一南方,再直接出面组织政府的做法。他首先指使亲信制造内阁危机,迫使内阁总辞职,又借口黎元洪破坏了责任内阁,通过在国会中提案、挑动军警"逼宫"、组织请愿等方式,将黎元洪赶下台。曹锟以 40 万元收买了国会议长,又以每张选票 5000 元到 1 万元的价格收买了 500 多个议员,并在大批军警包围国会选举现场的情况下,于 1923 年 10 月 5 日被"选"为大总统。

就在 10 月 10 日总统就职的当天,同时公布了仅用 12 天草草炮制的《中华民国宪法》。这是民国时期第一部正式宪法。按照该宪法,国会分为众、参两院,实行责任内阁制,国务院对众议院负责;总统的命令,除任免国务总理外,非经国务员副署,不发生法律效力。和以前几部宪法草案不同,该宪法给予各省较大的权力,如明确规定了中央与省的权限,允许各省制定省宪(立法)等。

由于这部宪法是由受贿的议员制定的,因此被蔑称为"贿选宪法""猪仔宪法"。它还没来得及实施,就在 1924 年被段祺瑞政府所否定。

(三)"府院合一"的执政府时期

1924 年 10 月,冯玉祥发动北京政变,囚禁了曹锟。在各派妥协的基础上,再次拥立段祺瑞主持北京政府。段祺瑞一面宣布废除旧法统,一面以"中华民国临时总执政"的名义组建临时执政府。1924 年 11 月 24 日,临时政府成立,并公布了《中华民国临时政府制》。根据这一规定,临时政府的国家体制是以临时执政、国务员和国务会议为基本组成部分的。临时执政总揽军政、民政,统率陆海军,对外代表"中华民国";临时执政下设国务员,由总执政任命,分掌行政各部,赞襄临时执政处理国务;临时政府不设国务总理,而由总执政召集国务会议,议决国务;临时总执政发布命令及国务文书,由国务员副署。所以,这一政府体制既无责任内阁又无国会制约,虽有国务员副署的形式,但国务员由执政任命,无异于雇员,也发挥不了制约执政的作用,实际上又是一种独裁制。

1925 年 10 月爆发了第二次直奉战争,冯玉祥的国民军控制了直隶全省。冯玉祥主张改组政府,同时全国各界也纷纷谴责段祺瑞的独裁。为此,段祺瑞于 1925 年 12 月宣布政府改组,增设了国务院,任命了国务总理。名义上由国务总理主持国务会议,实际上仍由段祺瑞控制全权。

由于旧法统已被段宣布废弃,而原来的国会议员也因贿选而逃散大半,为了给执政府制造法律依据,段祺瑞又操纵召开解决时局纠纷的"善后会议"。段祺瑞的设想是,先召集善后会议,制定出国民代表会议条例,然后据此召开国民代表会议,制定出宪法,选举他做正式总统。

段祺瑞不顾孙中山等各界人士的反对,于1925年2月1日强行召开了由他一手包办的善后会议。该会议议决了《国民代表会议条例》及军事、财政两个善后委员会条例。军事、财政两个委员会主要为段祺瑞政府议决有关整理军事、财政方面的方案,是段祺瑞实现独裁的工具。7月1日,段祺瑞下令于8月份开始进行议员选举,后又规定将于1926年1月15日召集国民代表会议。但到1926年初,段祺瑞政府处境已经十分危急,再也无心召开国民代表会议。

由于制定宪法的需要,段祺瑞在筹备国民代表会议的同时,成立了国家宪法起草委员会。该委员会于1925年12月11日完成起草宪法的三读程序,并将宪法草案通电全国。但由于国民代表会议始终没有召开,宪法草案自然无法议决。

另外,善后会议按规定只有三个月会期,不是常设民意机关。所以在1925年4月21日善后会议结束后,段祺瑞又于7月30日通过国务会议成立了"临时参议院"。其职责是辅佐临时执政,为临时政府提供咨询、建议并就临时政府所指定事项作出决议。它实际上是善后会议的翻版。

（四）军政府时期的国家政权体制

1926年初,在日、英等国策划下,张作霖、吴佩孚以"反赤"相号召,联合对冯玉祥的国民军发起进攻。4月,国民军退出北京,段祺瑞企图联合奉系维持其政府,结果没有得到支持,段祺瑞被迫下野。北京政权由直系和奉系联合控制。这时,南方广州革命政府已经成立,北伐军在不到半年时间里打垮了吴佩孚、孙传芳的部队,占领了长江流域广大地区。为了挽救危局,北洋军阀各派残余势力联合起来,推戴实力较大的奉系张作霖在天津就任安国军总司令,以孙传芳和张宗昌为副总司令。这时北京政权虽然形式上还存在着顾维钧内阁,但实际上已成为张作霖筹措军饷和办理外交的附属机关。1927年6月,由于竞争对手吴佩孚在军事上的失败和其他军阀的拥戴,张作霖改称安国军大元帅,总揽陆海军全权,正式成立军政府,任命新内阁。

根据6月18日公布的《中华民国军政府组织令》,大元帅在军事期间代表中华民国行使统治全权,军政府之外没有任何代议机关和民意机关,不对任何机关负责。大元帅下设国务院,由国务员组成。国务员包括国务总理和各部总长,他们组成国务会议,议决各项国务。大元帅的命令,均须国务总理副署,各部总长只对所管部务连带副署。但是,由于国务员直属大元帅,由大元帅任免,所谓"副署"也不过是徒有其名,所以,军政府完全是一种军事独裁政府。

1928年6月3日,在北伐军已对北京形成包围之势的情况下,张作霖退出北京,其军政府随之瓦解。

第三节　南方的护国军军务院与护法政府

北洋军阀统治时期,中国南方先是出现了反对袁世凯的护国军军务院,袁世凯的帝制破灭之后,为反对破坏民国法统的北洋政府,又建立了以孙中山为首的护法政府。由于这两个政府存续的时间较短,这里简单加以介绍。

一、反对帝制的军务院

袁世凯称帝前夕,蔡锷等于1915年12月25日宣布云南独立,并随后组建云南护国军总司令部。此后贵州、广西、广东、浙江也先后宣布独立。1916年5月8日,云南、贵州、广西、广东四省在肇庆组织中华民国军务院,宣布袁世凯称帝后即丧失大总统资格,副总统黎元洪身陷贼中,也不能执行总统职权,暂设军务院代行其权。

依据《军务院组织条例》,军务院直属大总统,统一筹办全国军机,并筹备一切善后政务。大总统不能亲临军务院所在地时,一切军政、民政和对内、对外事项,均以军务院名义代行。至正式国务院成立后,军务院撤销。可见,军务院是具有临时政府性质的反袁护国运动领导机构。

军务院设抚军若干人,由各独立省的都督、都司令、参谋或指挥两师以上的总司令充任。抚军互选抚军长一人,抚军副长一人。抚军长根据抚军的议决或同意,行使职权处理政务。军务院下设政务委员会,由抚军互选政务委员长一人,委员无定额,分掌外交、财政、法制等政务。军务院又设各省代表会,作为咨询机构。当时推唐继尧、岑春煊为正副抚军长,梁启超为政务委员长。黎元洪接任大总统后,军务院于1916年7月14日撤销。

二、护法政府

1917年7月段祺瑞上台后,以"再造共和"的功臣自居,宣布废除《临时约法》,另造新法统。这一做法遭到孙中山、海军、被解散的国会议员及西南军阀的反对,他们以孙中山为首在广东成立了护法政府，展开了护法斗争。此后随着护法政府内部各派力量对比的变化与改组，其具体形式经历了军政府下的大元帅制、总裁制和作为正式政府的总统制。

（一）军政府下的大元帅制

张勋复辟时被解散的第一届国会议员，一部分南下广州，于1917年8月25日召开非常国会，推举孙中山为大元帅，成立了护法军政府。

依据非常国会通过的组织大纲，军政府设大元帅一人、元帅二人，由国会产生。大元帅对外代表国家，是国家元首，并兼行政首长，直接统辖行政各部，行使行政权。元帅下设外交、内务、财政、陆军、海军、交通各部。各部设长一人，由国会选出，咨请大元帅特任。

军政府设都督若干人，以各省督军中赞助军政府者任之。

（二）军政府下的总裁合议制

军政府建立于南方，而拥有军事实力的滇系军阀唐继尧、桂系军阀陆荣廷等，只是要借孙中山的名望和"护法"的旗号对抗段祺瑞武力统一全国的政策，巩固自己的地盘。1918年1月，在西南军阀的操控下，在广州成立了以岑春煊为首的"中华民国护法各省联合会"，与孙中山主持的护法政府相对抗。在5月4日召开的非常国会上，滇、桂军事实力派与政学系议员联合，并拉拢一些反对大元帅制的中间派议员，通过了《修正军政府组织法案》，以总裁合议制代替大元帅集权制，以示更接近民主，孙中山被迫辞去大元帅之职。

按照《修正军政府组织法案》，军政府改大元帅集权制为总裁合议制。军政府的行政权由总裁会议行使。总裁会议由总裁组成，以合议制行使职权，每次轮一人为会议主席。总裁由国会选举产生。总裁会议之下，设内阁式的政务院，由政务院长、全部总长为政务员。政务员辅助总裁，对国会负责，其院长由国会选举，经总裁会议任命。军政府发布文告，须经总裁连署、政务员副署。此外，又设军事委员会，作为军政府的军事咨询机构；设参事会，作为政务院咨询地方行政的机构。

改组后的军政府虽为桂、滇军阀和政学系所控制，但并没有维持多久。先是岑春煊、陆荣廷等桂系实力派主张与北方段祺瑞政府议和，引起了原本为护法而南下的国会议员的反对，他们纷纷离开广州。接着在1920年8月间的粤桂战争中，桂系军阀被粤系陈炯明打败。10月，陆荣廷以四总裁名义宣布护法军政府解散，并宣布停止"护法"，表示"和平统一"于北京政府。

（三）短暂的"中华民国政府"

1920年11月，受陈炯明之邀，孙中山由上海回到广州，主张重建军政府，反对军阀之间的南北议和。12 月 1 日,正式恢复军政府。1921 年 4 月 7 日,孙中山在广州又倡议召开了非常国会,通过了《中华民国政府组织大纲》,正式成立了护法政府,孙中山被选为非常大总统。

依据《组织大纲》,新政府采取总统制:由大总统总揽政务,发布命令,统率海陆军,任免文武官吏,对外代表中华民国;总统下辖行政各部,部长由总统任免;总统府设秘书长。

孙中山就任大总统时,正值北方直奉战争爆发。孙中山准备乘机北伐,武力统一全国。在这种情况下,一贯主张联省自治、反对北伐的粤军总司令陈炯明因拒绝服从调遣,于 1922 年 4 月被孙中山解职。陈炯明的部下叶举率粤军主力从广西回到广州。6 月 2 日,北洋政府总统徐世昌在各方压力下宣布辞职。6 月 15 日,叶举发表通电,要求孙中山兑现对国人的承诺——与徐世昌同时辞职,随即于次日凌晨发动兵变,围攻总统府。孙中山被迫逃离广州。直到 1923 年春,滇、桂联军击溃陈炯明,孙中山再回广州组织政府。由于这时国会议员多已北上,成为曹锟贿选的工具,国会不存在,原来的护法政府也就失去存在的法律依据,于是将原来的政府改名为大元帅府(或称大本营),由孙中山任大元帅,恢复了元帅制。

到 1924 年初,孙中山领导的广州大元帅府已经基本稳固,国民党于 1 月 20 日召开第一次全国代表大会,除了改组国民党、实行国共合作外,大会还提出了"组织国民政府"的议题。1925 年 7 月 1 日,国民政府宣告成立。

第四节　北洋政府时期的地方政权体制

辛亥革命时期,由于政局动荡,地方政权的建制比较混乱。1913 年 1 月 8 日,北洋政府颁布《划一现行各省地方行政官厅组织令》,废除了清朝的府、厅、州,在省和县之间增加道一级政府,形成省、道、县三级地方政权体制。此外,又陆续设立了绥远、热河、川边、察哈尔四个特别行政区,以及一个和省平级的京兆(顺天)地方。需要特别注意的是,这一时期还出现了一种新的地方行政区划单位——市,并由此开启了城、乡分治体制。

一、省政权的组织形式

北洋政府时期的地方政权,在形式上也是引进了西方三权分立的组织原则,大致分为行政、立法、司法三个系统。这里主要介绍其行政和立法机构的情况，司法机构将在后文关于法律制度的内容中介绍。

（一）省行政机构的演变

辛亥革命时期，全国大部分省都采用军政、民政合并管理的办法，根据同盟会1906年制定的《军政府宣言》中"军法之治"精神，组织军政府管理省政。其长官名称各地不一。

1913年1月的"划一令"颁布后，开始实行地方军、民分治。根据规定，辛亥革命后出现于各省的都督只管军政，另设省行政公署作为省行政机关。

省行政公署设民政长一人，为省行政公署长官，总理全省政务，由中央任命。袁世凯为制止军人控制省政权，陆续任命文人出任省民政长。后来为迁就事实，命令未设民政长的省一律暂由都督兼任。民政长下设一处四司，即总务处、内务司、财政司、教育司、实业司。各司长总理本司事务，以民政长名义执行公务，均不独立对外。司下设若干科，科由科长和科员组成。

1914年，省行政制度又有所调整。袁世凯为进一步加强对地方的控制，在这年5月颁布新的省官制，将民政长改为巡按使，行政公署改为巡按使署；取消行政公署原设各处、司，在巡按使署内设置政务厅，作为行政枢纽，下辖总务、内务、教育、实业四科。另外，又设直属财政部的财政厅，重要事件可径呈总统，关于省经费的支配，则受巡按使监督。不久又将地方武装划归巡按使指挥和管理，并赋予巡按使监督财政、司法权。

袁世凯复辟帝制失败后，省制又有变化。1916年7月，段祺瑞政府下令改巡按使为省长，巡按使公署为省长公署。同时，在各省增设由官僚、士绅12人组成的省参事会。后来又增设警务处、交涉署、教育厅和实业厅，撤销原来的教育、实业两科。这样，在省长公署大致设立了政务、财政、实业、教育四厅，一个交涉署和一个警务处。其中财政、教育、实业三厅及交涉署、警务处属中央有关部和省双重领导。

总之，北洋政府时期省行政制度前后经历了三次变化，总趋势是要加强中央对地方的控制，削弱军阀的权力，但在当时并没有做到这些，地方政权实际上仍然操纵在拥兵自重的军阀手中。

（二）省议会的设立与废除

民国初年，各省除军政府之外，还设有民意机构，有的保留谘议局旧称，有的改称临时参议院或省议会。袁世凯政府在1912年后陆续颁布了有关省议会组织、议员选举和议会职权的法规，各省议会统一设立起来了。

各省议会设于省行政长官所在地，设议长、副议长各一人。议员采用间接选举产生：先选出初选当选人（人数多于议员名额 20 倍），再由初选当选人复选出正式议员。议员任期三年，可连选连任。省议会的会议分为常会和临时会议两种。常会每年一次，临时会议在有紧急事件或有半数以上议员请求时召开。议员的名额由中央根据各省情况规定。

省议会的职权，一是议决本省单行条例、预决算、省税和规费征收、省债募集等依法由省议会议决的事项，二是通过质问、弹劾等方式对省行政长官行使监督权。

1914 年 2 月，袁世凯在当上正式大总统后，也将议会全部解散。袁世凯死后，黎元洪继任总统，省议会也随国会的恢复而奉命重新召集。但在军阀割据的形势下，议会并未完全恢复，即使恢复的，也往往变成军阀手中的工具。

二、道政权的组织形式

道本是清朝省与府县联系的派出机关，北洋政府将道规定为省县之间的一级地方行政机关。根据 1913 年的"划一令"和随后公布的《道官制》，道的行政首长初名观察使，其官署称观察使署。道的行政长官由省行政长官经国务总理呈请大总统简任，不久改观察使为道尹。

道的行政机关设内务、财政、教育、实业科，各科设科长一人，科员若干人。道的职权，除管理道内行政事务、考核道内行政官吏、颁布道内单行规程外，还有监督道内财政、司法行政，节制调遣驻扎在道内地方武装，监督、考核所属各级行政官吏之权。其中监督道内财政及司法行政为委任监督权，其他各项则是道政府本身的职权（当然权）。此外，道行政长官还要定期及不定期地巡视下级，以监督地方。

道跟省和县相比，在机构设置上的明显不同是，道不设议会，其机构和职能不如省、县完整。

三、县政权的组织形式

辛亥革命时期，起义各县在名称和隶属关系上也比较混乱。1912 年临时政府成立后，通令各省暂行划一官吏名称，规定县、府、厅、州长官称知事。次年又公布《划一现行各县地方行政官厅组织令》，把有直辖地方的府、直隶厅、州一律改称为县，行政长官也一律改称县知事，公署称县知事公署。这一改革不仅取消了与县同级的厅、州异名，也减少了层次。1914 年又公布了《县官制》，明确规定县知事为隶属于道尹的县级行政长官，县知事由省行政长官直接委任，服从省的指示、命令，接受道的监督。1921 年前后，也有一些省将县知事改称为县长。

县政府的组织，除县知事外，分科办事，一般设一、二科，也有设四科的。各科设科长一人，科员若干。县政府下辖机构（也称署外机关）有公款局、劝学所、警所等。1923 年后，又逐步将一些所改为局，如教育局、实业局等。各局（所）主管人多由地方士绅充任，尚不算正式的地方官吏，属于县知事的僚属性质。除上述科、所（局）之外，县和省一样，也在行政系统内设立县参事会，作为县行政机关的咨询机构。

县行政长官的职权十分广泛。从行政方面看，县知事有发布命令或县单行章程、任命所属行政人员、监督所属行政人员、调用本县警备队等地方武装等权；从立法方面看，县知事有立法提议权、编制预决算权、紧急处分权等，从司法方面看，最初县知事行使检察权，1914 年后改为知县兼理审判和检察任务。

四、市与城、乡分治体制的出现

鸦片战争以前，中国在地方管理方面一直采取纯地域型的郡县体制，城和乡是合治的。鸦片战争后，随着商品经济的发展和工商业城镇的增多，城镇在产业结构、人口密度、生活方式等方面和乡村的差别日益扩大，因而出现了以管理工商业者为主的特殊地方行政单位——市，从而出现了城、乡分治的体制。

城、乡分治最早始于清末。根据光绪三十四年（1908）公布的《城镇乡地方自治章程》，城指府、厅、州、县官署所在地，镇指人口在 5 万以上的村庄屯集地方，乡指人口不满 5 万的村庄屯集地方。城、镇、乡都设有实行自治的议决机关和执行机关，议决机关是选民直接选举产生的议事会（议会），执行机关在城、镇为董事会，在乡为乡董、乡佐。城、镇、乡所享有的自治权主要是办理地方教育、卫生、道路工程、农业、商业、慈善以及公营事业。县行政长官对其自治组织有监督权。

民国建立后，各省一般沿袭清末的城、镇、乡制，只是在南方一些省改为市、乡制。如江苏临时议会于 1911 年公布《江苏暂行市乡制》，开始把城、镇合称为市，条件与清末一样，必须是县政权所在地或人口 5 万以上的村庄屯集地。1914 年，袁世凯下令停办地方自治，城、镇、乡作为地方自治组织在法律上虽然被废止，却没有改变城、乡分治的趋势。

1917 年 12 月，北洋政府代理总统冯国璋公布了《京都市政公所暂行编制》，开始将首都所在地称为市。广州军政府也于 1918 年在其驻地设市政公所，并于 1921 年《广州市暂行条例》中，正式将广州市改为一个地方行政区划，直属省政府。这样，市作为一种新的地方行政区划正式登上了历史舞台。

1921 年，北洋政府又公布《市自治制》和《市自治制施行细则》，将市分为特别市与普通市两种。特别市又分两种：一种是受内务总长监督的京都特别市；另一种是受地方最高行政长官(省级)监督的特别市。普通市隶属于县,受县行政长官监督。市的自治组织分为自治公所(执行机关)、市自治会(议决机关)。另外在特别市还设有参事会,是执行机关的辅助机构。

在 1920 年至 1923 年之间,东南各省兴起了"联省自治"运动,纷纷制定了省宪法,其中对市制又有进一步规定。如《中华民国浙江省宪法》规定,凡工商荟萃、人口满 15 万以上区域可成立特别市,凡县治所在地或工商荟萃、人口满 1 万以上区域可设市。《湖南省宪法》则是将市分为三等:凡省内都会或商埠,人口满 20 万以上的为一等市,受省政府监督,地位与县等同;人口 5 万至 20 万的为二等市,人口 5 千至 5 万的为三等市,均受县监督,地位和乡等同。[①]市跟乡一样实行自治,且自主权更大些。比如《中华民国浙江省宪法》规定,特别市议会及其执行机关的组织由全体市选民公决,经省政府认可;对于市的立法,选民有直接提案权和总投票的复决权。《江苏暂行市乡制》则规定,市立法机关为市议事会,市行政机关为市董事会。当市议事会与董事会发生争执时,可移文送县议事会公断。不服公断,可由县长转请省议会公断。市董事会设总董一人,相当于市长,综理一切事务,此外又设董事和名誉董事。

护法军政府时期的广州市政厅由市长和市行政委员会组成。市行政委员会由市长和各局局长组成。此外又设市参事会,作为配合行政的审议机关。

另外,1922 年后有些地方兴起"村治"运动,带动地方组织发生变化,其中以山西和云南较为突出。

山西为实行村治,县以下采取区、村两级组织。区是直属于县的派出单位,一县设三至六个区不等;每区设区公所,设区长一人,区警 4 至 12 人;区长由省长任命,直属于县行政长官。村是区下的自治单位,原则上以百户为单位、以一个或几个自然村组成(即行政村)。行政村以村民会议为议决机关;以村公所为执行机关,由村长、副村长组成;以息讼会为司法机关,设会长一人和若干公断员;以监察委员会为监察机关,由委员 5 至 7 人组成。村下为间、邻:五家为邻,设邻长;五邻为间,设间长。

云南在县以下采取市、村两级组织。市设市公所,置市长一人,负责管理市行政,任免各类事务员及管理市警、市经费和公共营造物等。同时,根据实际需要,市下还可分为若干区,每区设市佐,协助市长工作。这种市和山西等地的区地位相近。村是市下面的自治单位。设村公所,由村长一人、村佐若干组成;设村议会,由议长、副议长、议员组成。

① 两部省宪法全文参见赖俊楠编:《宪制道路与中国命运:中国近代宪法文献选编(1840—1949)》上卷,中央编译出版社 2017 年版,第 614—649 页。

第五节　现代文官制度的初步实践

中国虽然自清朝末年就已经废除科举，开始改革传统的官僚制度，但文官制的全面建立则是从北洋政府开始的。从 1912 年起，为适应当时民国政治制度的整体变革，北洋政府陆续制定颁布了一系列文官管理法规，从分类、考试、任用到考核、惩戒、薪酬管理等各方面，逐渐建立起一套现代文官制度体系。

与中国旧式的官僚制相比，北洋政府文官制度最大的变化与特点在于：第一，取消了传统社会的"官"和"吏"的区别，把文官分为四个等级，并按照职能进行了职位分类；第二，依托于现代教育制度及相应的知识体系建立起文官的考试录用制度。[①]

一、文官的等级与职位分类

依据相关法规，北洋政府把官员分为文官和武官两大类。首先，为建立新的文官制度，北洋政府废除了传统官僚制下区别"官""吏"的制度，将议员与军官以外所有依法考试录用的官员一律视为文官。传统的官僚制下盛行官尊吏贱的做法，从事具体行政事务的吏在社会政治地位上十分低贱，甚至和倡优、皂隶、罪犯之家一样不准参加科举考试。而在北洋政府的文官制度下，文官仍有高等与普通之分，但此前担负具体行政职能的吏从此获得了文官的身份及相应的地位、待遇与法律保障。

其次，按照职位高低和任命程序的不同，把文官分成特任、简任、荐任、委任四级，其中简任、荐任、委任官中再分为九等，对他们分别以不同的程序加以任用和管理。前三种文官被称为高等文官，委任官被称为普通文官。

最后，北洋政府又根据职务和工作性质不同，把文官分为行政官、外交官、技术官（如国营铁路的官员）、征收官、审计官、法院书记官、监所官等。各种文官在考试、任用程序、薪俸、惩戒等方面都有所不同，由不同的法规加以规定。

二、考试制度

北洋政府的文官考试分为高等和普通两种。文官高等考试由中央统一办理，文官普通考试由中央和地方分别办理。

---

① 本节关于北洋政府时期的文官制度的内容，主要参考钱实甫：《北洋政府时期的政治制度（下）》第十五章，中华书局 1984 年版；武乾：《论北洋政府的文官制度》，《法商研究——中南政法学院学报》1999 年第 2 期。

依据 1913 年政府法令,设立"文官高等典试委员会"(中央),由大学教授与政府官员组成,主持文官高等考试。1919 年又将典试委员会的官员改为专职典试官。

(一) 文官高等考试

考试程序。依 1913 年的规定,考试分为甄录试、初试、大试三次。甄录试为笔试,科目为国文、历史、地理、笔算,实际是文化考试。初试为笔试后再口试,科目有国法学、民法、刑法、国际公法、行政法、经济学、财政学;此外附科任选一门,有商法、政治学、民事诉讼法、通商条约。大试也是先笔试后口试,科目为现行法令解释、设案判断、草拟文牍。1915 年,又将考试程序分为四试,前三试为笔试,后一试为口试。四试平均合格才能录取。第一试考试经义一道,史论一道,现行法令解释一道。第二、三两试分别考试专门学科,有政治、经济、法律、文学、物理、数学、测量、化学及其他专业知识,共 22 类。此后在 1919 年又将考试科目进行调整,如第一试改为国文科目,第二、三试的专门科目比原来有所增加,第四试仍是就应试人笔试过的科目再行口试。

考试的条件与录取方式。依 1913 年的规定,凡年满 21 岁,无违法、品德端正、身体健康的中国男子皆可应试;其中达到中等以上学校毕业或有相当资格的,可免甄录试。初试及格的,授以学习员证书,由国务总理咨送各官署学习二年,期满再由所属长官呈请大试。大试及格,授予补官证书,依照政府《文官任用法》叙补。依 1915 年的规定,凡年满 25 岁、品德端正、身体健康的中国男子,具有国内外大学或高等专门学校毕业证书的,可参加应试,四次考试录取后,授以荐任职,但须先分发学习二年,期满而成绩优良者,即可作为候补。

(二) 文官普通考试

文官普通考试的主持机关为"中央文官普通考试典试委员会"和"地方文官普通考试典试委员会"。两委员会成员分别由中央各官署长官就署内荐任官中选派,或各省行政长官在所辖荐任官、官立中等以上学校教员中选派。1915 年后改为专职的典试官员。考试地点设在首都。

考试程序与科目方面,起初为一试,科目有国文、历史、地理、笔算、法学通论、经济学,另外各官署根据本机构业务需要增加一两科。1915 年由一试改为三试,前两试为笔试,后一试为口试。第一试考国文一道;第二试分两类考试,考行政职者试宪法大纲、现行法令解释、策问、文牍等科,考技术职者各按专业考试至少四科。1919 年的规定稍有变化。

在录取方面,1913 年规定,考试及格者授补官证书,依《文官任用法》叙补。1915 年规定为三试平均合格者予以录取,录取后授委任职,但也要分发学习一年,期满而成绩优良者即可候补。此后大体没有变化。

对未经文官考试而已经任用的官员,采用甄别的办法加以考核任用。设立高等和普通甄别委员会,通过检验毕业文凭、调查经历、检查成绩、考验学识、考试经验等五道程序进行甄别,合格者颁发证书。

三、任用制度

官员的任命方式。民国后,任命官员是依据"官等"和被任者的资格进行的。依照1912年公布的《中央行政官官等法》,中央行政官分为四级九等,四级为特任、简任、荐任、委任四级,其具体含义和任用程序如下。

特任官:由大总统特令任用的官员,包括国务总理、全权大使、各部总长。

简任官:在官等上列为第一、二等,其中属于国务院或直属于国务总理的,其任免、叙等均由国务总理呈请大总统执行,属于各部或直属于各部总长的,其任免、叙等均由各部总长经由国务总理呈请大总统执行。简任官包括国务院秘书长、局长、总裁及各部次长等。

荐任官:在官等上列为第三至五等文官,其中属于国务院或直属国务总理的,其任免、叙等均由所属长官经国务总理呈请大总统执行,属于各部或直属于各部总长的,其任免和叙等均由各部总长经国务总理呈请大总统执行。国务院秘书、参事、佥事及各部参事、秘书、司长、科长、副官等均为荐任官。

委任官:在官等上列为六至九等文官,其任免、叙等均由所属长官执行。

以上是依据《临时约法》责任内阁精神而确立的任命程序。袁世凯制定了《新约法》之后,任命方式略有调整。其文官(行政官)仍分为特任、简任、荐任、委任四种,前三种为高等文职,后一种为普通文职。特任官由大总统特令任用,简任官由大总统就合格人员中简任,荐任官由所属长官呈请大总统任命,委任官由所属长官委用。可见,总统在任命高等文职方面的权力有所加强,体现了国家政体上的总统制精神。袁世凯死后,这一官制便废止了,又恢复了民国初年任命官员的方法。

在任用资格方面,除特任官和秘书另有规定外,其他行政官员是依据1913年公布的《文官任用法草案》确定资格的,如:

简任官,凡具备下列各项资格之一便可任用:现任或曾任三等荐任文官,但教官(中等学校以上教师作教官论)、技术官和依特别任用法任用的不在此限;曾任简任文官满一年以上;曾任简任文官并受文官高等考试及格。

荐任官,凡具有下列各项资格之一便可任用:文官高等考试及格;曾任荐任文官满一年以上;现任或曾任审判官、检察官满一年以上,得任为司法部荐任文官;现任或曾任北京大学校及官立中等以上经教育部认可各学校教官满一年以上,得任为教育部荐任文官。

委任官,凡具有下列各项资格考核便可任用:文官普通考试及格;文官高等考试初试及格;文官高等考试及格;曾任委任文官满二年以上;曾任各官署雇员满三年以上。

除了以上考试、任用制度之外,北洋政府时期的文官制度还包括一系列对文官的管理制度,如权利、义务、考核、监督、奖惩、升迁、待遇、退休等方面的规定,因为属于比较具体的文官制度,此处不再详细介绍。

总之,在政治制度的正式安排中,文官制度已经是民主共和制的主要组成部分。在内涵和性质上,它基本上已经属于现代文官制度,如取消了传统官僚制中"官"和"吏"的区别,把文官分成四个等级,照具体职能实行了职务分类;以现代政府管理所要求的知识体系和技能为基础,实行文官的考试录用;采取了一整套的现代文官管理制度等。

第六节　军事制度与法律制度

本节主要讲述南京临时政府到北洋政府时期的军事制度和法律制度。军事制度方面主要介绍该时期的军事指挥体制和兵役制度,法律制度方面则主要介绍这个时期的司法体制。在制度的规定层面,该时期的军事制度已经属于民主共和制政体的重要组成部分,它会随着具体政体类型的变化(如从总统制到内阁制)而变化;同时法律制度特别是其中的司法体制也是按照三权分立原则建立起来的,因而获得了相对独立的地位。

一、军事制度

(一) 北洋军阀与各地方军阀派系的形成

正如前面所说,以袁世凯为代表的北洋军阀,是从清末在天津小站训练的新建陆军起家的。本来,清末直隶总督兼北洋大臣(1898 年前由荣禄担任)统辖三支军队,即袁世凯的新建陆军、董福祥的甘军、聂士诚的武毅军,统称"北洋三军"。1898 年,北洋三军改编为武卫军,分左、中、右、前、后五军,袁世凯的军队编为右军。后来,武卫军的其他四部都被八国联军打垮,只有袁世凯的武卫右军因去山东镇压义和团而保留下来。1901 年,清政府推行常备军制,在全国普遍训练新军的声势下,袁世凯以武卫右军为基础,将军队编为北洋常备五镇。1905 年练兵处提出在全国扩编新军 36 镇的庞大计划后,袁世凯将自己的北洋军编为六镇,划归中央直接指挥。此后,北洋系头目徐世昌任东三省总督,又在奉天扩编了陆军第二十镇,在吉林编成陆军第二十三镇。另外,在河南、江苏成立的混成协,也都是由北洋军编成的。

这些军队，构成了北洋系的基本武装力量。

袁世凯死后，北洋军阀形成以段祺瑞为首的皖系军阀，以冯国璋、曹锟、吴佩孚为首的直系军阀，以张作霖为首的奉系军阀。除了袁世凯的北洋军外，清政府所建的其他新军在辛亥革命后纷纷倒向革命。袁世凯控制北洋政府后，下令"统一命令""收束装备"，南方革命军为表示拥护中央的诚意，形成一股交枪风。此后又经过"二次革命"的失败，仅存的革命军队也被打垮。护国战争后，反袁的云南、贵州、四川和广东等省的军事头目也都拥兵自重，变成向邻省扩张的军阀。其中实力较强者，有滇系军阀唐继尧、桂系军阀陆荣廷。

（二）军事指挥体制

辛亥革命时期，无论暂居中央政府地位的湖北军政府还是其他省的军政府，都是以都督为最高军政长官，其军事领导机构有的设军令、参谋、军务三部；有的都督府置政务院、参谋部、司令部，其中政务院内另设有军务部；也有的只有参谋部、军务部（或参谋厅、军务厅）。

南京临时政府成立后，中央的军事机关分为掌管军事行政的陆军部，掌管军令的参谋本部，以及战时特设的最高指挥机关——大本营（全名为"大元帅大本营"）。由于实行总统制，这三个机构在名义上都归大总统掌握。南北和平统一后，大本营撤销。

袁世凯接任临时大总统后，实行内阁制，负责军事行政的陆军部、海军部隶属国务院，负责军令的参谋部直接隶属大总统。

《新约法》制定后，国家政体实行总统制，大总统依照该法而为陆海军大元帅，统率全国陆海军。大总统下面专设"陆海军大元帅统率办事处"，行使统率权。该办事处的首长是大元帅（总统）本人，其成员包括参谋总长、陆军总长、海军总长、总务厅长以及大元帅特派的若干高级军官。袁世凯死后，该处取消。袁世凯时期，为了加强个人军事独裁，还将各省都督予以撤销，在京特设"将军府"，派遣将军分督各省军务。这种将军府直到1925年才被临时执政段祺瑞下令取消。到1927年，张作霖军政府又公布了《国务院官制》，将原先直属国家元首的参谋本部并入国务院的军事部，改称参谋署，内部组织照旧。

以上是中央军事指挥体制。北洋政府对地方军事的控制主要是通过设置巡阅使、都督、护军使、镇守使实现的。

巡阅使类似清朝总督，或按两省以上地区任命，或按自然地理单位如长江、南洋、海疆等名目派任。巡阅使实际控制的地盘大小以及能否掌握地方大权，完全取决于军阀本人的实力。形式上，巡阅使属于陆军部管辖，其对所属军队的统率权由中央赋予，实际上，一些军阀以私人性武装为后盾，常常脱离中央调遣而闹独立。与巡阅使情况相似的还有"经略使""筹边使""边防督办""总司令""保安司令"等。

从辛亥革命开始，都督就是省级军政长官。以后实行军民分治时，民政由民政长专管，都督在名义上只管军事。但在当时条件下,掌握军队的都督实际上往往掌管省内一切事务。都督后来又陆续改称"将军""督军""督理""督办"。都督直属大总统,具体军令由参谋本部指挥,军政属陆军部管理。都督主要节制省内陆军、巡防队,而警备队则由地方行政长官管辖。

护军使的设置分两种情况:在没有军政长官的省区,它是事实上的都督或将军,一般冠以省名,且一省只能一个;在有军政长官的省区,所设护军使往往是省内某一地区之军政长官,且冠以地区名,前者直属于中央,后者则往往是省军政长官的下级。

镇守使设于省内重要地区,往往由师长、混成旅长、旅长兼充,负责地方治安,由大总统简任。护军使、镇守使属于临时性职位,没有普遍设立。

(三) 兵役制与军队编制

早在 1904 年,清政府就曾试图实行征兵制。当时因条件限制,并没有照章实行。清朝所编定的常备军,或者从民间招募,或者从八旗兵以及其他旧军队中挑选。但这种募兵制已与旧的募兵制在内涵上有所不同,对入伍者的年龄、体格、识字程度等条件都有了明确规定:年龄必须在 16 岁到 25 岁,身高在 1.6 米以上;凡五官不全、体质较弱、手举不及百斤及有疾病者不收;吸食鸦片、犯有事案者及"城市油滑"之人不收;等等。民国以后,各地大体仍然袭用了这套新募兵制。

陆军编制分两个系统。第一个系统是继承前清新军编制,稍改名称,将镇改为师,协改为旅,标改为团,队改为连,棚改为排,其序列为军、师、旅、团、营、连、排、班。这个系统的军队也就是中央军系列。第二个系统是地方部队系列,继承前清旧军的编制,包括各省巡防营、巡防师,有的又逐渐编为地方保安队。

二、法律制度

南京临时政府成立后,按照三权分立原则设立行政、立法、司法机关。根据《中华民国临时政府组织大纲》,设中央审判所作为国家最高审判机关,审判所的法官分别由临时大总统和司法总长任命。由于临时政府存在时间较短,中央审判机构实际没有来得及成立。在地方各级政权中,实际上仍由前清旧官吏掌握审判权。

袁世凯掌握政权后,才在清末司法制度的基础上建立起北洋政府的司法体系。在中央,由司法部负责司法行政,由大理院(最高法院)和总检察厅组成专门的司法机关。此外,又采用西方大陆法系的司法体制,实行普通诉讼和行政诉讼分开的原则,于 1914 年成立专门负责行政诉讼的平政院。

在省一级,也实行司法行政与司法机关分开的原则。根据 1913 年《划一现行中央直辖特别行政官厅组织令》，各省设司法筹备处，作为司法行政机关。设高等审判厅和高等检察厅作为省级司法机关。但同年因为财政困难，北洋政府又明令裁撤司法筹备处，其事务由司法部就高等审判厅或高等检察厅两厅中遴选人员兼管，以后又按职务性质分别划归高等审判厅或高等检察厅办理，或由两厅会同办理。1914年，北洋政府又令各省巡按使委任道尹监督司法行政事务。

省以下的司法机关，起初有两种情况：在设立独立司法机构的地区，设立地方审判厅、地方检察厅和初级审判厅、初级检察厅；在尚未设立独立司法机构的地区，在县知事公署内设审检所，由县知事与帮审员共同负责初审。1914年废除初级审、检厅，归并于地方审判厅，并在地方审判厅下设地方刑事简易庭或地方分庭，以代替原初级审、检厅，受理第一审的民、刑事诉讼案件。在未设厅的地方，司法审判事务则由县知事兼理。1916年又恢复地方审判厅，同时增设了地方审判分厅。段祺瑞上台后，又进一步推广地方分庭和刑事简易庭的制度。在未设地方分庭的县则成立县司法公署，由县知事和专职审判官员负责审判案件。

总体来看，北洋政府时期的司法组织大致是按四级三审制建立起来的。另外，除了这一普通法院系统外，还有设在热河、察哈尔、绥远特别行政区的法院，以及军事法院性质的军法会审机构。

需要指出的是，由于北洋政府统治时期政局动荡，地方军阀割据，法律制度的实际运作往往与法律规定之间有很大出入。

总结与讨论

一、本时期政治制度的主要特点

南京临时政府至北洋政府时期属于新制度的草创期，并且政治局势非常动荡，其政治制度大致有以下特点：

第一，南京临时政府的成立标志着在中国实行了两千多年的君主专制制度的终结，是政治制度的革故鼎新时期，大量的新制度被创设出来。这一时期除了短暂的帝制时期之外，绝大部分时期都维持了民主共和制的基本构架，效仿西方国家在中央设立了总统、立法院等。

第二，南京临时政府至北洋政府时期属于中国政治局势非常动荡的时期，各派政治势力"你方唱罢我登场"，所以，这一时期的政治制度虽大体维持了民主共和制的架构，但具体的立法及制度设计却有很大的随意性，变动频繁，进而也带来了政局的动荡。从南京临时政府成立到袁世凯1916年6月6日去世，在短短四五年的时间内，当时的中央政权组织形式就大体经历了总统制—内阁制—总统制—帝制—内阁制等变化,而围绕这些制度变化的各种法统、立法的争议更是引发了空前的争执和政局的动荡。

第三,虽然这一时期的各种新制度相继建立,但是革命者并未实现对国家权力的掌控,实际上攫取各级政权的依然是各种旧势力,新旧势力之间的博弈、冲突是这一时期政治发展的重要特点。辛亥革命的成功和南京临时政府的成立,是以孙中山为首的革命党人长期不懈斗争、浴血奋战的结果,但是革命胜利后,囿于各种原因,以孙中山为首的革命派并未在新政权中稳定、长久地担任要职,并进而产生影响,革命的果实被旧政权的各式人物攫取了。这些旧官僚、士绅摇身一变后又在新政权获得高位。这似乎可以说明,制度变革中"路径依赖"因素的重要及制度转型的困难。

二、进一步讨论的问题

南京临时政府和北洋政府时期新制度建立的跌宕、曲折的过程,给我们观察新制度移植、建立的政治变迁过程提供了一个非常好的样本,也有很多的启示。这其中最值得思考的,是塞缪尔·亨廷顿(Samuel Phillips Huntington)在《第三波——20世纪后期的民主化浪潮》中所提出的民主转型的"文化情境"问题。政治制度的变迁,尤其是新制度的创设、落实绝非一蹴而就的线性过程,中间充满了反复、冲突及各种不可预测的情况,其制度效果也经常大打折扣。辛亥革命虽然终结了中国两千多年的君主专制统治,建立了代表新制度的中华民国,但其新制度的建立过程却异常曲折,并伴随着各种冲突。影响新制度移植、建立效果的因素虽然非常多,但是其中的政治文化、政治心理方面的因素却在后世引发很多讨论,并有很多持续效应。众所周知,一套新的政治制度能否良好运行,除了受制度设计本身、经济发展水平等因素的制约外,特定的政治文化和政治心理也是重要的影响因素。后世在解读这一时期政治发展困局的时候,除了突出当时革命力量的博弈因素之外,政治文化、政治心理也是人们时常提及的原因。古德诺在1915年发表过一篇题为《共和与君主论》的文章,认为以中国的国情,当时只能实行立宪君主制,而共和制度不适合中国,从而引发很多争论。虽然后来的事实已经证明,复辟君主制道路已经行不通,但从辛亥革命后的乱局及两度帝制复辟运动来看,在推进国家政治制度变革与转型时,国情、民情及文化传统因素的确是应该认真对待的问题。托克维尔就曾在《旧制度和大革命》中指出:法国的民主革命之所以经历坎坷,质量堪忧,就是因为"人们多少次想打倒专制政府,但都仅仅限于将自由的头颅安放在一个受奴役的躯体上"。并认为,"受奴役的躯体"——由旧时代所塑造的社会状况和民情,远比政治制度更加不易改变,这是任何一个关注和想要推进制度变革的人所必须面对的问题。

参考文献：

1. 徐矛:《中华民国政治制度史》,上海人民出版社 1992 年版。

2. 钱实甫:《北洋政府时期的政治制度》,中华书局 1984 年版。

思考题：

1. 简述北洋政府时期政治制度的历史演变。

2. 概述《中华民国临时约法》与《中华民国临时政府组织大纲》关于中央政府组织形式方面规定的差异。

3. 试总结南京临时政府时期和北洋政府时期效仿西方政治制度不甚理想的原因。

第三章 / 南京国民政府的政治制度

北洋政府覆灭之后，中华民国政府又完成了短暂的形式统一，进入南京国民政府统治时期。虽然南京国民政府的政治制度建设目标是西方的宪政民主，但实际上其政权组织原则与西方国家的政权组织原则有很大的区别。南京国民政府的政权组织原则是以中国国民党为核心，实行"以党建国""以党领政"的方式组织政权。本章将介绍南京国民政府组织政权的理论依据，并重点介绍其"训政""宪政"时期中央和地方政治制度情况及其演变。

第一节　理论依据和演变阶段

随着 1928 年 6 月北伐军攻克北京，张学良于 12 月 29 日在东北通电易帜、宣布效忠南京中央政府，中国实现了形式上的统一。这样，到 1949 年中华人民共和国成立为止，中国进入由南京国民政府统治的时期。

南京国民政府时期，国家虽然形式上维持了统一，实际上却一直处于不稳定和动荡之中。在内政方面，始终存在着国民党内各个派系、军阀、山头之间的争斗；在国共关系方面，随着第一次国共合作的失败，国共两党长期处于内战状态，并且最终的结局是中国共产党取得胜利，中国国民党败退台湾；在对外关系方面，中国的近邻日本一直对中国虎视眈眈，并于 1931 年发动了侵华战争。国内外政局的诡谲多变让这一时期政治制度的演变呈现出反复、多变的特点。

面对复杂的国内外环境和形势，南京国民政府的政治制度是在继承和尊奉孙中山三民主义的名义下，按照孙中山思想中的政治主张和建国构想，并结合当时的政治斗争情势而设计出来的。

一、理论依据

南京国民政府尊孙中山为国父，并宣称"政府谨尊总理遗志"，所以，在南京国民政府制度设计和政治发展进程的理论资源中，最重要的莫过于孙中山的相关思想，尤其是孙中山的三民主义理论以及《建国大纲》《建国方略》中的相关主张。

三民主义,主要由民族主义、民权主义、民生主义组成,是孙中山思想的精髓,也是中国国民党信奉的基本纲领。其中,民族主义的主要内容是反对清朝专制和列强的侵略,求得国内各民族之平等;民权主义的主要内容包括实行宪政、保障人民权利等方面的制度设计;民生主义主要内容为通过土地、资本等社会政策方面的改革保障民生。在三民主义中,跟政治制度相关的主要是民权主义思想。

1906年,孙中山在涉及三民主义的相关宣言、演讲中,对民权主义所涵盖的政治制度方面的内容进行了初步阐述。孙中山认为民权主义是"政治革命的根本",而"政治革命的结果,是建立民主立宪政体"。[①] 不过,孙中山认为他倡导在中国建立的民主立宪政体与当时欧美国家有一定的区别。美国是按立法、司法、行政"三权分立"原则设计国家制度的代表。孙中山则认为,按照"三权分立"原则设计的制度流弊甚多,主要是没有独立的考试权,官员要么凭借口才选举进来,要么随政党选举获胜而分肥,容易导致政治腐败。所以,将来中华民国的必须"设独立机关,专掌考选权。大小官吏必须考试"[②]。再就是,西方没有独立的监察权,而是由立法机关兼掌监察权,总是产生无数流弊。在这种背景下,孙中山希望建立一种新的宪法形式,将考试(考选)、监察(纠察)也纳入进来,形成立法、行政、司法、考试、监察"五权"分立,相互制衡、监督的权力组织形式,即"五权宪法"的组织原则。[③] 在后来的革命实践中,孙中山又将其民权主义和五权宪法做了进一步丰富、完善,并在此基础上提出了权能分治政治体制的构想。所谓"权能分治",就是把国家政治权力分为"政权"和"治权"两部分。"政权"简称"权",就是由人民直接掌握的权力,包括选举、罢免、创制、复决权;"治权"简称"能",就是由政府机关掌握的、具体管理国家的权力,分为立法权、行政权、司法权、考试权和监察权,分别由立法院、行政院、司法院、考试院和监察院五个机关来行使。人民运用四大政权控制政府的治权,从而既实现人民有"权",又造就一个高效的"万能政府"。他又说:"政是众人之事,集合众人之事的大力量,便叫做政权;政权就可以说是民权。治是管理众人之事,集合管理众人之事的大力量,便叫做治权。"[④]

由于孙中山在中华民国建立过程中享有崇高的威望和影响,南京国民政府至少在形式上继承了孙中山的思想体系和政治构想进行政权建设,可以有助于维持其"正统"地位与统治合法性。南京国民政府的组织机构正是基于这种三民主义思想体系中五权宪法、权能分治理论而设计的。

---

①　《孙中山选集》上,人民出版社2011年版,第87页。

②　《孙中山选集》上,人民出版社2011年版,第93页。

③　参见孙中山:《五权宪法》《在东京〈民报〉创刊周年庆祝大会的演说(一九零六年十二月二日)》,《孙中山选集》,人民出版社1981年版。

④　《孙中山选集》下,人民出版社2011年版,第821页。

二、演变阶段

按照孙中山的设想,要想"创立民国",建成民主宪政国家,必须经过"军法之治""约法之治"和"宪法之治"三个阶段,即军政、训政和宪政三个时期。他在 1924 年拟定的《国民政府建国大纲》(简称《建国大纲》)中指出,"建设之程序分为三期:一曰军政时期;二曰训政时期;三曰宪政时期"。其中,军政时期国家的主要制度"悉隶于军政之下",政府的主要任务是"一面用兵力以扫除国内之障碍,一面宣传主义以开化全国之人心,而促进国家之统一";而当国家统一完成之后,训政时期便开始,其主要任务是在国民党领导下,训练培养人民的政治能力,届时"政府当派曾经训练考试合格之员,到各县协助人民筹备自治",而当人民受到训练之后,能实施其选举等权利,履行其国民义务之后,则训政完成,进入宪政时期;宪政时期的主要任务是颁布宪法,召开国民大会,国民依照宪法举行全国性的大选,完成民主建国,实现"还政于民"。孙中山认为"授政于民选之政府,是为建国之大功告成"。[①]

在时间上,孙中山还对军政、训政的时间期限进行了明确的规定,提出应"每一县以三年为限,其未及三年已有成效者,皆解军法,布约法",而"全国行约法六年后,制定宪法,军政府解兵权、行政权,国民公举大总统及公举议员以组织国会。一国之政事,依于宪法以行之"。[②]

南京国民政府在名义上也是按照孙中山的这套民主建国理论,以军政、训政和宪政作为其建国的三个阶段,时间大致划分如下:

(一)军政时期

按照孙中山的设想,军政时期施行军法,实行军事统治,国家统治的任务主要是以兵力统一中国,训练人民接受三民主义等。在全国完成统一之后,就可由军政进入训政时期。按照这一说法,南京国民政府把 1928 年东北易帜,实现形式上的国家统一作为军政结束的标志,在 1928 年 6 月 15 日北伐军占领北京、天津之后,即发表宣言,宣告中国统一已经告成,同时宣布结束军政、开始训政。同年 10 月,国民党制定并公布了《中国国民党训政纲领》(简称《训政纲领》)。1929 年 6 月 18 日,国民党三届二中全会更明确规定,从 1929 年起到 1935 年为训政时期,总计 6 年。

(二)训政时期

虽然国民党规定从 1929 年到 1935 年为 6 年的训政时期,但由于国内时局动乱、日

---

① 《孙中山选集》下,人民出版社 2011 年版,第 624—627 页。
② 《孙中山选集》上,人民出版社 2011 年版,第 83 页。

本侵华等原因,实际训政时间要远远超过预定年限。一般来说,直到 1948 年国民党宣布实行中华民国宪法之前,这段时期都属于训政时期。在训政时期,中华民国政权最突出的特色就是蒋介石政权的形成和巩固。蒋介石在 1928 年 10 月 8 日被任命为国民政府主席兼海陆空军总司令,掌握党政军大权,实施独裁统治。在训政期间,蒋介石利用孙中山的民主建国理论的旗帜,并根据形势的变化,不断变换手法,实现一党专政和个人独裁。根据《建国大纲》精神,在全国完成统一之后,就由军政进入训政时期。蒋介石在 1928 年东北易帜后,就宣布结束军政,进入训政时期。促使蒋介石如此热心训政的重要原因是,他要借训政实现军令、政令的统一,名正言顺地削弱打击冯玉祥、阎锡山、李宗仁等军阀势力,扩大蒋介石嫡系武装的实力。因此,编遣军队、厘定军制才成了训政开始时的主要活动。

以 1937 年为界,训政又可划为前后两个阶段。在第一阶段,除国民党中央作为中华民国事实上的最高权力机关而存在外,国民政府中央机关设国民政府主席作为国家元首和政府代表,下设五院,并设立了参议院一类的民意机关。在第二阶段,由于全民族抗战爆发,国共两党再度合作,人民群众和各抗日党派也争得了某些民主权利,同时国民政府在体制上也作了较大的调整,如设立了有各党派参加的国民参政会,在省、县设参议会作为地方民意机关;组建了集党、政、军权于一身的国防最高委员会,作为战时大本营,强化了蒋介石个人的权力。另外,为了抵制全国人民要求实行宪政民主的呼声,蒋介石政府在这一时期还进行过一些"制宪"活动,颁布了《国民大会代表选举法》。

总体而言,国民党的训政时期实际上是国民党一党专政的时期,并未"训正一人,训好一事,而多年训政之结果,则徒见贪官污吏,恣意横行,土豪劣绅,作恶无尽,国家之纲纪,民族之元气,几为之斫丧殆尽"[①]。

（三）宪政时期

1945 年抗战胜利后,国共两党就和平建国问题举行了重庆谈判,此后国共两党及其他各党派代表和无党派人士又举行了政治协商会议,讨论和平建国方案等相关问题。然而中国国民党与中国共产党谈判联合政府失败后,国民政府单方面宣布 1946 年年底召开"制宪国民大会"制定宪法。1946 年 12 月 25 日,《中华民国宪法》三读通过,于 1947 年 1 月 1 日公布,同年 12 月 25 日正式实施,中华民国至此正式进入行宪的"宪政时代"。但由于内战爆发,1948 年 4 月南京政府又经"国民大会"通过了一个《动员戡乱时期临时条款》,实际上冻

---

① 《延安各界宪政促进会宣言》,中央档案馆编:《中共中央文件选集》第十二册,中共中央党校出版社 1991 年版,第 628 页。

结了宪法,随后蒋介石集团退守台湾,所谓的"宪政时期"也就宣告中止。

第二节　训政时期的政治制度

本节主要围绕南京国民党政府时期"以党训政""以党治国"原则,讲述"训政"时期的党政关系、"训政"前期的政府组织结构、"训政"后期政府组织结构的变化等。值得注意的是,为适应抗战时期的新形势,"训政"后期国民党政府在机构和制度上进行了一系列调整,具有某种"战时"政府色彩。

一、训政时期的党政关系

南京国民政府时期蒋介石政权的党政关系可以概括为"以党治国"("党国""党治"),这也是蒋介石政权的一个根本政治原则。

党治原则起初是由孙中山提出来的。在"二次革命"反袁失败后,孙中山痛感西方的两党制在中国行不通,因此在阐述其建国三阶段思想时指出,在军政、训政两时期,必须"以党建国""以党治国""一切军国庶政,悉归本党负完全责任"。[1] 但孙中山的党治思想的主旨是训练人民行使选举、罢免、创制、复决四权,"以党治国是以国民党的党义治国"[2],而不是由国民党一党专政,压制人民,使人民远离政治体系,没有任何选举、罢免、创制、复决权。蒋介石集团则是利用党治口号实行独裁专制,把党治推向极端,使之成为一党专政的同义语。为了把这一政治原则规约化、法律化,国民党中央常务委员会议于 1928 年 10 月 3 日通过了《训政纲领》。根据这一纲领,又在后来的国民党三大通过了《确定训政时期党政府人民行使政权治权之分际及方略案》,明确提出,要按照党治原则规范党政机关、人民和政府之间的关系。但这些规约还只是由党的最高机构制定的,为了使国民党的纲领上升为国家法律,蒋介石政权又在 1931 年 5 月 5 日操纵召开了国民会议,通过了《中华民国训政时期约法》,把《训政纲领》的主要内容以训政时期根本法(相当于宪法)的形式反映出来。因此,上述国民党纲领、规约及约法,是考察蒋介石政权党政关系的主要文件。

具体来说,国民党与政府(国家)的关系可以从国民政府根本法的产生、国民政府权力渊

---

[1]　徐矛:《中华民国政治制度史》,上海人民出版社 1992 年版,第 205 页。
[2]　徐矛:《中华民国政治制度史》,上海人民出版社 1992 年版,第 212 页。

源、国民政府的组成、国民政府施政等方面加以说明。

首先，在理论上，国民党总理孙中山的主要著作和政治思想如《建国大纲》、三民主义与五权宪法学说等，被认定为训政时期中华民国最高根本法；此后南京政权所颁布的具有根本法性质的规约、纲领，如《训政纲领》《训政时期约法》等，都是由国民党制定及解释、修正的。如《训政纲领》规定，《国民政府组织法》的修正及解释权由国民党中央执行委员会政治会议行使；《训政时期约法》则规定，本约法的解释在国民党中央执行委员会。

其次，国民政府的权力也渊源于党。这一方面是由于国民政府的根本法是国民党制定的，另一方面也是因为，训政时期国家的政权（即人民四权）由国民党全国代表大会代行，而治权（即政府五权）则托于国民政府。按孙中山权能分治学说和民权理论，治权（政府五权）来自政权（人民四权），这同样寓有政府权力渊源于党的意义。

再次，就国民政府的组成来看，除公务员依法由考试选用外，国民政府的主要官员如政府主席，五院院长，国民政府委员，各部、委长官等都由国民党任命，国民政府的中枢要员往往同时就是党的上层干部。另外国民政府的组织形式、活动方式也都由国民党决定，如1928年2月颁布的《国民政府组织法》就是由国民党第二届中央执行委员会四次全体会议通过的。[①]

最后，国民政府的一切纲领政策如施政方针、立法原则、军政和财政方面的重大决策等，也都由党所发起。具体担负指导政府、作为政府施政发动机关的，则是中央执行委员会特设的政治指导机关——中央政治委员会（有时称"中央政治会议"）。根据国民党三大通过的《确定训政时期党政府人民行使政权治权之分际及方略案》，以及1928年10月颁布的中央政治委员会组织条例，国民政府在施政方面要对中央政治委员会负责，接受中央政治委员会指导。具体而言，除了国民政府的主要官员（政务官）由中央政治委员会议决外，有关建国纲领、立法原则、施政方针、军政、财政等重大国务，都由中央政治委员会议决，然后交国民政府执行。因此，国民党是通过中央政治委员会行使发动权，而国民政府实际上是党的执行机关。

以上是就总的情况而言，具体到地方党政关系又与中央有所不同。国民党在省、县、区的党组织是各级党部。根据国民党总章及有关规定，地方各级党部对于同级政府的举措如认为不当，应报告上级党部，由上级党部提请政府依法查办，则各地方党部无权直接干预地方政府的行政和立法；而各级政府如认为同级党部的举措不当，也应报告上级政府转咨上级党部处理。在形式上，地方党政机关是平等的和相互制约的。到1938年3月国民党临时全国代表大会召开，通过了中央执行委员会提出的《改进党务并调整党政关系案》，更将党政关

---

① 参见荣孟源主编、孙彩霞编辑：《中国国民党历次代表大会及中央全会资料》，光明日报出版社1985年版，第520页。

系明确为以下原则:中央采取"以党统政"形态;省及各特别市采取党政联系的形态;县则采取"党政融化""融党于政"的形态。

二、训政前期的国民政府组织

自 1928 年 10 月到 1937 年全民族抗战爆发,国民政府中央国家机构主要由国民政府委员会、国民政府主席、五院以及其他直属国民政府的机关组成。

国民政府委员会。最初由主席 1 人、委员 12 人至 16 人组成,1931 年后改为由主席和委员 24 人至 36 人组成。它起初称国务会议,1930 年 11 月改称国民政府会议,1931 年 12 月改称国民政府委员会。国民政府委员按规定应由国民党中央执行委员会选任。起初,五院院长、副院长为当然的国民政府委员。国民政府委员会名义上为国家最高国务机关,实际上其权力是随着蒋介石的职位转移而变化的。起初规定,该委员会是处理国务的机构,并解决"院与院间不能解决之事项"。但后来蒋介石兼行政院长后,其权力就转移到行政院。行政院会议改称国务会议,行政院成了处理国务的机关,国民政府委员会就只剩下解决院与院之间不能议决的事项的一点权力。再加上 1931 年 12 月召开国民党四届一中全会,蒋介石辞去国民政府主席后又规定,包括五院正副院长在内的各院、部、会长官不得兼任国民政府委员,现役军人不得兼任国民政府委员,这样国民政府委员会多由无足轻重的人组成,其实权力更小。

国民政府内部机构有文官处、参军处、主计处,协助国民政府处理日常事务。

国民政府主席是训政时期国民政府的最高代表和国家元首。在 1931 年蒋介石让位给林森担任主席前,其职权主要有:第一,召集和主持国民政府委员会会议;第二,国民政府公布法律发布命令时,由主席署名、有关院长副署;第三,兼任陆海空军司令或其他官职;第四,提请国民政府依法任免各院院长、副院长以及各直属部、会的长官。1930 年 6 月修改后的《国民政府组织法》更规定,除以上职权外,国民政府主席也可提请任免陆海空军副司令。但当林森任主席后,根据蒋离职之前不久(1931 年 12 月 30 日)修订的《国民政府组织法》规定,国民政府主席便改为"不负实际政治责任""不得兼其他官职",成了虚位元首。直到 1943 年蒋介石重新任主席,才恢复了原来的职权。

行政院于 1928 年 10 月设立,是国民政府最高行政机关,也是五院中最重要的。在蒋介石任政府主席时,它向主席负责,蒋介石离职后,向国民党中央执行委员会负责。其职权包括:议决向立法院提出的法律案、预算案、大赦案、宣战案、媾和案、条约案等;任免荐任以上行政、司法官员;陆海空军少尉以上军官的官阶与少校以上军官职务的决定;行政院各部、各委员会之间不能解决的事项。行政院就上述事项进行决策的形式是行政院会议(1930 年改称国务会议）。行政院设正副院长各一人，由国民党中央执行委员会选任。在行政院与立法院的关系方面，采用行政与立法交叉负责的办法，即有关重大事项的议案由行政院议决，向立法院提出，立法院通过后方可执行；同时，立法院举行全体会议时，行政院各部部长、各委员会委员长可以列席并有发言权。[①]

行政院的下设机构主要有部和委员会两大系统。部的方面，大致设内政、外交、财政、实业、交通、铁道、军政、海军、卫生、司法行政（1931 年由司法院改隶行政院，1934 年又改隶司法院）、农矿、工商、教育等 13 个部。委员会方面，则设有侨务、建设、蒙藏、劳工、禁烟等委员会。此外，还有一些因临时特殊行政需要而设立的委员会，存在时间不长。各部设部长一人，政务次长、常务次长各一人；各委员会设委员长、副委员长各一人，设委员若干人。

立法院成立于 1928 年 12 月，是国民政府形式上的最高立法机关。有权议决法律案、财政案，同意对外宣战、媾和、缔约等其他重大国际事务，有对有关部会提出质询权。但根据前述国民党政权的党治原则，法律原则是由国民党中央政治委员会提出的，中央政治委员会才是真正的"最高立法机构"，立法院不过是遵从国民党的旨意完成法律程序而已。立法院设正副院长各一人，立法委员最初设 49 人至 99 人，后改为 50 人至 100 人。立法委员和一般民意代表不同（如国会议员），它不是由选举产生的，而是由院长提请国民政府主席任命的。1931 年 12 月的《国民政府组织法》虽然改为立法委员中必须有半数由法定的人民团体依法选举，但很快又改为由院长提请任命。因此，立法院不是民意机关，而是受四种政权所支配（实际受国民党支配）的五个治权机关之一。

立法院仿照国会的组织形式在院内设立常设委员会和特别委员会。常设委员会履行经常性立法工作，主要有法制、外交、财政、经济、军事五个委员会。特别委员会则因特定的立法活动而设，立法完成后随即撤销：如民法、刑法委员会就属此类情形。

至于立法院的立法活动，将在本章后面有关立法的内容中介绍。

司法院于 1928 年 11 月成立，是国民政府的最高司法机构。执掌司法审判、司法行政、官吏惩戒及行政审判等权，此外还有就主管事务提出议案交立法院审议、解释法律和变更判例之权。司法院设正副院长各一人，其下设司法行政署、司法审判署、行政审判署和官吏惩戒委员会。1931 年将三署一会改为最高法院、行政法院、公务员惩戒委员会，由司法院院长兼最高法院院长，副院长兼公务员惩戒委员会委员长。最高法院是全国最高终审机关。

考试院成立于 1930 年初，是国民政府的最高考试机关。其职权有两方面，一是考选文官、法官、外交官和其他公务员及专门技术人员；二是铨叙，即对公务员进行考核、甄别、任免、升降、薪俸、资格审查等（详见本章第五节）。考试院设院长、副院长各一人，下设考选

---

① 参见徐矛：《中华民国政治制度史》，上海人民出版社 1992 年版，第 246 页。

委员会和铨叙部,分管考选与铨叙。考选委员会设委员长、副委员长各一人、委员若干人。在进行考试时,组成高等考试典试委员会和普通考试典试委员会。铨叙部设正副部长各一人。

监察院成立于1931年2月,为国民政府最高监察机关。其职权是依法对官员行使弹劾权并移付惩戒机关、依法对全国各机关行使审计权。设正副院长各一人,监察委员若干人。监察委员和立法委员一样,起初由任命产生,后在1931年一度改为其半数由选举产生,不久又恢复全部任命产生。此外,监察院长得提请国民政府特派监察使,分赴各监察区巡察,一般由监察委员兼任。监察院下专设审计部,负责审计。

五院之外,国民政府还设立了一些直属机构,分为军事性和行政性的两类。军事性机构,在北伐胜利后,撤销了军事委员会和总司令部,保留了参谋部、训练总监部和军事参议院。1932年又恢复了军事委员会,下辖参谋部、训练总监部、军事参议院。军事委员会设委员长1人,委员7—9人,由中央政治委员会选定。参谋总长、军政部长、训练总监、海军部长、军事参议院院长及军事委员会各厅主任,为军事委员会当然委员。行政性的直属机构有:首都建设委员会、黄河水利委员会、建设委员会、总理陵园管理委员会、中央研究院、故宫博物院等。

三、训政后期的主要变化

进入全民族抗战时期,为了适应当时形势的变化,国民政府的中央国家机关有了较大调整,其中最显著者为:设立了国防最高委员会;确立了蒋介石在党内的领袖地位,同时扩大了国民政府主席职权;调整了国民政府所辖各院、部、会的设置与职权;设立了国民参政会等民意机构。总之,国民党政权在这一时期具有比较浓重的战时色彩和一定程度的开放性。

(一)国防最高委员会及"行政三联制"

1937年8月,鉴于抗战已全面爆发,国民党中央政治委员会常务委员会(简称"中常会")议决设置国防最高会议,作为全国战时国防最高决策机关,最初对中央政治委员会负责。1937年11月16日,中常会鉴于政治委员会主要成员都已经为国防最高会议所包括,决定中央政治委员会停止活动,由国防最高会议代行其职权;1939年初,将国防最高会议改为国防最高委员会。国防最高委员会是国民党中央执行委员会领导下的对党政军机关行使统一指挥权的最高机关。中央执行委员会所属党的各部、会,国民政府五院、军事委员会等都由它指挥。它还代行中央政治委员会职权,成为最高政治指导机关。可以说,它是无所不统的战时最高统帅部。

　　国防最高委员会设委员长1人，由国民党总裁（蒋介石）兼任。设国防最高委员会委员，无定额，由下列人员组成：国民党中央执行委员会、监察委员会常委，国民政府五院正副院长，军事委员会委员，经国防最高委员会委员长提出、经国民党中常会通过的其他人员。在上述委员中，由委员长从中指定11人为常委。另外，除常委、委员外，还设若干执行委员，其人选为：中央党部秘书长及各部部长，国民政府文官长，行政院秘书长，各部会部长、主任委员，军事委员会正副参谋总长及所属各部会主管，战地党政委员会正副主任委员等。由于国防最高委员会本身是一个集决策、立法与执行功能于一身的机构，设立执行委员的目的，就在于方便各项决议的执行。

　　为提高工作效率，又在国防最高委员会下设立了中央设计局和党政工作考核委员会两个机构，采取了所谓"行政三联制"的组织活动原则：把一切党政工作分为计划、执行、考核三个环节；国防最高委员会是联系三者的枢纽和决策机关，中央设计局专门制定各种方案，由国防最高委员会批准，交由有关部门执行；党政工作考核委员会则负责考核各党政部门对方案的执行情况，考核结果向国防最高委员会呈报。中央设计局由总裁、审议会、秘书处、设计委员会、预算委员会等组成，总裁由国防最高委员会委员长兼任，实际由秘书长处理局务。中央设计局主要是进行政治、经济、建设的计划设计与审议。党政工作考核委员会负责考核各机关实施方案情况，包括考核各项政策、计划实施情况，各机关工作情况，现行法令实施利病，各项经济建设事业及各机关人事和经费等。该委员会由正副委员长、委员组成，其中五院院长、中央执行委员会秘书长、中央监察委员会秘书长、国防最高委员会秘书长为当然委员，其他则由国防最高委员会委员长聘任。党政工作考核委员会下设秘书处、党务组、政务组。此外，为对地方党政机关进行考察，党政工作考核委员会每年要组织党务和政务考察团对地方考察一次。

　　行政三联制不仅在中央实行，而且还推行到全国各省、县。所不同的是，在中央最高一层分设考核与设计两个机构，在其余各党政机关（中央各机关与地方省、市、县）则是考核与设计合并设立一个"设计考核委员会"或"设计考核处"。

　　国民党政权希望通过行政三联制提高工作效率，其实际结果却是收效甚微，甚至效率更低。[①] 抗战胜利后逐渐销声匿迹。

（二）国民政府主席职权的扩大

　　1931年蒋介石让位给林森后，国民政府主席便不负实际责任。直至1943年林森去世后由蒋介石任国民政府主席，国民政府主席一职才又恢复了林森之前的权力。与此相适应，

――――――――
　　① 参见徐矛：《中华民国政治制度史》，上海人民出版社1992年版，第328—329页。

国民政府直属机构也有扩大,如原隶行政院的建设委员会改隶国民政府。

(三) 各部、院的调整

各部、院的组织与地位也是随国民政府主席地位的变化而变化的。在 1943 年以前,国民政府五院是直接对国民党中央执行委员会负责的,五院正副院长都由中央执行委员会选任。蒋介石重任国民政府主席后,五院对国民政府主席负责,五院正副院长是经由国民政府主席提请中央执行委员会任免的。尤其是行政院长,在林森担任主席时权力很大,而在蒋介石任主席时则权力较前为低。此外,行政院所辖部、会也有所增减改并,如增设了农林部(1939 年设)、粮食部(1940 年设全国粮食管理局,1941 年改为部)、兵役部(1944 年设)、水利委员会(1938 年设),将铁道部并入交通部,撤销了海军部,将实业部改为经济部。国民政府的一些直属委员会,如黄河水利委员会、全国经济委员会等也被撤销。

(四) 国民参政会的设立

在全国抗日民主运动的压力下,国民党于 1938 年 3 月 29 日在武汉召开全国临时代表大会,决定成立国民参政会,以“团结全国力量,集中全国之思虑与识见”[①]。同年 4 月公布了《国民参政会组织条例》,6 月公布了第一届国民参政会名单,中共方面毛泽东等 7 人为参政员。7 月 6 日在汉口召开了第一届第一次国民参政会。

国民参政会成员称参政员。其产生办法是:凡曾在各省或院辖市公私机关或团体服务 3 年以上著有声望者,由各省市临时参议会选举产生,在临时参议会未成立的省市,由各该省市政府会同国民党党部,按本省市应出名额,加倍提出候选人,送国防最高委员会汇提国民党中央执行委员会选定;凡在蒙藏地方公私机关或团体服务,著有声望,或熟谙各该地方政治社会情形,信望久著者,以及曾在海外侨民居留地工作 3 年以上,著有声信望,或熟谙侨民生活情形,信望久著者,分别由蒙藏委员会、侨务委员会按应出参政员名额加倍提出候选人,送国防最高委员会汇提国民党中央执行委员会选定;凡曾在各重要文化团体或经济团体服务 3 年以上著有信望,或努力国事信望久著者,由国防最高委员会按应出参政员名额提出,由国民党中央执行委员会选定。

总体来看,参政员主要是由党和政府遴选而非人民普选。

参政会不是正式的民意机关,而是国民党政府的咨询机关。其主要职权包括:

议决权。按组织条例规定,“政府对内对外之重要施政方针,于实施前,应提交国民参政会议决”;但这种议决实际上只是初议,各种施政方针最后由国防最高委员会通过批准后,

---

① 荣孟源主编:《中国国民党历次代表大会及中央全会资料(下)》,光明日报出版社 1985 年版,第 486 页。

才能产生法律效力。而且，组织条例又规定，"遇有紧急特殊情形"，国防最高委员会可以直接"以命令为便宜之措施"，绕开国民参政会而活动。

建议权。国民参政会可以向政府提出建议案。

听取政府报告及提出质询权。这意味着参政会有权监督政府的施政活动，但组织条例并没有规定，质询案提出后，如果参政员对政府的答复不满意，该怎样进一步处理。

调查权。条例规定国民参政会可组织调查委员会，调查"政府委托考察事项"。至第四届参政会时，又将调查权扩大，改为参政会认为"有调查之必要时，得提请政府调查"。

国家预算初审权。

总之，国民参政会虽然不是一个完全的民意机关，但在当时严峻的抗战形势下，仍然具有"企图使全国政治生活走向真正民主化的初步开端的意义"[①]，是国民党在一定程度上开放民主的表现。中国共产党和其他在野党派可以利用这个合法的讲坛，批评监督执政党，扩大自己的影响，因而受到了中国共产党的欢迎和支持。然而，后来随着国民党掀起的反共高潮的到来，参政会越来越成为粉饰一党专政的工具。

第三节　"宪政"时期的中央政府组织

按照国民党政权的说法，抗战胜利后就进入实行"宪政"阶段。细分起来，自1945年初至1948年初可以说是实施"宪政"的准备阶段，自1948年3月"行宪国大"召开，才算是"宪政"时期的开端。但由于南京政府随后又通过颁布《动员勘乱时期临时条款》，冻结了宪法，加上国民党政权不久又溃退台湾，宪政实际上并没有付诸实施。

一、政府的"改组"

在向"宪政"过渡阶段，国民党政权片面决定于1946年11月15日召开了国民大会，制定颁布了一部《中华民国宪法》(1947年1月1日公布)。接着又在1947年4月宣布政府"改组"，作为实施"宪政"的准备。此次改组使国民政府在形式上又有一些变化。

首先，改组后的国民政府，表面上由一党专政变为由国民党、民社党、青年党以及社会贤达"共同行使权力"，成了国民党所鼓吹的"多党政府"，实际上仍由国民党操控。改组后国

---

① 毛泽东等：《我们对于过去参政会工作和目前时局的意见》，《解放》1939年10月10日。

民政府委员共 29 席,其中国民党 17 席,青年党 4 席,民社党 4 席,社会贤达 4 席,国民党在政府中仍占多数。另外根据"改组"同一天修订公布的《国民政府组织法》,国民政府主席、副主席仍为国民党中央执行委员会任命,对中央执行委员会负责;而五院院长则由国民政府主席选任,对主席负责。所以,国民党中央执行委员会仍然是凌驾于政府之上的最高决策机关。

其次,国民政府主席的权限缩小,只限于执行国民政府委员会决议的权力,而国民政府委员会的权力则有所扩大:修订后的《国民政府组织法》规定,"国民政府委员会为国民政府之最高国务机关",有权讨论和议决立法原则、施政方针、军政大计、财政计划及预算,以及各部、会长官、委员的任免。国民政府主席应执行国民政府委员会的决议,如果对某项决议在执行上感到困难,得提交复议,复议时如有 3/5 以上委员维持原议,则该决议应予执行。此外,又规定增设国民政府副主席一人。

二、"行宪"以后国民政府的中央机构

1948 年 3 月底,为了挽救统治危机,蒋介石政权又召开了"行宪国大",以便选举总统、组成政府,实现 1947 年颁布的《中华民国宪法》。根据该宪法,国民党中央政权组织由如下几部分构成:

国民大会。按 1947 年颁布的《中华民国宪法》规定,它是"代表全国国民行使政权"的机关。按照孙中山权能分治的思想,政权应包括创制、复决、选举、罢免四权,它们是人民权力的体现。但是,该宪法对作为民意机关的国民大会的这四权在规定上是十分笼统和片面的。它只规定,国民大会有选举和罢免总统、副总统权,却并无选举罢免五院正副院长,尤其是行政院正副院长的权力,这与宪法所标榜的国会制和责任内阁制精神是不符合的。因为,在国会制下,国会对于中央政府的组成应有同意权,内阁未经国会同意不能成立。但国民大会仅有选举、罢免总统、副总统的权力,五院正副院长的产生和罢免均在国民大会以外依特定程序进行。在创制权和复决权方面,只规定国民大会有修改宪法的权力,而没有制定普通法律的权力,也没有创制宪法的权力。尤其是,组成国民大会的国大代表本身就不是合法产生的,而是在国民党一手操纵下拼凑的。因此,国民大会不可能是受到各方尊重的、真正的"国民代表"机关。

总统与副总统。按照宪法所规定的责任内阁体制,"行宪"后的总统只是国家的对内对外最高代表,不负实际政治责任,是虚位的国家元首。但 1947 年颁布的《中华民国宪法》又规定,总统经立法院或监察院会议同意,可以对行政院、司法院、考试院三院院长以及司法院大法官等高级官员有提名权;当行政院对立法院的决议案有异议时,得经总统"核可",移请

立法复议。尤其是"行宪国大"又于 1948 年 4 月 18 日通过了《动员勘乱时期临时条款》,作为《中华民国宪法》的附属条款,授权总统在"动员戡乱时期"具有"紧急处分"权力,可以设置动员戡乱机构,决定动员戡乱大政方针,不受宪法规定的程序制约。这样就实际上冻结了宪法,赋予总统不受限制的权力。

总统下设总统府,由总统、秘书长、参军长以及资政若干人组成,还有直属各局、各室等机构。总统府组成后,原国民政府委员会即告撤销。

五院。按国民党的"五权宪法"精神,国民政府五院是治权机关。五院之中,行政院是国家最高行政机关。按照国会制和责任内阁制精神,行政院长的任命必须经立法院同意,行政院对立法院负责(1947 年颁布的《中华民国宪法》第 55、56 条);总统公布法令须经行政院长的副署,总统发布紧急命令要由立法院追认。立法院是国家的最高立法机关。1947 年颁布的《中华民国宪法》规定,立法委员依各省区人口比例选举产生,立法院拥有议决法律案、预算案、戒严案、大赦案、宣战案、媾和案、条约案等权力,有听取行政院施政报告、变更行政院重要政策以及对行政院院长与各部会长官提出质询权,有对宪法修正的提案权以及对总统提名的行政院长和审计长人选的同意权等。但立法院也不是完全意义上的国会,它没有对国家官员的弹劾权,也没有西方国会所拥有的财政审计权。此外,监察院、考试院、司法院的地位与"行宪"前差异不大,这里不再详述。

第四节　地方政治制度的演变

在整个国民党政权统治时期,地方政权体制相对中央而言比较稳定。虽然在各地也搞"训政""宪政",但大多只停留于纸面上。以 1928 年国民党政权统一中国为界线,地方政权层级较以前有三点不同:一是增改省区,如改直隶省为河北省,原京兆地区的县并入河北,增设宁夏省,改奉天为辽宁省,改热河、察哈尔、绥远、西康、青海等特别行政区为省;二是设置了特别市;三是在省县之间设了行政督察区,作为省的派出机构。另外,在政权组织形式大体稳定的前提下,由于全民族抗日战争的爆发,地方政府的独立自主权加大,地方政权带有战时色彩。

南京国民政府的地方行政区划为省、县两级,另外在省和县之间有一级行政督察区。县以下有区、乡(镇)、保、甲等基层组织。按照孙中山的建国思想,训政时期采取中央与地方"均权制度",不偏于中央集权或地方分权。[①]事实上,蒋介石政权实行的是中央集权制度。

一、省

省是地方最高行政组织,其行使职权的机构是省政府。根据 1925 年 7 月广州国民政府时期颁布的省政府组织法,省政府由民政、财政、教育、建设、商务、农工及军事厅组成。各厅设厅长一人,组成省务会议,行使省的职权。南京国民政府大体上沿袭了这种组织设置,只是裁去了省政府所辖的某些厅,一般只设民政、财政、教育、建设四厅。此外,各省在必要时也可增设实业厅。后来,随着组织法的几次修订,省政府的厅数也有变动,但上述四厅一般是必设的。厅之外,省政府设秘书、保安、教务、卫生、统计、人事等处。

省政府设主席一人,由国民政府从省政府委员中任命,实际上多由蒋介石挑选指定;省政府委员按规定也由国民政府选任。省政府的职权是,照中央政府制定的施政方针及法令综理全省政务,在不抵触中央法令的范围内,可发布省令,制定省单行条例,议决省的预算和决算,以及任免省属各级政府官吏等。省主席一般兼任省保安司令。

全民族抗战爆发后,省主席的权力有所加强,如:可以对省预算内的分项钱款变通移用;对中央派驻地方各省的机关,可以就近考察监督;对省行政机关可以酌量裁并;在省政府委员会议不能照常举行时,紧急事务可由主席自行处理;各厅厅长不在省府所在地时,主席得指定他人暂代其职务。

另外,根据 1936 年公布的《中华民国宪法草案》,"宪政"时期将在省一级设省参议会,作为实施地方民主自治的机关。但后来训政一再延迟,为了应付抗日民主浪潮的压力,又在1938 年 9 月公布《省临时参议会组织条例》,规定设立省临时参议会,其性质和中央参政会一样,是地方政府的咨询机关。

二、行政督察专员公署

行政督察专员公署是省政府的派出机关。最初,为适应"围剿"革命根据地的临时需要,国民党政府首先在靠近苏区的地方如江西、浙江、安徽等划定督察区,设立临时官署,名称也不统一。1932 年 8 月,国民党政府颁布了《行政督察专员暂行条例》,统一设置行政督察专员公署,对其官员(专员)和内部组织也统一做了规定。该条例还规定,在其他非"剿匪区"省份也可设立专员公署,以应付临时的"特种事件"。此后,这种专员制逐渐向其他省份推广,

---

① 《孙中山选集》下,人民出版社 1981 年版,第 603 页。

并且逐步固定化。1936 年,南京国民政府行政院颁布了《行政督察专员公署组织暂行条例》,明确规定各省一律划分若干行政督察区,设立行政督察专员公署,作为省政府的辅助机关。为了消除 1932 年组织条例中关于专员制度的临时性规定,同时宣布废除原组织条例。[①]

按照新的条例,专员公署设专员一人,秘书一人,科长二至四人。专员由行政院长或内政部长提请南京国民政府任命,一般兼该区保安司令,指挥各种地方武装,除特殊情况外,应兼驻在地的县长,其公署与县政府合署办公,承省政府之命,推行法令并监督指导辖区内各县、市行政,在不抵触中央及省法令范围内,订立单行规则或办法。全民族抗战爆发后,又规定专员不再兼县长,将专员公署与保安司令部合并,借以加强专员的监督权与军事指挥权。

三、市

市政府是城市政权机关。根据 1928 年颁布的有关组织法,将市分为特别市(直辖市)和普通市(省辖市)两种,后又将县以下的市改为镇。特别市起初直属于国民政府,1929 年 7 月后改为隶属行政院,名为院辖市。普通市隶属于省政府,受省政府指导监督。

具备下列条件之一者即为特别市:国民政府首都,人口在百万以上的城市,经济、政治有特殊地位的城市。特别市不列入省、县行政范围。

具备以下条件之一者为普通市:人口在 30 万以上的市;人口在 20 万以上,其所收营业税、牌照费、土地税,每年合计占该地区总收入 1/2 以上。1943 年 5 月又改为:省政府所在地,人口在 20 万以上,人口在 10 万以上、政治经济文化地位重要的城市。普通市不列入县行政范围。

市政府设市长一人,管理市政,监督所属机关。其下设处、局或科,一般设秘书处和社会、公安、财政、工务四局(有时改局为科)。市政府设立市政会议,由市长、秘书长、参事及各局长组成,其中有市参议会的市,由市参议会选举代表四人参加,任期二年。市政会议主要议决秘书处及各局或各科办事细则、单行规则、预决算,整理市财政收支及募集市公债、经营市公产及公营业,以及议决市各局或科职权争议等。

市组织法又规定市设参议会,作为训政时期扶植地方自治、谋求人民练习行使“四权”的机关。市参议会有权参预地方立法,但又限于对市单行法规与预算的审议,不具有最后决议权。尽管如此,市参议会也大多数停留在纸面上,只有少数市设立(如汉口市、上海市),也只是作为咨询机关而存在。

市下面的基层组织最初分为区、坊、闾、邻四级,后改为区、保、甲制。

[①]   参见钱端升:《民国政制史》下,商务印书馆 1945 年版,第 149—151 页。

四、县

县是国民党政权的初级行政区划。以 1939 年南京国民政府实行"新县制"为界限,可将县政权的建置情况分为前后两个阶段。

在南京国民政府初期,县制比北洋政府时期有较大变化。根据当时的县组织法,将原来的县知事公署一律改为县政府,知事改称县长;县长由省政府任命,为一县最高行政官员;又根据区域大小、事务繁简、户口及财赋多少将县分成三等,除各等县均设公安(后改为警察局)、财政、建设、教育四局外,一等县设四科,二等县设三科,三等县设二科;各科、局统率于县政府,但各局局长又直接由省政府各主管厅任免,各局对该主管厅负责。由于县政府与各局、各局与各局之间形成各自不同的系统,隶属关系错综复杂,不利于提高行政效率,南京国民政府在 1933 年采取县政府合署办公制。1934 年,采取"裁局改科"的办法,将县政府下所设各局一律撤去,其职权归并于县政府各科,以加强县长的权力。

1939 年 9 月,国民党政府为了强化地方制度,颁布了《县各级组织纲要》,推行所谓的"新县制"。"新县制"值得注意的有以下几点:第一,按土地面积、人口、经济、文化及交通等状况,把县划分为一至六等;第二,县以下为乡(镇)、保、甲,在面积较大或有特殊情形的县还设有区,作为县以下基层组织;第三,以县为地方自治单位,并承认其为法人;第四,在划分县与中央、省的财权关系的前提下,规定县财政由县统收统支,所有国家及省事务费用应由国库或省库开支,不得责令县政府开支,县政府根据需要,经省政府核准可以募集县公债。

进入"宪政"时期,根据 1947 年颁布的《中华民国宪法》规定,县为地方自治单位,县设县民代表大会、县议会、县长等自治组织,行使县民的"四权"。但实际上县自治并未真正实行。

五、县以下基层单位

1928 年公布的县组织法规定,各县依户口及地形划分若干区,每区以 20 个村组成(特殊情况除外),区设区公所,由区长、区助理员等组成。区下设村或里,凡一县内百户以上乡村为村,不满百户者合数村为一村,百户以上的市镇为里。村(里)设公所。由村(里长)和副职组成。村下以二十五户为闾、五户为邻,设闾长、邻长。

1929 年 6 月又公布了修正的县组织法,将原来的村、里改称乡、镇。每区由 25—50 乡(镇)组成。

1939 年实行"新县制"后,改为每区以 15—30 乡(镇)组成;每乡(镇)以 10 保组成,不得少于 6 保,多于 15 保;每保由 100 户组成,分编成 10 甲。区设区署,作为县政府的辅助机关,代表县政府督导乡(镇)办理各项行政及自治事务。区设区长 1 人,指导员 2—5 人,并设区建设委员会,为区内乡村建设的研究设计和协助建议机关。乡(镇)设公所,设乡(镇)长 1 人,副职 1—2 人,下设民政、警卫、经济、文化 4 股。保设保办公处,置保长、副保长各 1 人。

第五节　官员的选拔任用制度

南京国民政府初期,对各公职人员泛称官吏。20 世纪 30 年代以后,逐渐以"公务员"的名称代替"官吏"。但在南京国民政府颁布的各有关法令中,"公务员"的含义又往往有所不同。如在 1931 年 6 月颁布的《公务员惩戒法》中,公务员既包括选任(国民政府委员、五院正副院长)、特任政务官(五院各部部长、各委员会委员长),又包括简任、荐任、委任官。而在 1933 年公布的《公务员任用法》中,公务员则只包括简任、荐任、委任官,不包括政务官。

各种法规之所以对公务员的界定不同,是因为国民党政府的官员在选拔和管理上分成两大系列:一种是政务类官员,一般是必须经国民党中央政治委员会议决任命的官员,或虽经国务会议议决任命,但须经国民党中央政治委员会作最后审核才得正式公布的官员,包括经中央政治委员会议决任命的国民政府委员,各院院长、副院长及委员,各部部长,各委员会委员长,各省政府主席、委员及厅长,各特别市市长,驻外大使、特等公使及一切特任特派官员。此外,五院各部、会的政务次长、副部长、副委员长也属于政务官。另一种是常务官(事务官)。常务官要经过相应的考试程序,在任用和管理上也不同于政务官。

这种政务官与常务官(事务官)的区分,一方面是吸取了西方文官制度的精神,一方面也是国民党政权"以党治国"原则的体现。按照这样一种原则,高级官员的调整和任免都是由国民党中央党部决定的,最终又是由蒋介石一个人决定,只有低级官员、负责日常事务的官员才纳入公务员考试及其他人事管理制度中。这和孙中山所主张的"大小官吏必须考试,定了他的资格,无论那官吏是由选举的抑或由委任的,必须合格之人,方得有效"[①]是不同的。

由于上述原因,本节有关官员的考选与管理制度主要是就政务官以外的各类公务员而言的。

---

① 《孙中山全集》第 1 卷,中华书局 1981 年版,第 88 页。

一、考选制度

考试是南京国民政府选拔公务员的主要方式,由考试院主持。考试的对象主要是准备进入事务官和专门职业或技术人员队伍的人员。

考试种类。根据历次修订的考试法规定,考试大体分为三种,即公职候选人考试、专门职业或技术人员考试、任命人员考试。公职候选人考试又分甲、乙两种,前者经过考试合格得为省、县参议员候选人,后者考试合格得为乡(镇)代表、乡(镇)长、保长候选人。专门职业或技术人员的考试面向律师、会计师、农工矿业技师与副技师、医师、药师、兽医、助产士、护士等。任命人员的考试主要是政务官以外的事务官考试。

公职候选人考试实际上是各级民意机关的议员资格考试。民意代表也有资格考试,最早是孙中山提出的。孙中山鉴于西方议会选举中"金钱选举、感情选举、分赃选举"等弊端,主张一切民意代表参选者都要经过考试,才能取得候选人资格。但这一制度在实行中却引起了争论,持反对意见的人认为,民意代表资格考试既不可能,也不必要,在原则上更说不通。因为民意代表,尤其是国大代表是国家的主人,考试机关本是公仆,怎么能由"仆人"考"主人"? 争论的结果先是决定国大代表不必经过考试,1941 年考试院又公布了《县参议员考试条例》及《乡镇民代表考试条例》,将县、乡(镇)民意代表的考试改为检核,即以资格审查代替考试。[①] 因此,名义上,各类公务人员的考试有三种,实际上只有两种。

考试等级。专门职业或技术人员考试和任命人员考试都分为普通、高等及特种考试三等。普通考试有普通财务、教育、外交、警察、卫生行政人员,以及建设、统计、会计、审计人员、法院书记官、监狱官等考试;高等考试也是指对上述人员的资格考试,但参加者的资格以及考取后的待遇不同。特种考试指邮政人员、边区行政、县长及司法审判官等考试。除这三等考试外,又有检定考试,用以考选那些没有学历的"自修有得之士",考试合格,可以参加高等或普通考试。

考试资格。凡具备下列资格之一者,得应普通考试:公立或立案私立中等以上学校毕业持有证书者,有中等以上学校毕业之同等学历经检定考试及格者。凡具备下列条件之一者得应高等考试:公、私立大学或独立学院及专科学校毕业,教育部承认的国外大学或独立学院及专科学校毕业,具有大学或专科同等学历经检定考试合格,确有专门学术技能或著作经审查合格,普通考试 4 年后或曾任委任官相当职务 3 年以上。

考试内容和程序。高等考试和普通考试一般分为三试。高等考试的科目有国文、党义(如《三民主义》《建国方略》《建国大纲》)、中国历史、中国地理、《中华民国宪法》及该项人员基本或特别有关的科目一门。普通考试将史、地合为一科,且没有最后一项。前两次考试为

---

① 参见徐矛:《中华民国政治制度史》,上海人民出版社 1992 年版,第 269 页。

笔试,第三次考试为面试。全民族抗战爆发后,又将考试改为初试、再试两次,另加一个阶段的训练。初试及格者,送中央政治学校进行一定时期的训练,期满举行再试,及格者发给证书予以分发任用,不及格者得补行训练,但以一次为限。这种办法起初只限于高等考试,后来推广于普通考试与特种考试。

二、任用制度

官员的任用铨叙由考试院铨叙部主持。按照南京国民政府的有关法规,公务员的官等被划分为特任、简任、荐任、委任四等。各等又分若干级别。特任官是由国民政府主席特别任命的高级官员,如国民政府文官长、主计长、五院各部部长、各委员会委员长等(五院正副院长及国民政府委员由国民党中央选任,称为选任官,不纳入此次所述官等系列)。特任官只设1级。简任官即由国民政府主席交铨叙机关审查合格后任命的官员。简任官有8级,包括各部次长、各委员会副委员长、省主席、厅长、司长、省政府秘书长等。一等县的县长最高也可为简任官。荐任官是由各机关主管长官向政府主席荐报,请求任命的官员,共分12级,包括县长、省辖市市长、省以上机关的秘书科科长和中央机关的部分科员。委任官是由机关主管长官直接任命的官员,凡经铨叙合格者,可不必报送主席任命。委任官共分16级。以上官等共4等37级。官等是铨叙机关任用、考核官员和确定官俸的重要依据。

南京国民政府历次颁定的公务员任用法规和条例,总的精神是按考试等级、考试成绩予以录用。但由于在考试制度实行之前即已存在大量公务员,因而考试院成立后,文官的任用实际分为两方面,一是对应考及格人员依法任用,二是对现任公务员进行甄别,重新任命。一般来说,凡高等考试及格者应被任以荐任职,或与之相当的职务;凡普通考试及格者应被任以委任职。但在实授官职之前,一般要经过试署(即试用)阶段,时间为一年。试署成绩优良者得转为实授,不良者延期或降免。后来又规定,凡经过考试及格以荐任职或相当职务分发者,如无下列条件之一都应先派到机关“学习”:曾任委任职或相当职务满一年者、曾任荐任职或相当职务六个月者、曾以荐任职审查合格者。另外,凡以高级委任职或相当职务分发者,如未曾任委任职或相当职务满六个月,以及未以委任职审查合格者,也要先分发到本机关学习。学习期限为三个月,期满由有关机关填具成绩证明,经铨叙部审查合格,即可任用,如成绩欠佳者须延长学习期限。这样,经过试署或学习,才算成为文官中的一员,并按等级领取相应薪俸。

对现任公务员的甄别登记,也是根据上述文官职等标准进行的。办法是按某一等级标准将其任职情况分别为甲、乙、丙、丁四等,甲、乙为合格留用,丙等降级,丁等免职。这种登记审查自1931年到1937年连续进行了几次,由于甄别标准越放越宽而几乎流于形式。

官员被任用后,按官等领取薪俸。根据 1933 年 9 月国民政府公布的《暂行文官官等官俸表》,文官特任官一级,月薪 800 元,而委任官最低级的月俸为 55 元。此外,南京国民政府对于官员的考绩、奖惩、退休、抚恤等,也规定了一整套制度,详细情况这里不再介绍了。

第六节　其他重要政治制度概况

一、军事制度

(一) 兵役制度

中国自清朝后期开始,随着清朝的衰败和军阀势力的兴起,集兵方式就以招募为主。在南京临时政府颁布的《中华民国临时约法》和后来国民党一大的宣言中,都提出要将现行募兵制渐渐改为征兵制。但直到 1933 年 6 月才正式公布了《兵役法》12 条,1936 年 3 月 1 日由南京国民政府明令施行,并规定是日为"兵役节"。同年 9 月,又发布征兵令,形式上中国开始有了现代征兵制度。但 1933 年的《兵役法》过于简单,于是又在 1943 年和 1946 年两次重新制订颁布。

根据 1946 年《兵役法》,兵役分为常备兵役、补充兵役、国民兵役三种。

常备兵役又包括现役和预备役两种。凡年满 20 周岁的男子经体检合格、政治上符合国民党要求者,可入营服现役,役期 2 年;现役期满退伍者服预备役,预备役至年满 45 岁止。预备役期间,一旦需要即可动员入伍。

补充兵役也分现役和预备役两种:凡适合服现役而因兵额所限未能入伍者,即可视"国防需要",每年征集入伍训练 4—6 个月,期满退伍,为补充兵现役;补充兵现役期满者又服补充兵预备役。在战时需要时,补充兵役可以召集。

国民兵役包括初期、甲种、乙种三类:凡年满 18 周岁男子,在所在地方施以军事预备教育,为期二年,即为初期国民兵役;凡初期国民兵役期满,而又适合常备兵和补充兵条件者,可服甲种兵役,届时由县、市政府施以 2—3 个月的军训;凡初期国民兵役期满而未服常备役、甲种国民兵役者,一应对其施以"相当之军事训练",此即为乙种国民兵役。国民兵役平时训练,战时则辅助作战勤务、维持地方治安。

上述兵役制据称是"完全兵役制"。但实行起来却完全是另一回事,当时人就说,"年来征兵,久已将基本法(指《征兵法》——本节作者注)束阁不用,而另颁战时征补兵员实施办法"①,招募仍是国民党军队的主要来源。尤其是在各地方军阀控制的地区以及蒋介石发动内战时期,"抓兵"更成为城乡人民的沉重负担,兵役行政更无法制可言。

兵役行政的主管部门是中央国防部,协助部门是内政部。在地方则把全国划分成若干兵役管区,起初分为军级管区、师级管区、团级管区,各设管区司令。后改为只设师、团两级管区。管区司令部为当地兵役行政主管部门,而省、市、县政府则是协助单位。各级管区的任务主要是常备兵的征兵、国民兵的军训与战时征集,以及在乡军人的管理。

(二) 军事指挥系统

南京国民政府的最高军事指挥机关起初是直属于国民政府的军事委员会,然而,按照国民党一贯奉行的"党治"原则,国民党中央党部才是真正的最高军事指挥机关。军权的高度集中,也是蒋介石实现个人独裁的重要条件。全民族抗战爆发之前,为了加强对苏区的"围剿",在地方设立了"鄂豫皖剿匪总司令部",又在各"剿匪区"设各路总司令部。同时,在全国范围内则分设若干"绥靖区",在区所在的中心城市设"绥靖公署"。这些在苏区周围设立的总司令部,以及在全国范围内设立的"绥靖公署",不仅管军事,而且有权指挥本地党政机关。在这些军事机构下面,各配署了若干单位的兵力。

全民族抗战爆发后,设立了集党政军权于一身的国防最高委员会。从军事的角度看,该委员会自然也就是当时的国家最高军事指挥机关。在地方,则是将全国划分为若干战区,每战区设司令长官,下辖若干集团军(或兵团)、军、师等单位兵力,组织对日作战。抗战胜利以后,蒋介石因声称要实施"宪政",分别在 1946 年和 1947 年撤销了军事委员会、军政部和国防最高委员会,于 1946 年 6 月成立了国防部。国防部承国民政府主席(后改为总统)之命,综理全国军令和军政事务,在组织上隶属于行政院,其下又有各种军事部门。

内战时期,在各地代表中央指挥作战的统帅机关名目较多,如国民政府主席驻北平行辕、陆军总司令驻某地司令部(如 1947 年成立的徐州司令部)、华北"剿匪"总司令部(1947年底设,傅作义任司令)、东北"剿匪"总司令部(1948 年设,卫立煌任司令)、徐州"剿匪"总司令部(由徐州司令部改)、国防部汉口指挥部、国防部九江指挥部、华中"剿匪"总司令部等,都是在不同情况下设立的直接指挥作战的机关。另外,又把全国划分为若干大"绥靖区",每区设"绥靖公署"。在大区下又设若干"绥靖区",配署若干单位兵力,试图以此形成全国性的军事防御。"绥靖区"司令对本区实行党政军一元化领导。

另外,各地方保安部队则由当地行政长官统帅,如省长、专员为本区保安司令。这在上

---

① 陈桢国等编:《兵役法规》,大东书局 1947 年版,第 155 页。

一节关于地方政治制度的内容中已有涉及。

二、监察制度

南京国民政府以监察院为最高监察机关。按《国民政府组织法》的规定,它行使的监察权包括对违法失职行为的弹劾与有关财政方面的审计权。由于兼具这两方面的职能,监察院在组织结构上除了监察机构本身外,又设专司审计的审计部。与此相适应,在各地也存在着监察与审计两个系统。在监察系统方面,南京国民政府从1935年4月起在全国陆续设立了16个监察区,每监察区设监察使署,以监察使综理全署事务。监察使署是监察院派驻各地的办事机构。在审计系统方面,在中央为审计部,在地方为审计处。审计处设于各省政府和院辖市政府所在地,由审计一人、协审二人、稽察一人、秘书一人组成,下设总务组及一至三组。下面,根据有关法律规定,简要地介绍一下其弹劾制度与审计制度。

(一)弹劾制度

弹劾是监察制度的基本内容,南京国民政府为此专门公布过《弹劾法》(1932年6月24日修正公布)。弹劾的对象为一切公务员的违法、失职行为。弹劾的程序包括弹劾的提出、弹劾案的审查、移付惩戒机关三阶段。如果监察委员发现违法、失职行为(可以是来自人民告发、报章揭露、个人亲见亲闻),可单独提出书面弹劾案,院长不得指使或干涉;弹劾案一经提出,应由其他三个监察委员组成审查会议审查。弹劾案的审查应按有关规则进行,可实地调查或令证人到院询问,也可委托其他官署调查。审查会议在审查结束后应提出报告书,提出应否交付惩戒的意见。弹劾案如果通过,应将被弹劾人移付惩戒机关,如果多数审查委员认为不应交付惩戒而提出弹劾案的委员持有异议时,监察院应将弹劾案再交付另外五名监察委员审查,作出应否惩戒的最后决定。弹劾案通过后,即由监察院按照被弹劾者官职种类等级,分别移付不同的惩戒机关。根据1931年6月公布的《公务员惩戒法》规定,如被弹劾者为国民政府委员,须交中央党部监察委员会惩戒。1933年又改为,凡属"选任之政务官"即应移送中央党部监察委员会惩戒,而非选任的政务官则送交国民政府政务官惩戒委员会惩戒。如果公务员被弹劾,则移送公务员惩戒委员会惩戒。

据当时统计,从1931年2月到1936年6月共提出弹劾案弹劾1543人,绝大多数为一般事务官,在普通行政人员中,县长占总数的2/3,高级官员被弹劾者则很少。

除了事后消极性监察外,还有就某一施政过程的监察。如,监察委员或各地监察使发现某机关对某项事务处理不当,可提出书面意见或建议,督促其改进;对于有关法规的施行情况,由监察院派员视察;遇有重大活动如文官考试,也由监察院派出监试委员进行监察。

（二）审计制度

审计制度主要是对各机关的预算进行审核，并监督其预算执行；核定各机关收支命令，对各机关财政上的不法或不忠于职守行为进行稽查。审计分为事前审计、事后审计和稽查三种方式。事前审计就是在财务行为开始前的审计。事后审计即在财务行为发生后的审计。根据国民政府审计法规定，一切财政主管机关的支付命令必须先经审计部核准，未经核准的支付命令，国库不得付款；各机关财政预算经国民政府或省政府审定后，要送监察院审核备案；各机关每月收支计算书也要送监察院审查。另外，各机关所用簿记，监察院可派员审查，其他账目也随时接受监察员派员审查，如发现各机关送审的收支账目或单据不符合财政法规，即不予以报销。这种随时进行的审查叫稽查。

最后要指出的是，除以上专门机关的监察之外，监察系统以及其他政府部门又全都受国民党系统的监察。由于国民政府的根本法、国民政府本身的产生、国民政府的纲领政策都源于国民党，国民政府不过是国民党的执行机构，这就决定了行政部门必须受国民党的监督，以保证国民党党纲、国民党的意志的贯彻实行。《训政纲领》规定由国民党代表国民大会（具体由中央执行委员会代行）行使"政权"，由国民政府行使"治权"，就寓有以国民党监督政府的用意。具体地说，依照国民党《总章》第 41 条规定，国民党中央监委有权稽核中央政府施政方针是否符合国民党的政纲与政策，地方各级国民党的监察系统对同级政府也有同样的监察权力。另据国民党中央常委会有关决议，中央及各省市政府的施政方针应随时向同级国民党党部通报，转付同级国民党的监委稽核。各级国民党的监察委员会如发现同级政府的政策不符合国民党的政策，可致函中央执行委员会，转请同级政府修正。各级政府必须每年将政绩造具报告书送同级国民党党部，转请监察委员会稽核。各级监察委员会如发现政府行为违反国民党的政策，可提出弹劾案于同级执行委员会。各级执行委员接受同级监察委员会的弹劾案，须呈报上级国民党的执行委员会，转请其上级政府办理。

三、法律制度

（一）立法制度

国民党政权的立法制度最突出的特点，就是立法权最终操纵于国民党中央党部，实际上是操纵于蒋介石一人之手。在 1928 年国民政府实行五院制之前，明确规定一切法律都要先由国民党中央政治委员会议决。而在 1928 年立法院成立之后，虽然规定立法院独立行使最高立法权，但又规定必须对国民党中央执行委员会负责。到 1943 年蒋介石重任国民政府主席后,立法院又改对国民政府主席负责。立法权始终牢牢掌握在以蒋介石为首的国民党统治集团手中。下面,按时间顺序对国民党政府立法情况加以介绍。

1. 立法院成立之前的立法概况。根据国民政府的有关规定,凡所谓"法",必须是由国民党中央政治委员会议决、交国民政府公布者,而国民政府为执行法律而制定的规则称为"条例"。凡法律案应由中央政治委员会提出,或由各特定政府机关向中央政治委员会提出。在中央政治委员会和国民政府下面设有具体的法制起草审查机构——中央法制委员会,承中央政治委员会及国民政府之命,草拟及审查一切法律和条例,并就法制事宜向中央政治委员会或国民政府提出建议。

2. 1928年至1949年的立法概况。立法院成立于1928年,起初对国民党中央执行委员会负责,后改为对国民政府主席负责。全民族抗战爆发后,国防最高委员会总揽一切军政大权,凡该委员会认为有"紧急处置"的必要时,就可以先"为便宜措施",事后再送立法院认可;而立法院所议法案凡与战时有关者,都要先送国防最高委员会核准。至于国民党中央政治委员会,则直至它撤销之前一直操纵着立法院的立法活动。

立法院的立法程序主要由以下环节组成:

第一,法律提案的提出。提交立法院的法律案,一是由中央政治委员会提出的,二是由行政、司法、考试等部院提出的,三是国民政府交议的,四是由立法委员依法提出的(须有立法委员5名合署)。这四类提案中,中央政治委员会的提案事实上有优先通过权。

第二,法案原则的决定。总体来看,向立法院提出的各类议案都最后由中央政治委员会决定。具体说,国民党中央政治委员会提出的法案,由该会自定原则;由国民政府、各院及立法委员提出的法案,经各该机关拟定原则草案,交中央政治委员会决定;各部会及行政院所(辖)省市政府或国民政府直辖机关提出的法案,由各移送提案机关拟定原则草案,送中央政治委员会决定。全民族抗战开始后,由国防最高委员会代行中央政治委员会的职权。

第三,法案的审议。形式上,立法院审议各种议案要经过三读程序:首读会,朗读提案标题后,提案者说明其旨趣。首读会议如果认为议案成立,即交付专门委员会审查,进入二读会程序。二读会,对议案逐条朗读,由委员提出修正意见,会后由专人整理文字。三读会是最后通过阶段,一般只作文字更动。以上是就一般情况而言,如果立法院长酌情或出席委员2/3以上请求,可以省略三读会。而且,在议案经立法院通过后、国民政府公布之前,中央政治委员会认为还须修改时,立法院还得对法案进行修正;如果院长对于经院会否决或废弃的法案提出复议,也要根据中央政治委员会议决的原则议决。

第四,法律的公布。法案经立法院三读会通过、国民政府公布后,便成为国家正式的法律。由于整个立法活动都是由国民党在幕后导演的,故法案到达国民政府后便没有不公布的。立法过程遂告完成。

进入"宪政"时期后,根据当时的《中华民国宪法》规定,立法院为国家最高立法机关(第62条),但又规定总统有发布紧急命令权。虽然这种紧急命令须于发布后一月内交立法院追认。

(二)司法制度

南京国民政府时期的司法制度大体上分为两个阶段。在1935年之前,继承了广州国民政府的某些形式,并受北洋军阀政府司法制度很大影响。在1935年以后,其司法制度才有了较大调整变化。

在前一个阶段,有两点值得注意:一是继承了广州国民政府和北洋政府关于行政诉讼独立的制度,由特设的行政法院审理行政诉讼案件。二是在审级与审判机关方面,继承了北洋政府时期的四级三审制,同时又将地方各级审判厅改为法院,大理院改为最高法院。

自1935年7月国民党政府开始实施《法院组织法》后,司法制度最主要的变化是将四级三审制改为三级三审制,即地方法院的初审、高等法院的二审、最高法院的终审。最高法院作为全国终审机关,只负责审理二审判决是否违背法律,故又称法律审。如无违背法律的理由,则本审级不予受理上诉。高等法院设于省一级(或特别行政区),为省内最高司法机关,除了负责不服地方法院及其分院一审判决的上诉刑事案件审判(第二审)外,还负责关于内乱罪、外患罪、妨害国交罪的刑事案件的一审。在县(市)设地方法院,有些特殊地区可设分院。地方法院是一般民事刑事案件的第一审。而不设地方法院的县,除由县长兼理司法事务之外,另设司法处,设审判官1—2人。

至于各级检查机关,除在最高法院设检察署行使检察权之外,在地方各级法院则仅设检察官若干人,以一人为首席检察官。其职权为进行侦查、拘捕、提起公诉等。

此外,在《法院组织法》中还有一些标榜司法独立的条文,如规定"法官须超出党派以外",进行"独立""公开"审判,任何人均可参加旁听。实际上,在一党专政和个人独裁的条件下,这些规定是不可能做到的。

总结与讨论

一、本时期政治制度的主要特点

总结1927—1949年南京国民政府时期的政治制度,可以发现大致有以下特点:

第一,1927—1949 年的南京国民政府绝大部分时期都处于"军政""训政""宪政"三阶段中的"训政"阶段,虽然南京国民政府宣称其自身的建设目标和发展方向是民主宪政,训政的目的是训练人民,从而向"宪政"过渡,但总体而言,南京国民政府的训政时期就是国民党一党专政的时期。

第二,"以党治国"是南京国民政府的根本政治原则。二次革命失败后,孙中山开始反思自己的革命方式和策略,并确立了"以党建国""以党治国"的基本思路。这一时期的国民党蒋介石政权则把这一政治原则规约化、法律化,按照"党治"原则规范党政关系、人民和政府之间的关系。所以,"以党治国"成为南京国民政府的根本政治原则。

第三,虽然国民党在这一时期实行一党专政,但国民党的独裁统治最多只能算是"弱势独裁政党"[①],其在党务、军事、党政关系等方面均面临非常多的挑战。在党务方面,党务系统的 CC 系、黄埔系、政学系几大派系相互掣肘,蒋介石虽然实行独裁统治,却无法实现对党内各派系的完全掌握和有效控制。在军事方面,国民党军内部存在中央军、桂系军、晋绥军等不同派系,这些派系之间的争斗长期不断,表面上听令中央,实际上各有所图。而在党政关系方面,原本政党是"党—政—军"关系的中心,一切制度围绕国民党进行组织、建构,但实际操作上,军队、派系又往往成为权力的核心,"党—政—军"关系发生倒转,"军队"成为权力关系的核心,影响着政府的权力格局,政党组织非常涣散。

二、需要讨论的问题

首先,南京国民政府虽然宣称自己政治制度建设的目标是宪政民主,但实际上其政权组织原则与西方国家的政权组织原则有很大的区别。在西方国家,政党组织一般只是作为单纯的选举机器而存在,其组织体系较为松散,意识形态也不甚明确,而南京国民政府则是以国民党为核心,实行"以党建国""以党领政"的方式组织政权,是一种借鉴苏联(俄)的政权组织原则的新型国家形态。但国民党组织涣散、派系分立,根本无力承担这种核心作用,其政权也必然垮台。当然,这当中的一些问题还需要从政治发展的理论角度进一步思考。

其次,通过国民党在南京政府时期"以党训政"的实践,也可以引发我们进一步思考政党在发展中国家政治现代化中的作用问题。在南京国民政府这种政权形态中,政党作为政权组织的核心,承担着政权组织、国家建设等方面的重任,所以,对政党的制度化水平、组织能力、动员能力、执政能力等都有很高的要求。而从最新的相关研究可以看出,国民党虽然看起来实行"以党建国",但是实际上其组织体系非常涣散,政党的动员能力也不高,而这些

[①]　王奇生:《党员、党权与党争:1924—1949 年中国国民党的组织形态》,上海书店出版社 2003 年版,第 356 页。

也被视为其最后走向失败的重要缘由。

参考文献：

1. 徐矛：《中华民国政治制度史》，上海人民出版社 1992 年版。

2. 钱端升等：《民国政制史》上、下册，上海人民出版社 2011 年版。

3. 王奇生：《党员、党权与党争：1924—1949 年中国国民党的组织形态》，上海书店出版社 2003 年版。

思考题：

1. 简述南京国民政府时期(1927—1949)政治制度建设的理论依据。

2. 试说明孙中山的建国三阶段论及其之间的关系。

3. 试说明国民党的组织形态与西方国家政党的异同。

4. 阐述南京国民政府时期(1927—1949)党政关系及其特点。

5. 一些学者通过研究认为虽然国民党在这一时期实行一党专政，但国民党并非一个组织动员能力强大的独裁政党，其独裁统治最多只能算是"弱势独裁政党"。请问你如何看待这一观点？

第四章／中国共产党领导的革命政权的政治制度

在 1949 年中华人民共和国成立之前,中国共产党也在不同时期建立起了革命政权,可以大致分为三个阶段:苏维埃政权时期、抗日民主政权时期、人民民主政权时期。因此,这里关于中国共产党领导下的革命政权的政治制度,也相应地分为三个时期加以介绍。

第一节　苏维埃政权时期的政治制度

苏维埃是俄文"Совет"的音译,是"代表会议"或"会议"的意思,源自 1905 年俄国革命过程中产生的工人代表苏维埃。1917 年二月革命时又分别产生了工人代表苏维埃和士兵代表苏维埃,后来合并为工兵代表苏维埃。十月革命以后,俄国广大农村地区也普遍建立了苏维埃政权。随着马列主义在中国的传播,苏维埃政权的理念及其制度开始传入中国。中国共产党在革命早期深受苏维埃制度的影响,在革命根据地建立了苏维埃性质的政权,为中华人民共和国成立之后的政权建设做了有益的探索。

一、中华苏维埃共和国的建立及其性质

中国共产党早期由于深受当时共产国际及其来华代表的影响,并没有提出在现阶段建立苏维埃政权的要求,而是主张实行国共合作,与国民党建立统一战线。1923 年,作为中共领导人的陈独秀提出"二次革命论",认为"共产党取得政权,乃是无产阶级革命时代的事",而在当前的资产阶级革命阶段,只能建立资产阶级掌握的政权。[①] 随着 1927 年"四一二"政变的发生与国共合作的破裂,中国共产党逐渐明确了建立苏维埃政权的思想。1927 年 9 月 19 日,中共临时中央政治局会议明确提出,"现在的任务不仅宣传苏维埃的思想,并且在革命斗争新的高潮中应成立苏维埃"[②]。

---

① 《陈独秀文章选编》下,生活·读书·新知三联书店 1984 年版,第 263—264 页。
② 中央档案馆编:《中共中央文件选集》第三册,中共中央党校出版社 1989 年版,第 370 页。

在这一思想指导下，中国共产党在发动武装斗争的同时，开始致力于苏维埃政权建设。从 1927 年到 1931 年，中国共产党在湘、鄂、粤、闽、桂、豫、陕等省份发动武装起义 100 余次，陆续建立了大小十几个根据地和革命政权。尤其是毛泽东在井冈山地区开创的湘赣边区革命根据地，成为当时中国武装革命的中心。

为了加强对各根据地和苏维埃政府的集中统一领导，在中共中央的领导下，1931 年 11 月 7 日在江西瑞金召开了中华苏维埃第一次全国代表大会，选举产生了毛泽东、项英、张国焘、周恩来等 63 名中央执行委员会委员，审议通过了《中华苏维埃共和国宪法大纲》，并在随后召开的中央执行委员第一次全体会议上，选举毛泽东为中华苏维埃共和国临时中央政府主席，宣告了中华苏维埃共和国的成立。1934 年 1 月，又在瑞金召开了中华苏维埃第二次全国代表大会，根据形势的发展对 1931 年颁布的《中华苏维埃共和国宪法大纲》进行了修改。随后在是年 2 月，又颁布了《中华苏维埃共和国中央苏维埃组织法》。

根据 1934 年通过的《中华苏维埃共和国宪法大纲》第二条的规定，中华苏维埃政权的性质是工人、农民和劳苦民众掌握政权、实行工农民主专政的国家，其阐述如下：

> 中华苏维埃政权所建设的，是工人和农民的民主专政国家。苏维埃政权是属于工人农民，红色战士，及一切劳苦民众的，在苏维埃政权下，所有工人农民红色战士及一切劳苦民众都有权选派代表掌握政权的管理，只有军阀，官僚，地主豪绅，资本家，富农，僧侣及一切剥削人的人，和反革命的分子，是没有选举代表参加政权和政治上自由的权利的。[①]

自 1931 年 11 月中华苏维埃共和国临时中央政府成立，到 1934 年 10 月中共中央及中央红军被迫战略转移，因处于战争状态，中央苏区行政区域处于不断调整之中，建立了江西省、福建省、闽赣省、粤赣省、赣南省等五个省级政权。除中央苏区之外，中国共产党还在其他各省建立了多片苏区。1935 年 10 月，中华苏维埃中央政府抵达陕甘苏区，结束长征。12 月，中华苏维埃共和国改称中华苏维埃人民共和国，宣布迁都延安。1936 年，又改国号为中华苏维埃民主共和国。随着全民族抗日战争的爆发和第二次国共合作的实现，1937 年 9 月 22 日，中共中央正式宣布取消中华苏维埃共和国称号，陕甘宁边区政府成为民国的一个特别行政区。至此，苏维埃政权组织形式正式宣告结束。

[①]　中央档案馆编：《中共中央文件选集》第十册，中共中央党校出版社 1991 年版，第 644—645 页。关于此条内容，1931 年通过的《中华苏维埃共和国宪法大纲》有同样的规定，只不过文字和标点稍有调整，谓："中国苏维埃政权所建设的是工人和农民的民主专政的国家。苏维埃全政权是属于工人，农民，红军兵士及一切劳苦民众的。在苏维埃政权下，所有工人，农民，红军兵士及一切劳苦民众都有权选派代表掌握政权的管理；只有军阀，官僚，地主，豪绅，资本家，富农，僧侣及一切剥削人的人和反革命分子是没有选派代表参加政权和政治上自由的权利的。"参见中央档案馆编：《中共中央文件选集》第七册，第 772—773 页。

二、中华苏维埃共和国的政权结构

中华苏维埃共和国的政权架构主要由1931年和1934年先后两次颁布的《中华苏维埃共和国宪法大纲》、1931年11月颁布的《地方苏维埃政府的暂行组织条例》、1934年2月颁布的《中华苏维埃共和国中央苏维埃组织法》所确立。

1931年11月通过的《中华苏维埃共和国第一次全国工农兵代表大会宣言》指出，"一切权力都归苏维埃掌管"，"苏维埃政权的组织，是采取民主集中原则，全国工农兵代表大会是最高政权机关，两次代表大会之间，中央执行委员会是最高政权机关。下级苏维埃政府，应绝对服从上级苏维埃政府的决议与命令"。[①] 苏维埃政权采取民主集中制的组织原则，它通过民主选举产生各级工农兵代表大会，作为工人、农民等劳动人民行使权力的基本组织形式，并采取下级服从上级的原则。

（一）中央政权机构

中华苏维埃共和国的权力机构为工农兵苏维埃代表大会。就中央层面而言，全国苏维埃代表大会是中华苏维埃共和国最高政权机关。

全国苏维埃代表大会的主要权力有：听取中央执行委员会的报告并讨论，制定和修改宪法及其他法律，决定全国的大政方针，改选中央执行委员会。全国苏维埃代表大会每两年由中央执行委员会召集一次，如果遇到特殊情况不能按期召集可以延期；在必要情况下，中央委员会可以自动召集或者经由代表全国人口1/3的地方苏维埃的要求而由中央执行委员会召集全国苏维埃临时代表大会。全国苏维埃代表大会的代表由各省苏维埃代表大会、中央直属县的苏维埃代表大会以及红军所选举出来的代表组成。[②] 第一次全国苏维埃代表大会有代表610人，第二次全国苏维埃代表大会有代表693人、候补代表83人。

中央执行委员会是全国苏维埃代表大会闭会期间的最高政权机关，对其负责，向其做工作报告。中央执行委员会的主要权力有：颁布各种法律和命令并实施于中华苏维埃共和国全境，审核和批准一切关于全国政治经济方面的政策和国家机关的变迁，停止执行和变更中央委员会主席团、人民委员会以及其他机关的法令和决议，选举中央执行委员会主席团，选任人民委员会及其主席。中央执行委员会的名额不得超过585人，其全体会议每6个月由中央执行委员会主席团召集一次，如果遇到特殊情况不能按期召集可以延期；在必要情况下，由中央执行委员会主席团的决议或中央执行委员半数以上的要求，可以召集中央执行委

[①]　张希坡：《革命根据地法律文献选辑》（第二辑）上卷，中国人民大学出版社2017年版，第108、109页。

[②]　参见中央档案馆编：《中共中央文件选集》第十册，中共中央党校出版社1991年版，第672—673页。

员会临时会议。[①]第一届中央执行委员会有委员63人，第二届中央执行委员会有委员175人、候补委员36人。

中央执行委员会主席团是中央执行委员会闭会期间的全国最高政权机关，对其负完全责任，向其做工作报告。主席团人数不得超过25人，有主席1人，副主席2—4人。主席团的主要权力有：监督中华苏维埃共和国宪法及全国苏维埃大会中央执行委员会的各种法令和决议之实施，停止或变更人民委员部的决议和法令，停止或变更各省苏维埃代表大会及其执行委员会的决议或命令，颁布各种法律命令，并审查和批准人民委员会和各人民委员部及其他所属机关所提出的法令、条例和命令，解决人民委员会与各人民委员部之间的关系问题以及各省苏维埃之间的关系问题。[②]第一届中央执行委员会未设主席团，第二届中央执行委员会选举毛泽东、项英、张国焘、朱德、张闻天、博古、周恩来、瞿秋白、刘少奇、陈云、林伯渠等17人组成中央执行委员会主席团。

人民委员会为中央执行委员会的行政机关，负责指挥全国政务，对中央执行委员会及其主席团负责，按时向其做工作报告。人民委员会由人民委员会主席、工农检察委员会主席以及外交、劳动、土地、军事、财政、国民经济、粮食、教育、内务、司法等人民委员组成。此外，为镇压反革命，在人民委员会之下还设有国家政治保卫局。人民委员会有权在中央执行委员会指定范围内颁布各种法令和条例，采取适当的行政方针，以维持行政效率和秩序；作出的决议及所颁布的各种法令条例需要报告中央执行委员会主席团；所作出的决议如果与大政方针有关，应该提交中央执行委员会或其主席团审查批准；有权审查修改或停止各人民委员部提出的法令及决议。各人民委员部及各省苏维埃执行委员会如对人民委员会的决议和法令有不同意见，在不停止执行的前提下，可向中央执行委员会或其主席团提出意见。[③]第一届人民委员会主席为毛泽东，第二届人民委员会主席为张闻天。

此外，在中央执行委员会之下，还设立最高法院和审计委员会。最高法院设院长一人、副院长二人，由中央执行委员会主席团委任。最高法院下设刑事、民事及军事三个法庭，各设庭长一人。最高法院的主要权力有：解释一般法律，审查各省裁判部及高级军事裁判所的判决书和决议，审查中央执行委员会以外的高级机关职员的职务犯法案件，审判不服省裁判部或高级军事裁判所的判决而提出的上诉案件或检察员不同意省裁判部或高级军事裁判所的判决而提起的抗议案件。最高法院还设检察长和副检察长各一人，检察员若干人，其中检察长和副检察长由中央执行委员会主席团委任。1934年2月，最高法院成立，董必武任院长。审计委员会由5—9人组成，成员由中央执行委员会主席团委任，设主任和副主任各一

　　① 　参见中央档案馆编：《中共中央文件选集》第十册，中共中央党校出版社1991年版，第673页。
　　② 　参见中央档案馆编：《中共中央文件选集》第十册，中共中央党校出版社1991年版，第674页。
　　③ 　参见中央档案馆编：《中共中央文件选集》第十册，中共中央党校出版社1991年版，第676—677页。

人。审计委员会的权力主要是审核收支和监督预算的执行。[①]

（二）地方政权机构

中华苏维埃共和国地方政权有省、县、区、乡四级，其中省、县、区三级苏维埃代表大会，均由下一级苏维埃代表大会选举产生。

全省苏维埃代表大会为全省最高政权机关，每年由省执行委员会召集一次，主要职权为：听取并讨论省执行委员会的工作报告，讨论和决定全省范围内苏维埃工作方针，改选省执行委员会。省执行委员会由全省苏维埃代表大会选举产生，为全省苏维埃代表大会闭会期间全省最高政权机关，由委员 55—95 人、候补委员 11—19 人组成。省执行委员会全体会议由主席团每 4 个月召集一次，有紧急重要事项可召集临时会议。省执行委员会向全省苏维埃代表大会作工作报告，并每 4 个月向中央执行委员会作工作报告。省执行委员会委员选举 13—19 人组成主席团，为省执行委员会闭会期间全省最高政权机关。主席团设主席一人，副主席两人。主席团全体会议每周由主席召集一次，如遇重大问题可召集临时会议。主席团至少每月向中央人民委员会作工作报告一次。[②]

县、区两级在组织结构及其职能上与省级类似。县苏维埃代表大会为全县最高政权机关，每半年由县执行委员会召集一次，主要职权有：听取并讨论县执行委员会工作报告，讨论和决定全县苏维埃工作的方针，选举县执行委员会，监督全县各级苏维埃工作。县执行委员会由全县苏维埃代表大会选举产生，对其负责，向其报告工作，为县苏维埃代表大会闭会期间全县最高政权机关，由委员 35—55 人、候补委员 7—11 人组成。县执行委员会全体会议每两个月由县执行委员会主席团召集一次。县执行委员会至少每月向省执行委员会作工作报告一次。县执行委员会选举 9—15 人组成主席团，为县执行委员会闭会期间全县最高权力机关，负责定期召集县执行委员会全体会议。主席团设主席一人、副主席一人。主席团会议每五天由主席召集一次，如遇重大问题可召集临时会议。[③]

区级政权机关的组织结构及其职能与县级的同一性更高，在此不再赘述。

乡苏维埃为全乡最高政权机关，由全乡选民选举代表组成。1931 年 11 月，《中华苏维埃共和国地方苏维埃政府的暂行组织条例》规定，乡苏维埃不设立执行委员会，不设主席团，只设主席一人。1933 年 12 月，《中华苏维埃共和国地方苏维埃政府的暂行组织法（草案）》

[①]　参见中央档案馆编：《中共中央文件选集》第十册，中共中央党校出版社 1991 年版，第 678—679 页。

[②]　参见王旭宽：《中央苏区苏维埃政府研究》，国家行政学院出版社、新疆生产建设兵团出版社 2014 年版，第 63—64 页。

[③]　参见王旭宽：《中央苏区苏维埃政府研究》，国家行政学院出版社、新疆生产建设兵团出版社 2014 年版，第 64—65 页。

又规定,乡苏维埃设五到七人的主席团,为乡苏维埃代表会议闭会期间全乡最高政权机关。主席团设主席和副主席各一人。

此外,在城市地方也设有苏维埃政权机关。市苏维埃代表会议由全市选民选举代表组成,为全市最高政权机关。居民5万人以上的市设立执行委员会,为全市苏维埃代表会议闭会期间全市最高政治机关。居民5万人以下的市不设执行委员会,由市苏维埃代表会议选举主席团为其闭会期间的全市最高政权机关。

根据《中华苏维埃共和国地方苏维埃政府的暂行组织法(草案)》的规定,省、县、区三级苏维埃执行委员会之下,设立与中央行政机构职能类似、名称一致的部、会等。

第二节　抗日民主政权时期的政治制度

随着日本侵华的加剧和抗日战争的全面爆发,到达陕北的中共中央提出建立抗日民族统一战线的策略路线,国共两党开始了第二次合作,中国共产党领导的苏维埃政权改为隶属于国民政府的抗日民主政权。虽然这一时期中国共产党开辟了多个抗日根据地并相应建立了民主政权,但在这节中,我们将主要介绍陕甘宁边区的政治制度。这主要是因为,陕甘宁边区为中共中央所在地,又处于大后方,有一个相对稳定的环境,中共中央将其建设为全国抗日民主政权的样板,其政治制度发展得更为系统完善。

一、抗日民主政权的建立及其性质

进入全民族抗日战争时期,中国共产党领导的苏维埃政权转变为抗日民主政权,是在全民族抗战的新形势下,通过建立抗日民族统一战线、推动国共两党第二次合作而实现的。

中共中央和中央红军到达陕北后,根据国内外形势的变化,于1935年12月的瓦窑堡会议上就适时地提出,要将"工农共和国"转变为"人民共和国":

> 为了使民族统一战线得到更加广大的与强有力的基础,苏维埃工农共和国及其中央政府宣告,把自己改变为苏维埃人民共和国。把自己的政策,即苏维埃工农共和国的政策的许多部分,改变到更加适合反对日本帝国主义变中国为殖民地的情况。[①]

针对为何要将"工农共和国"转变为"人民共和国",毛泽东指出:

---

① 中央档案馆编:《中共中央文件选集》第十册,中共中央党校出版社1991年版,第609—610页。

我们的政府不但是代表工农的,而且是代表民族的。这个意义,是在工农民主共和国的口号里原来就包括了的……但是现在的情况,使得我们要把这个口号改变一下,改变为人民共和国。这是因为日本侵略的情况变动了中国的阶级关系,不但小资产阶级,而且民族资产阶级,有了参加抗日斗争的可能性。[①]

在对待各个阶层的政策上,"人民共和国"将保护小资产阶级的发展,给予其选举权和被选举权;将改变对党外知识分子的政策,给予工作,提供发展机会,救济其失业,使其享受苏维埃政府的优待;改变对富农的政策,富农的财产不没收,土地除剥削部分外不论自耕还是雇耕都不没收;改变对民族资产阶级的政策,用宽大政策在对双方都有利的条件下欢迎他们到苏区投资设厂开店,保护其生命财产安全等。[②]

"西安事变"和平解决以后,国共两党很快开展关于陕甘宁苏区改制的谈判。1937年2月,国民党五届三中全会召开,中共中央为争取国民党采取停止抗战一致对外的国策,作出"苏维埃政府改名为中华民国特区政府,红军改名为国民革命军,直接受南京中央政府与军事委员会之指导""在特区政府区域内实施普选的澈(彻)底的民主制度"的承诺。[③]

此后,中国共产党一方面与国民党展开长达数月的谈判。一方面开始有序地为改制工作做准备。1937年2月,中共中央决定设立中共陕甘宁特区委员会。5月10日,在苏区党代表会议上,博古在做组织问题报告时,提出要"实现澈(彻)底的民主的选举制度及议会政治""实行一切行政机关由议会或代表会之选举制及对议会负责制"[④]。5月12日,临时中央政府西北办事处[⑤]发布《陕甘宁边区议会及行政组织纲要》和《陕甘宁边区选举条例》,开始用"陕甘宁边区"名称。同时,在原西北革命根据地基础上设立陕甘宁特区,并提出,为争取中华民族独立解放,陕甘宁边区将在全国首先实行"最适合于抗战的彻底的民主制度",也就是"议会民主制"。

全民族抗战爆发后,国共展开第二次合作,陕甘宁边区改制工作加紧进行。1937年8月25日,中国工农红军改编为国民革命军第八路军。10月12日,国民政府行政院召开会议,通过任命的形式承认了陕甘宁边区的合法地位。[⑥]同年11月,国民政府改陕甘宁边区政府

---

① 《毛泽东选集》第一卷,人民出版社1991年版,第158页。

② 参见中央档案馆编:《中共中央文件选集》第十册,中共中央党校出版社1991年版,第609—612页。

③ 中央档案馆编:《中共中央文件选集》第十一册,中共中央党校出版社1991年版,第158页。

④ 中央档案馆编:《中共中央文件选集》第十一册,中共中央党校出版社1991年版,第216页。

⑤ 1935年10月,中共中央和红一方面军主力长征到达陕北,11月中华苏维埃共和国中央执行委员会决定在陕甘晋革命根据地设立中华苏维埃临时中央政府西北办事处,是中华苏维埃共和国临时中央政府的执行机构,是中国共产党在西北建立的最高政权组织。1935年12月,中华苏维埃共和国临时中央政府变更为中华苏维埃人民共和国临时中央政府,西北办事处也改为中华苏维埃人民共和国临时中央政府西北办事处。

⑥ 国民政府的任命书中任命国民党员丁惟汾为陕甘宁边区行政长官,共产党人林伯渠为副行政长官,并明确在丁惟汾未到任前,由林伯渠代理其职权。

为陕甘宁特区政府。1938年1月,陕甘宁特区政府又改称陕甘宁边区政府。

在陕甘宁边区政府获得合法地位之后,陕甘宁边区参议会于1939年1月在延安召开,先后通过了《陕甘宁边区抗战时期施政纲领》《陕甘宁边区政府组织条例》《陕甘宁边区各级参议会组织条例》《陕甘宁边区选举条例》《陕甘宁边区高等法院组织条例》等重要法规性文件,选举产生了边区政府委员和边区参议会常驻议员。这样,陕甘宁边区政府组织和相关政治制度就基本建立起来了。

从性质上说,以陕甘宁边区为代表的抗日民主政权是以工人阶级(通过共产党)为领导,工农联盟为基础,团结一切赞成抗日的民主人士,对汉奸和反动派实行专政的人民民主政权。它和原来的苏维埃政权既有共同之处,又有其特点。从共同点上说,首先,它们都属于中国共产党的领导下的革命政权,边区各级政府在组织上和方针政策上首先都受党的领导,从中央到地方各级党委是本辖区内的最高领导机关。其次,和苏维埃政权一样,抗日民主政权的基本政治基础仍然是工农联盟,广大工人阶级农民群众仍然是这一政权的主要支持力量。但是这一政权又有不同于苏维埃政权的特点:第一,它在实行工人阶级领导的工农联盟基础上,又扩大了参政范围,吸收了一切赞成抗日、赞成民主的阶级、阶层的代表参加政府,其专政的对象仅仅是一小撮汉奸、反动派。第二,由于实现了国共两党的第二次合作,建立了抗日民族统一战线,抗日民主政权在形式上属于地方政权,隶属于国民政府,红军也改编为国民革命军。第三,在政权的组织形式方面,也从第二次国内革命战争时期的苏维埃代表大会制度,改变为各级参议会制度。

在边区政府的辖区方面,根据1937年10月国民政府的规定,边区辖县18个,分别为:原属陕西的延安、甘泉、鄜县、延长、延川、安塞、安定、保安、定边、靖边、旬邑、淳化、神府,原属甘肃的庆阳、合水、宁县、正宁,原属宁夏的盐池。后经过谈判,同年12月,国民政府又将边区辖区扩大,新增原属陕西的清涧、米脂、绥德、葭县、吴堡等五县。不久,国民政府又划定甘肃之镇原、环县以及宁夏之豫旺为八路军募补区,则陕甘宁边区应辖县为26个。但因国民政府并未兑现承诺,一部分划为边区的县,实际上仍在国民政府所派机构及其官员管辖之下,且在边区边缘地区国共摩擦不断,所以陕甘宁边区实际所辖范围并不固定。

二、抗日民主政权的组织原则与组织机构

为了巩固和扩大抗日民族统一战线,保证抗日的各阶级、阶层在民主政权中的应有地位和利益,抗日民主政权采取"三三制"的政权组织原则。正如毛泽东在1940年3月11日《目前抗日统一战线中的策略问题》报告中所说:

在政权的人员分配上,应该是:共产党员占三分之一,他们代表无产阶级和贫农;左

派进步分子占三分之一,他们代表小资产阶级;中间分子及其他分子占三分之一,他们代表中等资产阶级和开明绅士。……这是大体的规定,应依具体情况适当地施行,不能机械地求凑数目字。这种规定,在最下级政权中可能须作某种变动,以防豪绅地主把持政权,但基本精神是不能违背的。[①]

结合当时的其他文献和陕甘宁边区政权建设的实践,"三三制"核心内容就是在边区行政机关或民意机关(参议会)中,共产党、非党的左派进步分子、不左不右的中间派各占三分之一。同时这一原则也表明,中国共产党要实现对民主政权的领导,主要是靠政治主张的优势,靠与其他抗日力量协商来实现,而不是靠在政权中的多数。

正如毛泽东所说,三三制原则是一个"大体的规定,应依具体情况适当地施行"。从随后举行的陕甘宁边区乡、县、边区三级参议员选举来看,"三三制"原则的具体实践情况是这样的:边区选举出来的4万多名乡级参议员中,共产党员占1/3左右。在选举出来的县参议员中,共产党员总体上占1/3;其中边区直属县中共党员比例超过1/3,有的县甚至达到45%,而在新近由共产党控制的县中则比例相对较低,有的县只有26%。另外,在乡政府委员中,共产党员占1/3,在县政府委员中,共产党员比例比较高;而在1941年11月第二届边区参议会选出的18位政府委员中,其中包括政府主席林伯渠在内的共产党员有6位,达到了共产党员占1/3的要求。[②]

在具体政权结构和层次方面,陕甘宁边区抗日民主政权为边区、县、乡(市)三个层级。以参议会作为各级民主政权的最高权力机关,由参议会选举产生的政府委员会,则是各级政府的最高行政机关。各级参议会通过普遍、平等的民主选举产生:除反动分子和汉奸外,所有抗日爱国的各个阶层的人士,凡年满18周岁,不分阶级、民族、男女、信仰、党派、文化程度,均享有选举权和被选举权。边区参议员任期3年,县(市)议员任期2年,乡市议员任期1年。

边区参议会,是边区的最高权力机关,设议长、副议长各一人,在议员中选出。参议会有制定和复决边区各项单行法规,决议各项改革计划,选举或罢免边区政府主席、政府委员、各厅厅长、高等法院院长等权力。参议会每年召开一次会议,休会期间设常驻委员九人,负责处理参议会日常事务,监督同级政府对参议会决议、法规的执行,听取同级政府的工作报告,向同级政府提出建议与询问。

边区政府委员会,是边区的最高行政机关,由正副主席及若干委员组成。向边区参议会负责。其下设民政、财政、建设、教育四厅,以及秘书、保安、审计三处和一个保安司令部。边

---

① 《毛泽东选集》第二卷,人民出版社1991年版,第750—751页。

② 参见梁星亮等主编:《陕甘宁边区史纲》,陕西人民出版社2012年版,第206—212、226—228页。

区下边又划分为若干行政督察区，设行政督察专员公署，管辖两个以上的县，督导该区行政，是边区政府的派出机构。

县参议会是县级政权的最高权力机关。设正副议长各一人，设常驻委员五人。其地位、职权、活动方式与边区参议会相仿。

县政府委员会是县一级最高行政机关。由县参议会选举县长一人（必要时可选一名副县长）以及委员六到十人组成。县政府对边区政府以及县参议会负责。下设民政、财政、建设、教育、保安等科，以及秘书室、保安大队部等。同时，根据情况，各县可划分为若干个区，设区公署，由区长、助理员组成。区公署的任务是协助县政府督导所辖乡（市）执行县政府指令，是县的派出机关。

乡（市）参议会是乡级政权中最高权力机关。乡参议会休会期间，由乡参议会选举产生的乡政府是乡一级最高权力机关。乡政府设乡长一人（后又增设文书），负责乡政工作，由乡参议会选举产生，下设若干不脱产的委员，由乡长聘任。

乡政府下面设行政村，是抗日民主政权的基层组织，设村主任一人，协助乡长管理所属自然村的政务，由乡长委任，但须乡参议会认可。行政村下面是自然村，设村长一人，由村民大会选出，承乡长及行政村主任之命，办理本村行政事务。

三、政治制度其他方面的新发展

除了在政权性质、政权组织形式方面的变化之外，这一时期在政治制度的其他方面也呈现出了新动向，这主要体现在党的领导方式、干部培训制度、监察体系方面出现了新变化。

（一）党的领导方式的转变

全民族抗日战争时期，随着形势的发展和党的中心任务的变化，中国共产党对革命政权的领导方式也发生了重要变化。

首先，在党与参议会和政府的关系方面，一方面坚持党的领导地位不动摇，坚决反对党内一度出现的"一切经过统一战线，一切服从统一战线"的观点，另一方面适时调整党的领导方式，强调党对参议会和政府的领导是原则性的、政策性的、大政方针方面的领导，而不是在每件具体事务上都加以干涉甚至包办。在具体的领导方式上，坚持党对参议会和政府工作的领导，只能经过党员和党团，党委及党的机关无权直接命令参议会和政府机关；下级党委无权改变或不执行上级参议会及政府的决定和法令，党的机关和党员要成为执行参议会及政府的决定与法令的模范；党组织应当进行政治工作以提高参议会和政府的威信，党员干部如果违反参议会和政府的决定与法令,党组织要给予严厉处分。[①]

其次,党对抗日民主政权的领导是以中国共产党对军队的绝对领导为后盾和保障的。因此,这一时期党对军队的领导体制也发生了变化,其中最重要的是,成立了中共中央革命军事委员会,直属于中共中央,集中、统一领导军队和军事工作,成为中国共产党领导下的最高军事领导机构。1937年8月25日,中央革命军事委员会发布红军改编为八路军的命令,明确提到:

> 各师改编为国民革命军后,必须加强党的领导,保持和发挥十年斗争的光荣传统,坚决执行党中央与军委会的命令,保证红军在改编后应完成共产党的党军,为党的路线及政策而斗争,完成中国革命之伟大使命。[②]

在加强中央军委对抗日政权军队统一领导的同时,坚持在军队中设立政治委员和政治机关制度,即在八路军团级以上设政治委员,在中央军委设立总政治部,各师设政治部,团设政治处,以加强党对军队的思想领导和组织领导。

(二) 干部培训的制度化

中共中央和红军进入陕北后,一方面随着国共合作的再次实现,有了合法的身份和稳定的根据地,另一方面也需要进一步发展党员和培养大批优秀干部,以便进一步壮大革命力量。因此,发展党员和干部的学习培训便成为根据地政权建设中的一个重要内容。1938年3月15日的《中央关于大量发展党员的决议》就提出,要把“大量的十百倍的发展党员”,作为“党目前迫切与严重的任务”,同时“对新党员应注意给他们以初步的马列主义与党的建设的教育,使他们了解共产主义与其他党派的理论思想的基本区别”。[③]在这一背景下,1939年5月,中央决定抽调华北地区部分县团级以上干部到延安学习。

1940年初,中共中央又决定,在各中央局直至各县委建立党校和培训班,规定了初级课程、中级课程和高级课程、时事政治课程各自所含的内容,规定军队中应开设军事学习课;同时将党校学习培训与在职干部自学区分开来,规定在职干部平均每日学习时间两个小时;还指示各级党委要设立干部教育科,专门负责管理干部教育工作。[④]1941年9月,为了提高党内高级干部的理论水平和政治水平,中共中央又做出关于成立高级学习组的决定,规定进入高级学习组者全国不超过300人,其中延安名额为1/3,外地总共为2/3;高级学习组设组长、副组长和学习秘书各一人,学习组之下设若干学习小组,由小组长负责;各地高级学习组统

---

① 参见中央档案馆编:《中共中央文件选集》第十三册,中共中央党校出版社1991年版,第431页。
② 参见中央档案馆编:《中共中央文件选集》第十一册,中共中央党校出版社1991年版,第332页。
③ 参见中央档案馆编:《中共中央文件选集》第十一册,中共中央党校出版社1991年版,第466、467页。
④ 参见中央档案馆编:《中共中央文件选集》第十二册,中共中央党校出版社1991年版,第227—228页。

一由以毛泽东为组长、王稼祥为副组长的中央学习组管理指导,按时指定教材;第一期为半年,通过理论与实践相统一的方法,先研究马恩列斯的思想方法论与党的二十年历史,再研究马恩列斯与中国革命的其他问题。[①]

干部培训的内容包括政治理论(马克思主义基本理论、党史等为主)、专业知识(如军事知识)和文化课(读写能力以及史、地知识等)三大类,根据不同地区、不同水平以及工作性质而有所侧重。

这种系统化制度化的干部培训制度,培养了大批党和军队的优秀干部,为后来夺取全国胜利奠定了重要基础。

(三) 监察体系的多元化

抗日民主政权的监察体系主要由以下方面构成:各级参议会对由其选举产生的机构及其人员的监察,中国共产党的监察委员会所代表的党内监察,以及政府系统中设立的行政督察专员公署的监察。1938 年 11 月,中共六届六中全会决定各中央局可以在区党委之下,设立监察委员会。监察委员会的职权有:监督各种党的机关、党的干部及党员的工作及其对于党的章程决议的正确执行,审查党的机关的账目,管理审查并决定对于违反党章党纪的党员的处分或取消处分,审查并决定所有要求恢复党籍或重新入党人员的党籍,监察党员关于破坏革命道德的行为。[②]1936 年,国民政府正式确立行政督察专员公署制度。行政督察专员公署为省政府派出机构,协助省政府监督各县行政工作。国共合作以后,陕甘宁边区随即也实行了这一制度。1938 年 2 月颁布的《陕甘宁边区政府命令(第三号) ——关于边区行政组织的编制》中,就规定了专署的人员配置,不过此时专员兼任县长。1941 年 11 月,陕甘宁边区第二届参议会第一次会议通过了《陕甘宁边区行政督察专员公署组织暂行条例》。《条例》规定,专员公署设秘书室、民政科、财政科、教育科、建设科、粮食科、保安科。依据条例规定,专员享有的重要职权有:考察及督导所属各县地方行政规划与创办分区内各县应该兴革的事项,巩固分区地方治安、部署分区抗战工作,督察所属各县经费的收支情况,召集分区行政会议,考核所属各级公务人员,处理所属各县争议及有关事项,推行边区现行法令。1943 年 2 月,《修正陕甘宁边区行政督察专员公署组织条例》颁布,调整了专员公署的组织机关,删去了专员兼任县长的规定,规定了专员的人事任用权。在边区推行"三三制"原则的背景下,行政督察专员公署的设立及其运作有利于加强陕甘宁边区政府的权威,提高办事效率。

---

① 参见中央档案馆编:《中共中央文件选集》第十三册,中共中央党校出版社 1991 年版,第 205—206 页。

② 参见中央档案馆编:《中共中央文件选集》第十一册,中共中央党校出版社 1991 年版,第 771—772 页。

第三节　人民民主政权的政治制度

抗战胜利以后,国共两党在重庆展开谈判并签订《政府与中共代表会谈纪要》(即《双十协定》)。此后国共两党又参加有多方势力代表参加的政治协商会议,并达成了一些协议。但是由于两党在政治民主化、军队国家化等关键问题上无法达成真正的一致,1946 年 6 月国民党方面率先撕毁协议,内战全面爆发,国共两党的统一战线宣告破裂。由于形势的变化,共产党领导的革命政权在性质、组织形式和具体制度方面也发生了一系列重要变化。

一、政权性质的变化

早在 1940 年 1 月 9 日,毛泽东在陕甘宁边区文化协会第一次代表大会上提出,中国要建设的是新民主主义国家:

> 现在所要建立的中华民主共和国,只能是在无产阶级领导下的一切反帝反封建的人们联合专政的民主共和国,这就是新民主主义的共和国……在今天的中国,这种新民主主义的国家形式,就是抗日统一战线的形式。它是抗日的,反对帝国主义的;又是几个革命阶级联合的,统一战线的。[①]

1945 年 4 月 24 日,毛泽东在中共七大上所做的《论联合政府》报告中提出,中国共产党在抗战胜利之后要建立新民主主义的国家制度:

> 我们主张在彻底地打败日本侵略者之后,建立一个以全国绝对大多数人民为基础而在工人阶级领导之下的统一战线的民主联盟的国家制度,我们把这样的国家制度称之为新民主主义的国家制度。[②]

随着解放战争形势的迅速发展,毛泽东在 1948 年 1 月 18 日为中共中央起草的《关于目前党的政策中的几个重要问题》的决议草案中,更为详细地阐述中国共产党领导的新民主主义政权的性质:

> 新民主主义的政权是工人阶级领导的人民大众的反帝反封建的政权。所谓人民大众,是包括工人阶级、农民阶级、城市小资产阶级、被帝国主义和国民党反动政权及其所代表的官僚资产阶级(大资产阶级)和地主阶级所压迫和损害的民族资产阶级,而以工人、农民(兵士主要是穿军服的农民)和其他劳动人民为主体。这个人民大众组成自己的国家(中华人民共和国)并建立代表国家的政府(中华人民共和国的中央政府),工人

---

① 《毛泽东选集》第二卷,人民出版社 1991 年版,第 675—676 页。
② 《毛泽东选集》第三卷,人民出版社 1991 年版,第 1056 页。

阶级经过自己的先锋队中国共产党实现对于人民大众的国家及其政府的领导。[①]

1949 年 6 月 30 日，在国民党军队的节节败退，中国共产党领导的军队即将解放全中国的前夕，毛泽东发表《论人民民主专政》一文，将新政权的性质进一步明确为"人民民主专政"，指出这一政权将在工人阶级的先锋队共产党领导之下，以工农联盟为基础，对反动阶级和反动派实行专政，而在人民内部推行民主。[②]

总之，新的历史时期的革命政权，是中国共产党领导的人民民主专政的政权，它以工人阶级的先锋队、中国人民和中华民族的先锋队——中国共产党为领导，以工农联盟为基础，对"人民"（工人、农民、城市小资产阶级、民族资产阶级）实行民主，对地主阶级和官僚资产阶级实行专政。

二、政权的组织形式的变化

一般而言，一定性质的政权要求有与其相适应的政权组织形式。中国共产党领导的人民民主政权实行人民民主专政，就必然会采取能够体现这种"实质"的"形式"。早在 1940 年 1 月 9 日毛泽东在阐明新民主主义理论时就提到，新政权的"政体"，即政权的构成形式是民主集中制的各级人民代表大会：

> 所谓"政体"问题，那是指的政权构成的形式问题，指的一定的社会阶级取何种形式去组织那反对敌人保护自己的政权机关。没有适当形式的政权机关，就不能代表国家。中国现在可以采取全国人民代表大会、省人民代表大会、县人民代表大会、区人民代表大会直到乡人民代表大会的系统，并由各级代表大会选举政府……这种制度即是民主集中制。[③]

后来 1945 年 4 月 24 日毛泽东在中共七大上所做的《论联合政府》政治报告中也提出，将来新民主主义政权的组织形式，应采取民主集中制的各级人民代表大会。[④]

在 1948 年 1 月 18 日，毛泽东在为中共中央起草的《关于目前党的政策中的几个重要问题》的决议草案中，进一步明确提出，即将建立的中华人民共和国要采取人民代表大会制度。

也就是说，中国共产党对未来新中国政治制度的构想，是以人民代表大会制度作为中华人民共和国的政权组织形式。

在解放战争时期，由于战时环境下，政治秩序不稳、条件不成熟等原因，各解放区以及辖

---

① 《毛泽东选集》第四卷，人民出版社 1991 年版，第 1272 页。
② 参见《毛泽东选集》第四卷，人民出版社 1991 年版，第 1468—1481 页。
③ 《毛泽东选集》第二卷，人民出版社 1991 年版，第 677 页。
④ 参见《毛泽东选集》第三卷，人民出版社 1991 年版，第 1057 页。

内城市则采取了一种过渡的形式,即通过召开各界人民代表会议的形式,沟通当地党组织、政府与人民之间的联系,帮助实现政令贯彻、信息畅通。也就是说,与后来的人民代表大会相比,它本身还不是一种权力机关,而是一种协商、咨询性质的组织。

根据1948年11月30日中共中央指示的要求,新解放三万以上人口的城市,应该于解放两三个月后建立各界代表会议。各界代表会议在城市解放后实行军事管制的初期,被视为党组织和政权领导机关联系群众的最好组织形式,它往往由当地的军事管制委员会及政府聘请各行各业的代表人物组成,人数不固定,但每个革命团体或群体都应有一定的代表。各界代表会在城市解放初期每星期都应该开会一两次,每次开会时间不少于三个小时,开会时军管会和市政府必须有负责人出席并做报告、参加讨论和解答疑问。各界代表会可选出主席和副主席,并设置秘书处以执行日常事务。

因为种种原因,这项要求落实的情况并不理想。到1949年8月19日,上报给中央已经召开过各界代表会议的大城市只有太原、石家庄、上海、北平四个。[①]有的地方只是举办过各界或各业座谈会,且不经常举办。基于革命形势的发展以及稳定城市秩序的需要等原因,中共中央于1949年8月26日再次发出指示,要求各中央局严格督促所辖三万人口以上的城市务必于9月份一律开一次各界人民代表会议,并且将开会情形通过报纸公开发表和广播台公开广播的方式让人民知晓,而且要求一切三万以上人口的城市每月至少召开一次各界人民代表会议,每次一到两天,每次讨论和决定一到两个重点问题。[②]不久又规定,各界代表会议开始时以推派和聘请为主、各民众团体内部的民主选举为辅,等条件成熟以后,改由以各民众团体内部的民主选举为主,以推派和聘请为辅;人数超过两万但不足三万的城镇也可召开各界代表会议。

在新老解放区的县及农村地区,也召开人民代表会议。因为形势的快速发展,相关政策也在不断调整变化。最初规定,解放区的乡村应在贫农团和农会的基础上,建立区村(乡)人民代表会议,然后召开全县各界人民代表会议。后来又改变政策,要求无论新老解放区,一律召开全县各界人民代表会议,由上级党委负责领导办理,而且指示新解放区全县各界人民代表会议不需要等到乡村农会建立之后再举行,在获得解放两三个月后就可以召开。不久又规定,尚未彻底完成土地改革任务的省、县、区三级,都要召开各界代表会议,乡村召开农民代表会议,但是以县的各界代表会议为中心;已经完成土地改革任务的省、县、区、乡四级,都一律召开人民代表大会,但在最初形式上可以采取各界代表会议的形式作为过渡。

---

① 参见中央档案馆编:《中共中央文件选集》第十八册,中共中央党校出版社1992年版,第422页。

② 参见中央档案馆编:《中共中央文件选集》第十八册,中共中央党校出版社1992年版,第431—432页。

总之,作为一种人民民主政权形式,人民代表会议制度为新中国成立后人民代表大会制度的建立奠定了基础。

三、军事管制制度

随着战争的节节胜利,中国共产党及其领导的军队逐步夺取许多大城市,为了能够顺利地接管城市,迅速恢复城市秩序,中国共产党在新解放的城市实行了军事管制制度。该制度最先在东北实行,起初叫"军事管理制度"。根据 1948 年 6 月 10 日中共东北中央局下发的《中共东北中央局关于保护新收复城市的指示》,"在占领城市初期,必须由攻城部队直接最高指挥机关担任该城的军事管理,所有入城工作的地方党、政机关及工作人员,一律听其指挥",担负起管理城市的全部职责,具体的形式是组成军事管理委员会,吸收地方党、政负责人参加。并指定一定部队为城市卫戍部队。[①] 同年 11 月 15 日,中共中央下发《中共中央关于军事管制问题的指示》,要求在新收复的大城市中设立军事管制委员会,进行军事管制。[②]

根据中共中央有关指示规定和各地具体实行情况,军事管制委员会是特殊时期的一种军事性、临时性的政权机关,它以占领某个城市的军队最高指挥机关直接接管该城市的最高管理权,主要以命令、决定的形式行使权力;军事管制委员会设主任、副主任,其主任往往由驻军最高首长担任,下设警备司令部、各种接管委员会以及市政府等各种职能机关。

军事管制制度的实行,在肃清残余敌对势力、恢复和稳定城市秩序、巩固新政权等方面,发挥了非常重要的功能。随着各大城市的秩序稳定,军事管制委员会逐渐取消,城市党政机关开始行使职权。

四、大行政区制的萌芽

在中国革命的不同历史阶段,中共中央曾根据需要设置了不同的中共中央地方局,作为中共中央的派出机构,负责领导某一广大区域内的事务,如土地革命时期的北方局、长江局、中共苏区中央局。全民族抗日战争和解放战争时期,则先后在全国设立了十几个中央局等,到 1949 年经过合并调整,组建成为东北局、华东局、西北局、华北局、华中局、西南局等六大中央局。各中央局均有领导的野战部队,在中共中央和中央军委的集中统一领导下,具体负责某一区域的战事,并在解放了地区后,负责肃清残敌、维持秩序、发展生产等任务,为其后

---

① 　中央档案馆编:《中共中央文件选集》第十七册,中共中央党校出版社 1992 年版,第 212—213 页。
② 　中央档案馆编:《中共中央文件选集》第十七册,中共中央党校出版社 1992 年版,第 487—488 页。

来在一段时间内能够领导跨省级的大区政权准备了条件。

随着解放区的扩大和中国共产党即将在全国执政,在中央局的基础上建立地方人民政府的问题也提上了日程。到 1949 年前后,以党的六大中央局为依托,先后设立了六大行政区域,即东北人民政府(1946 年 8 月成立为东北行政委员会,1949 年 8 月改为东北人民政府)、华北人民政府(1948 年 9 月成立,不久改成中央人民政府华北事务部,归政务院直接领导)和华东、中南、西北、西南四个军政委员会(都是 1950 年初成立)。这些大区人民政府和军政委员会受所在的中央局领导,管辖若干个省和若干大中城市,下设各部、各局或各委员会,以及法院、检察院等机构。其中军政委员会毕竟还是一个军管机构。按照《大行政区人民政府委员会组织通则》的规定,在军事行动结束、土地改革彻底实现后,即应实行普选,召开大行政区的人民代表大会,正式选举大行政区的人民政府委员会。因此,军政委员会后来就改制成人民政府委员会。

大行政区以各中央局为依托,并领导相应的野战部队,实行省级以上区域内党、政、军一体化的领导体制,既能加强对地方的集中统一领导,有利于中共中央协调各大战略区统一行动,又给地方以较大的自主性,使其因地制宜,迅速建立并稳定政权,恢复生产和社会秩序。

1954 年 6 月,中央人民政府委员会通过《关于撤销大区一级行政机构和合并若干省、市建制的决定》。至此,大区制在制度上正式废止。

五、民族区域自治制度的尝试

全民族抗战时期,中国共产党根据中国的国情,在民族问题上开始主张民族自治。1941 年 5 月 1 日,陕甘宁边区中央局颁布了《陕甘宁边区施政纲领》,其中第十七条是关于民族政策的,明确主张支持蒙古族和回族自治:

依据民族平等原则,实行蒙回民族与汉族在政治、经济、文化上的平等权利,建立蒙回民族的自治区,尊重蒙回民族的宗教信仰与风俗习惯。[①]

1945 年 10 月 23 日,中共中央在发给晋察冀中央局和晋绥分局的指示中,明确提出内蒙古实行民族区域自治问题:认为"对内蒙的基本方针,在目前是实行民族区域自治。首先从各旗开始,争取时间,放手发动与组织蒙人的地方自治运动,建立自治政府"[②]。1946 年 2 月 18 日,中共中央更明确指出:"根据和平建国纲领要求民族平等自治,但不应提出独立自

---

①　中国社会科学院近代史研究所《近代史资料》编译室主编:《陕甘宁边区参议会文献汇辑》,知识产权出版社 2013 年版,第 110—111 页。

②　中央档案馆编:《中共中央文件选集》第十五册,中共中央党校出版社 1991 年版,第 375 页。

决口号。"[1]1947 年 3 月 23 日，鉴于当时的政治形势，中共中央在《关于内蒙古自治问题的指示》中表示，原则上同意在人民代表大会基础上产生内蒙古统一的民族自治政府，并就自治政府纲领、内蒙自治区与各解放区关系等问题作出了指示。在这份指示的最后，中共中央就自治政府与中国关系问题提出了以下主张：

> 在大会宣言中应确定内蒙古自治政府非独立政府，它承认内蒙民族自治区仍属中国版图，并愿为中国真正民主联合政府之一部分，它所反对的为蒋介石国民党独裁政府及其所制定的取消民族自治权利的伪宪与其卖国内战反动的政策。[2]

1947 年 4 月 23 日至 5 月 3 日，内蒙古人民代表会议召开。会议讨论通过了《内蒙古自治政府施政纲领》《内蒙古自治政府暂行组织大纲》《内蒙古人民代表会议宣言》，选举产生了 121 人组成的内蒙古临时参议会。这次会议明确宣布，内蒙古自治政府是由内蒙古民族各阶层联合内蒙古区域内各民族实行高度自治的区域性的民主政府。5 月 1 日，内蒙古人民代表会议宣布内蒙古自治政府成立。这意味着在中国共产党的领导下，中国历史上的首个省级民族自治区——内蒙古自治区宣告成立。内蒙古自治区的建立是民族区域自治制度的首次尝试，为中华人民共和国成立以后在少数民族聚居的地方实行区域自治提供了有益的经验。

总结与讨论

在这一章，我们集中介绍了中国共产党在 1949 年之前三个历史时期政权建设和政治制度构建方面的基本情况。晚清开启了中国政治现代化之路，开启了中国向外学习先进政治制度以实现富强、摆脱专制的进程。虽然晚清的政治改革失败了，政治制度也未确立，但是民国接踵而起，试图推行现代民主政治。然而，晚清的乱象延续到了民国，孙中山等人创设的政治制度并未开花结果，政局之乱比晚清有过之而无不及，故又发奋继续革命，建立新三民主义理论，欲以"军政—训政—宪政"三步走的方式完成中国统一、推进宪政民主。与此同时，随着中国社会阶级的变化和新的革命力量的成长，中国共产党诞生了。两党在苏联和共产国际的帮助下建立起合作关系。在这次合作时期，中国共产党未将重点放在争夺革

---

① 中共中央统战部编：《民族问题文献汇编》（一九二一·七——一九四九·九），中共中央党校出版社 1991 年版，第 1000 页。

② 中央档案馆编：《中共中央文件选集》第十六册，中共中央党校出版社 1992 年版，第 431 页。

命领导权上,但随着国共合作的破裂,沉重的打击使中国共产党产生了建立军队、夺取政权的想法。尽管最初中国共产党的主流意见还受城市中心论的影响,但已经有以毛泽东同志为主要代表的中国共产党人开始了相对独立的探索——从城市走向农村,从中心走向边缘。中国共产党逐渐在两省或多省边界的山区建设根据地,建立政权。由于此时受共产国际影响较深,也缺乏建立和领导政权的经验,因而中国共产党在这些根据地依照苏联经验推行工农民主专政,召开工农兵苏维埃代表大会,选举各级政府,建立苏维埃政权。经过异常艰辛的努力,中国共产党领导广大革命群众建立了中华苏维埃共和国。

在红军长征到达陕北后,随着日本发动全面侵华战争后国内外形势急剧变化,中国共产党及时提出建立抗日民族统一战线的战略任务,并呼吁国共进行第二次合作。西安事变以后,抗日民族统一战线的建立步伐加快。在谈判的过程中,中国共产党承诺对红军和陕甘宁根据地进行改制,承认国民政府在全国的领导地位。在全民族抗日战争中,中国共产党遵守了承诺,并将各抗日根据地政权的性质由工农民主专政改为以工农为基础同时接纳一切抗日爱国的阶级阶层的联合政权,规定国民政府下令统一成立的各级参议会及其选举产生的政府为最高政权机关。此后,中国共产党又在各根据地贯彻"三三制"原则,促进各级政权代表的广泛性以及各级政权的民主性。

抗战胜利以后的第二年,国民党军队向解放区展开大规模进攻,全面内战由此爆发。中国共产党适时提出建立人民民主统一战线,在解放区建立人民民主政权。由于决策正确、组织严密、政治动员深入广泛、军队浴血奋战等原因,中国共产党及其军队解放的地区越来越多,夺取的城市也越来越多。鉴于还处于战争状态,条件尚不允许召开各级人民代表大会,组成由其选举产生的各级政府,所以先召开各界人民代表会议作为过渡。与此同时,中国共产党还在一定规模以上人口的城市设立短期的军事管制委员会。此外,这一时期大行政区制已经产生萌芽,也进行了民族区域自治制度的初步尝试。

不同时期中国共产党领导的政权,性质虽然不同,组织形式也有差异,但是贯穿了一些共同的原则,如党的领导、政权系统的议行合一、民主集中制等。这些原则不仅在新民主主义革命时期得到了贯彻,同时也为中华人民共和国成立后的政治制度建设积累了经验,做了准备。

参考文献:

1. 林炯如等编著:《中华民国政治制度史》,华东师范大学出版社 1995 年版。

2. 蒋伯英、郭若平:《中央苏区政权建设史》,厦门大学出版社 1999 年版。

3. 梁星亮等主编:《陕甘宁边区史纲》,陕西人民出版社 2012 年版。

思考题：

1. 概述中国共产党早期对苏维埃政权认知的转变过程。
2. 概述中华苏维埃共和国政治制度的基本原则。
3. 概述抗日民主政权时期政治制度呈现的新动向。
4. 概述人民民主政权时期政治制度呈现的新动向。

后记 /

《中国政治制度史》一书是由我们几位从事相关领域教学、科研工作的老师合作完成的。各章具体撰写人为(按各编、章顺序):

本书前言,上编第一章、第二章,中编第一章、第二章、第三章:张星久;

中编第四章:付小刚;

中编第五章、第七章、第八章:杨红伟;

中编第六章,下编第一章、第四章:罗雪飞;

中编第二章、第三章:曹龙虎。

全书由张星久统稿。

在本书的写作与出版过程中,我们得到了武汉大学本科生院、高等教育出版社以及武汉大学政治与公共管理学院的大力支持;高等教育出版社的王溪桥女士、马羚玮女士,还有参与审稿的各位领导、专家们,为此书的出版付出了辛勤的劳动,提出了很多中肯的、非常具有专业水平的意见,在此一并表示诚挚的感谢!

由于中国政治制度史教材在知识体系、编写体例等方面尚处在探索之中,加之本书涉及的内容时间跨度大,问题复杂,而我们又学识有限,疏漏、舛误之处在所不免,恳请有关专家、学者和广大读者批评赐教。

编者

2022 年 7 月